Karl Hausberger · Benno Hubensteiner

BAYERISCHE
KIRCHENGESCHICHTE

W0244735

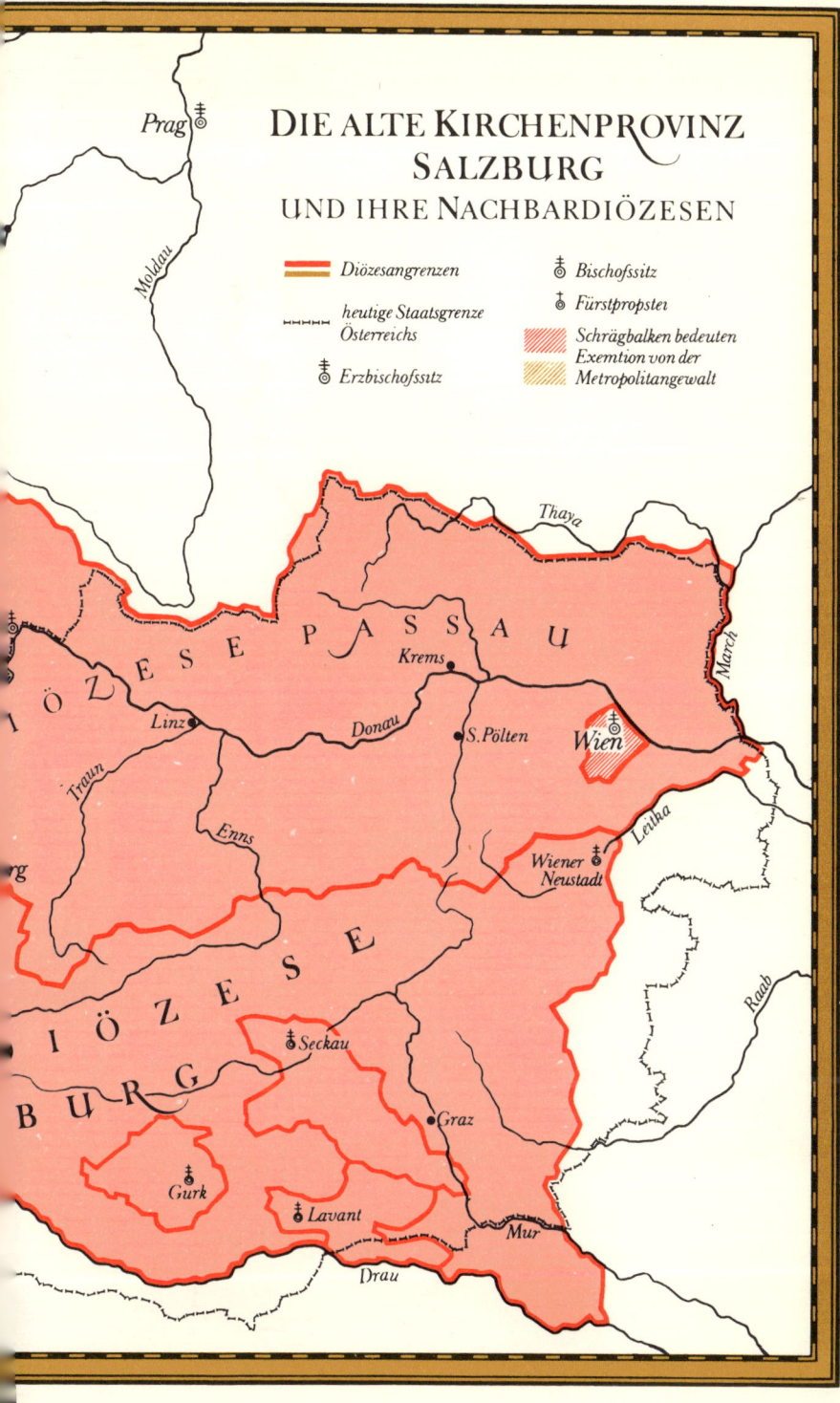

DIE ALTE KIRCHENPROVINZ SALZBURG
UND IHRE NACHBARDIÖZESEN

▬▬ Diözesangrenzen	⚲ Bischofssitz
┈┼┼┈ heutige Staatsgrenze Österreichs	⚲ Fürstpropstei
⚲ Erzbischofssitz	▨ Schrägbalken bedeuten Exemtion von der Metropolitangewalt

Prag

Moldau

Thaya

DIÖZESE PASSAU

Krems

Linz

Donau

S. Pölten

Wien

March

Traun

Enns

Wiener Neustadt

Leitha

Raab

DIÖZESE

Seckau

BURG

Graz

Gurk

Lavant

Mur

Drau

Karl Hausberger · Benno Hubensteiner

BAYERISCHE
KIRCHENGESCHICHTE

Süddeutscher Verlag

Umschlaggestaltung: Atelier Blaumeiser
Das Bild zeigt den thronenden Christus vom Westwerk zu St. Emmeram
in Regensburg, um 1050. Foto Wilfried Spitta, Regensburg.
Die Karte der Kirchenprovinz Salzburg zeichnete Christl Aumann,
die Karten Bayerisches Stammesherzogtum im 10. Jahrhundert und Kurbayern
im Jahre 1777 Gertrud Diepolder.

ISBN 3-7991-6250-X

© 1985 by Süddeutscher Verlag GmbH, München
Alle Rechte vorbehalten. Printed in Germany
Schrift: Baskerville Antiqua. Satz: Fotosatz Leingärtner, Nabburg
Druck und Bindung: May & Co., Darmstadt

INHALT

VORWORT

Dieses Werk möchte nicht brillieren. Es will einfach ein redlicher Leitfaden sein, der hinführt zur bayerischen Kirchengeschichte, wie wir sie heute sehen. Und diese Kirchengeschichte ist in ihren zeitlichen Verwerfungen und stammesmäßigen Schichtungen ohnedies kompliziert genug. Bis hin zur Neuordnung der Verhältnisse durch das Konkordat von 1817 laufen nämlich die Grenzen zweier mächtiger Kirchenprovinzen in einer senkrechten Linie mitten durch das Bayern von heute. Augsburg, Eichstätt, Würzburg gehören zur Metropole von Mainz; das kaiserliche Bamberg ist exemt und steht direkt unter Rom. Wobei sich Stammes- und Bistumsgrenzen keineswegs decken, denn Augsburg reicht herüber bis zum Würmsee und zum Walchensee; Eichstätt schließt noch die Landesuniversität Ingolstadt mit ein; zu Bamberg zählen auch ein paar Pfarreien und Abteien der Oberpfalz. Demgegenüber sind die eigentlich »altbayerischen Bistümer« Freising, Regensburg und Passau ganz auf Salzburg hin orientiert, wo seit 798 der Erzbischof sitzt. Auf Salzburg, das ein wohlgerundeter selbständiger geistlicher Staat ist zwischen den Einflußbereichen der Häuser Wittelsbach und Habsburg und das erst mit dem Münchener Vertrag von 1816 definitiv österreichisch wird. Und Salzburg wie das mit ihm rivalisierende Passau öffnen das Fenster auf den Donauraum und die österreichischen Alpenländer, die ihrerseits das alte Missionsfeld der bayerischen Kirche bedeuten – nicht bloß für die beiden »Frontbistümer« selber, sondern auch noch für Regensburg, Freising oder Bamberg weit im Hinterland.

Erst das Königreich des 19. Jahrhunderts mit den beiden neuen Erzbistümern München-Freising und Bamberg schafft die Voraussetzungen, auf denen wir Jetzigen stehen. Freilich, inzwischen waren im Zeitalter der Reformation die Reichsstädte und weite Teile Frankens zur neuen Lehre übergegangen. Unsere Darstellung folgt hier der Entwicklung gerade noch bis zur »Brandenburg-Nürnbergischen Kirchenordnung« von 1533 oder bis zum »Augsburger Religionsfrieden« von 1555. Von da ab ist sie sozusagen eine »katholische« Kirchengeschichte Bayerns, wie etwa das ältere Werk von Matthias Simon eine »evangelische« Kirchengeschichte Bayerns ist. Es geht uns in der sogenannten »Neuzeit« um jene Bereiche, die der Barock mit Schlagworten wie »Bavaria sancta« oder »Franconia sacra« und »Suevia sacra« umgriffen hat.

Und natürlich, man sieht es auf den ersten Blick, daß unsere »Bayerische Kirchengeschichte« aus dem Vorlesungsalltag der Universitäten von Regensburg und München erwachsen ist, und daß immer wieder Schwerpunkte gesetzt sind, die etwas mit den persönlichen Forschungsfeldern der beiden Verfasser zu tun haben. Die bekannte »Bayerische Geschichte« des einen Autors – hier die Auflagen von 1977 beziehungsweise 1981! – war zwar der Ausgangspunkt für das Ganze, aber der weite Bogen wurde überall ausgemauert, abgestützt und ergänzt. Und bei aller Rücksicht auf die großen Zusammenhänge – Thema ist hier die Geschichte der Kirche Christi in unserem Land.

Für weiterführende Studien soll das Literaturverzeichnis am Schluß den Wegweiser abgeben – ein Literaturverzeichnis, das nicht alphabetisch geordnet ist, aber in den Sachzusammenhängen bleibt und einigermaßen chronologisch sein möchte. Auf die Fülle der Zeitschriftenaufsätze mußte freilich verzichtet werden, denn sie gehören zu den Spezialisten und den großen Bibliotheken. Überhaupt haben sich die beiden Verfasser an das Wort Franz Schnabels gehalten, daß Vollständigkeit den Tod aller Wissenschaft bedeutet. Sie haben aber nach wackerer Schulmeisterart ruhig ein paar Wiederholungen und Zusammenfassungen stehen lassen, auch den Impetus nicht getilgt, der da oder dort von der freien Kathederrede hereinschlägt.

Ein ganz eigener Unterton aber ist der Zusammenhalt von »Kirche und Kultur«, der durch die Jahrhunderte läuft wie ein roter Faden. Hier ist uns das Lebenswerk von Gustav Schnürer (1860-1941) in Freiburg/Fribourg ein Vorbild gewesen. Freilich, bereits bei der Hereinnahme der alten Kirchenkunst mußte es dann bei ein paar Anknüpfungen bleiben und bei ein paar eingestreuten Bildern, die nicht »Illustration« sein möchten, sondern nur eine Anregung zu Weiterem und Mehr. Ein Hinweis auch auf die im gleichen Verlag und in einer eigenen »Studienausgabe« erschienene »Große bayerische Kunstgeschichte« von Herbert Schindler.

Zum Schluß bleibt uns die schlichte Pflicht des Dankes. Für Florian Trenner, wissenschaftlicher Mitarbeiter beim Lehrstuhl für Bayerische Kirchengeschichte an der Universität München, der uns beim Zusammenstellen und bei der Revision des Manuskriptblocks geholfen hat; für Anton Landersdorfer, wissenschaftlicher Mitarbeiter beim Lehrstuhl für Kirchengeschichte des Donauraumes, Regensburg, und für Wolfgang Pledl, München, die die Register erstellt haben; für Frau Irmgard Kariopp, Regensburg, die das Manuskript ins reine geschrieben hat; für Hans Widmann vom Süddeutschen Verlag, der die Herstellung des Buches liebevoll betreut hat. Frau Dr. Helga Heikamp-Wagner aber ist uns stets eine zuverlässige, liebenswürdige, anregende Gesprächspartnerin und Lektorin gewesen.

Regensburg und München, am Lichtmeßtag 1985

KARL HAUSBERGER · BENNO HUBENSTEINER

Denn Stückwerk ist unser Erkennen, Stückwerk unser Weissagen.
Wenn aber die Vollendung
kommt, wird das Stückwerk abge-
tan... Jetzt schauen wir in einen
Spiegel und sehen nur rätselhafte
Umrisse, dann aber schauen wir
von Angesicht zu Angesicht. Jetzt
erkenne ich vollkommen, dann
aber werde ich durch und durch
erkennen, so wie ich selber durch
und durch erkannt bin.

(1 KORINTHER 13, 9-12)

Am 2. Februar 1985, noch aus der Arbeit am Vorwort heraus,
hat Benno Hubensteiner vorgeschlagen, der »Bayerischen Kirchengeschichte« dieses Pauluswort voranzustellen. Am 4. Februar ist er in München gestorben. So ist dieses Buch sein Vermächtnis an die Heimat geworden.
Mir bleibt die dankbare Erinnerung an einen treuen Freund.

KARL HAUSBERGER

1. Kapitel:

DIE GRUNDLAGEN

Die frühesten Christen in unserem Land sind ohne Zweifel römische Christen gewesen. Trotzdem darf der Kirchenhistoriker nicht einfach mit dem Christentum der späten römischen Kaiserzeit beginnen. Es geht ja zunächst um das, was dieses Land und sein Volk selber eingebracht haben in die christliche Welt, auch wenn dies zunächst eher eine gefühlsmäßige Haltung war und die schlichte Bereitschaft zu glauben. Dabei muß man sich im klaren sein, daß die Geschichte in ungeheuren Dimensionen lebt; daß es angeht mit den Jahrmillionen der Erdgeschichte; daß es von den Jahrmillionen der Erdgeschichte weitergeht zu den Jahrtausenden der Vor- und Frühgeschichte, die uns indirekt durch die Wissenschaft des Spatens erschlossen worden sind; daß dann erst die schriftlich fixierte Geschichte unserer Schulhumanisten kommt, die Geschichte der Jahrhunderte; und daß das Ganze schließlich endet bei den Jahrzehnten, die unser eigenes Leben ausmachen. Und je älter man wird, je mehr Jahre man selber zählt, desto größer wird auch die Bereitschaft und das Verständnis für die Geschichte.

1. Vor- und Frühgeschichte

Zunächst verstreichen also auch in unserem Raum die Jahrmillionen der Erdgeschichte. Dabei überschneidet sich die letzte Epoche der Erdgeschichte mit der ersten Epoche der Menschheitsgeschichte. Diese letzte Epoche der Erdgeschichte heißt Quartär und ihre Schlußphase Diluvium; die erste Epoche der Menschheitsgeschichte aber heißt Paläolithikum oder Altsteinzeit. Nach dem gegenwärtigen Stand der Forschung scheint der Mensch in Bayern erst in einem mittleren Abschnitt der Altsteinzeit aufzutreten, nämlich gegen Ende der vorletzten Eiszeit, vor über 100 000 Jahren. Die ersten Spuren fanden sich für die Kelheimer und Nördlinger Gegend, wo Jäger und Sammler der Eiszeit auf ihren Streifzügen in Höhlen und Felslöchern Unterschlupf suchten. Als Wildbeuter ganz auf die Gunst der Natur angewiesen, mußten sich diese Menschen im Wechsel der Kälte- und Wärmephasen noch mehrmals den Veränderungen der Umwelt anpassen.

Erst um das 10. Jahrtausend vor Christus wich das Eis für immer zurück, floß das Schmelzwasser in den Flußtälern und Voralpenseen zusammen, überzogen sich die Moränenbuckel mit einer almartigen Wiesennarbe. Zu Beginn der mittleren Steinzeit bahnte sich dann um 8000 vor Christus mit einer fortschreitenden Erwärmung eine letzte entscheidende Umwandlung an. Die Parktundra wurde abgelöst von Birken und Kiefern, später vom Eichenmischwald, und der Mensch weitete seine Jagd- und Fischgründe erstmals bis ins Alpenvorland aus. Im 4. Jahrtausend zogen Bauern der Jungsteinzeit aus den fruchtbaren Ebenen des Ostens und Südostens donauaufwärts in unseren Raum und brachten das Getreide mit, Pflug, Wagen, Haustiere, und wurden zum ersten Mal seßhaft. Sie besiedelten vor allem die fruchtbaren waldfreien Lößflächen des Straubinger Gäubodens, kamen aber auch isaraufwärts bis ins Hügelland um Landshut und Freising. Erst mit dem Ende der Jungsteinzeit zwang eine Klimaverschiebung zum stärkeren Weidebau und zum Vorstoß ins Moränengebiet der Voralpen.

Wie auch die Völkerschübe in dieser Vorzeit kommen und gehen, diese frühen Menschen sind bereits beherrscht vom Glauben an das Jenseits und vom Gedanken an ein Fortleben nach dem Tod. Zwar stehen bei uns die Zeichen für diesen Jenseitsgedanken nicht so steinern und monumental da wie die Pyramiden des alten Ägypten, aber auch wir haben Begräbnissitten, die zeigen, daß man an Transzendentes glaubte. Entweder begrub man die Toten unter riesigen Hügeln – man nennt das die »Hügelgräberkultur« – oder man verbrannte die Toten und setzte sie in Urnen bei – das waren die »Urnenfelderleute«. Die allgemeine Schuleinteilung der Vor- und Frühgeschichte ist freilich anders gegliedert. Man unterscheidet die Epochen nach dem Material von Werkzeug und Waffe und spricht demzufolge von einer Steinzeit, einer Bronzezeit und einer Eisenzeit, wobei die Übergänge fließend bleiben.

Um 700 vor Christus – das ist etwa das Todesjahr des Propheten Jesaja! – beginnt auch bei uns die frühe Eisenzeit. Der berühmteste Fundort für diese Epoche ist das oberösterreichische Hallstatt, reich und bedeutend geworden durch das hier vorkommende lebenswichtige Salz. Indes war nicht Hallstatt selber Ausgangspunkt der neuen Kultur, sondern jenes Ostalpengebiet, wo nach antiker Überlieferung ein Illyrisch sprechendes Volk lebte. Diese Illyrier dürften auch für unser Gebiet die Vermittler der Hallstattkultur gewesen sein. Manche Ortsnamen haben heute noch Anklänge an ihre Sprache: so Foetibus (Füssen) und Likias (Lech); im Inntal Umiste (Imst) und Veldidena (Wilten); im Gebirge Scarbia (Scharnitz) und Parthanum (Partenkirchen). Selbst der Name des Inns – Aenus – ist vielleicht illyrisch. Bei Grabfunden sind besonders schöne Tongefäße zutage gekommen; aber auch der Bronzeguß erreichte jetzt erst seinen Höhepunkt.

2. Die Kelten

Seit dem 5. Jahrhundert, der späteren Eisenzeit, taucht bei uns noch einmal eine vom hallstättischen Formkreis deutlich geschiedene Kultur auf, die man nach dem Fundort am Neuenburger See im Schweizer Jura La-Tène-Zeit nennt. Ihre Kennzeichen sind lange Schwerter und merkwürdige, aus Gold gedrehte Halsringe, die von Männern getragen wurden, die sogenannten »Torques«. Kostbare Grabbeigaben wie Dreifüße, Schnabelkannen und bemalte Schalen zeigen Beziehungen zum griechisch-etruskischen Mittelmeerkreis auf. Wichtiger ist freilich die Tatsache, daß in der La-Tène-Zeit zum ersten Mal ein Volk auf unserem Boden lebt, das mit Namen und Sprache heute noch greifbar ist: Es hängt zusammen mit den Kelten, den »Keltoi«, wie die Griechen sagten, den »Galli«, wie sie die Römer nannten.

Als Urheimat der Kelten nimmt man heute das Land um die obere Donau, den oberen Rhein und die obere Mosel an. Von da aus eroberten sie um 400 vor Christus ganz Süddeutschland, und die räumliche Nähe wie das verwandte Volkstum ließen dann unser Gebiet noch im 5. Jahrhundert wie selbstverständlich keltisch werden. Besteht heute gar kein Zweifel mehr, daß die Kelten ein Volk von Völkern waren, so lassen sich für unseren Raum im wesentlichen drei große keltische Volksgruppen namhaft machen: im Westen des heutigen Bayern bis herüber zum Inn die Vindeliker; im Osten, anschließend an die Vindeliker, die Noriker; nördlich der Donau bis zum Main hinauf die Boier. Diese Boier sind wohl unter dem Druck germanischer Volksstämme früh abgezogen – möglicherweise über Passau, das ja noch in der Römerzeit als *Boiodurum* den Namen weiterträgt, in den böhmischen Kessel. Der Name Böhmen meint ja eigentlich *Boiohaemum*, die Heimat des Boiervolkes. Überhaupt zeigt das Volk der Kelten wenig Sinn für staatliche oder stammesmäßige Zusammenschlüsse. Nur die Sprache läßt uns die einzelnen keltischen Völkerschaften, von den Briten auf den fernen Inseln bis zu den Galatern in Kleinasien, als Einheit erscheinen. Dieses

Fehlen von Staat und Zentralgewalt mußte den Kelten dann freilich zum Verhängnis werden, als die Stämme einzeln zwischen die Mahlsteine des römischen Imperiums und des freien Germaniens gerieten. Trotz alledem wurde unser Land über Jahrhunderte hin durch das Keltische geprägt. Die Mehrzahl unserer Flüsse trägt heute noch keltische Namen; ein typisches Beispiel hierfür ist das keltische Wort »Isara«, in Frankreich zu Isère, in Tirol zu Eisack oder Isarco geworden, das den schnell dahinschießenden grünen Gebirgsfluß meint. Auch unter den rund fünfzig Ortsnamen, die noch aus der Römerzeit überliefert sind, kann man vier Fünftel eigentlich keltisch nennen: etwa Lauriacum (Lorch) oder Abodiacum (Epfach), Cambodunum (Kempten) oder Sorviodurum (Straubing). Von vielen anderen Keltenorten, beispielsweise der gewaltigen Anlage von Manching bei Ingolstadt, sind uns dagegen die alten Namen verlorengegangen. Diese ummauerten stadtähnlichen Siedlungen, die wir mit dem lateinischen Ausdruck *Oppida* fassen, beherbergten hochentwickeltes keltisches Handwerk. Die Kelten waren hervorragende Gerber, Sattler und Schuster, Drechsler, Zimmerleute und Wagenbauer. Die Eisenverhüttung aber entwickelte sich bereits zu einer Art Industrie, der ein Oppidum wie jenes Alkimoënnis auf dem Michelsberg bei Kelheim seinen Wohlstand, ja Reichtum verdankte – der Name selber kommt von Alkmona und meint den Fluß Altmühl.

Aber diese Oppida waren weit gestreut, und das Keltenland blieb ein Land der Bauern und der Herden, ein Land der »frommen Heiden« könnte man sagen. Die Kelten hatten eine eigene Priesterkaste, die sagenumwobenen Druiden. Sie haben die religiöse Überlieferung mündlich weitergegeben, und es ist uns von ihnen nichts Geschriebenes überliefert, obwohl sicher manche die griechische Schrift gekannt haben. Aber diese Frühzeit ist geprägt vom Mißtrauen gegenüber dem geschriebenen Wort. Cäsar meinte, die Druiden hätten den Schwund des Gedächtnisses durch die Schrift befürchtet. So sind auch die großen Götter der Kelten für uns nur Schemen und werden auch in der Überlieferung der Römer, in der sogenannten *Interpretatio Romana,* kaum greifbar. Da kommt etwa ein keltischer Gott mit dem merkwürdigen Namen Teutates vor, ein dreigesichtiger Gott, den die Römer einfach dem Merkur gleichsetzten. Strabo, der große Geograph der Antike, hielt ihn für einen Gott, der Menschenopfer geliebt hätte. Dann begegnet uns in römischen

Quellen die keltische Göttin Epona, die auf einem Pferd sitzt. Dieses Motiv klingt auch später immer wieder an. Wir kennen die Verehrung des heiligen Tieres bei den Bauernvölkern: das Pferd bei den Kelten, das Pferd bei den Germanen, das Pferd dann bei unseren Umritten an Georgi, Leonhardi und Martini bis hin zum Ende der alten Agrarkultur! Ferner scheinen die Kelten drei Muttergottheiten gekannt zu haben, die drei *Matres* oder *Matronae*. Und es gibt die alte Streitfrage, ob von diesen keltischen Muttergottheiten der Weg weitergeht zu den drei Heilrätinnen der christlichen Zeit, wie sie in Schlehdorf oder Leutstetten verehrt wurden und im niederbayerischen Schildthurn.

Doch damit haben wir den Punkt erreicht, wo das historisch Beweisbare bereits aufhört und die Hypothesen der alten Volkskundler und ihre »Feldforschung« beginnen. Halten wir also nur die Tatsache fest, daß die Kelten hier auf bayerischem Boden als das erste deutlich mit Sprache und Stammeswesen faßbare Volk erscheinen.

3. Die Römer

Die Keltengefahr hing beim Aufstieg des Römischen Reiches immer wie eine schwarze Wolke am Horizont, und für die antike Welt mußten die Kelten als das große gefährliche Volk des Nordens erscheinen. 387 vor Christus standen sie unter dem älteren Brennus vor Rom, 279 vor Christus bedrohten sie unter dem jüngeren Brennus das griechische Nationalheiligtum von Delphi. Erst Cäsar besiegte die Gallier, erst Augustus gelang es, die Alpenstämme zu befrieden und die *Pax Romana* bis zur Donau auszudehnen. Die Noriker zogen die freiwillige Unterwerfung vor, die Vindeliker ließen es aber auf das Schwert ankommen, so daß Drusus und Tiberius, die beiden Stiefsöhne des Kaisers, zu einer weiten Zangenbewegung über Bodensee und Alpen ausholen mußten. Mit dem erfolgreichen Ausgang dieses Sommerfeldzugs des Jahres 15 vor Christus, der das römische Imperium bis zur Donaulinie hin ausweitete, begann für unser Voralpenland eine völlig neue Geschichtsepoche.

Die Eroberung selber ist mit brutalen Mitteln vor sich gegangen, auch wenn das Schicksal der eingesessenen Bevölkerung nur schwer faßbar ist. Die jungen Leute, soweit sie wehrfähig waren, wurden wohl deportiert und in fernen Provinzen unter die Legionen gesteckt. Die Römer haben diesen Vorgang »befrie-

RÖMISCHER OPFERALTAR AUS EINING, 211 N. CHR.

den« genannt; alle Eroberer haben ja noch die eroberten Länder
»befriedet«: *Omni Gallia paccata* heißt etwa der einschlägige Ab-
lativus absolutus bei Cäsar.

Nach der Befriedung wurde das Land in zwei Provinzen eingeteilt: in die Provinz *Raetien*, die die vindelikischen und raeti-
schen Lande zusammenfaßte und mit Augusta Vindelicum
(Augsburg) eine Hauptstadt erhielt; diese Provinz Raetien
reichte von den Rheinquellen und dem Bodensee bis hin zum
Inn; im Osten schloß sich dann die Provinz *Norikum* an, die vom
unteren Inn bis zum Wienerwald ging. Nur im Norden biß sich
die Grenze an der Donau fest, denn überm Fluß lebten wilde,

drängende Germanenstämme, gegen die man in den beiden neuen Provinzen zunächst Hilfstruppen und ein weitmaschiges Kastellsystem stellte.

Erst Kaiser Vespasian (69-79) ging, um die Grenzlinie zu verkürzen, gegen den einspringenden Landwinkel vor, der vom Oberrhein und von der Donau gebildet wird. Dieser Landwinkel, im wesentlichen das heutige Württemberg, der nun zur römischen Provinz gezogen wird, heißt in den Quellen – wir wissen nicht recht warum – *Agri decumates,* das Zehentland, das Dekumatenland. Die Grenze des Dekumatenlandes, das ja offenliegt und nicht durch einen Flußlauf gesichert ist, wird unter Kaiser Hadrian (117-138) mit dem großen Grenzwall befestigt, dem Limes. Dieser Limes, über Meilen hin Palisaden, dazwischen feste Wachtürme, dahinter Kastelle, beginnt in Hienheim bei Kelheim, setzt bei Kipfenberg über die Altmühl und bei Ellingen über die Schwäbische Rezat; bei Lorch an der Rems biegt der Grenzwall im scharfen Winkel um nach Norden, erreicht bei Miltenberg im heutigen Unterfranken den Main und bei Andernach den Rhein. Wir wollen hier den Verlauf des Limes nicht näher erörtern, aber es bleibt doch von Interesse, daß der evangelische Kirchenhistoriker Matthias Simon darauf hingewiesen hat, wie die Limeslinie mit dem Beginn des siedlungsfeindlichen Nadelwaldes zusammenfällt. Im Unterschied dazu war der Laubwald, der südlich des Limes vorherrschte, siedlungsfreundlich, denn er bot den riesigen Schweineherden, die man einfach in die Wälder trieb, Mast und Weide. Das Schimpfwort »Saubayer« erinnert heute noch daran.

Über die Römer selber, ihre Kultur und Zivilisation, haben wir nicht zu handeln. Hierüber informieren die Museen unserer alten Römerstädte. Die größte und schönste unter ihnen muß Augsburg gewesen sein, *Augusta Vindelicum* oder, wie man früher gesagt hat, *Augusta Vindelicorum,* jedenfalls die »Augustusstadt im Vindelikerland«, die selbst Tacitus »die glanzvollste Koloniestadt der Provinz Raetien« nennt. Hier hatte der römische Statthalter seinen Sitz; hier war der Mittelpunkt für Gewerbe und Handel; seit Kaiser Hadrian hatte man sogar das römische Stadtrecht. Ganz anders als Augsburg muß dagegen die andere große Römerstadt gewesen sein, *Castra Régina,* Regensburg. Mit dem Wort »Königin« hat diese Bezeichnung nichts zu tun, sondern sie meint das große Militärlager am Regenfluß, das unter Kaiser Mark Aurel seit 179 nach Christus großzügig ausgebaut worden ist. Ursprünglich war es lediglich eines jener Donaukastelle, für die das benachbarte Eining (Abúsina) als klassisches Beispiel gelten kann; dann wurde Regensburg jedoch das Standquartier einer ganzen Legion. Wesentliche Teile der Bauinschrift sind uns heute noch erhalten; sie berichten, daß die dritte Italische Legion in den Jahren 179/180 nach Christus die Umwallung mit den Toren und den Türmen unter dem Legaten Helvius Clemens Dextrianus fertiggestellt hat.

Parallel zum zivilisatorischen Aufbau vollzog sich der Prozeß der Verschmelzung der Provinzen mit dem Mutterland, die eigentliche Romanisierung. Die eingesessene keltische Bevölkerung, neuerungssüchtig und begierig aufs Fremde, legte erstaunlich schnell ihr eigenes Volkstum ab. Aus der keltischen Urbevölkerung, römischen Beamten, Kaufleuten und Soldaten aus allen Teilen des Imperiums bildete sich spätestens im Laufe des 2. Jahrhunderts nach Christus eine einheitliche romanische Provinzbevölkerung. Selbstverständlich nahmen diese romanisierten Kelten teil an der allgemeinen wirtschaftlichen, sozialen und geistigen Entwicklung im Imperium. So konnten am Ende des 2. und gegen Anfang des 3. Jahrhunderts nach Christus auch die Mysterienreligionen des Ostens in Raetien und Norikum eindringen. Es ist aber nicht zuerst Christus, der durch Soldaten und Kaufleute in dieses unser Land vermittelt wird, sondern der merkwürdige persische Lichtgott Mithras, der den Stier tötet. Die Schwäche des Mithraskultes war freilich, daß er ein Geheimkult war und ein Kult, bei dem die Frauen nicht zugelassen waren. Und schließlich hat nicht Mithras bei uns gesiegt, sondern Christus.

2. Kapitel

DAS RÖMISCHE CHRISTENTUM IN RAETIEN UND NORIKUM

1. Frühe Zeugnisse

Die Christianisierung auf später bayerischem Boden begann, als Kaufleute, Beamte und Soldaten erste Berichte von dem neuen Glauben mitbrachten. Eines der frühesten Zeugnisse dürfte das »Regenwunder« im Markomannenkrieg sein: Während im Jahre 172 nach Christus bei einer Schlacht an der Donau das römische Heer in glühender Hitze durch einen plötzlichen Regenguß erfrischt wurde, brachte dem Gegner das Unwetter, das sich hier von seiner üblen Seite zeigte, die Auflösung. Ganz gleich, ob diese himmlische Fügung durch die Fürbitte Mark Aurels, durch einen ägyptischen Priester oder durch das Gebet christlicher Soldaten bewirkt worden ist – man nahm sie als Beweis, daß unter den römischen Legionären bereits Christen waren.

Sichere Zeugnisse für das Christentum in unserem Land haben wir aus dem beginnenden 4. Jahrhundert, nämlich aus der Zeit der letzten großen Christenverfolgung unter Kaiser Diokletian im Jahre 304 – Zeugnisse, die deutlich machen, daß das Christentum in den Provinzen Raetien und Norikum schon auf breiter Ebene Eingang gefunden hatte. Da ist etwa die *Passio Floriani*, die Legende des Märtyrers Florianus aus dem norischen Lauriacum, dem heutigen Lorch bei Enns in Oberösterreich. Diese Passio ist überwuchert von späteren Wundergeschichten, doch führt der Kern der Überlieferung eindeutig zurück in das ufernorische Christentum zur Zeit der letzten diokletianischen Verfolgung im Jahre 304. Als damals der Statthalter Aquilinus in Lorch vierzig Leute in den Kerker warf, weil sie sich zu Christus bekannten und sich weigerten, dem Kaiser zu opfern, eilte der frühere Amtsvorstand Florianus aus Cetium, dem heutigen St. Pölten, herbei, um seine Glaubensbrüder zu retten. Da auch er dem christlichen Glauben treu blieb, wurde er vom römischen Statthalter zum Tode verurteilt, im Fluß Enns ertränkt und dadurch zum Märtyrer. Die Begräbnisstätte Florians ist das große Augustiner-Chorherrenstift St. Florian bei Linz in seiner barocken Pracht. Doch erschütternder sind die Ausgrabungen unter der alten Laurentiuskirche von Lorch, die man seit 1960 durchgeführt hat. Man kann dort in der Unterkirche sehen, wie der Weg geht von einem heidnischen Sacellum

Salue dux generose FLORIANE,   Princeps purpurei decus senatus,   Largo Sanguinis imbre purpurarunt.
Ingens gloria FLORIANE Martis.   Qui testes Domini Deiq́, nostri,   Ex hoc cælituum rubente flore.
Sed CHRISTI generosior triūnus,   Signarunt tabulas, fidémq, cæli   Flos es non moriture FLORIANE.

DER HL. FLORIAN

zur Kirche der unbekannten vierzig Märtyrer, die mit Florian gestorben sind, und wie von da aus der Weg weiterführt zur Laurentiuskirche der Karolingerzeit. Die Archäologie gehört ja zu den staunenswertesten Phänomenen unserer Tage, und die aufregenden Ausgrabungen, die man in Regensburg, in Augsburg, in Passau oder in Lorch durchgeführt hat, zeigen eines mit aller Deutlichkeit: Von dem, was in den alten Quellen steht, ist viel mehr wahr, als der gelehrte Hochmut des 19. Jahrhunderts glauben wollte.

Liegt Lauriacum im Osten, so haben wir gleichzeitig im Westen ein anderes Martyrium bezeugt: das der heiligen Afra in Augusta Vindelicum, in der Hauptstadt der Provinz Raetien. Auch die *Passio* und *Conversio* der Afra sind von Legenden überwuchert, und es ist ebenso frivol wie dumm, wenn man später in Afra eine zum christlichen Glauben bekehrte Buhldirne und Prostituierte sehen wollte. Aber das Martyrium der Afra, die während der diokletianischen Verfolgung des Jahres 304 auf einer Lechinsel verbrannt wurde, ist gut bezeugt. Ihr Grab aus frühester Zeit hat sich in der alten Abteikirche St. Ulrich und Afra erhalten, und wir sehen hier in Augsburg, ebenso wie drüben in Lorch, eine unglaubliche Kontinuität des Christentums in unserem Land und eine ununterbrochene Verehrung der Märtyrer an heiligen Stätten, die vom Jahr 304 bis in unsere Tage hereinreicht.

Auch in Regensburg gibt es ein Zeugnis frühchristlichen Glaubens. Man hat dort einen Grabstein gefunden, dessen Inschrift lautet: *In beatam memoriam Sarmanninae quiescenti in pace martyribus sociatae.* Die zweifellos christliche Inschrift besagt also: »Zum seligen Gedächtnis der Sarmannina, die im Frieden ruht, mit den Märtyrern vereint.« Pater Romuald Bauerreiß hat in der ersten Auflage seiner *Kirchengeschichte Bayerns* von dieser Inschrift her auf eine Märtyrerin Sarmannina in Regensburg geschlossen. Das war sicher eine voreilige Interpretation, von der Pater Romuald später selber abgerückt ist, denn die Inschrift besagt zunächst nur: Sarmannina will dort ruhen, wo auch die Märtyrer ruhen. Wir haben hier also etwas für das Christentum Typisches angesprochen, das *Sociare cum sanctis.* Deutet also der Regensburger Grabstein nicht von vornherein auf ein Martyrium der Sarmannina selber, so kann er doch darauf hinweisen, daß auch in Regensburg eine Christenverfolgung stattgefunden hat.

Nach der Tolerierung des Christentums durch das Mailänder

Edikt von 313 und insbesondere nach der Anerkennung als Staatsreligion im Jahre 392 wird die Ausbreitung unseres Glaubens in Raetien und Norikum noch wesentlich rascher vorangegangen sein, und die *Vita Severini* aus der zweiten Hälfte des 5. Jahrhunderts bietet bereits ein eindrucksvolles Bild christlichen Lebens.

2. Bischofssitze und Pfarrorganisation

Da die kirchliche Organisation an die römische Verwaltung gebunden war, muß auch die Einrichtung der Bistümer wesentlich mit der römischen Städteverfassung zusammenhängen. Noch unter Kaiser Diokletian waren die riesigen Provinzen Raetien und Norikum geteilt worden: Raetien in eine westliche Provinz (Raetia prima) mit der Hauptstadt Curia (Chur) und in eine nordöstliche Provinz (Raetia secunda) mit der Hauptstadt Augusta Vindelicum; Norikum in ein nördliches Ufernorikum (Noricum ripense) mit Wels (Ovilava) als Hauptstadt und in ein südliches Binnennorikum (Noricum mediterraneum) mit der Hauptstadt Virunum, die auf dem sogenannten Zollfeld nördlich von Klagenfurt zu suchen ist. Weil der inneralpine Raum eine stärker ausgebildete Städteverfassung hatte als das voralpine Gebiet, ist es verständlich, daß sich hier auch die meisten Bistümer finden. Im binnennorischen Gebiet ließen sich ausmachen: Aguntum bei Lienz, Virunum auf dem Zollfeld bei Klagenfurt, Teurnia (das heutige St. Peter im Holz in Kärnten), ferner Celeia und Poetovio, die heutigen Städte Celje und Ptuj in Slowenien. Im gebirgigen Raetien sind Curia (Chur) und Sabiona (Säben) mit Sicherheit als spätantike Bistümer nachzuweisen. Im Flachland dagegen sind uns nur das ufernorische Lauriacum und im Westen Augusta Vindelicum als Bischofssitze bezeugt.

Neben der *Vita Severini* sind es vor allem die archäologischen Zeugnisse, die in den letzten Jahrzehnten unsere Kenntnis entscheidend ergänzt haben. Wenn sichere Aussagen auch schwierig sind, so kann man doch mit einiger Bestimmtheit sagen, daß in Epfach am Lech, in Augsburg, in Regensburg, in Lorch, in Mautern und in Carnuntum spätantike christliche Bauten zutage gekommen sind. Noch vielschichtiger waren die Ergebnisse in Binnennorikum, wo neben den bischöflichen Kirchen von Aguntum, Virunum und Teurnia auf den benachbarten Höhen befestigte Bergkirchen aus den Sturmzeiten der Völkerwanderung ausgegraben wurden. Auch im schon mehrmals erwähnten

Passau brachten die letzten Grabungen einigermaßen sichere Ergebnisse. Hier scheint tatsächlich die Gemeindekirche des spätantiken Castells Boiotro auf, neben der der heilige Severin ein Klösterchen gegründet hatte.

Außer den spätantiken Kirchenbauten haben die Ausgrabungen auch zahlreiche Denkmäler der Kleinkunst ans Licht gebracht. Dabei bildet das Grabrelief von St. Georgen im Attergau, das ein betendes Ehepaar mit gefalteten Händen zeigt, »ein bislang einzigartiges Monument ufernorischen Christentums des 5. und 6. Jahrhunderts«. Ein römischer Grabstein aus Wels nennt eine *Ursa crestiana fidelis,* und auch in Lorch sind Kleinfunde ans Tageslicht gekommen – meist Grabbeigaben, die auf den Glauben des Bestatteten weisen.

Eine weitere Möglichkeit, spätrömisches Christentum aufzuspüren, hat um die Jahrhundertwende Max Fastlinger durch das Erforschen der Kirchenpatrozinien versucht, vor allem bei den Heiligen Laurentius, Georg und Johannes dem Täufer. Eine solche Beweisführung ist freilich schwierig, weil uns aus der Antike kaum Namen von Kirchenpatronen überkommen sind. Trotzdem hielt Fastlinger den Nachweis bereits für erbracht, wenn ein mittelalterlich belegtes Patrozinium sich an einem Ort fand, der durch andere Indizien in die Römerzeit zurückdatiert werden konnte. Nun hat aber Gertrud Diepolder in einer gründlichen Studie nachgewiesen, daß in unserem Raum nur eine einzige Laurentius-Kirche aus dem 6. Jahrhundert bezeugt ist, so daß Fastlingers Argumentation höchstens zu Vermutungen führen kann. Ebenso ist für den heiligen Georg nur eine einzige alte Nennung belegt, und auch sie gehört bestenfalls in die zweite Hälfte des 7. Jahrhunderts. Für Taufkirchen schließlich, die dem heiligen Johannes geweiht waren, haben wir lediglich zwei Belege aus der *Vita Severini,* also entschieden zu wenig Beweise für die Behauptung Fastlingers, »in römischer Zeit scheint Bayern gleich Italien mit Johannestaufkirchen übersät«. Will man zuverlässige Nachrichten über die spätrömische Pfarrorganisation finden, muß man sich an die *Vita Severini* halten. Sie nennt aus unserem Raum neun Kirchen, und zwar in Passau, in Künzing, in einem zwischen Engelhartszell und Aschach gelegenen Ort namens Joviacum, in Salzburg, in Kuchl, in Lorch, in Mautern, in Tulln und in Klosterneuburg. Freilich, mit der *Vita Severini* und dem Wirken dieses heiligmäßigen Mönches in Bayern befinden wir uns schon in der zweiten Hälfte des 5. Jahrhunderts und damit am Ende der römischen Herrschaft in unserem Land.

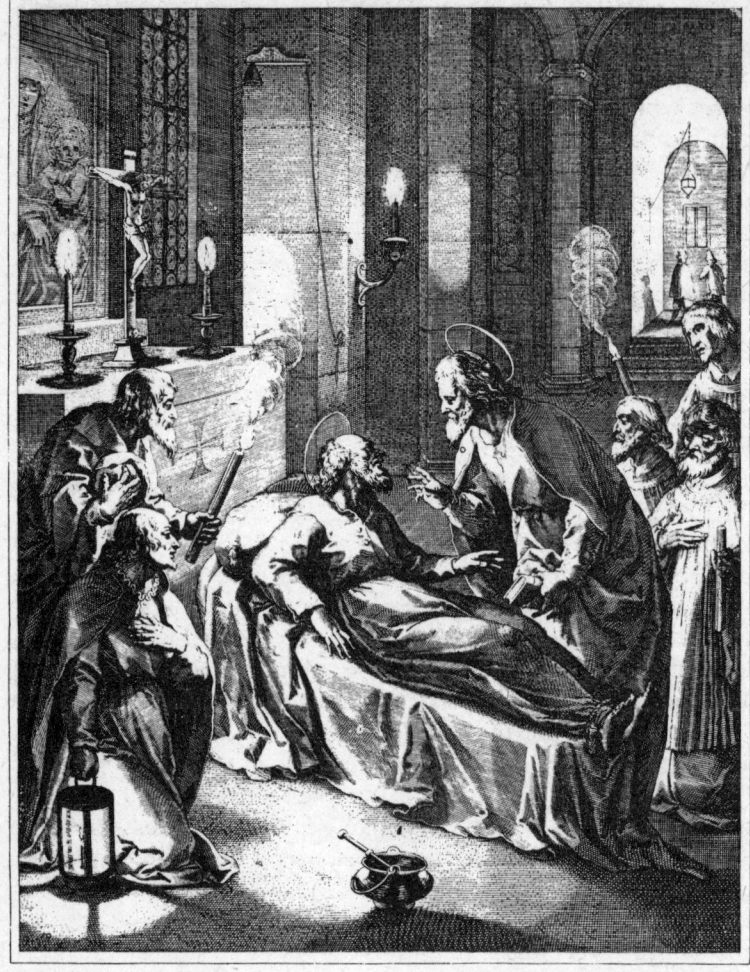

Cum pia SILVINI mens ad prætoria cæli
 Staret inexhausto Numinis hausta bono;
Flebat ad exanimi funus lacrimabile mystæ,
 Plena SEVERINI vita dolore Patris;

Et lacrimans socium captis revocaret ab astris
 Vin' ait, hac iterum luce, dieq; frui?
Quid fruar? abrumpes æternæ gaudia vitæ?
 Vivere quod vestrum est? nil nisi tristra mori.

DER HL. SEVERIN

3. St. Severin und die Spätzeit

Bereits um die Mitte des 3. Jahrhunderts hatten die Alamannen den Limes durchbrochen, und, wie beim großen Markomannensturm von 166 nach Christus, sind auch damals Kastelle, Städte und Landsitze ein Raub der Flammen geworden. Mit dem Sinken der Kräfte im römischen Imperium geht eine immer stärkere Auflösung der alten Donauprovinzen Hand in Hand. Nur mit Mühe gelingt es den Soldatenkaisern, den Einbruch germanischer Volksstämme noch einmal abzuwehren und das Land südlich der Donau für weitere zweihundert Jahre zu halten. Das ist dann die Situation um die Mitte des 5. Jahrhunderts: eine Reichsprovinz mit loser Bindung an Rom; ummauerte Städte, in denen sich sozusagen die letzten Römer oder Keltoromanen zu sichern suchen; Soldatenkontingente über das ganze Land hingestreut; die Bevölkerung zwar christlich, aber ein wankelmütiges Volk, voll Feigheit, Aberglauben, Genußsucht und Angst. Ringsum stürmen Ostgoten, Heruler, Rugier, Thüringer an; im Westen nehmen die Alamannen ein Stück Raetiens nach dem anderen weg. Mit einem Wort: Wir haben die sattsam bekannte Weltuntergangsstimmung gerade hier in den römischen Donauprovinzen. Und in diesem Chaos erscheint nun eine Persönlichkeit voll Tatkraft und schlichter Würde – der heilige Severin, dessen 1500jährigen Todestag das Bistum Passau und seine Tochterdiözesen Linz und St. Pölten am 8. Januar 1982 begehen konnten.

Bestimmt vom asketischen Mönchsideal, lebte Severin in Zurückgezogenheit. Er war aus dem Osten nach Norikum gekommen und wollte nicht mehr sein als ein schlichter Mönch; aber an der Art, wie er das Latein sprach, konnte man hören, daß er wohl einer alten römischen *Gens* entstammte. Vielleicht ist Severin ehemals ein hoher kaiserlicher Beamter gewesen, und möglicherweise deutet das *Illustrissimus vir* einer erst vor kurzem aufgedeckten Quellenstelle die konsularische Würde an, die der Heilige einmal getragen hatte. Jedenfalls widmete sich Severin in Norikum ganz seinen römischen Landsleuten, die eingekeilt und bedroht zwischen heidnischen und arianischen Germanenstämmen lebten. Dem Bestreben, das religiöse Leben wachzuhalten und das schwankende Christentum von innen her zu fassen, dienten seine Klostergründungen. Das Hauptkloster errichtete er in Favianis, dem heutigen Mautern in Niederösterreich. Ein zweites Kloster erstand in Passau in der Nähe des in den letzten Jahren ausgegrabenen Römerkastells Boiotro. Hierfür mag vor allem die unvergleichliche Gunst der Lage den Ausschlag gegeben haben. In Passau fließen nämlich Inn und Donau zusammen und bilden eine vor jedem Feind sichere Halbinsel. Und da der Inn die Binnengrenze zwischen den römischen Provinzen Raetien und Norikum bildet, haben wir hier das Aufeinanderstoßen der Einflußsphären von zwei römischen Gouverneuren und die Duplizität der Römerstädte: Auf der von Inn und Donau gebildeten Halbinsel, noch raetisch, die Römersiedlung *Castra Batava*, das Lager der Batavischen Kohorte, das Passau den Namen gegeben hat; gegenüber auf der norischen Seite *Boiodurum*, das sich in der spätrömischen Antike zum Ortsnamen *Boiotro* formt. Passau also als der Ort, an dem wir Severin fast noch direkt fassen können! Wir haben hier am Inn die uralte Kirche St. Severin, die das Andenken des Heiligen bis auf den heutigen Tag bewahrt und vielleicht noch auf eine antike Sakralstätte zurückgeht, und wir haben hier in Passau die Übereinstimmung neuester Ausgrabungen mit den alten Quellenaussagen.

Severin war nicht nur das unumstrittene geistliche Oberhaupt, sondern auch der politische Repräsentant des Romanentums in Norikum. Er übernahm die Initiative bei der Verteidigung und dann bei der Evakuierung der römischen Bevölkerung; er organisierte mitten in diesem politischen Chaos ein sozial-karitatives Hilfswerk und setzte sich dafür ein, daß die reicheren Gemeinden in Binnennorikum die bedrängte ufernorische Bevölkerung unterstützten; er trat auch den von allen Seiten andrängenden Germanen furchtlos entgegen, und zwar mit der inneren Autorität seiner Persönlichkeit. Obgleich Severin den Verlust des Grenzlandes voraussah, half er mit besten Kräften, diesen Vorposten des Reiches so lange zu halten, wie es irgend möglich war. Es gelang ihm, ständiger Berater des mächtigen Rugierkönigs zu werden, der sich, trotz seines arianischen Bekenntnisses, immer wieder mit dem Heiligen besprach. Auch andere Führer von Germanenstämmen suchten Severins Rat und Segen, namentlich auf ihrem Weg nach Italien. Einer von ihnen war der Skirenfürst Odoaker, der 476 den letzten weströmischen Kaiser Romulus Augustulus entthronen und das erste germanische Königtum auf italischem Boden aufrichten sollte. Vom Alamannenkönig Gibuld, der gegen Passau zog, um Severin persönlich kennenzulernen, erreichte der Gottesmann, daß er sein Kriegsvolk von Plünderungen zurückhielt und die Römer in seiner Gewalt ohne Lösegeld freigab.

Die *Vita Severini* gibt uns auch Einsicht in die innere Struktur des norischen Christentums. Es gab also in dieser Provinz bereits Bischöfe, Priester, Diakone, Subdiakone und Ostiarier sowie Mönchsgemeinden und eine *Virgo consecrata.* Man ist katholisch; Heiligenfeste werden gefeiert, die Reliquien der Märtyrer verehrt und das Fasten gehalten. Die Sakramente der Taufe und der Eucharistie werden überall gespendet. Zugleich schildert uns diese überaus wertvolle Quelle den Endpunkt des römischen und damit wohl auch des organisierten christlichen Lebens in dieser Donauprovinz. Als die Römerorte an der oberen Donau nicht mehr zu halten waren, entschloß sich Severin zur Räumung und Umsiedlung der Bevölkerung, zunächst von Passau nach Lorch und dann von dort in die unter rugischer Herrschaft stehenden unteren Donaustädte. Im Januar 482 starb Severin bei seinen Mönchen in Favianis. Sechs Jahre danach, 488, hat Odoaker den Abzug der romanischen Bevölkerung aus den Donauprovinzen angeordnet. Diesem Abzugsbefehl haben wohl nur die Höhergestellten Folge geleistet, die Kaufleute, die Soldaten, die Beamten und die Geistlichen. Natürlich haben die Mönche von Favianis auch den Leib ihres Abbas nach Italien mitgenommen, und im Kloster Lucullanum, unweit von Neapel, fand der Heilige für mehrere Jahrhunderte seine Ruhestätte. Im Jahre 910 wurden die Gebeine in das Kloster San Severino in Neapel verbracht und 1807 vor den Soldaten Napoleons nach Frattamaggiore bei Aversa südlich von Neapel gerettet, wo sie heute noch ruhen.

In Lucullanum bei Neapel hat dann Severins Schüler, der Abt Eugippius, 511 seine berühmt gewordene *Vita Sancti Severini* geschrieben *ad aedificationem audientium,* zur Erbauung also aller, die diese Erinnerung an den heiligmäßigen Abbas von Favianis hören wollten. Eugipps *Commemoratorium* ist eine geradezu einmalige Quelle, die über den Untergang der antiken Welt hier in den Donau- und Alpenprovinzen berichtet, eine Quelle, die, wie gesagt, die großartigen Ausgrabungen im Bereich des alten Passau bestätigt. Zugleich ist die *Vita Severini* ein Denkmal der Heiligkeit, die hier weltgeschichtliche Größe erlangt. Die Bedeutung Severins erwuchs vor allem daraus, daß er Verzicht leistete auf Vorteile zugunsten des Sittlichen, und zwar nicht bloß aus Klugheit, sondern aus innerer Überzeugung; daß er zuletzt nur noch ein schlichter Mönch war, der helfen wollte. Und diese Größe der Heiligkeit brauchen wir bei unserem Gang durch die Geschichte. Solche Heiligkeit erhellt den Weg der Menschheit durch die Finsternis, und vielleicht können nur Figuren wie Severin vor dem allzeit und immer drohenden Absturz in Anarchie und Barbarei bewahren. Gerade die Heiligen vergegenwärtigen ja in stets neuen unableitbaren Phasen, was ihnen in der Lebens- und Schicksalsgemeinschaft mit Christus zuteil geworden und widerfahren ist. Im wechselhaften Auf und Ab der Geschichte lassen sie immer wieder gestalthaft Christentum aufleuchten – neue Verwirklichungsweisen christlichen Seins.

3. Kapitel:
DER BAYERISCHE RAUM IN DEN STÜRMEN
DER VÖLKERWANDERUNG

1. Die Landnahme der Alamannen
und Bayern

Es war schon wiederholt davon die Rede, daß die römischen Donauprovinzen Raetien und Norikum über Jahrhunderte hin von
wilden Germanenstämmen bedrängt wurden, und daß die weit
auseinandergezogenen Grenzen nicht hermetisch abgedichtet
werden konnten. Die Markomannen hielten im großen Krieg
von 166 bis 172 die besten Streitkräfte Roms in Atem, und Kaiser
Mark Aurel suchte von seinen Donaukastellen aus das Imperium zu stützen. Es war auch schon die Rede von den Alamannen, die im gewaltigen Sturm von 233 den Limes durchbrachen
und in den folgenden Jahrzehnten die Preisgabe des Landes zwischen Rhein, Bodensee, Iller und Donau erzwangen. Endgültig
um das Jahr 260 haben sich die Alamannen in diesem einspringenden Winkel, dem Dekumatenland also, festgesetzt. Ihrer
Herkunft nach sind die Alamannen ein germanischer Stamm,
der zum großen alten Volk der Sweben gehört. Ihr Name meint
wohl einen Kampfbund oder eine Gesamtheit von Männern
(»alle Mannen«). Alamannen und Schwaben sind eigentlich
stammesmäßig dasselbe.

Vom Dekumatenland aus stießen die Alamannen über den
Oberrhein und drangen ins Elsaß vor, während es den Römern
vorerst noch gelang, das heutige bayerische Schwaben mit der Il-
lergrenze zu halten. Erst nach 400 — etwa gleichzeitig mit der Er-
schließung des Gebietes der heutigen Schweiz — erfolgte die
endgültige Besitznahme des östlichen Schwabens durch die Alamannen. Sie ging wohl nur zögernd und schubweise vor sich, getragen von adeligen Herren und ihren Siedlergruppen. In der
Zeit der unsicheren Machtverhältnisse nach 450 drangen die
Alamannen in unserem Alpenland weit über den Lech hinaus
nach Osten vor. Unter ihrem Fürsten Gibuld erschienen sie sogar vor Passau und Lorch an der Enns. Die alamannischen Ein-
wanderer fanden, vornehmlich in den befestigten Orten, eine
nicht zahlreiche keltoromanisch-germanische Mischbevölke-
rung vor, mit der sie allmählich verschmolzen. Im allgemeinen
deuten die auf »... ingen« und »... heim« endenden Ortsnamen

in Verbindung mit Reihengräbern auf alamannische Ursiedlungen der Landnahmezeit. Es sei nur Wittislingen bei Dillingen genannt, wo man aus dem Grab einer alamannischen Fürstin einen großartigen Schatz geborgen hat, eine herrliche Fibel, etwa um 650 datiert. Oder man denke an Namen auf »...ingen« wie Lauingen, Gundelfingen, Aislingen, Wertingen und Memmingen einerseits, an »...heim«-Orte wie Blindheim, Leipheim, Holzheim, Mindelheim andererseits. Halten wir zusammenfassend fest: Mit den Alamannen taucht im heutigen Bayern der erste Germanenstamm auf und kommt zur Seßhaftigkeit, und zwar in jenem Raum zwischen Iller und Lech, den wir heute noch als bayerisches Schwaben auf den Landkarten deutlich ausmachen können.

Später als die Alamannen kamen die Baiwaren in unseren Raum. Ihre Herkunft und Landnahme haben in den zeitgenössischen Quellen keinen Niederschlag gefunden. Wir haben von den Bayern erst Kunde, als sie bereits im Land sitzen. So kennt der Geschichtsschreiber Jordanis in seiner Gotengeschichte von 551 die »Baibari« als östliche Nachbarn der Schwaben: *Regio illa Suavorum ab oriente Baibaros habet...* Unter der Voraussetzung, daß diese Stelle auf die verlorene Gotengeschichte des Cassiodor zurückgeht, würde die erste Erwähnung der Bayern dann freilich bereits in die Jahre 526 bis 533 fallen. Etwas später als Jordanis, zwischen 565 und 571, berichtet der italische Dichter und Hagiograph Venantius Fortunatus, der auf einer Pilgerreise zum Grab des heiligen Martin von Tours die Gebiete nördlich der Alpen kennenlernte, daß man von Westen her bei Augsburg und am Lech auf die Bayern stoße. Damit haben wir endlich eine eindeutige zeitliche, örtliche und ethnische Angabe.

Der von Jordanis überlieferte Name *Baibari* oder *Baiwari* ist wohl ein Herkunftsname und meint soviel wie »Männer aus dem Lande Baia«. Die Deutung des Herkunftslandes »Baia« freilich »ist eines der umstrittensten Forschungsprobleme der frühbayerischen Geschichte« (Kurt Reindel). Zumeist wird dieses Land Baia mit Böhmen in Verbindung gebracht, dem Land der keltischen Boier, dem Boiohaemum der Römer. Die keltischen Boier, die Böhmen den Namen gegeben hatten, waren freilich schon um Christi Geburt von den Markomannen überrannt worden, die zum großen westgermanischen Gesamtvolk der Sweben gehörten und unter König Marbod ihrerseits ein machtvolles Reich gründeten. Aus der Überlegung nun, daß diese Markomannen seit der Mitte des 5. Jahrhunderts nicht mehr erwähnt werden, hat der große fränkische Keltist Kaspar Zeuß schon im vorigen Jahrhundert seine »Markomannentheorie« entwickelt. Sie wird bis heute vertreten, wenn auch in modifizierter Form. An Stelle der Markomannen hat man auch schon andere germanische Stämme als ethnische Grundlage der Baiern gesucht, die Alamannen etwa oder die Langobarden oder die in der Slowakei und in Westungarn angesiedelten Quaden-Sweben.

Wann sind nun die Bayern in dieses Land gekommen, wann haben sie in Raetien und Norikum Fuß gefaßt? Wenn wir die Erwähnung bei Jordanis auf die Gotengeschichte Cassiodors zurückführen, so ergibt sich als *Terminus ad quem* die Zeit zwischen 526 und 533, das heißt die Bayern sind bereits vor diesem Zeitpunkt in das Land gekommen. Den *Terminus a quo* für das Auftauchen der Bayern aber bildet Odoakers Rückzugsbefehl von 488. Diese Eingrenzung für die Zeit der baiwarischen Landnahme zwischen 488 und 526 deckt sich auch mit den neuesten Bodenfunden. Doch haben sich in letzter Zeit unter den Archäologen Stimmen erhoben, die eine eigentliche Wanderbewegung überhaupt abstreiten. Demnach ginge es nicht um eine Einwanderung im eigentlichen Sinn, sondern um eine allmähliche Stammesbildung der schon länger hier Ansässigen. Zahlreiche Splitter der am Ende des 5. und zu Beginn des 6. Jahrhunderts in unserem Raum erwähnten Volksstämme werden im Baiernstamm aufgegangen sein: Markomannen und Sweben, Thüringer und Naristen, ostgermanische Volksreste wie die Rugier, Skiren oder Heruler. Wir können eigentlich nur sagen, daß die Baiwaren ein Volk von Völkern waren; daß sie nicht in einer einzigen großen Wanderung gekommen sind, sondern in einzelnen Schüben; daß sie sich zwischen die sitzengebliebenen Keltoromanen eingedrängt haben und erst hier im Land zwischen Donau und Alpen zum eigentlichen Stamm zusammengewachsen sind. Dabei müssen aber doch die »Männer aus Baia« das auslösende Element gewesen sein, denn sie haben sich stark genug erwiesen, um dem neuen Land und Volk ihren Namen zu geben.

Über den Gang der Siedlung geben uns wieder die Ortsnamen einige Aufschlüsse. Wie bei den Alamannen sind es auch hier die Ortsnamen auf »... ingen«, die zu den Siedlungen der Frühzeit zurückführen – auch wenn sich dann bei den Bayern schon im Mittelalter die Endung auf ein einfaches »... ing« abgeschliffen hat. Dabei gilt es, zwischen »echten« und »unechten« ...ing-Orten zu unterscheiden; die echten ...ing-Orte sind meist mit Personennamen zusammengesetzt und deuten sowohl auf eine Sippensiedlung hin als auch auf einen Gebrauch in der erweiterten Bedeutung »bei den Leuten des …«. So etwa meint Sendling »bei den Leuten des Sentilo«, Haching »bei den Leuten des Hacho«. Eine Karte der echten …ing-Orte läßt die Entwicklung der baiwarischen Siedlung und Landnahme wenigstens in groben Zügen erkennen. Sie zeigt, daß es in Bayern zwei Altsiedelzonen gab, eine entlang der Donau, eine zweite, mittlere, an Lech, Isar, Inn und Salzach. Ausgespart blieben Niederbayern zwischen Isar und Inn, das ganze Oberland, das Moos- und Waldgebiet an Ilm und Paar und nördlich der Donau; auch die Hallertau wurde erst in der Karolingerzeit erschlossen.

Den Alamannen und den Bayern, diesen beiden germanischen Alpengroßstämmen mit je einem *Dux* an der Spitze, alten Nachbarn von Anfang an, wurde nun gegen Ende des 5. Jahrhunderts die einsetzende Großreichbildung der Franken zum gemeinsamen Schicksal.

2. Die Franken und die Francia orientalis

Der Name »Franken« bezeichnet heute ein zu Bayern gehöriges Gebiet, das in die Regierungsbezirke Unter-, Mittel- und Oberfranken gegliedert ist. In der Frühgeschichte aber fehlt für diesen Raum ein einheitlicher Begriff, weil ihm keine einheitliche politische Organisation entsprach. Obwohl der weite Landstrich nie zum römischen Weltreich gehörte, sondern zum freien Germanien, wurde er weder als Ganzes noch in seinem Kern zum Siedlungsgebiet eines einzelnen germanischen Großstammes, der namengebend hätte werden können. Die vielen geschlossenen, erst im Mittelalter kolonisierten Waldgebiete machten das Land siedlungsfeindlich, und so diente der heute fränkische Raum während der Völkerwanderungszeit meist nur als Durchzugsgebiet. Es war gewissermaßen eine herrenlose Zone, umgeben von Sachsen und Thüringern im Norden, Alamannen und Baiwaren im Süden, Franken im Westen.

Diese Franken im Westen waren zweifellos der bedeutendste aller westgermanischen Stämme, und von ihnen ging am Ende des 5. Jahrhunderts die große Reichsbildung aus. Nur darf man ebendiese Franken zunächst nicht im heutigen Bayern suchen. Sie saßen vielmehr um Schelde und Rhein und erschlossen sich von dort aus unter ihrem König Chlodwig (482-511) das heutige Frankreich. Alsbald traten die Franken in der Rheingegend in scharfe Rivalität zu den Alamannen, die von Chlodwigs Nachfolger, König Theudebert, 536 endgültig unterworfen wurden. Und obwohl wir kein direktes Zeugnis haben, müssen wir annehmen, daß damals, im Zusammenhang mit der Niederlage der Alamannen, auch die Bayern unter die fränkisch-merowingische Oberhoheit gekommen sind.

Noch wichtiger für das Verständnis alles Späteren ist freilich die Tatsache, daß die Franken 531 nach Christus einen anderen germanischen Stamm aus dem Feld schlagen konnten, nämlich die Thüringer. Lag das Zentrum ihrer Stammesmacht auch in Mitteldeutschland, eben in der heutigen Landschaft Thüringen, so dürfen wir doch annehmen, daß die Thüringer in dieser Frühzeit weit über den Main heruntergesiedelt haben, und zwar bis in jene struppigen Waldgebiete, denen schon die Römer ausgewichen waren. Die Südgrenze der Thüringer versickerte also hin gegen die Grenzen der Alamannen und der Bayern. Mit dem Sieg von 531 drangen nun die weit im Westen siedelnden Franken in dieses Gebiet, und ein mächtiger fränkischer Stoß ging tief in die Mainlande hinein. Eine fränkische Oberschicht wurde der eingesessenen Bevölkerung vorgesetzt, und es hob der schwierige Prozeß der »Verfrankung« der Mainlande an, der sich bis ins 8. Jahrhundert hinzog. Einen wichtigen Hinweis, wie die merowingische Eroberung das Siedlungsbild in Thüringen und am Main verändert hat, gibt die große Gruppe der sach- oder personenbezogenen …heim-Orte von Mergentheim bis hin nach Heidenheim. Bei den meisten dieser …heim-Orte findet man nämlich Königsgut oder Angehörige der fränkischen Führungsschicht als Grundbesitzer. Diese Verfrankung vollzieht sich also nicht durch größere Siedlungs- und Bevölkerungsbewegungen, sondern durch politische und organisatorische Erfassung, bald auch durch die kirchliche Entwicklung. Mit der Verfrankung wird aus dem Land am Main fränkisches Königsland, das in den alten Quellen *Francia orientalis* heißt, Ostfranken. Und seither hängt der Frankenname an zwei weit voneinander abgetrennten Gebieten: an Frankreich, wo die westgermanischen Franken romanisiert wurden, und an den drei bayerischen Franken im Norden unseres Staatsgebietes.

Wir haben Zusammenhänge aufgezeigt, die mit der Kirchengeschichte vielleicht nichts zu tun haben, die aber grundlegend sind für das Verständnis von allem weiteren; grundlegend deshalb, weil deutlich wurde, daß unser heutiges Bayern aus drei Stämmen hervorwuchs: Wir haben schwäbisch-alamannisches

Volkstum zwischen Iller und Lech, das zuerst da war; wir haben das baiwarische Siedlungsgebiet im Kernland, und wir haben dann noch die fränkische Komponente, die sich dazugesellt mit der Verfrankung der Mainlande.

3. Die Kontinuität des Christentums

Wenn wir uns wieder der eigentlichen Kirchengeschichte zuwenden und das Problem der Christianisierung des bayerischen Raumes aufgreifen, so verbindet sich damit auch die Frage, was und wieviel an Christentum die im Land sitzengebliebenen Keltoromanen an die neuen germanischen Bauernvölker weitergegeben haben und weitergeben konnten. Damit ist freilich ein schwieriges Problem der deutschen Geschichte im Kontext mit dem römischen Reich angesprochen, nämlich die Frage des Fortlebens des Christentums nach der Landnahme und das Problem der Kultkontinuität in den ehemals römischen Provinzen. Eine derartige Kontinuität gibt es sicher nicht in Mainfranken, denn Mainfranken war ja außerhalb des Limes gelegen und hat die Römer nie gesehen. Eine solche Kontinuität in bezug auf das Christentum gibt es nur sehr bedingt im Land der Alamannen, denn das Wesen der alamannischen Landnahme war ja das Durchstoßen der Limeslinie, und dieses Durchstoßen der Limeslinie ist, wie wir gesehen haben, zu einem Zeitpunkt erfolgt, als im Dekumatenland noch kein Römerchristentum anzutreffen war und auch keines anzutreffen sein konnte. So ist auf schwäbisch-alamannischem Boden Kultkontinuität höchstens im Raum zwischen Iller und Lech und in der heutigen Schweiz gegeben.

Wichtiger für die Kontinuität, für das Fortleben romanischer Bevölkerung und romanischen Christentums, ist das eigentliche Baiwarenland zwischen Lech und Enns, wobei dem Alpenraum als der großen Fliehburg für die keltoromanische Bevölkerung wohl eine besondere Bedeutung zukommt. Wir dürfen annehmen, daß sich aus den Provinzen Raetien und Norikum auf den Befehl Odoakers hin lediglich das offizielle Rom zurückgezogen hat, die Soldaten und Beamten, vielleicht auch noch die Großen und Reichen. Zurückgeblieben ist eine zahlenmäßig nicht unbedeutende romanische Bevölkerung mit besonderer Verdichtung im Gebirge und am Alpenrand, wie sich aus dem gehäuften Auftreten romanischer Ortsbezeichnungen in diesem Raum erschließen läßt. Freilich darf man den Kulturstand dieser sitzengebliebenen Romanen nicht überschätzen, denn vieles, was die Höhe des römischen Provinzlebens ausgemacht hatte, war in den Stürmen des 5. Jahrhunderts untergegangen. So ist die nachweisbare Kontinuität zunächst auf die einfachen Dinge des täglichen Lebens begrenzt, auf den Bergbau, die Salzgewinnung, den Weinbau und die Almwirtschaft. Man denke nur an unsere Winzerorte entlang der Donau, die auf den Weinbau hindeuten, oder an die mit der Almwirtschaft zusammenhängenden Ausdrücke »Senner« und »Käse«, die von den lateinischen Worten »senior« und »caseus« abgeleitet sind. Weit schwieriger ist der Nachweis der Kontinuität bei anspruchsvolleren Formen des Lebens, beim Städtewesen etwa oder dem christlichen Glauben.

Sieht man von den besonderen Verhältnissen im Alpenraum einmal ab, so kann gesagt werden, daß mit dem Zusammenbruch der Römerherrschaft in Raetien und Norikum auch die kirchliche Organisation zugrunde ging. Dieser Umstand muß freilich nicht auch das Erlöschen des christlichen Glaubens nach sich gezogen haben. So kann die Tatsache, daß die Verehrung des heiligen Florian in Lorch an der Enns ohne Bruch an die Bayern überging als Beweis für das Fortleben des Christenglaubens in diesem Raum gewertet werden. Ein gleiches gilt für die heilige Afra in Augsburg. Auch wenn ein spätrömisches Bistum Augsburg nicht eindeutig nachzuweisen ist, bleibt doch das Andenken dieser Glaubenszeugin über die Völkerwanderungszeit hinweg lebendig. Das *Martyrologium Hieronymianum* und der Dichter Venantius Fortunatus bezeugen ihre Verehrung im 5. und 6. Jahrhundert, und um Afras Grab schart sich, wie neuere Ausgrabungen bei St. Ulrich und Afra in Augsburg erwiesen haben, früh eine christliche Gemeinde. Hier lassen sich, spätestens seit dem 7. Jahrhundert, geistliche und weltliche Würdenträger ihre letzte Ruhestätte geben. Von Venantius Fortunatus wird uns auch die weiterlebende Verehrung eines anderen Heiligen bezeugt, nämlich die des heiligen Valentin in Mais bei Meran, über den wir zwar historisch nicht viel Sicheres ausmachen können, der aber durch seltsame Verschiebungen und Verwerfungen schließlich zum Bistumspatron von Passau geworden ist. Recht unzuverlässig sind auch die Nachrichten über den zweiten Passauer Bistumspatron, den heiligen Maximilian, dem zu Ehren der heilige Rupert in Bischofshofen eine Zelle gegründet haben soll.

Wir haben von den Alpen gesprochen als der großen Fliehburg für die keltoromanische Bevölkerung. Und hier in den Alpen stoßen wir auch auf zwei eindeutige Zeugnisse für die Kontinuität des Christentums. Einmal ist es das Römerbistum Curia (Chur) in der Schweiz, das überwintern konnte bis auf den heutigen Tag, und zum anderen das Bistum Säben in Südtirol, hoch über dem Eisacktal, das die ganze Völkerwanderungszeit durchhielt. Wir wissen nicht genau, ob es stimmt, daß sich der Römerbischof von Augsburg hierher ins sichere Säben geflüchtet hat, aber der Hausheilige von Säben namens Ingenuin ist uns durch frühe Synoden gut bezeugt, und diesen Hausheiligen haben dann die Tiroler Bauern übernommen. Nur, sie haben den Namen Ingenuin nicht aussprechen können und deshalb aus ihm einen »Jennerwein« gemacht. Noch der sagenhafte Wildschütz von 1877 trägt also den Namen des römischen Bischofs Ingenuin von Säben. Aus diesem Bistum Säben ist später das Bistum Brixen geworden, das jeder Südtirolreisende kennt; später, das heißt zu einer Zeit, als man es wagen konnte, den steilen Felsvorsprung aufzugeben und in die Ebene hinunterzuziehen, wo Rienz und Eisack zusammenfließen. Aber damit sind wir der Zeit erheblich vorausgeeilt, denn dieses Brixen spielt erst im 10. Jahrhundert eine Rolle.

4. Kapitel:

DIE CHRISTIANISIERUNG DER ALAMANNEN, BAYERN UND OSTFRANKEN

1. Der fränkische Anstoß

Bei unserer Beschäftigung mit dem schwierigen Komplex der Stammesbildung konnten wir als wesentliches Ergebnis für Bayern festhalten, daß als erstes der schwäbisch-alamannische Stamm seßhaft wurde; daß seit etwa 490 die Männer aus dem sagenhaften Lande Baia folgten, die Baiwaren; daß dann die Niederlage der Thüringer 531 den Weg freimachte für die Verfrankung der Mainlande. Dabei erscheint es doch so, daß sich die westgermanischen Franken unser Nordbayern nur erschließen konnten, weil hinter ihnen das Reich der Merowingerkönige stand. Von diesen Merowingerkönigen im franko-gallischen Westen ging nun auch die eigentliche Christianisierung aus.

Die westgermanischen Franken, die an Schelde und Rhein saßen und sich von dort her ganz Frankreich aufbrachen, stellten zunächst keineswegs einen einheitlichen Stamm dar und eine dementsprechende Macht. Erst unter Childerich hatten sich die verschiedenen Stammesgemeinschaften um die Mitte des 5. Jahrhunderts zu einer größeren Einheit zusammengefunden. Bedeutender noch für den engen Zusammenschluß der Franken wurde Childerichs Sohn Chlodwig, der 482 mit sechzehn Jahren das Erbe des Vaters übernahm. Dieser Chlodwig nun trat um 496 zur katholischen Form des christlichen Glaubens über. Vor einer entscheidenden Schlacht gegen die Alamannen, so lesen wir bei Gregor von Tours, hat Chlodwig Christus angerufen, »von dem Chrodichilde sagt, er sei der Sohn des lebendigen Gottes«, und hat für den Fall des Sieges den Übertritt zum Christentum versprochen. In dem Augenblick, als er das Gebet sprach, schien der Sieg noch zweifelhaft; kurz darauf war er gewonnen. Soweit der Bericht des Bischofs von Tours! Jedenfalls, Chlodwig ließ sich taufen, und zwar vom katholischen Bischof Remigius von Reims. Ob diese Taufe nun an Weihnachten 496 vollzogen wurde oder erst 498 oder gar 499, braucht uns hier nicht weiter zu beschäftigen. Aber wichtig ist es, festzuhalten, daß die Taufe Chlodwigs und seine Hinwendung zum katholischen Bekenntnis von epochaler Bedeutung waren für den weiteren Gang der abendländischen Geschichte und Kirchengeschichte, folgenschwer wie nur wenige Ereignisse zuvor und danach. Indem sich das lebenskräftigste germanische Volk mit der zukunftsreichsten Richtung innerhalb des Christentums verband, wurde ein für die mittelalterliche Geschichte grundlegender Schritt getan. Einerseits gelang es Chlodwig, seine Herrschaft durch die Verbindung von Germanen und Romanen in ein und derselben Religion fester zu verankern und so den entscheidenden Grundstein für das aufsteigende fränkische Großreich zu legen. Auf der anderen Seite erhielt das römische Papsttum, dem längst eine weit über den streng kirchlichen Rahmen hinausreichende Funktion in Italien zugefallen war, nun die Möglichkeit, das germanische Erbe mit der christlich-antiken Kultur zu verschmelzen. Mit der Hinwendung Chlodwigs zum Christentum katholischer Prägung war also die Voraussetzung geschaffen für die Geburt des christlichen Abendlandes, und mit dem Anfangsdatum der katholischen Christianisierung der Germanen korrespondiert das Anfangsdatum jenes Vorgangs, den man die »Germanisierung des Christentums« genannt hat.

Die Taufe Chlodwigs war nicht nur Voraussetzung für die allmähliche Christianisierung des fränkischen Volkes, sie wurde auch entscheidend für die religiöse Zukunft der Nachbarvölker. Der Bekehrung der Franken folgte in den nächsten Jahrzehnten und Jahrhunderten der Übertritt aller germanischen Stämme zum Christentum. Allerdings war diese Christianisierung der Germanen im einzelnen ein recht vielgestaltiger Vorgang, und weithin hielt die innere Aneignung des neuen Glaubens nicht Schritt mit der Schnelligkeit der äußeren Bekehrung. Typisch ist dabei ein Phänomen, das wiederum bei der Taufe Chlodwigs greifbar wird: Die Bekehrung geht nicht von unten aus, vom breiten Volk, sie erfolgt von oben her. Der Heerkönig, der Herzog, der Dux geht voran, die Großen folgen nach und mit ihnen die ganzen Stämme. Sie treten geschlossen über zur neuen Religion und beugen sich Christus als dem mächtigeren Gott, dem die bisherigen Stammesgottheiten weichen müssen.

Von den Franken also sprang das Christentum auf die benachbarten Stämme über, und zwar wiederum nicht auf das breite Volk, sondern zuerst auf die Großen im Lande, auf die Herzogsfamilien, die wir in unserem Raum bei den Alamannen ebenso wie bei den Bayern und den Ostfranken antreffen. Die Herzogsgewalt war im Frankenreich nichts anderes als ein Unterkönigtum, eine Untergewalt, die die Merowingerkönige angesichts der großen Weite des Reiches bei den einzelnen Stämmen tolerieren mußten. Vielleicht war es aber auch so, daß diese Herzogsfamilien von den Franken selber eingesetzt worden sind. Das mächtigste Haus finden wir in unserem südöstlichen Raum; es sind die Agilolfinger, benannt nach einem Agilolf, der wohl am Anfang stand. Und was diese Herzogsfamilie im Land bedeutete, wird klar, wenn wir die *Lex Baiuvariorum*, das Stammesrecht der Bayern, zur Sprache kommen lassen. »Der Herzog aber, der dem Volke vorsteht, ist alle Zeit aus dem Geschlecht der Agilolfinger gewesen und muß es sein...«, heißt es dort schlicht und lapidar. Das Problem ist freilich auch bei den Bayern, daß die Agilolfinger, soweit und sobald wir sie historisch fassen können, Christen waren, daß das breite Volk aber bei uns heidnisch war oder halbheidnisch bis zur großen Schwelle um das Jahr 700. Ob man nicht daraus folgern muß, daß auch unsere agilolfingischen Herzöge von den Franken eingesetzt wurden? Halten wir hier nur fest, daß das Christentum von den Herzogshäusern ausging, daß es von oben her auf das Volk zukam, soweit es sich nicht in Resten durch die keltoromanische Bevölkerung über die stürmischen Zeiten hinweggerettet hatte.

2. Die iroschottische Missionswelle

Man hat von den britischen Inseln und ihrer Christianisierung als einem »neuen Kraftzentrum der Kirche« gesprochen. Damit ist richtig festgehalten, daß der abendländische Aufstieg des Katholizismus unmittelbar zusammenhängt mit der altchristlichen Missionsidee, wie sie fernab von der Mittelmeerwelt auf der »Grünen Gottesinsel« Irland neu aufgebrochen war. Hier, am Rande der christlichen Kulturwelt, wo das Originäre des Christentums sich frei von geschichtlicher Entfremdung ursprünglicher entfalten konnte, stand die Wiege jenes christlichen Abendlandes, das dann unter Mitwirkung des Papsttums auf dem Festland, im Frankenreich Karls des Großen, manifest wurde.

Die Einzelheiten der Frühgeschichte des Christentums in Irland, das von Kelten bewohnt war, die in den lateinischen Quellen nach ihrem Stammesnamen »Scoti« heißen – darum sprechen wir ja von der iroschottischen Mission –, die Einzelheiten dieser Frühgeschichte liegen für uns im legendären Dunkel. Als sich die Römer um 400 nach und nach aus Britannien zurückzogen, scheint es auch in Irland, das nie von den Römern erobert worden war, bereits christliche Gemeinden gegeben zu haben. Näher greifbar aber wird uns das irische Christentum erst in der historisch sicher bezeugten Persönlichkeit des Briten Patrick, der in der ersten Hälfte des 5. Jahrhunderts gelebt hat und als der eigentliche Missionar Irlands bezeichnet werden muß. Als Patrick im Jahr 461 starb, war die »Grüne Insel« nicht nur christianisiert, sondern auch bereits kirchlich organisiert. Dabei prägte die städtelose Inselsituation eine ganz eigentümliche Form des Christentums aus. Typisch dafür war der monastische Charakter des gesamten kirchlichen Lebens. Das äußere Kennzeichen war also nicht eine bischöfliche, sondern die klösterliche Organisation. Das ganze Land überzog sich allmählich mit einem dichten Netz von Klöstern, die im Regelfall unverbunden nebeneinanderstanden und von einzelnen Stämmen oder Familien begründet und wirtschaftlich getragen wurden. Diese Klöster waren hohe Schulen der Frömmigkeit, der harten Askese, aber auch hervorragende Stätten der gelehrten Bildung, in denen die Kultur des Altertums, die lateinische wie die griechische, fortlebte und ungebrochen weiterwirkte. Bemerkenswert für das irische Christentum waren vor allem die strenge Bußdisziplin, die auch bei den Laien nicht ohne Wirkung bleiben konnte, sowie eine eigentümliche Berechnung des Ostertermins, die weit von allem Kontinentalen ablag.

Die irische Mönchskirche mit ihrer Kombination von Askese und außerordentlicher Bildung war aber alles andere als weltflüchtig oder nur, wie das östliche Mönchtum, auf Zurückgezogenheit, auf Anachorese, bedacht; sie war vielmehr getragen von einem überaus starken Aktionsgeist. Der Zug zur Einsamkeit, zur Absonderung, trieb den Mönch in die Ferne; sein Ideal hieß *Peregrinatio religiosa pro Christo,* hieß »Um-Christi-willen-heimatlos-werden« und doch überall beheimatet sein. Und so griff die Kirche Irlands infolge des missionarischen Drangs, der ihre Asketen beseelte, bald über die irischen Grenzen hinaus. Um Christi willen ging es in die Ferne, nach Schottland, auf die Orkney- und Shetland-Inseln, nach Island und schließlich auf das europäische Festland, in das Frankenreich, wo ein lau gewordenes Römerchristentum sich mit fränkischem Wesen mischte. Dabei rüttelten diese Wandermönche auf durch ihr vorgelebtes Beispiel und durch das Spektakuläre ihres Auftretens. Denn die Iren hatten eine sehr merkwürdige Form der Tonsur: Sie trugen nicht die uns vertraute kreisförmige Rasur, sondern ein von einem Ohr zum anderen kahl geschorenes Vorderhaupt, am Hinterkopf lang niederwallendes Haar. Zur Merkwürdigkeit dieser »Johannestonsur« kamen dann noch blau eingefärbte Augenlider und der lederne Quersack auf dem Rücken.

Der am weitesten greifende Vorstoß der irischen Mission in das festländische Frankenreich und dann über den Rhein hinweg in unser Oberdeutschland wurde von Columban dem Jüngeren getragen. Um 590 brach er gegen den Willen seines Abtes vom irischen Kloster Bangor mit zwölf Gefährten, gleich Christus mit seinen Aposteln, zur heiligen Pilgerfahrt auf. Wichtigster Stützpunkt der irischen Mission auf fränkischem Boden und Zentrum aller weiteren Gründungen wurde das Kloster Luxeuil im heutigen Burgund, das der irische Mönch entsprechend seiner asketischen, herben Persönlichkeit unter eine strenge Regel stellte, eben die Columbaner-Regel. Scharen von jungen Männern begeisterten sich für das neuartige Mönchsideal, und ohne Zweifel gingen von Columban und seinen Gefährten religiös-sittliche Impulse stärkster Art aus.

Aber der große Missionar ignorierte das bestehende gallofränkische Kloster- und Bischofsrecht völlig, regierte seine Gründungen selbstherrlich und ließ Weihen durch ortsfremde Bischöfe vornehmen, so daß der Konflikt mit dem einheimischen Episkopat nicht ausbleiben konnte. Als sich Columban schließlich sogar weigerte, auf fränkischen Synoden zu erscheinen, und als er König Theuderich II. wegen des sittenlosen Treibens am Merowinger-Hof mit der Exkommunikation bedrohte, mußte er 610 Luxeuil fluchtartig verlassen. Er begab sich von Burgund in das größtenteils noch heidnische Alamannien, nämlich nach Tuggen am Zürichsee und nach Bregenz am Bodensee. 613 zog er von dort aus weiter nach Oberitalien in das Gebiet der Langobarden, wo er mit dem Kloster Bobbio ein für Jahrhunderte bedeutsames Zentrum der Askese und der wissenschaftlichen Arbeit gründete. Hier starb der große iroschottische Missionar im Jahre 615, bis zuletzt ungebrochen in seiner Wirksamkeit.

Nach Columbans Tod trugen seine zahlreichen Schüler, die keineswegs alle Iren waren, sondern auch der einheimischen fränkischen Bevölkerung entstammten, seinen Geist weiter. Luxeuil wurde nun endgültig zu einem klösterlichen Zentrum, dem sich viele neue Gründungen eng verbunden fühlten. Und nicht nur das Frankenreich wurde von diesen missionarischen Kräften durchdrungen, auch in den Randgebieten der fränkischen Herrschaft kam es zu einer immer stärkeren Ausbreitung des Christentums. Hatte Columban selbst schon den alamannischen Raum berührt, so waren hier die Wirksamkeit seines Schülers Gallus und die von diesem gegründete Cella an der Steinach, aus der im 8. Jahrhundert die berühmte Abtei St. Gallen hervorging, dauerhafter. Von hier aus zog dann in der ersten Hälfte des 8. Jahrhunderts ein Glaubensbote, der wohl kein Ire war, aber irisches Gehabe in seinem Auftreten hatte, in das Allgäu: Es war der heilige Magnus, der im Verein mit dem St. Gallener Mönch Theodor dem Christentum dort zum Sieg verhalf. Aus seiner Zelle bei einem fränkischen Königshof am oberen Lech ging das nach ihm benannte Kloster St. Mang zu Füssen hervor, das die Reliquien und die Erinnerung an den »Apostel des Allgäus« bis zum heutigen Tag bewahrt. Die Gebetszelle Theodors, der um 740 an der oberen Iller Missionsarbeit leistete, haben später andere Mönche aus St. Gallen zur Abtei Kempten ausgebaut.

Die ersten Nachrichten von einer Mission bei den Baiwaren stammen aus dem Beginn des 7. Jahrhunderts. War Columban nur bis in die alamannische Nachbarschaft gelangt, so kam sein Schüler und Nachfolger, der Abt Eustasius von Luxeuil, »zu den Boiern, die jetzt Bayern heißen«. Die *Vita Columbani* erzählt uns weiter, Eustasius habe dort viele Menschen zum Glauben bekehrt und nach seiner Rückkehr andere Mönche ausgesandt, die begonnene Arbeit fortzuführen. Vielleicht war Agilus einer seiner Nachfolger, selbst wenn seine Vita auf weiten Strecken von der Columbans abhängig ist. Unsicher bleibt auch die aufgrund einiger paläographischer Indizien gewonnene Vermutung, die genannten Columbaner-Mönche aus Luxeuil hätten sich in Weltenburg niedergelassen, in der Donauenge bei Regensburg also, wo später die berühmte Benediktinerabtei erstand. Ebenso unklar ist die Lebensbeschreibung der beiden Heiligen Marinus und Anianus, die angeblich zur Zeit des Kaisers Leontius (695-698) unter einer *Gens vandalorum* das Martyrium erlitten und deren Verehrung im Kloster Rott am Inn und in Wilparting am Irschenberg bis zur Gegenwart fortdauert. Als einigermaßen wahrscheinlich kann gelten, daß Marinus und Anianus nicht irischer, sondern romanischer Herkunft waren. Ob sie aber wirklich im späten 7. Jahrhundert lebten und damit den gallo-fränkischen oder langobardisch-italischen Frühmissionaren zuzurechnen sind oder ob sich hier eine alte Erinnerung an römisches Christentum bewahrt hat, bleibt letzten Endes offen. Unsere hagiographischen Quellen können zur Klärung aller dieser Fragen kaum herangezogen werden, weil hier Geschichte und Legende, Wahrheit und fromme Dichtung in unauflöslicher Weise verwoben sind.

In Mainfranken ist das Eindringen von Christentum und Kirche etwa seit der Mitte des 7. Jahrhunderts belegt. Um 680 erschien dort der irische Wanderbischof Kilian, der heute noch als der »Frankenapostel« weiterlebt. Mit ihm werden in den Quellen zwei Gefährten genannt, die Iren Kolonat und Totnan. Aber die schriftlichen Zeugnisse über Kilian, die *Passio minor* und die *Passio maior,* sind erst 150 Jahre nach seinem Tod verfaßt, sind von legendären Elementen und bewußten Tendenzen entstellt und lassen den historischen Kern nur schwer erkennen. Wir können nur feststellen, daß Kilian am Herzogshof in Würzburg erschien, daß es zu einem Zusammenstoß des Heiligen mit dem Herzogshaus kam und daß er mit seinen Gefährten am Main den Tod gefunden hat. Dabei bleibt der Zeitpunkt von Kilians Tod, den die Würzburger Bischofskataloge auf 687/88 ansetzen, völlig ungewiß; er ist eher zu spät als zu früh angenommen.

Freilich, mehr als diese verwehten Spuren läßt sich quellenmäßig nicht ausmachen, wenn es um die Frage der iroschottischen Mission im Raum des heutigen Bayern geht. Der breite Durchbruch des Christentums in unserm Land erfolgt nämlich erst um und nach 700, und dieser Durchbruch ist verknüpft mit den Namen der drei »Apostel der Bayern«.

3. Die drei »Apostel der Bayern«: Emmeram, Rupert und Korbinian

Von der kirchlichen Organisation der römischen Provinzen Raetien und Norikum führt kein Weg zum frühmittelalterlichen Bayern. Die neuen politischen Zentren des Landes wurden auch die neuen kirchlichen Mittelpunkte. Ihre Ansätze fassen wir mit den drei »Aposteln der Bayern«, deren Gedächtnis unsere alten Bischofsstädte Regensburg, Salzburg und Freising durch die Jahrhunderte hochgehalten haben, fassen wir mit Emmeram, Rupert und Korbinian. Alle drei kamen sie als Abtbischöfe aus dem fränkisch-gallischen Westen; alle drei hatten sie in Lebensart und Gehabe noch viel von iroschottischen Wandermönchen an sich; und wenn sie wohl auch Franken waren, so spürt man bei ihnen doch den Einfluß der irischen Kirche auf die fränkische seit den Tagen des heiligen Columban.

Nun muß der kritische Historiker freilich sorgsam unterscheiden zwischen der Resonanzgeschichte, das heißt der Verehrung eines Heiligen über die Jahrhunderte hinweg, und dem, was es mit dem Leben und Wirken dieses Heiligen selber auf sich hatte. Wenn wir nun die historischen Fakten bei den drei Aposteln der

Bayern zu ergründen suchen, so schauen wir wie durch einen Schleier, obwohl der erste Geschichtsschreiber und Hagiograph unseres Landes, Bischof Arbeo von Freising, schon um 770 zwei Viten verfaßt hat: die auf legendären Überlieferungen beruhende *Vita Haimrhammi* und die der Wirklichkeit nähere *Vita Corbiniani*. Doch hier wie dort verfolgte Arbeo primär nicht den Zweck historischer Unterrichtung, sondern frommer Erbauung; er war also so etwas wie ein geistlicher Novellist. Darum wird man gut daran tun, den historischen Gehalt seiner Heiligenviten, mit denen die Geschichte unserer bayerischen Bistümer anfängt, nicht zu überschätzen.

Von den drei großen »Aposteln der Bayern« dürfte der Wanderbischof Emmeram am frühesten tätig geworden sein. Nach der von Arbeo verfaßten Vita soll Emmeram aus Poitiers stammen und zur Zeit eines Herzogs Theodo auf dem Weg zu den Awaren nach Bayern gekommen sein. Der Herzog habe ihn zum Bleiben in Regensburg bewegen können, entweder als Bischof oder als Abt der Klöster des Landes. Drei Jahre lang sei Emmeram dann im Land herumgezogen, um den noch vorhandenen Götzendienst auszurotten. Als des Herzogs Tochter Uta vom Sohn eines Richters verführt worden sei, habe Emmeram freiwillig die Schuld auf sich genommen. Utas Bruder habe ihn deswegen verfolgt und schließlich in Kleinhelfendorf bei Aibling grausam gemartert. Der historische Zusammenhang in Arbeos Bericht bleibt freilich dunkel, und die Datierung der Vorgänge schwankt in der Forschung zwischen 660 und 715. Die Geschehnisse bei Emmerams Tod aber sind legendenhaft erzählt und in den Einzelheiten so unglaubwürdig, daß man lediglich annehmen kann, ein aus dem Frankenreich kommender Missionsbischof Emmeram habe um die Wende vom 7. zum 8. Jahrhundert in Bayern das Martyrium erlitten. Sicher ist, daß Emmeram bei der alten Georgskirche in Regensburg beigesetzt wurde; daß seine Verehrung bald stark zunahm; daß sein Festtag schon um die Mitte des 8. Jahrhunderts am 22. September gefeiert wurde. Aus der Regensburger Georgskirche ist dann die große Benediktinerabtei St. Emmeram hervorgegangen, die wiederum wuchs und blühte über tausend Jahre. Wer in die Unterkirchen von St. Emmeram hinuntersteigt, ahnt auch heute noch, was bayerische Anfänge sind.

Von den drei anderen Regensburger Bischöfen, die uns vor der endgültigen organisatorischen Einrichtung des Bistums durch den heiligen Bonifatius genannt werden, ist wohl mit Si-

Pone genu Princeps, pacémq; antistitis ora,
Non implacatum si cupis esse Deum.
Cernis, vt immanem parère coëgerit vrsum,
Et graue ferre sui quadrupedantis onus.

Si fera sentit herum, mystæq; obtemperat ori.
Quis detrectabit numinis imperium?
Emendet nostros siluestris bellua mores;
Illa refert hominem, sæpius iste feram.

DER HL. KORBINIAN

47

cherheit die Gestalt des Bischofs Erhard historisch, dem das Kloster Niedermünster in Regensburg geweiht ist. Die vor zehn Jahren abgeschlossenen Ausgrabungen dort haben nicht nur den um 700 errichteten Kirchenbau zutage gefördert, es wurde von den Archäologen auch das Grab Erhards entdeckt. Eine Untersuchung der Gebeine, die einen mediterranen Typus ergab, widerspricht nicht der Angabe aquitanischer Herkunft in seiner Vita. Auch bei Erhard setzte schon bald eine breite Verehrung ein, der wir dann das Kloster selber verdanken.

Wie Emmeram erschien auch der zweite Apostel der Bayern, der heilige Rupert, zunächst am Regensburger Herzogshof, wirkte aber dann im bayerischen Südosten, in der Gegend von Salzburg, wo vielleicht immer noch römisches Christentum lebendig war. Auch die Daten, die im Zusammenhang mit Rupert genannt werden, sind mit Vorsicht zu betrachten, da in ihnen bereits das Bestreben erkennbar wird, die spätere Metropolitanstellung Salzburgs zu begründen. Jedenfalls erfahren wir aus den alten Quellen, Herzog Theodo habe Rupert das *Oppidum Ju-vavum* mit der dazugehörigen Burg über der Salzach geschenkt. Rupert muß dann hier seinen Bischofssitz eingerichtet haben, womit die Anfänge des geistlichen Salzburg und des Klosters St. Peter umschrieben sind. Außerdem soll Rupert auf dem Nonnberg anstelle der Herzogsburg ein Frauenstift gegründet und dieses der Leitung seiner Nichte Erentrud anvertraut haben.

Deutlicher als Emmeram und Rupert tritt der dritte Apostel der Bayern, der heilige Korbinian, ans Licht, und die Lebensbeschreibung Arbeos verdient schon deswegen mehr Glaubwürdigkeit, weil er dem Bischof Korbinian örtlich und zeitlich näherstand. Korbinian, der an der Seine zu Hause war, hatte von der Mutter her keltisches Blut in den Adern. Als er um das Jahr 716 nach Bayern kam, hatte Herzog Theodo das Land bereits unter seine Söhne aufgeteilt, und Korbinian ging deshalb zu einem dieser Teilherzöge, zu Grimoald nach Freising. Er ließ sich dort auf dem Domberg bei der Herzogsburg nieder, wo er neben der Marienkirche und gegenüber Weihenstephan seine eigene Kirche baute. Durch sein schroffes Auftreten und mit der Forderung, daß die Ehe des Herzogspaares getrennt werden müsse, weil Grimoald die Witwe seines Bruders geheiratet hatte, machte sich der Hofbischof die Herzogin Pilitrud zur Feindin. Ein Mordanschlag der Herzogin zwang Korbinian zur Flucht ins Bergland um Mais bei Meran an der Langobardengrenze, und erst nach Grimoalds Sturz und nach dem Regierungsantritt Herzog Hugiberts im Jahr 725 konnte er wieder zurückkehren. Bald darauf muß Korbinian gestorben sein. Er wurde zunächst auf dem Zenoberg in Mais bei Meran bestattet, von Bischof Arbeo aber im Jahr 768 nach Freising heimgeholt.

Stellen wir am Schluß dieses Kapitels noch einmal die Frage nach der Bedeutung der von Irland ausgehenden und über das Frankenreich auf unseren Raum herüberschlagenden Missionswelle! Ohne Zweifel geriet durch das Wort und Beispiel der irischen Wandermönche das erstarrte Christentum des fränkischen Reiches in neue Bewegung, ohne Zweifel tat die Kirche auf dem Festland hierdurch einen wesentlichen Schritt nach vorn. Aber dieser Fortschritt war, zumindest von Rom aus gesehen, doch recht bedingt; und zwar deshalb, weil die Arbeit der iroschottischen Mönche einer fest in sich geschlossenen Klosterorganisation galt, die sich gegen den Einfluß der Gesamtkirche abschirmte und nach ihren eigenen Gesetzen lebte. In dieser Abgeschlossenheit lag die Stärke, aber auch die Grenze der iroschottischen Wirksamkeit. Hinzu kam, je länger je mehr, die Gefahr der inneren Auflösung, denn je weiter sich die iroschottische Mission ausbreitete, desto mehr verlor sie an Zusammenhang; je weiter man die Klostergründungen vorschob, desto lockerer wurde die Verbindung zur Zentrale. So gesehen war die iroschottische Mission zwar von außerordentlicher Wichtigkeit für das europäische Festland. Die eigentliche Christianisierung der Germanenstämme vollendete sich aber erst unter dem Einfluß der angelsächsischen Missionare, die mitbrachten, was den Kelten abging: Ausdauer und Stetigkeit, Anpassungsfähigkeit und Organisationstalent, Rückhalt an der christlichen Staatsgewalt und eine treue Anhänglichkeit an das kirchliche Zentrum in Rom.

5. Kapitel:
DIE NEUE BISTUMSORGANISATION
UND DIE FRÜHEN KLÖSTER

1. Bonifatius und die bayerische Kirche

Der frühen bayerischen Kirche mit ihren Bischofssitzen in Freising, Regensburg und Salzburg mangelte die feste hierarchische Organisation, und dem reichen Wirken der Wanderbischöfe Emmeram, Rupert und Korbinian, von dem wir gesprochen haben, fehlte es an der notwendigen Verbindung mit Rom. Selbst wenn Viten wie die des heiligen Korbinian oder die des heiligen Kilian Romreisen dieser Glaubensboten erwähnen, so dürfte es sich hier wohl um spätere Einschübe handeln, um Interpolationen, die die Angelegenheit zurechtrücken sollten. Aufs Ganze gesehen, war es doch so, daß die aus dem irisch-gallischen Missionsbereich herausgewachsenen geistlichen Sprengel ohne feste Abgrenzung blieben, daß man auch in Regensburg, Salzburg oder Freising auf eigenen Füßen stand und in der Meßliturgie, im Taufritus und in der Osterfeier an den columbanischen Eigenheiten festhielt.

Es war dann der seit etwa 700 machtvoll regierende Herzog Theodo, der den ersten Versuch unternahm, zu einer organisatorischen Zusammenfassung der bayerischen Kirche zu kommen und durch engen Anschluß an Rom seine Kirche aus der fränkischen Einflußsphäre zu lösen. Im *Liber Pontificalis*, einer erstrangigen Quelle für die Geschichte des Papsttums und der Kirche in dieser Zeit, findet sich zum Jahr 716 folgender Eintrag: »Theodo, der Herzog des Bayernstammes, kam mit anderen seines Stammes zum Grabe des seligen Apostels Petrus, mit dem Wunsch, dort zu beten als der erste seines Volkes.« Daß es dem Herzog aber nicht nur um das Gebet am Grabe des Apostelfürsten ging, sondern um weitreichende Pläne für die Organisation einer bayerischen Landeskirche, zeigt eine auf den 15. Mai 716 datierte Anweisung Papst Gregors II. Demnach sollten im Einverständnis mit dem Herzog die Priester in Bayern auf ihre Rechtgläubigkeit überprüft werden. Entsprechend dem Herrschaftsbereich eines jeden Teilherzogs waren drei, vier oder noch mehr Bistümer zu errichten und gegeneinander abzugrenzen; für das ganze Land aber sollte ein Erzbischof ernannt werden. Die bis ins einzelne gehenden Pläne für die Organisation einer bayerischen Landeskirche kamen freilich zunächst nicht zum Tragen, in erster Linie wohl wegen der politischen Wirren nach Herzog Theodos Tod, in die schließlich die Franken eingriffen. Trotzdem war der Weg vorgezeichnet: Noch unter Herzog Hugibert wurde auch zu Passau ein Bistum errichtet, und unter seinem Sohn, Herzog Odilo, der als vorletzter Agilolfinger um 736 zur Regierung kam, brachte das Jahr 739 die endgültige Regelung der bayerischen Kirchenverhältnisse. Wie einem Herzog Theodo ging es auch Odilo um die Unabhängigkeit seines Landes vom Frankenreich, und so nahm er die alten Fäden wieder auf und organisierte die erste Landeskirche rechts des Rheins, und zwar in engster Zusammenarbeit mit dem römischen Legaten für die germanischen Länder, mit dem heiligen Bonifatius.

Mit Winfrid-Bonifatius stoßen wir jetzt auf einen Vertreter der angelsächsischen Kirche. Die Bekehrung der Angelsachsen selber war von einer Gruppe von vierzig römischen Mönchen eingeleitet worden, die Papst Gregor der Große im Jahr 596 nach England entsandt hatte. Welche Gründe den Papst auch immer bei diesem Ausgreifen auf die größte der britischen Inseln bestimmen mochten, sein Entschluß zur Missionierung Englands war von entscheidender Bedeutung für die weitere Entwicklung des christlichen Abendlandes. Denn die Entsendung jener römischen Mönchsdelegation von 596 schuf die Voraussetzungen zur späteren Vereinigung der Kirchen ganz Europas unter der Vorherrschaft Roms. Weil die Angelsachsen das Christentum direkt aus Rom empfangen hatten, fühlten sie sich eng an die stadtrömische Tradition gebunden und holten auch dann Weisung aus Rom, als sie zur Mission nach dem europäischen Festland aufbrachen. Von den Iren übernahmen die Angelsachsen das Ideal der *Peregrinatio pro Christo;* ihre Missionsmethode aber war eine völlig andere: Sie ließen sich ihre Arbeit vom Papst sanktionieren und von der politischen Obergewalt unterstützen. Ausgerüstet mit päpstlichen Sendbriefen und königlichen Schutzzusicherungen, traten sie vor die Großen hin, vor die Stammesherzöge vor allem, und suchten zunächst diese zu gewinnen. Die »Mission von oben« wurde durch eine umsichtige Organisation des Kirchenwesens abgesichert. Die Bindung an das universale Papsttum gab dem Unternehmen Weite und Eigenständigkeit und bewahrte vor jedem Rückfall in lokale Enge.

Der zweifellos größte der angelsächsischen Festlandsmissionare und als solcher eine Schlüsselfigur der abendländischen Kirchengeschichte war Winfrid-Bonifatius. Sein Verdienst liegt in erster Linie nicht in der missionarischen Arbeit, sondern in der organisatorischen Tätigkeit. Dabei suchte Bonifatius von Anfang an die enge Verbindung mit Rom. Im Jahr 719 finden wir ihn zum erstenmal bei Papst Gregor II.; er ließ sich mit der Mission unter den Germanen betrauen und erhielt vom Papst den Namen Bonifatius. Auf einer zweiten Romreise wurde Bonifatius von Papst Gregor III. 732 zum Erzbischof ohne festen Sitz ernannt; er erhielt damit das Recht, in den ostrheinischen Missionsgebieten Bischöfe zu bestellen und zu weihen. Eine dritte Romreise brachte Bonifatius 738 den Titel eines »Germanischen Legaten des Apostolischen Stuhles« ein, verbunden mit dem besonderen Auftrag, die kirchlichen Verhältnisse in Bayern, Alamannien, Hessen und Thüringen neu zu ordnen. Als *Legatus Germanicus* trat Bonifatius alsbald in enge Verbindung zu Herzog Odilo, und schon im darauffolgenden Jahr, 739, erhielt Bayern eine straffe kirchliche Organisation.

Diese Neuordnung des Kirchenwesens griff die bereits 716 durch Herzog Theodo eingeleiteten Beziehungen zu Rom wieder auf. In Anlehnung an die ersten Bischofssitze, die sich bei den Teilherzögen von Regensburg, Passau, Salzburg und Freising herausgebildet hatten, wurden vier Bistümer eingerichtet; ihre Vorsteher hatten an den genannten vier Orten zu residieren, und ihre geistlichen Sprengel wurden gegeneinander abgegrenzt. Um den Einfluß des irisch-fränkischen Kirchenwesens von vornherein zu beschneiden, setzte Bonifatius überall neue Bischöfe ein: Gaubald in Regensburg, Ermbert in Freising, Johannes in Salzburg; nur Vivilo in Passau, der vom Papst selber Weihe und Sendung erhalten hatte, durfte bleiben. Mit dem Abgrenzen der Bistümer gegeneinander war ein wichtiger Schritt nach vorne getan, wenn man bedenkt, daß die bisher in Bayern ausschließlich tätigen Kloster- oder Wanderbischöfe sich in ihrem Wirken lediglich an die Herrschaftssitze anlehnten. Freilich war die Umschreibung der Bistumssprengel auch einem Organisator wie Bonifatius nur bedingt möglich, denn von Regensburg aus nordwärts in die heutige Oberpfalz hinein und zum Bayerischen Wald hin lag ungeheuer weit der Nordwald; fließend blieben auch die Grenzen Passaus gegen das Donauland zu, fließend die Grenzen Salzburgs gegen Südosten in die Bergtäler hinein.

Reichlich unklar bleibt, was sich damals in Augsburg ereignete, das in einer Art Prellzone zwischen der fränkischen Reichssphäre hier und dem von Odilo als selbständig gedachten bayerischen Herzogtum dort lag. Es könnte sein, daß Bischof Wikterp, der erste urkundlich gesicherte Oberhirte Augsburgs, durch Bonifatius bestätigt wurde. Jedenfalls fällt das Wirken Wikterps in jene Zeit, in der eine neue Abgrenzung der kirchlichen Einflußbereiche im alamannisch-bayerischen Grenzraum erfolgte.

Bleiben die Verhältnisse Augsburgs zunächst im Dunkel, so tritt die kirchliche Neuordnung in Ostfranken, in der *Francia orientalis*, deutlicher ans Licht. Und war es in Bayern Herzog Odilo, der Bonifatius bei der Neuorganisation den Rücken deckte, so in Ostfranken der Hausmeier. Der »Majordomus« war ursprünglich der Mann, der dem Hauswesen der Merowinger vorstand. Aber je schwächer und korrupter sich dieses Merowinger-Königtum zeigte, desto stärker wurde der Einfluß des Hausmeiers auf die Regierung selber. Im Zentrum dieser Entwicklung stand die Persönlichkeit Karl Martells − Karl der »Hammer«, der 732 bei Tours und Poitiers die Araber vernichtend geschlagen und so Europa vor dem Islam gerettet hatte, Karl Martell, der in den siebenundzwanzig Jahren seiner Regierung die Macht der Hausmeier zur Herrschaft über das ganze Frankenreich ausbauen konnte. Unter seinem Sohn kam es dann so weit, daß die Hausmeier die Merowinger ganz beiseite stießen, selbst die Hand nach dem Königtum ausstreckten und ein neues Herrschergeschlecht begründeten: das der Karolinger. Der Hausmeier Pippin der Jüngere, der 751 den letzten unfähigen Merowingerkönig Childerich III. absetzte, ihn ins Kloster schickte und sich selber zum König machte, dieser Pippin der Jüngere ist ja bereits der Vater Karls des Großen.

Von diesen Hausmeiern gedeckt, kann also Bonifatius, bald nach der Organisation der bayerischen Kirche, auch die kirchlichen Verhältnisse im heutigen Franken ordnen, wo er schon seit etwa eineinhalb Jahrzehnten missionarisch tätig gewesen war. In einem undatierten Brief, dessen Inhalt Papst Zacharias am 1. April 743 bestätigt, berichtet Bonifatius, daß er in Germanien drei Bischöfe geweiht, drei Sprengel eingeteilt und als Bischofssitze Würzburg, Büraburg und Erfurt bestimmt habe. Die genaue Datierung dieses für die Geschichte der Mainlande so wichtigen Vorganges ist bis heute strittig. Ungeachtet aller Kontroversen wird man aber daran festhalten können, daß Bonifatius die drei genannten Bistümer im Jahre 741 errichtet hat. Dabei hatte nur Würzburg, das dem Angelsachsen Burkhard unterstellt wurde, über die Zeiten hinweg Bestand, tatkräftig gefördert von Karl Martells Söhnen Karlmann und Pippin, die das

Bistum in der Folgezeit mit fünfundzwanzig Kirchen bei Königshöfen ausstatteten. Mit der Errichtung des Bistums Eichstätt trat wenig später auch der südliche Teil des heutigen Franken in ein helleres Licht; aber auch hier ist die zeitliche Abfolge der Vorgänge umstritten, schwankt die Errichtung des Eichstätter Sprengels, der dem Angelsachsen Willibald unterstellt wurde, zwischen 742 und 745. Jedenfalls war dieses Eichstätt auf der Drei-Stammes-Ecke zwischen Bayern, Franken und Alamannen streng genommen ein Stück bayerischen Stammesbodens, denn die Bischofsstadt selber und der östliche Teil der Diözese waren bayerischer Nordgau. Der westliche Teil gehörte zu Alamannien. Nur im Norden griff Eichstätt mit einem schmalen Anteil auf fränkisches Gebiet über. So scheint die Nachricht der Mainzer Bonifatius-Vita zuzutreffen, daß das Eichstätter Bistum von den Regensburger und Augsburger Sprengeln abgetrennt worden sei.

Eigentlich liegt über Bonifatius eine große Tragik, und die letzten Lebensjahre des großen Angelsachsen waren reich an persönlichen Enttäuschungen. Bonifatius organisierte die fränkisch-deutsche Kirche und knüpfte die Verbindung zwischen dem Frankenreich und Rom, zwischen den fränkischen Hausmeiern und den Päpsten – Päpsten, die immer noch in den Vorstellungen der Mittelmeerwelt dachten und erst nach und nach zu begreifen begannen, was dort im rauhen germanischen Norden vor sich ging. Bonifatius legte also die Fundamente für den Bund zwischen Papsttum und Frankenreich und damit den Grundstein für das mittelalterliche Europa. Bonifatius konnte sich auch mit der Organisation der Kirche in Bayern und diesseits des Rheins durchsetzen, aber jenseits des Rheins war eine fränkische Reichs- und Adelskirche etabliert, die den Angelsachsen und seinen ganzen landsmännischen Anhang abzublokken suchte. Der greise Bonifatius hat es sicher nicht ohne Bitterkeit empfunden, daß ihm fränkische Große 745 die Übernahme des vakanten Bischofsstuhles von Köln verwehrten. Nur im engeren Bereich seiner östlichen Missionsgebiete konnte er als Erzbischof von Mainz und Apostolischer Legat seinen Willen durchsetzen. In Mainz und in seiner Lieblingsgründung Fulda, die er als Benediktinerabtei 744 geschaffen und dem Bayern Sturmi unterstellt hatte, lebte er nun seiner seelsorglichen und oberhirtlichen Aufgabe. Als achtzigjähriger Greis trat Bonifatius eine letzte Missionsfahrt ins Land der Friesen an, wo er einst seine Wirksamkeit begonnen hatte. Dort wurde er am 5. Juni 754 mit zweiundfünfzig Gefährten bei Dokkum von den Heiden erschlagen. Wunschgemäß fand der romtreue Angelsachse, dem das 16. Jahrhundert den Beinamen »Apostel der Deutschen« gab, in Fulda seine letzte Ruhestätte.

Daß Bonifatius in den letzten Lebensjahren ein scharfer Wind ins Gesicht blies, läßt sich auch in Bayern feststellen, näherhin in Salzburg, das ja bis 1816 sozusagen bayerisch war. Als dort 745 der von Bonifatius eingesetzte Bischof Johannes starb, ernannte Herzog Odilo auf eigene Faust und ohne Bonifatius auch nur zu fragen, den irischen Abt-Bischof Virgil zum neuen Oberhirten, Virgil, der ihm vom Hausmeier Pippin empfohlen worden war. Dieser Virgil, der nach dem heiligen Rupert zum zweiten Patron der Salzburger Kirche wurde, war wohl der letzte und bedeutendste Iroschotte in unserem Land, eine erregende Persönlichkeit der frühen Kirche in Bayern und ein glänzender Vertreter irischer Gelehrsamkeit. Und was für die irische Kirche seit Jahrhunderten typisch war, das finden wir auch bei ihm: Er empfing zunächst keine Bischofsweihe – möglicherweise weil Bonifatius dem entgegenstand – fungierte lediglich als Abt des Petersklosters in Salzburg und hielt sich für die höheren Amtsfunktionen einen Weihbischof, den er herumreisen ließ. Als Gelehrter verfocht Virgil die Anschauung von der Kugelgestalt der Erde und, damit verbunden, die Annahme von Gegenfüßlern (Antipoden) auf der anderen Weltseite. Bonifatius war bestrebt, Virgil aus Salzburg zu entfernen, und wir haben einen Brief des Angelsachsen, in dem er Virgil wegen gewisser irischer Sonderheiten und Irregularitäten in der Amtsführung und wegen der Antipodenlehre in Rom anklagte. Mag sein, daß Virgil damals seine Lehre von der Kugelgestalt der Erde widerrufen mußte; aber was den geistlichen Bereich betraf, vermochte Bonifatius nichts gegen ihn auszurichten, und nach dem Tode des Angelsachsen konnte Virgil sogar seine Weihe zum Bischof durchdrücken.

Wichtiger als solche Kontroversen ist freilich die Tatsache, daß Bonifatius zum ersten die bayerische Kirche straff organisiert hat, daß er zum andern unser Land der Benediktinerregel zuführte und somit die entscheidenden Voraussetzungen schuf für einen Frühling der Klöster im Raum zwischen Donau und Alpen, der in seiner Art beispiellos gewesen ist.

2. Erste Klostergründungen in Bayern

Das erneute Fußfassen des Christentums in Bayern nach der Landnahme hatte durch die vorwiegend von Mönchen getragene iroschottische Mission einen starken klösterlichen Einschlag erhalten. Die an den Herzogshöfen in Regensburg, Freising, Salzburg und Passau tätigen Glaubensboten haben wohl alle die Doppelfunktion eines »Abt-Bischofs« innegehabt, wenn auch vor der Kirchenorganisation des Bonifatius weder das bischöfliche noch das klösterliche Amt starr umschrieben werden darf. Darüber hinaus ist es bis heute eine offene Frage, an welche Regel sich diese frühen Klöster hielten. Die Forschung ist im allgemeinen geneigt, den bislang angenommenen starken irischen Einfluß und die damit verbundene Beachtung der strengen Columbanerregel geringer zu werten. Jedenfalls konnte Bonifatius mit der Organisation der bayerischen Kirche auch die an den Herzogshöfen bestehenden Bischofsklöster für die Benediktinerregel gewinnen. In Regensburg, Freising und Salzburg – nicht in Passau, wo sich Vivilo dem Ansinnen widersetzte – hielt nun das benediktinische Mönchtum seinen Einzug und mit ihm, erwärmend, beruhigend, lösend, die Sphäre des Südens. Und schon bald wurden auch auf dem flachen Land die ersten Benediktinerklöster errichtet.

Aber nicht nur im bayerischen Raum, auch in Ostfranken entstanden noch zu Lebzeiten des heiligen Bonifatius frühe Klöster. Naturgemäß lag hier die Initiative zunächst noch ganz bei den Angelsachsen. So wurde von Eichstätt aus das Doppelkloster Heidenheim begründet, dessen Leitung die Geschwister oder zumindest nahe Verwandte des Bischofs Willibald übernahmen: der heilige Wunibald und die heilige Walburga. Walburgas Gebeine wurden ein gutes Jahrhundert später erhoben und von Heidenheim ins Kloster St. Walburg in Eichstätt übertragen. Mit der Vita des Willibald und des Wunibald aber greifen wir das erste größere literarische Denkmal, das in Franken entstand und Einblick gewährt in die gelehrte Tätigkeit der von den Angelsachsen angestoßenen Klostergründungen. Zu diesen zählt auch das bei Eichstätt gelegene Kloster Solnhofen, als dessen Gründer uns ein Angelsachse Sualo oder Solus genannt wird. Im Bereich des Mains aber haben wir gleich drei Frauenklöster, nämlich zu Tauberbischofsheim, Kitzingen und Ochsenfurt, die früh eine bedeutende Rolle im geistigen Leben Frankens gespielt haben. Die Nonnen und Vorsteherinnen der Klöster waren meist aus England herbeigeholt worden: Lioba als Äbtissin von Tauberbischofsheim und ihre Verwandte und Schülerin Thekla als geistliche Leiterin von Kitzingen und Ochsenfurt. Bedeutender noch als diese Nonnenklöster wurde das 744 gegründete, weit ins alte

»Buchonien« vorgeschobene Hauptkloster Fulda. Wiewohl schon außerhalb des heutigen Franken gelegen, wirkte Fulda mit seinen weitgestreuten Besitzungen doch stark auf die Mainlande zurück. Zum ersten Abt bestellte Bonifatius, wie schon gesagt, einen seiner Lieblingsschüler, den Bayern Sturmi. Er machte Fulda, das in den bewegten Jahren seiner Regierung schon an die vierhundert Mönche gezählt haben muß, zur Pflanzstätte von Missionstätigkeit und Wissenschaft, von Kunst und Kultur. Sturmis Schüler Eigil, aus blutsverwandter Familie und als Abt von Fulda sein dritter Nachfolger, hat uns schlicht und warm das Leben des Meisters beschrieben.

Freilich, für den altbayerischen Raum selber erscheint das Organisationswerk des heiligen Bonifatius in diesem 8. Jahrhundert von kaum zu überschätzender Bedeutung. Jetzt erst wurde das Christentum zu einer jungen schöpferischen Bewegung und eroberte sich in einem einzigen Menschenalter den letzten Flekken bayerischer Erde. Herzog Odilo und sein Sohn Tassilo III. (748-788) führten diese Bewegung an, die Großen des Landes folgten, und großzügig dotierte man die Kirche mit Liegenschaften und Leibeigenen, Besitztümern und Zehentrechten. Die ersten Benediktinerklöster draußen im Lande gründete noch Herzog Odilo: Chammünster zum Beispiel oder das am Altwasser der Donau gelegene Niederaltaich, das vor 741 von Mönchen des Pirmin-Klosters Reichenau im Bodensee übernommen wurde. Unter Herzog Tassilo folgte dann eine ganze Welle von Klostergründungen, wie sie in dieser Zahl kaum ein anderes Land vorweisen kann. Das Herzogshaus, die Bischöfe, der Adel wetteiferten geradezu miteinander. Greifen wir nur die agilolfingischen Klöster heraus: der Donau entlang Münchsmünster, Niedermünster, Pfaffmünster, Niederaltaich, Osterhofen und Niedernburg in Passau; gegen den Lechrain zu Thierhaupten, Polling und Wessobrunn; an den Seen des Alpenvorlandes Chiemsee, Mondsee und Mattsee. Das hochadelige Geschlecht der Huosi gründete wohl die Klöster Scharnitz und Schäftlarn, Tegernsee und Benediktbeuern. Das typische Familienkloster stellt dann Metten dar, eine Stiftung des Edlen Gamelbert aus Michaelsbuch, der, wenn wir der nicht sehr zuverlässigen Vita Glauben schenken, seinem Patenkind Utto Besitzungen zur Gründung eines Klosters überlassen hat. Von besonderer Bedeutung für die Mission unter den Slawen wurde das nach dem großen Karantanensieg von 772 gegründete Kloster Kremsmünster, 777 geweiht und von Herzog Tassilo überaus reich dotiert. Ähnlich dürften bei der von Herzog Tassilo großzügig geförderten Gründung des Klosters Innichen im Pustertal nicht nur religiöse Motive zugrunde gelegen haben, sondern auch politisch-wirtschaftliche: Man wollte einen Stützpunkt zur Sicherung und Festigung der Herrschaft über die Slawen. Da das Kloster bald an Freising kam, wurde es zu einem wichtigen Faktor für die Mission und Kolonisation in den Alpenländern.

Eine ähnliche Aktivität wie die Herzöge und Adeligen entfalteten auch die Bischöfe. Kein Bischofskloster könnte hier ein besseres Bild abgeben als das im Herzen des Landes gelegene Freising, das sich bald mit einem Kranz von Wirtschaftszellen umgab. Im weiteren Freisinger Umland haben wir die Tochterklöster Isen und Schäftlarn, im Gebirge Scharnitz, das freilich aus der Gebirgseinsamkeit bald umzog ins wirtlichere Schlehdorf über dem Kochelsee, und dann Schliersee; sogar das Tassilo-Kloster Innichen kam an Freising, und vom Pustertal aus stieß man missionierend und kolonisierend nach Karantanien hinein. Dabei war es ein einziges Domkloster, das all diese Gründungen stützte und belebte. Eine ähnliche Rolle wie Freising hat auch Salzburg gespielt, wo Bischof Virgil schon zu Herzog Odilos Zeiten seine Stützpunkte ins Land der slawischen Karantanen vorschob, oder das Kloster Niederaltaich, das bereits unter Tassilo im Norden mit großen Rodungen begann.

Wenn wir vom frühen monastischen Leben in Bayern sprechen, von den »Urklöstern«, so stellt sich die Frage nach dem Grund für diese überreichen Stiftungen. Wir haben ihn wohl in erster Linie in religiösen Motiven zu suchen, in der Sorge um das Seelenheil und im Wunsch nach Festigung des christlichen Glaubens. Daneben ist freilich nicht zu übersehen, daß mit diesen Klöstern des 8. Jahrhunderts, die meist mitten im Ödland erstanden, nochmals eine große Rodungswelle einsetzte und daß diese Klöster auch bedeutende Wirtschaftszentren darstellten. Doch läßt sich die These des Kirchenhistorikers Max Fastlinger, der sozusagen die ganze wirtschaftliche Entwicklung unter den Herzögen Odilo und Tassilo den Urklöstern zuschrieb, heute kaum mehr halten. Schon Joseph Sturm hat 1941 in einer Detailuntersuchung über die Rodungen in den Forsten um München nachgewiesen, daß ebendiese Rodungen nicht auf die Initiativen der Klöster zurückzuführen sind, sondern auf die weltlicher Herren. Wohl haben auch die Mönche von ihren Klöstern aus das umliegende Land urbar gemacht, aber nicht mit der eigenen Hände Arbeit; am Anfang der Rodungstätigkeit standen ihre hörigen Bauern. Immer wenn ein Kloster ins Leben trat, mußte es mit Gütern und mit zinspflichtigen Bauern ausgestattet werden, von denen es leben konnte; und diese Klosterbauern waren es, die die großen Rodungsinseln in die Wälder hineingeschlagen haben. Das Verdienst dieser Urklöster des 8. Jahrhunderts lag also weniger in einer Rodungstätigkeit, wie sie auch vom Herzog und den anderen Großen betrieben wurde, sondern in der geistigen und religiös-kirchlichen Durchdringung des Landes. Sie weist nun einem ganzen Volk den Weg hinein in die lateinische Sprache und hinein in die antike Kultur.

3. Die geistige Strahlkraft
der frühen Kirche

Läßt uns eine Karte der ...ing-Orte für Bayern, der ...ingen Orte für Schwaben und der ...heim-Orte für Franken die frühesten Siedlungsschwerpunkte erkennen, so zeichnen sich auf einer Karte der Urklöster die ersten Kultur- und Wirtschaftszentren dieser Frühzeit ab. Und diese Klöster wurden für unser Land auch zu den ersten Mittlern der lateinischen Sprache, der antiken Kultur und der römischen Liturgie. Dabei war der Weg der frühen Völker hinein in die lateinische Klosterkultur keineswegs leicht. Die Klöster erhielten ihren Nachwuchs in der Regel auf dem Weg der sogenannten *Oblatio*, das heißt die Eltern mit ihrer absoluten Gewalt über die Kinder gaben diese schon in frühesten Jahren in die Obhut der Mönche. In den Klöstern dann wurden diese aus einer ungebärdigen Landjugend ausgewählten *Pueri oblati* in die lateinische Grammatik eingewiesen, nicht selten mit eiserner Strenge. Doch entgegen allen Erkenntnissen der modernen Jugendpsychologie haben Zwang und Oblation diese Menschen nicht gebrochen, sondern die starken Geister nur noch stärker gemacht. Ein typisches Beispiel dafür ist der schon erwähnte Gründerabt von Fulda, der heilige Sturmi, der auf dem Weg der Oblation in den Klosterbereich des Bonifatius gekommen sein muß und in dessen Obhut dann später viele Bayern nach Fulda gegeben wurden, nicht zuletzt sein aus dem Isengau stammender Vetter Eigil, der uns als vierter Abt von Fulda das Leben Sturmis beschrieben hat.

Die geistigen Zentren der bayerischen Kirche in agilolfingischer Zeit fassen wir zunächst mit den Domklöstern an den Bischofssitzen von Regensburg, Freising, Eichstätt und Salzburg, dann mit den großen Klöstern, wie sie sich über das weite Land hinziehen: mit Benediktbeuern, Wessobrunn, Niederaltaich, Tegernsee, Herrenchiemsee, Mondsee und Kremsmünster. Ungeachtet lokaler Verschiedenheiten ging es an all diesen Orten um die Aneignung des spätantiken Bildungsgutes, geleistet durch Schule, Skriptorium und Bibliothek. Dabei standen naturgemäß liturgische, exegetische und katechetische Zwecke im Vordergrund. Für den Gottesdienst und für die Heranbildung des einheimischen Priesternachwuchses brauchte man die Hauptwerke der theologischen Literatur, die Bücher der Heiligen Schrift, die Kommentare der Väter, die Quellenschriften der überkommenen Geschichtsauffassung und eine Sammlung von Kanones. All diese Werke mußten entliehen und in der Schreibschule kopiert werden, bevor sie im Refektorium verlesen oder in der Schule studiert werden konnten. Über die allen Klöstern gemeinsame Rezeption des spätantiken Bildungsgutes hinaus wird schon während des 8. Jahrhunderts das lokale Profil einzelner Zentren sichtbar: in hagiographischen Unternehmungen, die die Verehrung von Ortsheiligen dokumentieren, und in ersten poetischen Versuchen.

Voran ging das Domkloster St. Peter in Salzburg unter dem irischen Abt-Bischof Virgil, der in Salzburg eine große Schreibschule aufbaute, den Freisinger Bischof Arbeo zu seinen hagiographischen Arbeiten anregte und das berühmte *Salzburger Verbrüderungsbuch* anlegen ließ, ein Namensverzeichnis aller mit dem Peterskloster in Gebetsgemeinschaft stehenden Lebenden und Toten. Auch die älteste Lebensbeschreibung des heiligen Rupert scheint auf Virgil zurückzugehen. Was Virgil für Salzburg war, wurde Arbeo für Freising. Er hat hier mit bayerischen, schwäbischen und angelsächsischen Schreibern den Ruhm des Freisinger Skriptoriums begründet. Unter Arbeos Schülern, etwa dem aus dem Isengau stammenden Arn, gewann das geistliche Zentrum auf dem Freisinger Domberg weitreichende Beziehungen zur karolingischen Hofkanzlei und zum gelehrten Kreis um König Karl und seine Hofakademie in Aachen.

Ähnlich war es bei den Schreibschulen von Benediktbeuern, Tegernsee und Mondsee, von Niederaltaich und Kremsmünster. Mögen die Zeugnisse hier auch spärlicher fließen, das machtvoll vom Anfang aller Dinge kündende *Wessobrunner Gebet* dürfen wir ruhig ins Kulturbild der Agilolfingerzeit stellen, ungeachtet der Tatsache, daß das in althochdeutschen Stabreimen abgefaßte Gedicht erst im frühen 9. Jahrhundert aufgezeichnet

wurde. In neun bildkräftigen Langzeilen handelt der Wessobrunner Hymnus vom Anfang der Heilsgeschichte:

> »Das erfragte ich unter den Menschen als der Wunder
>   größtes,
> Daß die Erde nicht war noch darüber der Himmel,
> Noch irgendein Baum noch Berg nicht war,
> Daß die Sonne nicht schien…
> Noch der Mond leuchtete, noch das herrliche Meer:
> Als da noch nichts war von Enden und Wenden,
> Da war schon der allmächtige Gott,
> Der Männer mildester, und mit ihm viele
> Göttliche Geister, und der heilige Gott…«

DER ANFANG DES WESSOBRUNNER GEBETS

6. Kapitel:
DIE BAYERISCHE MISSION DER FRÜHZEIT

1. Politische Voraussetzungen und Entwicklungen

Wie wir gesehen haben, waren die Hausmeier, aus denen das Geschlecht der Karolinger hervorging, konsequent um eine Stärkung des Frankenreiches bemüht. Sie griffen mit Macht über den Rhein herüber und suchten die Zentrifugalgewalten der Stammesherzöge, die sich dort eingerichtet hatten, zu brechen. Im besonderen nahm für Karl Martells Pläne östlich des Rheins das mainfränkisch-thüringische Gebiet eine politische und strategische Schlüsselstellung ein, die sich nicht mit einem selbständigen Herzogtum vereinbaren ließ. Und in der Tat verschwindet das fränkisch-thüringische Unterherzogtum am Main, das Herzogshaus der Hedene, das in Würzburg seinen Sitz hatte, schon um 720 aus der Geschichte. Ohne daß wir die näheren Hintergründe dieser Entwicklung kennen, dürfen wir doch annehmen, daß das Land jetzt unmittelbar dem Hausmeier unterstellt wurde und das Herzogsgut weitgehend in die Verfügung der Karolinger kam. 741 konnte dann Bonifatius für Mainfranken das Bistum Würzburg errichten und den Angelsachsen Burkhard an die Spitze stellen. Bald danach übertrug Karl Martells Nachfolger Karlmann der Würzburger Kirche erheblichen Besitz aus königlichem Eigentum und umfangreiche Einkünfte. Diese Schenkungen, die beim Adel nicht ohne Nacheiferung blieben, machten den Bischof von Würzburg zu einer übergreifenden politischen Institution für ganz Franken, wie sie seit den Tagen der Hedene nicht mehr bestanden hatte. 752 oder 757 hat Bischof Burkhard die Gebeine des heiligen Kilian erhoben und in die alte Marienkirche auf dem Berg überführt. Diese erste Erhebung und Translation der Gebeine kam im Sinn der damaligen Zeit nicht nur einer Heiligsprechung gleich, sie war auch eine Demonstration des Bischofs von Würzburg und seiner Kirche gegen das alte Herzogshaus: Indem nämlich Kilian damals als der geistliche Repräsentant Frankens herausgestellt wurde, dem die Christianisierung des Landes zu danken war, mußten die fränkisch-thüringischen Herzöge als Heiden und Mörder erscheinen, zu Recht vertrieben. Eine ähnliche Zielsetzung hatte die zweite Translation der Frankenapostel im Oktober 788 in

Anwesenheit König Karls, und zwar vom Berg herab in den neuen Dom. Die Absetzung Herzog Tassilos III. um die gleiche Zeit bietet dazu den sprechenden Hintergrund.

Wenn sich die karolingische Herrschaft in Franken reiner als irgendwo sonst östlich des Rheins ausprägen konnte, so war damit zugleich eine wesentliche Voraussetzung für die Befriedung und Eingliederung jenes germanischen Stammes geschaffen, der am hartnäckigsten Widerstand leistete: für die Sachsen zwischen Niederrhein und Elbe. Eine dauernde Integration dieses Großstammes in den fränkischen Staat erforderte zugleich dessen Christianisierung. Träger dieser Aufgabe, nachdem Karl das Sachsenland seit 772 unterworfen und in Missionssprengel geteilt hatte, wurde vorwiegend die *Francia orientalis,* unser heutiges bayerisches Franken. So erhielt Würzburg von Anfang an einen Missionsauftrag für den zukünftigen Sprengel von Paderborn; zahlreiche Missionare wurden in Würzburg ausgebildet, und die beiden ersten Paderborner Bischöfe, wiewohl Sachsen der Herkunft nach, gehörten dem Würzburger Domklerus an. War Würzburg für den Paderborner Missionsbereich zuständig, so stand hinter dem Bistum Verden an der Aller die Benediktinerabtei Amorbach im Odenwald und hinter dem Bistum Minden an der Weser das halb hessische, halb fränkische Kloster Fulda.

Kehren wir zurück zu den politischen Gegebenheiten und fragen wir nach der Entwicklung im schwäbisch-alamannischen Raum! Das Herzogtum westlich des Lechs befand sich geographisch in einer äußerst schwierigen Lage: Eingekeilt zwischen den Franken im Westen und den Baiwaren im Osten blieb den Alamannen nur der Auslauf nach Süden hin, der aber durch die Mauer der Zentralalpen und durch das alte burgundische Königreich um den Genfer See aufgehalten wurde. In einer Reihe von Feldzügen gelang es den fränkischen Hausmeiern, Karl Martell und seinen Söhnen Pippin dem Jüngeren und Karlmann, die herzogliche Gewalt auch im schwäbisch-alamannischen Raum zu brechen. Ein letzter Versuch zur Rettung des Herzogtums endete 746 mit der völligen Katastrophe und dem sogenannten »Blutgericht von Cannstatt«, wo Karlmann einen Teil der alamannischen Großen gefangennehmen und niedermachen ließ. Damit war das Ende der alamannischen Unabhängigkeit gekommen. Das Herzogsgut wurde, ebenso wie Teile des konfiszierten Adelsgutes, in fränkisches Kronland umgewandelt oder fränkischen und einheimischen Parteigängern übergeben.

Damals scheint auch Bischof Wikterp von Augsburg wegen seiner Verbindung zu den Kräften, die für die Selbständigkeit des alamannischen Herzogtums gekämpft hatten, seinen Sprengel verloren zu haben. Das Bistum selber dürfte durch die Abtrennung des östlichen Teils, aus dem ein bayerisches Bistum Neuburg entstand, wesentlich verkleinert worden sein. Die Nachrichten über diesen Vorgang sind allerdings so widerspruchsvoll und so unsicher, daß man kaum zu einem abschließenden Urteil kommen kann. Statt mit Neuburg an der Donau hat man die in den Quellen genannte *Nova Civitas* auch mit einem Bistum Neuburg im Staffelsee identifiziert (Bauerreiß), obschon sich dagegen schwerwiegende Einwände erheben. Jedenfalls betrachteten die Karolinger das östliche Schwaben fortan als Königsland und nahmen maßgeblichen Einfluß auf die Besetzung der Bistümer und Abteien; so treffen wir nach Wikterp in Augsburg durchwegs frankenfreundliche Bischöfe an.

Eine Sonderstellung im fränkischen Großreich nahm das Stammesherzogtum der Bayern ein, bedingt durch seine weit nach Osten vorgeschobene geographische Position. Die Grenze bildete hier der Flußlauf der Enns. Demnach war also das ganze heutige Oberösterreich ursprünglich baiwarisches Stammesland – genauso wie Oberbayern oder Niederbayern. Im Süden waren die Bayern unmittelbare Nachbarn der ostgermanischen Langobarden, die seit 568 in Oberitalien saßen, zuvor aber im Bereich der alten Provinzen Pannonien und Norikum gesiedelt hatten, also im heute niederösterreichischen, oberungarischen und mährischen Raum. In den frei gewordenen Donau- und Ostalpenbereich waren nach dem Abzug der Langobarden die karantanischen Alpenslawen eingesickert und hatten sich Schritt für Schritt gegen die Drau und das Pustertal, gegen die Enns und die Traun vorgeschoben, so daß die bayerische Ostgrenze mit einem Mal unruhig und fließend wurde. Stand doch hinter diesen Alpenslawen als Oberherr das hunnisch-tatarische Reitervolk der Awaren mit seinem wilden Kaghan an der Spitze, der irgendwo in der Ebene zwischen Donau und Theiß den Sitz hatte. Dadurch, daß die karantanischen Alpenslawen den Awaren dienstbar waren, wurden sie den Bayern zu ganz gefährlichen Nachbarn, und es ist verständlich, daß der bayerische Stamm, der sich seit 568 ganz allein einer unsicheren Ostgrenze gegenüber sah, den Rückhalt an den Franken suchte, um die vorgeschobene Position überhaupt halten zu können. Dessenungeachtet war man bestrebt, die eigene Unabhängigkeit zu wahren, soweit es nur irgend ging. Wir konnten das etwa an den Bemühungen der Herzöge Theodo und Odilo ablesen. Um dieser Unabhängigkeit willen wurde der bayerische Herzogshof nach 740 sogar zum Zentrum einer weiten Opposition gegen die Politik der fränkischen Hausmeier. Doch die von Karlmann und Pippin 743 bei Epfach am Lech erzwungene militärische Entscheidung fiel für die Bayern ungünstig aus; die Schlacht endete mit einer völligen Niederlage des bayerischen Heerbannes, und nur mit Mühe konnte der Herzog mit etlichen Begleitern hinter den Inn entkommen. Trotzdem wurde beim Friedensschluß im Jahr darauf Bayern überraschend schonend behandelt: Odilo, der mit einer Schwester der Hausmeier verheiratet war, konnte das Herzogtum behalten, mußte aber die fränkische Oberhoheit anerkennen.

Als Odilo 748 starb und sein unmündiger Sohn Tassilo III. das Herzogtum übernahm, wurde dieses von den Franken regiert. 756 mußte Tassilo an Pippins Feldzug gegen die Langobarden teilnehmen, und im folgenden Jahr leistete der jetzt Sechzehnjährige auf der Reichsversammlung von Compiègne Pippin und seinen beiden Söhnen den Vasalleneid. In Compiègne wurde Tassilo aber auch für mündig erklärt, sein Onkel Pippin legte die vormundschaftliche Regierung nieder, und Tassilo konnte fortan im Innern seines Herzogtums frei schalten und walten. Diese fast königsgleiche Stellung im eigenen Land bestimmte Tassilo dazu, auch in der Außenpolitik auf mehr Selbständigkeit zu drängen. Vor allem ging es darum, die drückende Verpflichtung abzuschütteln, dem Frankenherrscher bei seinen zahlreichen Kriegen Heeresfolge leisten zu müssen. Auf dem vierten Feldzug gegen Herzog Waifar von Aquitanien kam es 763 zum offenen Bruch: Herzog Tassilo verließ eigenmächtig Pippins Heer und zog mit seinen Bayern ab. Nach dieser einseitigen Lösung des Lehensverhältnisses versuchte er, seine Unabhängigkeit zu festigen, indem er freundschaftliche Beziehungen zum langobardischen Nachbarn im Süden anknüpfte und Liutbirc zur Frau nahm, die Tochter des Königs Desiderius. Tassilos Ausscheren aus dem Verband des fränkischen Reiches hatte den verständlichen Grund, daß für ihn, und nur für ihn, andere Aufgaben Vorrang hatten: Die politischen, wirtschaftlichen und kirchlich-missionarischen Interessen des bayerischen Stammes lagen eben nicht im Westen und Norden, sondern eindeutig im Süden und Osten. Hier konnte der Herzog auch seine Herrschaft wesentlich ausweiten. Noch zur Regierungszeit Herzog Odilos war es gelungen, die im südöstlichen Alpenraum siedelnden und unter awarischer Oberherrschaft stehenden Karantanen näher an Bayern heranzuholen und von Salzburg aus zu missionieren. Nach Odilos Tod hatten sich aber die Beziehungen wieder gelockert, und als um 770 der Karantanenherzog Cheitmar starb, stand der ganze Südosten in hellem Aufruhr. In dieser Situation stieß Tassilo III. 772 nach Karantanien hinein, warf den Aufstand nieder und gliederte das ganze Land seinem Herzogtum an. So wurde der Boden bereit für das erste große Ausgreifen der bayerischen Ostmission und Ostkolonisation.

Bei der ständigen Machterweiterung des Frankenreiches unter König Karl hätte Tassilo freilich die bayerische Unabhängigkeit nur durch ein unbekümmertes Paktieren mit allen Frankenfeinden behaupten können, von Aquitanien und der Lombardei bis hin zum Sachsenland. Doch Tassilo war kein politischer Kopf; ihm fehlte die Fähigkeit zum schnellen und rücksichtslosen Ausnützen der Lage. Damit war aber sein Schicksal besiegelt: König Karl hat Aquitanien niedergeworfen, das Langobardenreich 774 zerschlagen und den Widerstand der Sachsen soweit gebrochen, daß man das Land in Missionsbezirke einteilen konnte. Seit 781 folgten dann die militärischen und diplomatischen Aktionen gegen den bayerischen Herzog Schlag auf Schlag, und 788 brach seine Stellung zusammen, nicht nur durch den Angriff von außen, sondern gerade auch durch die Erschütterung von innen. Als Tassilo im Sommer 788, seiner Vasallenpflicht gehorchend, auf dem Hoftag zu Ingelheim erschien, erhoben bayerische Parteigänger König Karls gegen ihn die Anklage des Hochverrats. Da die vorgebrachten Anschuldigungen offensichtlich zu schwach waren, griff man auf das fünfundzwanzig Jahre zurückliegende Verbrechen der *Harisliz* zurück, der eigenmächtigen Entfernung vom Heer auf dem aquitanischen Feldzug, und verurteilte daraufhin Tassilo zum Tode; durch König Karls »Gnade« wurde das Urteil dann in lebenslängliche Klosterhaft verwandelt. Auch Tassilos Söhne wurden zu Mönchen geschoren, Gattin wie Töchter hatten den Nonnenschleier zu nehmen, so daß mit dem Jahr 788 die Agilolfinger aus der bayerischen Geschichte verschwinden.

Von diesem Zeitpunkt an übernahm der fränkische König die Rechte, Pflichten und Aufgaben des agilolfingischen Herzogtums. König Karl konnte sich dabei zum einen auf bayerische

15

Presulis vnius quid non valet inclita virtus,
  Cuius ab ore Deum Boica tota bibit!
Lustrat cælesti THEODONEM fonte RVPERTVS,
  Et dominum gentis tollit ad astra caput.

Ille suis maior, quos cernuus ante colebat,
  Dijs, calcat pedibus numina culta suis.
Gens imitata ducem melius quoq, numen adorat,
  Nam regis pietas, fit pia norma gregis.

DER HL. RUPERT

Adelige stützen, die sich schon unter Odilo und Tassilo in die fränkische Lehensabhängigkeit begeben hatten, zum anderen auf die bayerischen Bischöfe, die um die volle geistliche Oberhoheit in ihren Sprengeln kämpften und wegen des auf germanischem Rechtsbrauch beruhenden Eigenkirchenwesens mit dem Herzog seit geraumer Zeit in Fehde lagen. Schon auf der Synode von Aschheim im Jahre 756 hatten die Bischöfe dem Eigenkirchenwesen den Kampf angesagt und wollten ihre Oberaufsicht über die geistlichen Schenkungen durchsetzen; sie konnten sich aber nur gegenüber den weltlichen Grundherren behaupten, nicht gegenüber den Monasterien, die sich nach wie vor als von den Bischöfen unabhängige Eigenklöster fühlten. Und weil die Klöster am Herzog, die Bischöfe am Frankenkönig ihren Rückhalt fanden, spielte der Streit um das Eigenkirchenwesen ganz von selber in die große Machtpolitik hinein.

Der entschiedenste Parteigänger des Frankenkönigs unter den bayerischen Bischöfen war dabei Virgils Nachfolger in Salzburg, der im Isengau gebürtige und dem bayerischen Hochadel entstammende Bischof Arn. Er hatte seine erste Ausbildung an der Freisinger Domschule erfahren, trat dann in enge freundschaftliche Verbindung mit dem führenden Kopf der Aachener Hofakademie, dem Angelsachsen Alkuin, wurde 782 Abt des Klosters St. Amand in Belgien und auf Wunsch Karls des Großen im Jahre 785 Bischof von Salzburg. Und wiederum auf Karls Wunsch erhielt Arn im Jahre 798 durch Papst Leo III. als Zeichen der erzbischöflichen Würde das Pallium. Diese Erhebung Salzburgs zum Erzbistum und die Schaffung eines bayerischen Metropolitanverbandes, in dem die Bischöfe von Passau, Regensburg, Freising und Säben-Brixen dem Salzburger Erzbischof als Suffragane zugeordnet waren, bedeuteten den organisatorischen Abschluß der bayerischen Landeskirche, der auch für den Fortbestand der inneren Einheit des bayerischen Staates von großer Wichtigkeit war. Die Frage, warum gerade Salzburg über die Köpfe der anderen bayerischen Bischöfe hinweg zur erzbischöflichen Würde erhoben wurde, läßt sich nicht eindeutig beantworten. Mag sein, daß dabei, neben den persönlichen Beziehungen Arns zum Frankenherrscher, auch die Aufgaben der Ostmission, wie sie gerade von Salzburg aus ins Blickfeld trat, den Ausschlag gegeben haben. Jedenfalls hielt der als fränkischer Parteigänger seit langem bewährte Erzbischof schon im Jahre 800 zu Reisbach bei Dingolfing eine erste bayerische Provinzialsynode ab, der bald darauf zwei weitere geistliche Beratungen der bayerischen Bischöfe in Freising und Salzburg folgten. Die Beschlüsse dieser Synoden strebten, ganz im Sinne Karls des Großen, eine Verschmelzung der bayerischen Landeskirche mit der fränkischen Reichskirche an.

Unmittelbar nach der Absetzung Tassilos hatte König Karl auch die kirchlichen Verhältnisse im bayerischen Westen neu geregelt und den geistlichen wie weltlichen Herrschaftsbereich des Bischofs von Augsburg wesentlich erweitert. Genoß doch Bischof Sintpert, der im ausgehenden 8. Jahrhundert als Oberhirte der Augsburger Kirche vorstand und daneben in Personalunion auch das Bistum Neuburg innehatte, das besondere Vertrauen des Frankenherrschers. Und unter Sintperts Regierung wurde das zu Bonifatius' Zeiten abgetrennte bayerische Grenzbistum Neuburg endgültig dem Augsburger Sprengel eingegliedert. Freilich, das Bistum Augsburg gehörte nicht zur bayerischen Kirchenprovinz Salzburg, es war genauso wie Eichstätt und Würzburg zu Sintperts Zeiten dem Metropolitanverband von Mainz angegliedert worden. Gerade in der Tatsache, daß im heutigen bayerischen Staat ehedem zwei Kirchenprovinzen aufeinanderstießen – eine eigentlich bayerische unter Salzburg und eine eigentlich fränkische unter Mainz –, liegt eine nicht unerhebliche Schwierigkeit der bayerischen Kirchengeschichte.

Wichtiger als die Einrichtung der Kirchenprovinzen wurde die von König Karl in Angriff genommene feste Grenzregelung im Osten und sein machtvolles Ausgreifen gegen das Awarenland zwischen Donau und Theiß. Nachdem die Awaren auf Tassilos Sturz mit wilden Einfällen ins bayerische Grenzland an der Enns reagiert hatten, faßte Karl die ganze Stoßkraft seines Imperiums zusammen und führte 791 einen ersten schweren Schlag gegen das unruhige Nachbarvolk im Osten. Nach einer Abfolge weiterer Feldzüge brach das Awarenreich zu Beginn des 9. Jahrhunderts zusammen; die Awaren wurden faktisch aufgerieben und verschwinden aus der Geschichte. Zurück blieb zwischen Donau und Theiß ein weiter Bereich menschenleeren Landes, so daß der Mönch Regino von Prüm von den *Pannoniorum et Avarum solitudines* sprechen konnte, von der »Awarenwüste«.

2. Ostmission und Ostkolonisation
unter den Agilolfingern und Karolingern

Hatte die Missionierung der slowenischen Karantanen bereits zu Herzog Odilos Zeiten begonnen, und hatte Bischof Virgil von

Salzburg schon damals versucht, seine Stützpunkte ins Karantanenland vorzutreiben, so setzte nach dem Sieg Herzog Tassilos über die aufständischen Karantanen im Jahre 772 die bayerische Ostmission auf breiter Basis ein. Naturgemäß übernahm dabei das Bistum Salzburg die Führung, und Virgil, der große Förderer der Slawenmission von Anfang an, entsandte seinen Landsmann und Chorbischof Modestus ins Land der Karantanen. Modest wurde zum Begründer von Maria-Saal, und als »Apostel Kärntens« fand er seine letzte Ruhestätte in dieser mächtigen Kirchenburg über dem Zollfeld nördlich von Klagenfurt.

Aber nicht nur das Bistum Salzburg, auch der Herzog ging auf die große Aufgabe im Osten zu und gründete zwei Klöster als missionarische wie wirtschaftlich-politische Stützpunkte zur Sicherung und Festigung der Herrschaft über die Slawen: Innichen in der Wildnis des südtirolischen Pustertales und Kremsmünster, das Münster an der Krems, im heutigen Oberösterreich. Aus der Schenkungsurkunde, mit der Herzog Tassilo 769 bei seiner Rückkehr von Italien Abt Atto von Scharnitz den Ort Innichen übergab, erfahren wir die Motivation für solches Tun: *Propter incredulam generationem Sclauanorum ad tramitem veritatis deducendam* – »um das ungläubige Volk der Slawen auf den Weg der Wahrheit zu führen«, sollte also ein Kloster gegründet werden. Durch Abt Atto, der 783 Bischof von Freising wurde, gelangte Innichen schon früh an dieses Bistum und blieb im Bereich der Freisinger Kirche bis zur großen Säkularisation von 1803. Neben Innichen steht noch größer und noch mächtiger die zweite Stiftung Tassilos, Kremsmünster. Nach seinem großen Karantanensieg von 772 in Angriff genommen, im Jahre 777 geweiht und überaus reich mit Gütern ausgestattet, war Kremsmünster die große Stiftung Tassilos überhaupt. Als ersten Abt erhielt dieser kühne Vorposten gegen Osten einen bayerischen Adeligen namens Fater, und von der Gründung an bis zum heutigen Tag hat uns Kremsmünster das großartigste Denkmal der Tassilozeit bewahrt, den berühmten, wohl in Salzburg gearbeiteten Kelch aus vergoldetem Kupfer, verziert mit medaillonartigen Silberplatten, der am Fußrand die stolze Inschrift trägt: *Tassilo dux fortis* – *Liutpirc virga regalis* (»Tassilo, der tapfere Herzog – Liutpirc, das Reis von königlichem Stamm«). Auch wenn Tassilos Stiftungsbrief für Kremsmünster in seiner Echtheit umstritten ist, dürfte bei der Gründung und der außergewöhnlichen Ausstattung des Klosters mit Landbesitz wieder die Mission unter den Slawen im Vordergrund gestanden sein.

Mit dem Zusammenbruch des Awarenreiches um die Jahrhundertwende öffnete sich der bayerischen Kirche nochmals ein weites Missionsfeld, das sich auf den ganzen Donauraum von der Ennsmündung ostwärts über den Wienerwald bis hin zum Plattensee und zur ungarischen Theiß erstreckte. Zur Sicherung der Grenze wurde von Kaiser Karl ein Ostlandpräfekt ernannt, dessen Machtzentrum in der Mark an der Donau lag, also im Gebiet zwischen Enns und Wienerwald. Zur gleichen Zeit hat der Frankenherrscher das bereits von Tassilo für Bayern erworbene slowenische Herzogtum Karantanien territorial umgestaltet. Hier wurde die Drau nicht nur kirchliche Grenze des Salzburger Missionssprengels, sondern auch die politische des Herzogtums. So unterstanden hinfort die südlich der Drau gelegenen Teile Karantaniens dem Patriarchen von Aquileja und dem Markgrafen von Friaul.

Den Hauptanteil der kirchlichen Missionsarbeit im Rahmen der bayerischen Ostbewegung trug ohne Zweifel die Salzburger Kirche, und so hat man wohl nicht ganz zu Unrecht behauptet, daß die im Jahre 798 erfolgte Erhebung zum Erzbistum mit dem weiten Missionsgebiet im Osten in Zusammenhang stand. Blieb auch die Missionierung der Karantanen in karolingischer Zeit eine Hauptaufgabe der Salzburger Kirche, so hatte sich das Missionsfeld des neuen Metropolitansitzes mit der Niederwerfung der Awaren und der Angliederung Pannoniens, wohin man alsbald einen Chorbischof entsandte, wesentlich erweitert. Allerdings kam es hier zu Kompetenzstreitigkeiten mit der Passauer Mission, so daß Kaiser Karl 811 das schmale Passauer Bistums- und Missionsgebiet beiderseits der Donau bis nach Mähren um die nördliche Grafschaft Oberpannonien mit Tulln und Wien erweiterte. Noch in karolingischer Zeit schob sich die Passauer Bistumsgrenze bis an die Raab vor, wennschon die Ostmission Passaus nicht ganz so weitreichend war wie die Salzburgs, und alle späteren Versuche, Passau zur Metropole einer donauländischen Kirchenprovinz zu machen, fehlschlugen.

Suchten sich Passauer Missionare seit dem frühen 9. Jahrhundert den Weg nach Mähren hinein, so blieb dem dritten bayerischen Grenzbistum gegen Osten hin, Regensburg, die christliche Durchdringung Böhmens vorbehalten. Der Weg dorthin führte über das Kloster Chammünster, das bereits der vorletzte Agilolfinger, Herzog Odilo, als Missionsstützpunkt gegründet hatte. In Regensburg, dem Regierungssitz der ostfränkischen Karolinger, haben sich Bischöfe und Domkloster an der Missionierung

Böhmens beteiligt, und im Jahr 845 erschienen dort vierzehn böhmische *Duces* mit ihren Gefolgsleuten vor König Ludwig dem Deutschen, um sich taufen zu lassen.

Neben den Bistümern Salzburg, Passau und Regensburg nahmen aber auch Bischofsstädte und Klostersitze im Hinterland Anteil an der großen Ostaufgabe, wie Glossenfunde und Besitzgeschichte zu zeigen vermögen. Das Bistum Freising zum Beispiel erwarb Besitzungen in Österreich, Tirol, Krain und Kärnten, wirkte über Innichen im Pustertal aber auch kolonisierend und missionierend nach Süden hin. Wenn es um Beispiele aus dem monastischen Bereich geht, so sei hingewiesen auf das Kloster Niederaltaich, dem durch eine Schenkung Karls des Großen der Ort Spitz in der Wachau zufiel, wo der Niederaltaicher Hauspatron Mauritius Kirchenpatron geblieben ist bis zum heutigen Tag. Oder es sei erinnert an das Kloster Tegernsee am Alpenrand, das im Laufe des 9. Jahrhunderts ein Missionskloster weit im Osten errichten konnte: St. Pölten vor Wien, gegründet zu Ehren des heiligen Hippolyt.

Daß sich im Jahre 845 vierzehn böhmische *Duces* in Regensburg taufen ließen, dürfte neben dem Missionserfolg auch von erheblicher politischer Bedeutung gewesen sein. Denn die unmittelbaren Nachbarn der Böhmen waren die slawischen Mährer, die sich, 822 zum ersten Mal in das Blickfeld des karolingischen Reiches getreten, um jeden Preis der fränkischen Oberhoheit entwinden wollten. Schon im folgenden Jahr 846 zog Ludwig der Deutsche mit Heeresmacht nach Mähren und ersetzte hier den Herzog Moimir durch dessen Neffen Rastislav. Aber gerade dieser neue Herzog wurde zum großen Gegner des ostfränkischen Reiches, so daß man sich in den folgenden Jahrzehnten im bayerischen Osten beständig einer unruhig brodelnden Grenze gegenübersah. Wie weitreichend die Pläne Herzog Rastislavs waren, zeigt sein Versuch, sich auch in kirchlicher Hinsicht vom fränkischen Reich zu lösen, die Salzburger Kirchenhoheit abzuschütteln und den Anschluß an den byzantinischen Osten zu finden, den er in seinem Selbständigkeitsstreben nicht zu fürchten brauchte. Es ist uns ein Empfehlungsschreiben des byzantinischen Kaisers für den Priester Konstantin erhalten, der sich auf Bitten Rastislavs 863 zur Bekehrung der Mährer aufmachte. Von diesem Zeitpunkt an datiert das missionarische Wirken der Brüder Konstantin-Kyrillos und Methodios unter den slawischen Völkern, insbesondere den Mährern.

Freilich sollten die fruchtbaren Bemühungen der beiden Slawenapostel Kyrill und Method, die das Wort Gottes auf Slawisch verkündeten und den Gottesdienst in der Volkssprache hielten, bald zu heftigen Spannungen auf kirchlichem und politischem Gebiet führen. In Rom war man begreiflicherweise bestrebt, die neu einzurichtende slawische Kirchenprovinz von Byzanz wegzuziehen, und so erhob Papst Hadrian II. unsern Method 869 über die Köpfe der bayerischen Bischöfe hinweg zum Erzbischof von Mähren und Pannonien. Dieser Vorgang mußte den schärfsten Einspruch der bayerischen Kirche herausfordern, namentlich den der Bischöfe von Salzburg und Passau – sah man sich doch durch die Errichtung eines eigenen slawischen Erzbistums um die Erfolge einer jahrzehntelangen Missionsarbeit gebracht. Als dann im darauffolgenden Jahr 870 die politische Katastrophe über Herzog Rastislav hereinbrach und er von seinem Neffen Swatopluk an Ludwig den Deutschen ausgeliefert wurde, geriet auch der Erzbischof von Mähren und Pannonien, Method, in die Gewalt der bayerischen Bischöfe. Eine vermutlich in Regensburg zusammengetretene Synode, die gegen Method verhandelte, sprach seine Verbannung in ein nicht näher bezeichnetes Kloster aus. In Salzburg aber entstand in diesen Tagen des Kirchenstreites, den der Zusammenstoß von bayerischer und byzantinischer Mission ausgelöst hatte, die bedeutendste literarische Leistung Bayerns in der Karolingerzeit: die zur Vorlage bei König Ludwig dem Deutschen oder bei Papst Hadrian bestimmte Denkschrift über die »Bekehrung der Bayern und der Karantanen«. Um die durch Mission und kirchenorganisatorischen Aufbau entstandenen Rechtsansprüche zu verteidigen, schildert der *De conversione Bagoariorum et Carantanorum libellus* ruhig und maßvoll, wie die Nachfolger des heiligen Rupert längst schon vor dem Auftreten eines »gewissen Griechen Method« das Christentum nach Karantanien und Unterpannonien verpflanzt hätten. Noch fünfzehn Jahre nach Methods Tod, im Juli 900, erhob ein Schreiben des bayerischen Episkopats in Rom schärfsten Einspruch gegen die päpstliche Maßnahme von 869, und erst der nun mit aller Heftigkeit hereinbrechende Ungarnsturm machte dem Kirchenstreit ein Ende.

Wenn wir die Frage stellen, weshalb Bayern in karolingischer Zeit mit solcher Macht in den Ostraum hineinstoßen konnte, so sind dafür wohl jene Schwerpunktverlagerungen anzusetzen, die sich aus den Reichsteilungen des 9. Jahrhunderts ergaben. Durch die Verträge von Verdun (843) und Meerssen (870) fiel nämlich das karolingische Imperium in eine ostfränkische und eine westfränkische Reichshälfte auseinander. Die ostfränkischen Karolinger, einsetzend mit Ludwig dem Deutschen, einem Enkel Karls des Großen, machten Bayern zum Hauptstützpunkt ihrer Herrschaft und regierten ihr Teilreich von Regensburg aus, wo sich der Herzogshof am Kornmarkt in die neue Königspfalz verwandelte. Und stets hielt Ludwig der Deutsche, seit 826 in Regensburg, den Blick auf den Grenzraum gerichtet. Aus seinen Schenkungen an Bischofskirchen und Klöster wird deutlich, daß der Missions- und Kolonialboden des bayerischen Stammes nicht auf schmalen Streifen der Donau entlang, sondern auf breiter Front zwischen Donau und Drau ostwärts wachsen sollte.

Allerdings geriet das machtvolle Ausgreifen der ostfränkischen Karolinger im späten 9. Jahrhundert in die große Krise. Der bayerische Osten wurde schwankender Boden, als um 886 in der Awarenwüste zwischen Donau und Theiß ein neues Reitervolk aus dem Osten erschien und machtvoll an die Pforten Europas pochte: die Ungarn oder, wie sie sich selber nannten, die Magyaren (»Söhne der Erde«), geeint von ihrem Großfürsten Arpád, dessen Namen später das ungarische Königshaus tragen wird. Vorläufig noch kann Kaiser Arnulf von Kärnten die Ungarn von Übergriffen abhalten. Aber als der mächtige Karolinger – selber ein unehelicher Sohn König Karlmanns – 899 starb, hinterließ er einen sechsjährigen, zur Herrschaft unfähigen Sohn – Ludwig das Kind. Schon im Jahr darauf setzte ein ungarischer Reiterschwarm über die Enns, und mit dem endgültigen Zusammenbruch des Mährerreiches wurde der Druck auf die bayerischen Grenzmarken immer stärker. Markgraf Luitpold holte in solcher Situation zum Gegenstoß aus. Als 907 der Ungarnfürst Arpád starb, ging er mit geballter Kraft gegen die Ungarn vor. Das Unternehmen endete am 5. Juli 907 bei Preßburg mit einer völligen Katastrophe. Nahezu der gesamte Heerbann blieb auf dem Schlachtfeld, auch Markgraf Luitpold selber und ein Großteil des bayerischen Hochadels, dazu der Erzbischof von Salzburg und die Bischöfe von Freising und Säben-Brixen. Die Grenze des bayerischen Herzogtums fiel nun wieder auf die Ennslinie zurück, und alles, was die Awarensiege an Landzuwachs gebracht hatten, ging an die Ungarn verloren. So markiert das Jahr 907 mit der vernichtenden Niederlage bei Preßburg den Beginn eines neuen Abschnitts in der bayerischen Geschichte.

7. Kapitel:

DIE BAYERISCHE KIRCHE
UND DAS OTTONISCHE REICHSSYSTEM

1. Stammesherzogtum und Kaisertum

Angesichts der Tatsache, daß ein unmündiges Kind an der Spitze des ostfränkischen Reiches stand, für das Bischöfe aus vornehmen Schwabengeschlechtern die eigentliche Regierung führten, erhob sich bei den deutschen Stämmen im frühen 10. Jahrhundert überall wieder der Ruf nach starken Stammesherzogtümern. Zwar konnte sich in den fränkischen Mainlanden, die altes Königsland waren, kein solches Stammesherzogtum herausbilden, wohl aber im schwäbisch-alamannischen Raum, und zwar gestützt auf die Gegend um den Bodensee, die das Herzstück des alamannischen Stammesbodens ausmachte. Doch dürfte dieses schwäbische Herzogtum in unserem östlichen Schwaben kaum viel Einfluß gewonnen haben. Den eigentlichen Machtfaktor bildete hier der Bischof von Augsburg, zumal seit der verwaiste Stuhl 923 an den tatkräftigen Udalrich aus dem in Wittislingen ansässigen Geschlechte der Hupaldinger gekommen war.

Um so kraftvoller treten noch während der Regierung des letzten Karolingers die Ansätze zu einem neuen Stammesherzogtum in Bayern hervor. Hier hielt nach dem Tod Kaiser Arnulfs der mit den Karolingern verwandte Markgraf Luitpold soviel Rechte und soviel Macht in Händen, daß er unbestritten der erste Mann im Lande war und angesichts des dahinsiechenden Königtums zum Begründer des Herrschergeschlechts der Luitpoldinger werden konnte. Unter seinem ältesten Sohn Arnulf, auf den, unbeschadet der Niederlage von 907, die Führerstellung wie selbstverständlich übergegangen war, erhob sich das alte bayerische Volksherzogtum zu stolzer, geradezu königsgleicher Größe. So trägt eine ganz nach dem Vorbild der Königsdiplome stilisierte und besiegelte Urkunde vom 13. September 908, mit der sich der neue Herrscher an »alle Bischöfe, Grafen und Fürsten dieses Reiches« wendet, die Intitulatio: *Arnulphus divina ordinante providentia dux Baiuvariorum et etiam adiacentium regionum* — »Arnulf von Gottes Gnaden Herzog der Bayern und auch der angrenzenden Gebiete«. Wennschon unklar bleibt, ob mit den *adiacentes regiones* wirklich ein Großbayern gemeint ist, zu dem neben den Stammlanden auch Böhmen und Kärnten, das Engadin, der Vintschgau und das Land um Verona gehörten, so ist uns Arnulfs überragende Stellung im Land auch durch ein Textfragment aus St. Emmeram in Regensburg bezeugt, das dem Herzog königliche Beinamen gibt. Selbständigkeit zeigt Arnulf auch beim Vorgehen gegen die Ungarn, das nach der Niederlage von Preßburg zur vordringlichsten außenpolitischen Aufgabe geworden war. Nachdem der junge Herzog die schwerfälligen Fußtruppen durch ein Reiterheer ersetzt und das flache Land überall mit Ringwällen abgedeckt hatte, konnte er gegen die wild hereinbrechenden Steppenreiter erste Erfolge erzielen: 909 an der Rott, 910 bei Neuching, 913 am Inn auf dem »Mordfeld« zwischen Alt- und Neuötting. Noch wichtiger für die Zukunft war es aber, daß sich Arnulf mit dem ungarischen Großfürsten zu einem vertraglichen Ausgleich zusammenfand und so seinem Land für geraume Zeit den Frieden sichern konnte.

Da Arnulf für seine innen- und außenpolitischen Unternehmungen, insbesondere aber für sein neues Reiterheer, eine wirtschaftliche Basis brauchte, kam es unter seiner Herrschaft zu umfangreichen Säkularisationen von Kirchen- und Klostergütern. Sie haben ihm in der mönchischen Geschichtsschreibung den Beinamen des »Bösen« eingetragen. Doch trotz des negativen Bildes in den Klosterannalen späterer Jahrhunderte hat die neuere Forschung viele Indizien dafür gefunden, daß das Verhältnis dieses Herzogs zur Kirche besser war, als früher angenommen wurde. Gerade wenn von den Säkularisationen Herzog Arnulfs die Rede ist, muß man mitbedenken, daß der Niedergang der auf ihre Eigenständigkeit bedachten und von der Herzogsgewalt gestützten bayerischen Urklöster schon 788 mit dem Sturz Tassilos begonnen hatte; ferner, daß das karolingische 9. Jahrhundert aufs Ganze gesehen der monastischen Entwicklung wenig förderlich war. Hatte schon Karl der Große begonnen, einzelne bayerische Klöster an die Bischöfe auszugeben, so wurde unter seinen Nachfolgern zur Regel, was vorher Ausnahme gewesen war. Allein Bischof Baturich von Regensburg brachte unter Ludwig dem Deutschen von Münchsmünster bis hinüber nach Mondsee ein halbes Dutzend Klöster an sich. Und während das Verzeichnis Kaiser Ludwigs des Frommen für Bayern noch fünfzehn Klöster nennt, die Kriegsdienst, Abgaben oder Gebete für Kaiser und Reich zu leisten haben, besaßen an der Wende vom 9. zum 10. Jahrhundert nur noch etwa sechs

Klöster die Eigenschaft von Reichsabteien. Mit ihrer freien Stellung verloren die Klöster aber auch ihre Spannkraft und Schaffensfreude. Den Reichsbischöfen unterstellt, die die Klostervorsteher nach Belieben ein- und absetzen konnten, waren diese Abteien meist nur noch Versorgungsanstalten für ein paar adelige Kapitelherren, schrumpften sie zusammen zu Wirtschaftskomplexen, sanken sie herab zu bloßen Bauernpfarreien. Freilich sind für den Niedergang des Mönchtums im 9. Jahrhundert nicht nur institutionelle und politische Gründe in Anschlag zu bringen; man muß dieses Absinken des monastischen Lebens auch zusammensehen mit dem fallenden und steigenden Rhythmus der gläubigen Innerlichkeit. Die Karolinger waren nicht so sehr Förderer des klösterlichen Lebens nach der Regel des heiligen Benedikt, sondern mehr die Befürworter einer *Vita communis* der Weltgeistlichen, wie sie in der Regel des Bischofs Chrodegang von Metz festgelegt erschien. So kam es im 9. Jahrhundert zu zahlreichen Gründungen von Kollegiatstiften nach der *Regula Chrodegangi*. Die berühmtesten Beispiele in unserem Land sind wohl das von Ludwig dem Deutschen ins Leben gerufene Kollegiatstift zur Alten Kapelle in Regensburg, das über alle Fährnisse der Zeiten hinweg durchhielt bis zum heutigen Tag, und das 876 von König Karlmann gegründete Pfalzstift zu Altötting. Neben den Neugründungen haben die Karolinger aber auch bestehende Benediktinerklöster in Kollegiatstifte umgewandelt, wie sich etwa im Eichstätter Raum am Beispiel Heidenheims ablesen läßt, dem Doppelkloster Wunibalds und Walburgas.

Zusammenfassend bleibt also festzuhalten, daß der Niedergang des monastischen Lebens in Bayern zu einem Gutteil der karolingischen Epoche angehört und nur bedingt den Ungarnstürmen oder den Säkularisationen Herzog Arnulfs angelastet werden kann. Der zweite Luitpoldinger nahm nur wie ein erloschenes Lehen, was die Bischöfe übriggelassen hatten, um für seinen Kampf gegen die Ungarn wirtschaftlich gerüstet zu sein, aber auch für seine Auseinandersetzungen mit König Konrad. Denn dieser umsichtige, stets auf seine Selbständigkeit bedachte bayerische Herzog Arnulf, den wir zu den bedeutendsten Gestalten unserer Geschichte rechnen müssen, sieht sich seit 911, verstärkt aber seit 919, einem wachsenden Reichszentralismus gegenüber.

Nach dem Tode König Konrads von Franken (911-918) traten die Sachsen an die Spitze der deutschen Stämme. Mit der Erhebung Heinrichs I. zum König hören wir erstmals vom *Regnum Teutonicorum*, von einem übernational und sakral gedachten Reich der Deutschen, das seinen Anfang nimmt mit dem Zeitalter der Ottonen. Gegenüber König Heinrich I. (919-936), dem Ahnherrn dieses Herrscherhauses, der von Niedersachsen aus die Reichsgewalt zu festigen trachtete, konnte Herzog Arnulf nur mit Mühe seine Position und Selbständigkeit wahren. Unter Heinrichs Nachfolger und Sohn Otto I. (936-973) mit dem Beinamen der Große, der 962 in Rom gekrönt wird und damit das abendländische Kaisertum Karls des Großen erneuern kann, trat bald ein grundlegender politischer Wandel ein. Otto begnügte sich nicht mehr, wie der Vater, mit einer losen Oberhoheit über die einzelnen Stämme, ihm ging es um die Wiederherstellung einer starken Zentralgewalt. Und weil Otto vom Vater eine starke Hausmacht übernommen hatte, blieb er in diesen Auseinandersetzungen siegreich und konnte seine Gegner in einem jahrzehntelangen verwegenen Spiel zu bloßen Reichsvasallen herabdrücken. Auch in Bayern gelang es ihm, seine politischen Ziele durchzusetzen. Als hier 937 der alte Herzog Arnulf starb, machte Otto den jungen Herzog Eberhard durch zwei blitzartige Feldzüge zum länderlosen Flüchtling und setzte an seiner Stelle Berthold, den willfährigen Bruder Arnulfs, zum Herzog in Bayern ein. Beim neuerlichen Heimfall der Herzogsgewalt durch den Tod Bertholds im Jahre 947 überging Otto dann die Luitpoldinger gänzlich und übertrug das Herzogtum seinem eigenen Bruder Heinrich, der sich nicht umsonst mit Judith, der Tochter Herzog Arnulfs, vermählt hatte. Wie das bayerische Herzogtum, so konnte sich Otto ein Territorium nach dem anderen unterwerfen, und dadurch, daß er die eroberten Herzogtümer an Familienangehörige übergab – Schwaben etwa an seinen eigenen Sohn Liudolf –, wurde die Einheit des Reiches indirekt wieder hergestellt. Allein, ein allgemeiner Familienaufstand im Jahre 953 ließ Otto die bittere Erfahrung machen, daß auch auf die Verwandten kein Verlaß ist. Da gleichzeitig die Ungarn ins Reich einbrachen, schien die Katastrophe besiegelt, und nur mit Mühe und Not gelang es Otto, Herr der Lage zu bleiben und seine Herrschaft zu sichern.

Die Fährnisse der fünfziger Jahre, in denen sich die Königsmacht nur mit letzter Kraft gegenüber den Partikulargewalten behaupten konnte, waren für Otto I. der Anlaß, die innere Ordnung des Reiches auf eine völlig neue Basis zu stellen. Nun suchte der König eine zuverlässige Stütze in den Reichsbischöfen und Reichsäbten, und dieses Bündnis zwischen Königtum und Kirche wurde zur Grundlage der deutschen Politik auf die Jahrhunderte hin. Da bei den im Zölibat lebenden Bischöfen und Prälaten Erbfolge und Hausmachtpolitik ausschieden, erschien die Gefahr einer Bildung neuer Partikulargewalten von vornherein gebannt. Die mit reichen Schenkungen bedachten Bistümer und Abteien ließen sich vielmehr als königliche Eigenkirchen und Reichslande betrachten und entsprechend behandeln. So gesehen, war es nur allzu verständlich, daß Otto mit Entschiedenheit daranging, den kirchlichen Grundbesitz zu mehren und die Stellung der Bischöfe durch Verleihung fürstlicher Rechte und Privilegien auszubauen. Er legte damit den Grund zur Entstehung der geistlichen Fürstengewalt und der mittelalterlichen Feudalkirche, den Grund zur nahezu tausendjährigen ottonischen Reichskirchenverfassung, die das Antlitz Deutschlands entscheidend geprägt hat bis hin zur großen Säkularisation des Jahres 1803. Daß das Bündnis zwischen königlicher Zentralgewalt und Kirche für beide Seiten nicht nur Vorteile mit sich brachte, sondern auch viel Konfliktstoff in sich barg, sei hier nur angedeutet. Da es im Interesse des Königs lag, die personelle Zusammensetzung des Episkopats selber zu bestimmen und das Recht zur Vergabe von Abteien für sich in Anspruch zu nehmen, mußte die kanonische Wahl der Bischöfe und Äbte zur bloßen Formalität werden. In Wahrheit bestimmte der König die künftigen Prälaten des Reiches, führte sie durch die Übergabe des Hirtenstabes in ihre Aufgabe ein und nahm den Lehenseid entgegen. Vorderhand mochte kaum jemand an diesem Verfahren Anstoß nehmen. Aber mit dem Wiedererwachen des kirchlichen Geistes im Zuge der cluniazensischen Reform wurden die königlichen Eingriffe als Beschränkung der kirchlichen Freiheit empfunden, und an der »Laieninvestitur« sollte sich das erste gewaltige Ringen zwischen römischem Papsttum und abendländischem Kaisertum entzünden.

2. Ungarneinfälle und Ungarnmission

Den äußeren Anstoß zum Aufbau des ottonischen Reichskirchensystems gab der schon erwähnte Aufstand des Jahres 953, den ausgerechnet der von Otto als Herzog von Schwaben eingesetzte Sohn Liudolf angezettelt hatte. An der Tatsache, daß sich der überwiegende Teil des bayerischen Stammesadels unter luitpoldingischer Führung unverzüglich dem Aufstand anschloß, läßt sich ablesen, daß auch die Herrschaft des Sachsen Heinrich I. in Bayern noch keineswegs gefestigt war. Doch König Otto gelang es, der ganzen Bewegung Herr zu werden, und im Frühjahr 955 brach der letzte Widerstand zusammen. Aber auch die Ungarn hatten den Aufstand von 953 auf 954 benutzt, um unter ihrem Horka (Reiterführer) Bulcsu in Süddeutschland einzufallen. Als sie im Jahr 955 erneut mit aller Macht wiederkamen und über ganz Bayern hinstürmten, zog sich vor Augsburg die große Entscheidungsschlacht zusammen. Zwei Tage rannten die Ungarn mit einem Aufgebot, das ihre früheren Heere an Größe und Kampfkraft weit übertraf, gegen die schwer befestigte Stadt vergeblich an, während auf den Wällen der ottonische Reichsbischof Ulrich selbst die Verteidigung leitete. Als schließlich König Otto mit dem zusammengerafften Aufgebot aller deutschen Stämme heranrückte, wurden am 10. August, dem Laurentiustag, die Ungarn vernichtend geschlagen und erbarmungslos verfolgt. Bulcsu wurde abgefangen, nach Regensburg gebracht und kurzerhand aufgehängt.

Das Jahr 955 markiert einen Wendepunkt in der bayerischen Landes- und Kirchengeschichte: Nicht nur, daß die Niederlage von Preßburg wettgemacht war, jetzt konnte auch eine zweite Welle bayerischer Ostkolonisation und Ostmission ihren Anfang nehmen. War die karolingische Ostlandpräfektur nach der Niederlage bei Preßburg im Jahre 907 weitgehend an die Ungarn verlorengegangen, so hieß es nun, die Herrschaftsgrenze erneut nach Osten vorrücken. Bereits um 970 hatte man über die Enns hinaus wieder die Traisen erreicht, und als Kaiser Otto II. 976 die ostfränkischen Babenberger, die bereits auf dem Nordgau schalteten, auch an der Donau als Markgrafen einsetzte, drängte man bald über das Tullner Feld und den Wienerwald hinaus der March und der Leitha zu. An diesen beiden Grenzflüssen konnten die Babenberger, gedeckt durch das Reich, die Grenzpfähle gegen Ungarn einschlagen, wie sie geblieben sind bis zum Jahr 1918. Noch die alte österreichisch-ungarische Doppelmonarchie fiel ja in ein Trans- und Cisleithanien auseinander! In einer Schenkungsurkunde, die der Kaiser für den Bischof von Freising ausstellte, tauchte 996 für diese babenbergische Donaumark auch der neue Name auf: *Ostarrichi* – Österreich.

Daneben hatte Kaiser Otto II., um den bayerischen Selbstbehauptungswillen zu schwächen, 976 auch die Verhältnisse in jenen karantanischen Ostalpentälern neu geordnet, die schon

Tassilo dem Herzogtum gewonnen hatte. Ein Teil des alten slowenischen Fürstentums Karantanien wurde mit den dazugehörigen Marken vom bayerischen Staatsverband getrennt und bildete fortan ein eigenes »Herzogtum Kärnten«. Und wie die Donaumark für Ungarn, so wurde das neugeschaffene Herzogtum für die Ostalpenländer in den folgenden Jahrzehnten zum Ausgangspunkt einer zweiten großen Kolonisations- und Missionswelle.

Die Träger dieses neuerlichen Ausgreifens nach dem Osten waren gewiß die bayerischen Herzöge, die babenbergischen Markgrafen und die Herzöge von Kärnten; aber hinter ihnen stand die bayerische Kirche. Insbesondere das Bistum Passau, das seit 971 der große ottonische Reichsbischof Piligrim lenkte, hatte die Aufgabe, die neugewonnenen Gebiete auch missionarisch zu durchdringen und kirchlich zu organisieren, voll Tatkraft angepackt. Bischof Piligrim, vermutlich aus dem Chiemgaugeschlecht der Aribonen und als Sagenfigur ins Nibelungenlied eingegangen, ließ sich in dem Land, das nach 907 verlorengegangen war, überall die alten Passauer Rechte wieder aufweisen, hielt geistliche Synoden, erbaute Kirchen und Klöster, trieb das Siedelwerk voran und machte seine Bischofskirche zur Herrin des ganzen österreichischen Donautals; der weltberühmte Stephansdom zu Wien bewahrt ja bis heute das Patrozinium seiner Passauer Mutterkirche. Doch Piligrims Blick flog weit über die babenbergische Ostmark hinaus und in die ungarische Tiefebene hinunter, wo sich für Passau ein gewaltiges Missionsfeld aufzutun schien. Festgebannt zwischen den Kraftfeldern Ostroms und des Reiches und umgeben von Nachbarländern, in denen man sich nach und nach dem Christentum zugewandt hatte, wurde die Überwindung des alten Heidentums geradezu eine Lebensfrage für das ungarische Volk. Hier hatte, fünfzehn Jahre nach der katastrophalen Niederlage Bulcsus, der Großfürst Géza die Führung übernommen, ein Urenkel Arpáds, der nun die letzten, unvermeidbaren Konsequenzen zog und sich entschloß, sein Volk durch Errichtung eines Staates im abendländischen Sinn und durch die Annahme des Christentums vor dem Schicksal der Awaren zu bewahren. Wiewohl vom Südosten her Byzanz lockte, öffnete Géza 973 sein Land der vom Kaiser unterstützten Mission des Passauer Bischofs Piligrim und ließ seinen Sohn Vajk auf den Namen des Passauer Bistumspatrons Stephan taufen. Bei dieser Sachlage war Piligrim entschlossen, seine Stellung gegenüber dem Salzburger Erzbischof aufzuwer-

ten und Passau zur Metropole einer donauländischen Kirchenprovinz zu machen, die sich auch über Mähren und Ungarn er-
strecken sollte. Aus diesem Bestreben heraus und in Anknüp-
fung an eine angebliche Metropolitanstellung des Bischofs von
Lauriacum in spätantiker Zeit entstanden jene nachgemachten
Papst- und Kaiserurkunden, die als *Lorcher Fälschungen* in die
Geschichte eingegangen sind.

Doch Piligrim konnte seine hochfliegenden Pläne nicht verwirklichen. 997 kam in Ungarn Gézas Sohn Vajk-Stephan zur
Regierung, der sich kurz zuvor mit Gisela vermählt hatte, der
Schwester des jungen Bayernherzogs und späteren Kaisers
Heinrich II. Dieser neue ungarische Großfürst, im Gegensatz zu
seinem Vater schon Christ aus Überzeugung und von tiefem
religiösen Verantwortungsbewußtsein erfüllt, schickte um das
Jahr 1000 eine Gesandtschaft nach Rom zu Papst Silvester II.
und zu dem dort weilenden jungen Kaiser Otto III. und ließ eine
doppelte Bitte vortragen: Man möge ihn, Stephan, als ersten
christlichen König von Ungarn bestätigen und seinem Land eine
nationale ungarische Kirchenorganisation geben. Am Weih-
nachtstag 1000 oder 1001 haben Papst und Kaiser diesen Wunsch
erfüllt. Gran, das heutige Esztergom, wurde zur Metropole des
abendländisch-christlichen ungarischen Staates erhoben, und
Großfürst Stephan in der neuen Metropolitankirche zum ersten
König von Ungarn gekrönt.

3. Kaiser Heinrich II. und das Bistum Bamberg

Um die Jahrtausendwende hatte also Ungarn in politischer wie
in kirchlicher Hinsicht seine Selbständigkeit erlangt. Eine gewisse Bindung an den Westen blieb aber schon deshalb bestehen,
weil König Stephan I., der Heilige, mit Gisela der Seligen vermählt war. Ihr Bruder, Heinrich IV., aus bayerisch-sächsischem
Hause, Enkel der Luitpoldingerin Judith und des Sachsen Heinrich, sollte nun zur höchsten Würde des Reiches aufsteigen. Als
Kaiser Otto III., erst zweiundzwanzig Jahre alt und kinderlos, im
Januar 1002 in Italien von der Malaria hinweggerafft wurde, fiel
die Krone des Reiches an den Herzog von Bayern, den letzten
Überlebenden des ottonischen Hauses, der als Kaiser Heinrich II.
der Heilige von 1002 bis 1024 die Geschicke des Reiches lenkte.
Das entscheidende Machtzentrum Kaiser Heinrichs II. lag ohne
Zweifel im bayerischen Herzogtum, und daß für Bayern mit
dem neuen Träger der Reichsgewalt eine große Stunde seiner

ANSICHT VON BAMBERG

mittelalterlichen Geschichte begann, zeigte sich vor allem auf dem Feld der Reichskirchenpolitik. Angehörige des bayerischen Stammes stiegen nun kraft kaiserlichen Investiturrechtes zu den höchsten geistlichen Würden auf: Der Regensburger Tagino wurde Erzbischof von Magdeburg, der Bayer Poppo Patriarch von Aquileja, der gleichnamige Sohn des bayerischen Pfalzgrafen Aribo Erzbischof von Mainz und ebenfalls ein Aribone namens Piligrim Erzbischof von Köln. Den für die Kirchen- und Reichsgeschichte wichtigsten Schritt aber tat Heinrich mit der Errichtung des Bistums Bamberg.

Im Gegensatz zu den bayerischen Diözesen, die spätestens zur Zeit des Bonifatius erstanden oder bezeugt sind, wurde Bamberg 1007 als Reichsbistum vom Kaiser gegründet. Herausgeschnitten aus dem Würzburger Sprengel und abgerundet mit einem Streifen Eichstätter Diözesangebietes, erhielt das neue Bistum in mehr als sechzig Schenkungsurkunden eine überaus reiche Dotation sowohl aus deutschem Königsgut als auch aus bayerischem Herzogsgut. Was andere Hochstifte im wechselvollen Auf und Ab der Geschichte über Jahrhunderte hin mühsam erworben hatten, sollte Bamberg durch kaiserliche Gnade mit einem Federstrich erhalten: große Königsgüter im Volkfeld-, Radenz- und Rednitzgau, weite, ehemals babenbergische Besitzkomplexe im Nordgau und in Oberfranken, Herzogs- und Königsgut in Bayern zwischen mittlerer Isar und unterem Inn, Güter in Ober- und Niederösterreich, Steiermark, Kärnten und Ti-

83

rol, schließlich Streubesitz in Schwaben, Thüringen und am Rhein. Auch mehrere Klöster wurden Bamberger Eigentum sowie das alte, reiche Kanonikatstift zur »Alten Kapelle«, das den kirchlichen Mittelpunkt des Königsgutes im Regensburger Raum bildete. Darüber hinaus erwirkte der Kaiser seiner neuen Gründung den unmittelbaren Schutz des Papstes, wie er sonst nur Reichsklöstern zuteil wurde. Dieser Schutz bedeutete zwar keine Exemtion vom Mainzer Metropolitanverband, war aber doch Ursache dafür, daß sich nahezu alle Bamberger Bischöfe mit Erfolg bemühten, vom Papst persönlich geweiht zu werden, und daß sie meist auch das Pallium erhielten, das Zeichen der erzbischöflichen Würde. Auf dieser Basis konnte Bamberg noch im Laufe des 13. Jahrhunderts seine völlige Ausgliederung aus dem Mainzer Metropolitanverband durchsetzen. Bis zum Beginn des 19. Jahrhunderts stand dann das verschwenderisch ausgestattete fränkische Bistum, das im Lauf der Zeiten immer wieder die Verbindung zwischen Nord und Süd herstellte, exemt neben den Kirchenprovinzen Salzburg und Mainz.

Zur Gründung des Bistums Bamberg mögen den Kaiser zunächst die in der Stiftungsurkunde selber genannten Motive veranlaßt haben: Einerseits sollte dieses neue kirchliche Zentrum am Rande der *Terra slavorum* das Heidentum der an Rednitz und Obermain sitzenden slawischen Zwangskolonisten zur Seite drängen, also eine Missions- und Siedlungsaufgabe gegen Osten hin erfüllen; zum anderen, und das war wohl wesentlich ausschlaggebender, wollte der Kaiser, dessen Ehe mit Kunigunde von Lützelburg kinderlos blieb, »Gott zu seinem Erben erwählen«. Und selbstverständlich trugen diese religiösen Impulse die Züge ihrer Zeit und zielten auf eine Konkretisierung, die dann auch reale politische Folgen nach sich zog. So wurde das neugegründete Bamberg mit seiner Domschule und seinem Kloster auf dem Michelsberg im Laufe des 11. Jahrhunderts nicht nur zu einem Zentrum der Gelehrsamkeit, sondern auch zu einer wichtigen Pflanzstätte für den Reichsklerus der Hofkanzlei. Und anders als Salzburg und Passau erwies sich Bamberg in den alsbald mit Heftigkeit einsetzenden Kämpfen zwischen Kaisertum und Papsttum als eine zuverlässige Stütze der Reichsgewalt.

8. Kapitel:

DIE MÖNCHSREFORMEN DES HOHEN MITTELALTERS UND DER INVESTITURSTREIT

Hinter dem steilen Aufstieg des ottonischen Kaiserhauses im 10. Jahrhundert, den wir hier nur andeuten konnten, standen natürlich auch geistig-religiöse Triebkräfte, die von innerkirchlichen, meist monastischen Reformen herkamen. Es waren die verschiedensten Ursachen gewesen, die im Lauf des 9. Jahrhunderts zu einem weitgehenden Verfall der Klöster geführt hatten: Säkularisationseingriffe der Herrscher, Verschleuderung von Gütern durch Laienäbte, mangelnder Schutz wegen Schwäche der Königsgewalt und schließlich die verheerenden Einfälle der Normannen, Sarazenen und zuletzt der Ungarn. Aber aus ungebrochener kirchlicher Lebenskraft erstanden im 10. Jahrhundert neue monastische Kraftzentren, die bald über den eigentlichen Klosterbereich hinaus wirksam wurden. Strahlte die Reformbewegung vom lothringischen Gorze in erster Linie ins Reich aus, so griffen Cluny in Burgund und andere französische Reformzentren auf alle Nachbarländer über.

1. Die Klosterreform von Gorze–Trier–Regensburg

Wenn wir nach dem Einfluß der Gorzer Klosterreform auf Deutschland fragen, so kommt hier vor allem die eng mit Gorze verbundene Abtei St. Maximin in Trier als Vermittlerin in Frage. Immer aber ging es bei diesen Reformen um dasselbe Programm: strenge Befolgung der Regel und deren Ergänzung sowie Auslegung durch sogenannte Consuetudines, Solemnisierung der Liturgie, freie, von keinem Außenstehenden behelligte Wahl des Abtes durch den Konvent. Dabei unterschied sich die lothringische Reformbewegung von der burgundischen im wesentlichen dadurch, daß man nicht wie in Cluny straff zentralistisch organisierte Kongregationen schuf, sondern nur lockere, auf Gebetsverbrüderung beruhende Klostergruppen; daß die von Gorze aus reformierten Klöster kein Exemtionsstreben kannten, sondern sich der Jurisdiktion der Diözesanbischöfe unterstellten; daß man schließlich dem Königtum und seiner Reichskirchenpolitik im wesentlichen aufgeschlossen gegenüberstand.

Die Reformansätze von Gorze und Trier führten noch in ottonischer Zeit zu einer ausgesprochenen Reichsklosterreform, da Kaiser Otto der Große verschiedene Trierer Mönche in seinen Dienst nahm und mehrere Reichsklöster durch sie reformieren ließ. In Bayern war St. Emmeram in Regensburg der bedeutendste Träger der monastischen Erneuerung, die hier von dem großen Reichsbischof Wolfgang in die Wege geleitet wurde. Wolfgang, schwäbischem Adel entstammend, war auf der Reichenau und in Würzburg ausgebildet worden, hatte dann als Domscholaster und Domdekan von Trier mit der Abtei St. Maximin die Keimzelle der deutschen Reform kennengelernt und sich, ehe er 972 zum Bischof von Regensburg erhoben wurde, zeitweilig auch als Mönch im Kloster Einsiedeln aufgehalten. Sein bischöfliches Wirken in Regensburg war von zwei großen Taten geprägt, die zugleich Ausdruck sind für eine große, heiligmäßige Selbstbescheidung: 973 trennte Wolfgang das Missionsfeld in Böhmen von seinem Regensburger Sprengel ab zugunsten der Errichtung eines selbständigen Bistums Prag, das dann 1344 unter Kaiser Karl IV. zur Metropole der neuen böhmischen Kirchenprovinz werden sollte; 975 löste Wolfgang in Regensburg die seit Jahrhunderten bestehende Personal- und Vermögensunion von Domkapitel und Domkloster, machte die Abtei St. Emmeram selbständig und setzte ihr seinen Freund Ramwold von St. Maximin als Abt vor. Mit dieser Berufung hob nicht nur in Regensburg, sondern in ganz Bayern eine neue Blüte des monastischen Lebens an.

Daneben war in Regensburg Wolfgangs Gründung Mittelmünster ein Werk der Reform, die dann auch Ober- und Niedermünster erfaßte und nach Böhmen hinein weiterwirkte. Von Bischof Wolfgang angeregt, erneuerte auch Erzbischof Friedrich in Salzburg das zum Kanonikerstift abgesunkene St. Peter, und zwar indem er die *Mensa archiepiscopalis* von der Abtei trennte und dieser im Emmeramer Mönch Tito einen eigenen Abt gab. Weitere Mittelpunkte der Regensburger Reformbewegung gorzischen Ursprungs wurden die fast verfallene Abtei Tegernsee vor den Bergen und vor allem das als Kanonikatstift weiterlebende Niederaltaich, das unter dem jugendlichen Abt Gotthard (Godehard) einen staunenswerten Aufschwung nahm. Während die Reformbewegung von Tegernsee nach Benediktbeuern und von dort aus nach St. Ulrich und Afra in Augsburg und nach Ebersberg übersprang, wo die bestehenden Kanonikerstifte in Benediktinerklöster umgewandelt wurden, brachte

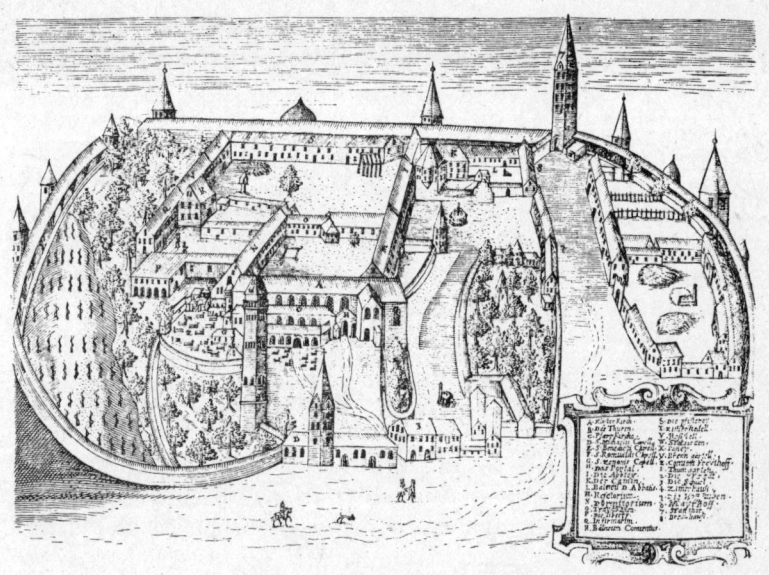

ST. EMMERAM IN REGENSBURG

Niederaltaich das Tassilo-Kloster Kremsmünster wieder zum
Leben, besetzte die Abtei Ostrov in Mähren mit seinen Mönchen
und hielt enge Verbindung mit dem neugegründeten Kloster
Břevnov bei Prag. Droben in Mainfranken aber wurde die Abtei
Schwarzach (Münsterschwarzach) zum wichtigsten Zentrum der
Reform, das nach Norddeutschland wie auch nach Bayern aus-
strahlte.

Aber nicht nur die alten Klöster wurden aus dem Verfall geris-
sen, die Reformbewegung von Gorze–Trier–Regensburg trieb
auch neue Monasterien hervor. Ein Vierteljahrtausend nach
Tassilo III. setzte eine zweite Welle bayerischer Klostergründungen ein. Damals wurde bei Freising auf der Höhe gegenüber
dem Domberg Weihenstephan endgültig aufgerichtet. Vielleicht müssen wir auch in Freising ein aus Mönchen und Weltpriestern gemischtes Domkloster oder Kanonikerstift annneh-
men, dessen Personal- und Vermögensunion erst im Zuge der
Reform gelöst wurde, wobei man die Mönche auf den Weihen-
stephaner Berg versetzte. Vor den Toren Regensburgs wurde
unter Wolfgangs Nachfolger Gebhard das Kloster Prüll gegründet, dessen erster Abt Bonifatius dem Ramwoldkreis entstammte. Was aber eine einzige Adelsfamilie zu leisten imstande

war, zeigt das Beispiel des Chiemgaugeschlechtes der Aribonen, die damals auch das bayerische Pfalzgrafenamt innehatten. Um das Jahr 1000 erhielt ihr Hauskloster St. Lambert in Seeon den ersten Abt aus St. Emmeram; einige Jahrzehnte früher war auf Initiative des Pfalzgrafen Hartwich I. bereits das Kloster Michaelbeuern bei Salzburg entstanden. Aber nicht nur im Altsiedelland waren die Aribonen tätig, mit den Neugründungen des Klosters Millstatt in Kärnten und des Frauenstifts Göß bei Leoben in der Steiermark wirkten sie auch auf dem Kolonialboden im Sinne der Reform.

Und es waren jetzt nicht mehr, wie im 9. Jahrhundert, die Bischofssitze, sondern die Klöster der Gorzer Reform die Vororte der kulturellen Entwicklung in Bayern. Am Anfang der Bildungsbemühungen steht das Wort des Abtes Ramwold von St. Emmeram in der Vorrede zu seiner Homiliensammlung: Er strebe danach, innerhalb und außerhalb des Klosters alles Notwendige wiederherzustellen, zuvörderst aber die Pflege der Bücher; denn die Bücher seien die Grundlage allen Wissens, auf denen die Wahrheit aufruhe. Dieser Satz wurde unterstrichen durch die Maßnahmen Ramwolds zur Bereicherung der Bibliothek von St. Emmeram. Die berühmtesten Werke des Regensburger Skriptoriums aber sind das für Kaiser Heinrich II. und sein Bamberg gefertigte Sakramentar sowie das Evangeliar für die Äbtissin Uta von Niedermünster. In der reichen Emmeramer Bücherwelt hat ein Menschenalter später der Mönch Otloh seine geistige Heimat gefunden. Ausgebildet in Tegernsee, führte ihn der Weg über Hersfeld, Würzburg und Freising in das Regensburger Reformzentrum, wo er eine weitgespannte literarische Tätigkeit entfaltete. Neben hagiographischen Arbeiten standen immer wieder die Selbstbetrachtung und die Autobiographie in der Mitte seines geistigen Strebens, und in *De temptationibus cuiusdam monachi* (Von den Versuchungen eines Mönches) hat uns Otloh eine bewegende Schilderung seiner Seelenkämpfe hinterlassen.

Eine ganz andere Welt- und Literaturatmosphäre spiegelt sich in den schriftlichen Überlieferungen der Klöster Niederaltaich oder Tegernsee. In Niederaltaich schuf sich das von der Reform angestoßene und erneuerte Bildungswesen den überzeugendsten Ausdruck in den nach 1073 abschließend redigierten *Annales Altahenses*, den Jahrbüchern von Niederaltaich. Weit entfernt von aller Lokalhistorie, bestimmt von einer maßvoll-sachlichen Darstellungsart, sind in diesem bedeutendsten Geschichtswerk

Bayerns vor dem Investiturstreit die wesentlichen Geschehnisse im Reich Jahr für Jahr festgehalten. Vom geistigen Leben im Quirinuskloster am Tegernsee aber zeugen die Codizes der *Tegernseer Briefsammlung*, in denen uns der vielfältige und oft auch harte Klosteralltag entgegentritt. Die für Tegernsee bestimmende Gestalt ist Froumund gewesen, ein weitgereister Mönch, der sich im Kloster als Kellermeister und Schulmann brauchen ließ, von sich und anderen Briefe zusammenschrieb und in seine Sammlung vierzig meist kürzere lateinische Gedichte einstreute, voll frischer Natürlichkeit und derbem Scherz. Als Froumund im Jahre 1008 starb, führte der Mönch Ellinger die Briefsammlung weiter. Mit ihm, der zehn Jahre später zum Abt gewählt wurde, greifen wir die beherrschende Gestalt der Tegernseer Geschichte in der ersten Hälfte des 11. Jahrhunderts. Die monastische Kraft, der schulische Ruhm und die wirtschaftlichen Schwierigkeiten des Reformklosters sammeln sich um seine Person. Und aus dieser geistigen Atmosphäre des Klosters am Tegernsee, wie sie durch Froumund und Ellinger geschaffen wurde, erwuchs schließlich das wertvollste poetische Denkmal, das die Epoche überhaupt hervorgebracht hat, der *Ruodlieb*. Bald nach 1050 von einem Unbekannten niedergeschrieben, erzählt dieser nur in Bruchstücken erhaltene erste deutsche Roman die Erlebnisse eines fahrenden Ritters im Dienste eines fremden Königs. Alles ist voll Unmittelbarkeit, Anschaulichkeit und Kraft. Und ungeachtet des ungelenken, oft schülerhaften Lateins hat doch kein anderer das Leben seiner Zeit so nah mit eigenen Augen gesehen und geschildert wie der Ruodliebdichter.

Wenn von der Strahlkraft der Reformbewegung von Gorze–Trier–Regensburg die Rede ist, darf nicht übersehen werden, daß auch der bayerisch-sächsische Kaiser Heinrich II. selber im Regensburger Reformkreis großgeworden war und Bischof Wolfgang wie Abt Ramwold zu Lehrern hatte. Was in Altbayern in aller Stille herangereift war, gewann so mit dem Regierungsantritt Heinrichs die Weite des Reiches. Dutzende von süddeutschen Reformern kamen auf die ersten Bischofsstühle Italiens, Sachsens und der Rheinlande. Es sei nur erinnert an den Niederaltaicher Reformabt Gotthard, den der Kaiser 1022 als Nachfolger des großen Bernward nach Hildesheim rief. Auch noch unter den ersten Saliern, die 1024 nach dem Tod des kinderlosen Kaisers Heinrich auf die Ottonen folgten, blieb Bayern das Kernland des Reiches. Es gab Mönche von Niederaltaich, die

Äbte von Monte Cassino wurden, und Poppo von Brixen und Gebhard von Eichstätt kamen als Damasus II. und Viktor II. sogar kurz hintereinander auf den päpstlichen Thron. Mit diesen »deutschen Päpsten« stehen wir freilich bereits im Vorfeld des großen Kirchenstreites, der in den siebziger Jahren des 11. Jahrhunderts voll Heftigkeit losbrach und auch in Bayern hohe Wellen schlug.

2. Die Cluniazenser und der Investiturstreit

Hatte Konrad II. (1024-1039), der erste der fränkischen oder salischen Kaiser, gleich seinem Vorgänger die Hoheitsrechte über Bistümer und Reichsabteien entschieden gewahrt, so kam mit seinem Sohn Heinrich III. (1039-1056) eine gewaltige Herrscherpersönlichkeit auf den Thron. Ihm sollte es gelingen, das vom Vater ererbte, festgefügte Reich zur Scheitelhöhe seiner mittelalterlichen Geltung zu führen. Heinrich III. setzte die von Otto dem Großen vorgezeichnete kirchenpolitische Linie konsequent fort und hat die monastische Erneuerung nach Kräften gefördert. Selber durchdrungen vom Gedanken der Kirchenreform, hat er energisch in die verworrenen römischen Verhältnisse eingegriffen und dem unwürdigen Schacher der Adelsgeschlechter um das höchste Amt der Christenheit ein Ende bereitet. Von den Reformfreunden gerufen, trat Heinrich 1046 seinen ersten Italienzug an, setzte auf den Synoden zu Sutri und Rom gleich drei miteinander rivalisierende Päpste ab und ließ Bischof Suidger von Bamberg durch Klerus und Volk als Clemens II. zum neuen Oberhirten wählen. Auch bei den nächsten Erledigungen des päpstlichen Stuhles übte Heinrich unwidersprochen sein Designationsrecht aus, das heißt, er benannte den Römern deutsche Bischöfe zur »Wahl«, nämlich Poppo von Brixen als Damasus II., Bruno von Toul als Leo IX. und Gebhard von Eichstätt als Viktor II. Damit hatte das römisch-deutsche Kaisertum eine Machtfülle erlangt, die selbst jene Karls des Großen überstieg.

Das Jahr 1046 markiert den Gipfel, aber zugleich auch den Wendepunkt kaiserlicher Machtentfaltung gegenüber der Kirche. Wenn wir uns Papsttum und Kaisertum in der abendländischen Völkergemeinschaft vorstellen als die beiden Brennpunkte einer Ellipse, so machte die Synode von Sutri deutlich, daß sich das Spannungsverhältnis zugunsten des Kaisertums und damit gegen Kirche und Papsttum wesentlich verschoben hatte. Die Freiheit der Kirche schien je länger je mehr bedroht, wenn es nicht gelang, das Verhältnis zur weltlichen Macht neu zu regeln. Die Kirche verlangte daher in dem nun einsetzenden Ringen zwischen geistlicher und weltlicher Gewalt, zwischen *Sacerdotium* und *Imperium,* die völlige Freistellung ihres Wirkens.

Dieser Kampf um die *Libertas ecclesiae* wurde getragen von einer innerkirchlichen Reformbewegung, die ihren Ursprung wenigstens teilweise in einer zunächst rein monastischen Selbstbesinnung hatte. Ausgangspunkt war die um 910 durch Herzog Wilhelm von Aquitanien gegründete Benediktinerabtei Cluny in Burgund. Dieses Cluny war von Anfang an dem Heiligen Stuhl unmittelbar unterstellt. Unter lang regierenden trefflichen Äbten, die ihre benediktinischen Ideale unbeirrbar festhielten, konnte sich das klösterliche Leben tief und reich entfalten. Gegen Ende des 10. Jahrhunderts zählte Cluny bereits zweihundert Mönche. Immer mehr Gemeinschaften schlossen sich eng an die Reformabtei an oder wurden nach ihren Statuten neu gegründet, und allmählich entstand ein großer Klosterverband unter der zentralistischen Oberleitung des Abtes von Cluny. Ohne Zweifel wirkte das Beispiel des frommen Lebens und der strengen Zucht, das von den cluniazensischen Klöstern ausging, auch befruchtend auf das geistig-geistliche Leben von Weltklerus und Laien. Die cluniazensische Klosterreform hat daher der »Gregorianischen Kirchenreform« des 11. und 12. Jahrhunderts direkt vorgearbeitet, nicht zuletzt durch das Exemtionsstreben und die enge Bindung an Rom, die die Cluniazenser ganz von selber zu Förderern und Verteidigern der Primatsidee werden ließ. Unter dem Drang der Verhältnisse verband sich also mit den zunächst rein klösterlichen und innerkirchlichen Zielen nachträglich ein kirchenpolitisches Programm: das des Investiturstreites mit seiner Kernforderung nach Befreiung der Kirche von der Laiengewalt.

Markieren die von Kaiser Heinrich III. designierten deutschen Päpste den Beginn der Gregorianischen Reform, so zeichnet sich seit den fünfziger Jahren der Zusammenstoß zwischen Kaisertum und Papsttum immer deutlicher ab. Das Papstwahldekret, das Nikolaus II. 1059 auf einer römischen Synode erließ, zielte in aller Deutlichkeit auf die Freiheit der römischen Kirche, wenn es verordnete, daß die Wahl des Papstes allein den Kardinälen zukomme und womöglich aus dem römischen Klerus und in Rom erfolgen solle. Auf der gleichen Lateransynode von 1059 unternahm man auch einen ersten Vorstoß gegen die Simonie.

Der Vorwurf der Simonie meinte zunächst, in Anklang an den Simon Magus in der Apostelgeschichte, lediglich, daß jemand sein geistliches Amt durch eine Geldzahlung an sich gebracht hatte. Sehr bald aber bekam das Wort eine weitreichendere Bedeutung und wurde bezogen auf jegliche Einsetzung in geistliche Ämter durch Laienhand. Als »Laieninvestitur« verstanden, entfaltete das Schlagwort »Simonie« nun eine gefährliche Sprengkraft. Denn in dem Augenblick, da Rom die Laieninvestitur verbot und unter Berufung auf die *Libertas ecclesiae* die kanonische Bischofswahl und das freie Verfügungsrecht der Kirche über ihr Eigentum forderte, war das ottonische Reichskirchensystem in seinem Kern bedroht, war die kaiserliche Politik von der päpstlichen ins Herz getroffen. Am Reichsrecht gemessen, wirkten die päpstlichen Forderungen geradezu umstürzend und mußten notwendigerweise zu jenem welthistorischen Konflikt führen, der unter dem Namen »Investiturstreit« zwischen Papst Gregor VII. und Kaiser Heinrich IV. und ihren Nachfolgern über Jahrzehnte hin mit äußerster Heftigkeit ausgetragen wurde.

Beide Parteien erörterten die brennenden Fragen auch in leidenschaftlichen Streitschriften und warben um die öffentliche Meinung. Im Süden Deutschlands war das Kloster Hirsau im Schwarzwald, das von Cluny her entscheidende Reformimpulse empfangen hatte, ein Hauptstützpunkt der Gregorianer und ein Vorort der kirchlichen Reformbestrebungen. Die Hirsauer Mönche wurden zu den Sturmtruppen des Papsttums in Oberdeutschland. In Bayern freilich konnte die Hirsauer Reformbewegung eigentlich erst nach der großen Auseinandersetzung zwischen Kaisertum und Papsttum Wurzeln schlagen; den Investiturstreit hatten hier vor allem die Bischöfe durchzustehen.

Anführer der päpstlichen Partei in unserem Raum waren die drei eng miteinander verbundenen Bischöfe Altmann von Passau, Gebhard von Salzburg und Adalbero von Würzburg. Ihnen schloß sich, mehr aus kalter Berechnung denn aus innerer Überzeugung, der 1070 neu ins Amt gesetzte Bayernherzog Welf I. an. Doch ein Bayer war von all diesen Herren, strenggenommen, nur Adalbero von Würzburg als letzter Graf von Lambach-Wels, der seine Burg über der Traun in ein Benediktinerstift umgewandelt hatte. Hingegen war Altmann von Passau Westfale, Gebhard von Salzburg Schwabe und Welf I., der aus der Ehe der Welfin Kunizza mit dem Markgrafen Azzo von Este stammte, eigentlich ein Halbitaliener. Die Bayern selber – nicht nur die Laien, sondern auch die meisten Bischöfe – warfen sich mit einer Selbstverständlichkeit ohnegleichen in die Schlachten Kaiser Heinrichs IV. Mochte auch ringsum alles wanken, aus der bayerischen Ritterschaft konnte der Kaiser seine Heere sammeln, und, von seinen Bayern begleitet, kehrte er aus den Feldzügen zurück. Trotzdem spürte man auch hierzulande das Hin- und Herfluten des Kampfes draußen im Reich, brach die Woge von Plünderung und Brand, Haß und Rache immer wieder über die eigenen Grenzen herein. Es waren eben die Greuel eines großen deutschen Bürgerkrieges, vor denen das Schlagwort »Investiturstreit« kaum mehr ist als blasse Schulbuchweisheit. Dabei war für die Tatsache, daß sich Heinrich IV. wenigstens nördlich der Alpen behaupten konnte, nicht nur die Treue der Franken und Bayern entscheidend, sondern noch mehr die Haltung des Böhmenherzogs Wratislaw, der 1086 von Heinrich IV. mit der Königswürde belohnt wurde. Der Bayernherzog Welf aber ging auf dem Höhepunkt der Auseinandersetzung seines Herzogtums verlustig; auch die entschiedenen Gregorianer unter den Bischöfen mußten ihre Sprengel verlassen. Als Altmann von Passau 1076 vom Altar seiner Domkirche aus die Exkommunikation Heinrichs IV. verkünden wollte, trat ihm der eigene Dompropst entgegen. In den babenbergischen Teil seines Bistums abgedrängt, hielt sich Altmann fortan zumeist in dem von ihm gegründeten Stift Göttweig auf; dort ist er 1095 in der Verbannung gestorben. Auch Gebhard von Salzburg mußte einem kaiserlichen Gegenbischof weichen und starb im Exil, desgleichen Adalbero von Würzburg.

Zu einer Beilegung des Investiturstreites kam es erst unter Kaiser Heinrich V. (1106-1125), der seinem Vater in einem wilden Intrigenspiel die Macht aus den Händen gewunden hatte. Mittlerweile war das Verlangen nach Frieden allenthalben so stark geworden, daß sich ihm beide Parteien nicht mehr entziehen konnten. Publizisten und Kanonisten hatten die einzelnen Differenzpunkte in zahlreichen Schriften erörtert; man lernte Amt und Besitz voneinander trennen, unterschied neben der geistlichen auch eine weltliche Seite der Investitur, die man dem König nicht mehr bestritt. Im September 1122 trafen sich die Vertreter des Papstes und des deutschen Königs in Worms, und nach vierzehntägigen schwierigen Beratungen war mit dem »Wormser Konkordat« ein leidlicher Kompromiß gefunden. Heinrich verzichtete auf die Investitur mit Ring und Stab, behielt aber das Recht auf die mit dem Szepter zu vollziehende Regalieninvestitur, das heißt auf die Belehnung mit dem Königsgut. Diese Belehnung hatte bei deutschen Bischöfen sofort nach der Wahl zu erfolgen, für die burgundischen und reichsitalischen Bischöfe innerhalb von sechs Monaten nach der Weihe. Der König gestand den Domkapiteln ferner die freie Wahl der Bischöfe zu, behielt sich aber für das deutsche Reichsgebiet einen wesentlichen Einfluß dadurch vor, daß die Wahl in seiner oder seines Bevollmächtigten Gegenwart stattfinden mußte; bei zwiespältigem Ausgang war von ihm, unter Mitwirkung des Metropoliten und der Suffragane, zugunsten der *senior pars* zu entscheiden. Diese Rechtsgrundlagen des Konkordats von 1122 blieben in Geltung bis zum Ende des Heiligen Römischen Reiches im Jahre 1806. Wenn man den Ausgang des Investiturstreites näher betrachtet, so hatte das Kaisertum zwar einen Teil seiner Rechte behaupten können, die eigentliche Siegerin im Kampfe aber blieb doch die Römische Kurie. Denn die Laieninvestitur in der alten Form war beseitigt, die Bischofswahl und die Verfügung über die Symbole des geistlichen Amtes waren der Kirche zurückgegeben, die Bevormundung der geistlichen Gewalt durch die weltliche war abgeschüttelt.

3. Im Strahlbereich der Hirsauer Reform

Als der Investiturstreit 1122 endlich beigelegt werden konnte, bestimmte schon seit einem guten Menschenalter ein neuer Geist die süddeutsche Kirchen- und Klosterlandschaft. Ausgangspunkt war die Benediktinerabtei Hirsau im Schwarzwald. Schon in karolingischer Zeit entstanden und um die Mitte des 11. Jahrhunderts wiederbegründet, begann die eigentliche Blüte Hirsaus 1069 mit der Postulation des Abtes Wilhelm aus dem gorzischen Reformzentrum St. Emmeram. Bereits in Regensburg hatte sich Wilhelm als hervorragender Kenner von Astronomie und Musik einen Namen gemacht, und einmal Abt des Schwarzwaldklosters geworden, zeigte der hagere Altbayer, daß er berufen war, zu gründen und zu herrschen wie nur wenige. War man in Hirsau zunächst den Emmeramer Gewohnheiten gefolgt, so richtete Wilhelm 1079 sein Kloster nach dem burgundischen Cluny aus und verfaßte die cluniazensisch bestimmten *Constitutiones Hirsaugienses*. Sie sind stark gregorianisch eingefarbt und von fast barbarischer Strenge. Wie sehr aber gerade der strenge Hirsauer Geist dem Zug der Zeit entgegenkam, läßt sich daran ermessen, daß man in Hirsau auf die Oblation verzichten konnte und das Kloster trotzdem beim Tod des Abtes Wilhelm bereits an die hundertfünfzig Mönche zählte und eine große Schar von Laienbrüdern. Das Musterkloster im Schwarzwald sollte dann im Lauf weniger Jahrzehnte in einem ungeheuren Reformstoß nahezu hundert Abteien im deutschen Sprachraum mit seinem Geist erfüllen, alte Klöster genauso wie neue Gründungen.

Seit den achtziger Jahren des 11. Jahrhunderts, noch stärker nach der Jahrhundertwende, fand das Gedankengut eines Wilhelm von Hirsau auch bei uns stärkeren Widerhall, bildeten sich durch Neugründung wie durch Reform älterer Klöster Zentren hirsauischer Prägung in Bayern und in der Ostmark. Erst mit dieser dritten monastischen Welle entstanden nun die vielen Klöster auf dem »Kolonialboden«, in Österreich, Kärnten, der Steiermark und dem Nordgau, wie einst im Altsiedelland zwischen Lech und Enns. Den Anfang machten die Gregorianer: Adalbero von Würzburg gründete Lambach, Altmann von Passau Göttweig, Gebhard von Salzburg Admont. Zu diesen ersten Ansätzen nach der Hirsauer Regel kamen bald Millstatt in Kärnten und das mächtige St. Paul im Lavanttal, dann die Klöster Melk, Seitenstetten und Garsten im Donauraum. Nach der Jahrhundertwende entstand das mächtige Nordgaukloster Kastl, das in seiner hirsauischen Prägung wiederum ausstrahlte auf Reichenbach und Plankstetten in der heutigen Oberpfalz.

Dabei verlief die Ausbreitung der Hirsauer Reform keineswegs so geradlinig, wie dies Romuald Bauerreiß durch eine Art von Klosterstammbaum graphisch dargestellt hat. Vielfach war es ein langer und schwieriger Weg, den die verschiedenen Klöster von der Gründung bis zur eigentlichen Festigung im Sinne der Reform zu gehen hatten. Ein typisches Beispiel dafür ist das Kloster Göttweig in der Wachau; wiewohl es schon vor 1080 durch den Gregorianer Altmann von Passau ins Leben gerufen worden war, zogen erst nach Altmanns Tod 1095 die Mönche aus St. Blasien im Schwarzwald dort auf und machten Göttweig zu einem Zentrum der Hirsauer Reform im weiten Donautal. Ein anderes Beispiel tritt uns in der komplizierten Gründungsgeschichte des Klosters Bayrischzell-Scheyern entgegen. Auf Betreiben der Gräfin Haziga, der Witwe des Pfalzgrafen Otto II. von Scheyern, waren Hirsauer Mönche schon 1077 nach Bayern gekommen und hatten sich in Bayrischzell niedergelassen. Da aber die Gründung in der rauhen Bergwildnis nicht recht gedeihen konnte, wurde sie durch Abt Wilhelm von Hirsau noch vor

1087 etliche Stunden talaus nach Fischbachau verpflanzt. Von dort holte man die Mönche 1103 auf den Petersberg bei Dachau und schließlich 1119 in die alte Stammburg der Grafen von Scheyern-Wittelsbach selber.

Stellt sich das Ausbreiten der Hirsauer auch als äußerst verwickelter Vorgang dar, so lassen sich doch einige wichtige Relaisstationen der Reformbewegung ausmachen. Neben dem schon mehrfach erwähnten Göttweig muß vor allem Admont genannt werden, die Gründung des Reformerzbischofs Gebhard von Salzburg im steirischen Ennstal. Admont besaß im 12. Jahrhundert nicht nur eine berühmte Schreib- und Miniaturschule; von hier gingen nicht weniger als dreizehn Mönche aus, um als Reformäbte bestehende Klöster der Erneuerung zuzuführen oder neue zu gründen. Die Strahlkraft Admonts geht weit über Österreich hin, reicht herein in den altbayerischen Raum und hinauf bis ins fränkische Bamberg-Michelsberg. Und gerade im geistlichen Bamberg tritt uns der entschiedenste Förderer der Hirsauer Reform entgegen: Bischof Otto der Heilige (1102-1139). Zunächst Kanzler unter Kaiser Heinrich IV., später wesentlich an der Vorbereitung des Wormser Konkordats beteiligt, gab sich dieser große Bamberger Bischof ganz als Mann des Friedens und als »Vater der Mönche«. Nicht nur, daß Otto im Fränkischen das Kloster Münchaurach gründete und die Abteien Banz und Michelsberg reformieren ließ; er trieb die Hirsauer Reform auch im Altbayerischen mit nicht weniger als zehn Klostergründungen voran. Eines der bedeutendsten Reformzentren sollte hier das Kloster Prüfening vor den Toren Regensburgs werden, das Bischof Otto 1109 auf Bamberger Eigengut gründete und mit den Gütern der Alten Kapelle in Regensburg ausstattete. Als Abt des neuen Reformklosters berief Otto den Hirsauer Mönch Erminold den Seligen. Auf den Gründungsanstoß Bischof Ottos von Bamberg gehen aber auch die oberpfälzischen Klöster Michelfeld und Ensdorf zurück, dann niederbayerische Abteien wie Biburg bei Abensberg, Mallersdorf zwischen Straubing und Landshut oder Asbach im Rottal.

Dabei ist nicht zu übersehen, daß der Hirsauer Reform gerade in Altbayern teils offen, teils versteckt Widerstand geleistet wurde. Fast überall war das Eindringen der neuen Richtung von starken Spannungen in den einzelnen Konventen begleitet. Namentlich in den Abteien St. Emmeram, Niederaltaich und Tegernsee, die die eigentlichen Träger der älteren Reform gewesen waren, sträubte man sich lange und nachhaltig gegen die

Hirsauer Konstitutionen. Aber auch in einem Reformkloster konnte es geschehen, daß der Abt wegen seiner Strenge von einem Laienbruder schlichtweg erschlagen wurde, wie am Dreikönigstag 1121 Erminold von Prüfening. 1283 hat man seine Gebeine erhoben und in einem Hochgrab beigesetzt. Der unbekannte Meister des Erminold-Grabmals in Prüfening, dem wir auch die traumhaft schöne Verkündigung Mariens im Regensburger Dom verdanken, steht am Anfang einer neuen Epoche der altbayerischen Plastik – der gotischen. Vom Grabmal des Erminold abgesehen, läßt sich an der Prüfeninger Kirche aber auch das »Hirsauer Münsterschema« selber studieren: eine steil aufragende romanische Basilika mit Querhaus, ohne Krypta, über dem Hochschiff eine flache Balkendecke; der Innenraum aber war keineswegs nackt und kahl, sondern wie es der 1897 aufgedeckte große Freskenzyklus zeigt, mit farbenprächtigen Bildern im Sinne einer *Biblia pauperum* bemalt. In Niederbayern griffen die Klosterkirchen von Biburg und Windberg das Vorbild von Prüfening auf. Auch die Kirchenbauten der Oberpfalzklöster Kastl, Plankstetten und Reichenbach lassen, wie der bayerische Kunsthistoriker Hans Karlinger gesagt hat, heute noch etwas von der »Kampfstimmung« der Hirsauer Mönche spüren.

4. Reformantriebe neben und nach den Benediktinern

Das strenge Auslegen der Benediktinerregel durch Cluny und Hirsau ließ nicht nur den alten Gegensatz zwischen Mönchtum und Seelsorge neu hervortreten, die reformierten Mönchsgemeinschaften wurden auch für die Gesamtkirche ein Anstoß zur Erneuerung. Insbesondere auf die Lebensgestaltung des Weltklerus konnte die Gleichsetzung des Ordenslebens mit wahrem Christenleben nicht ohne Auswirkung bleiben. In diesem Bereich war der Reform bereits in karolingischer Zeit die grundsätzliche Richtung gewiesen worden: Der in der Seelsorge stehende Weltklerus sollte zur kanonikalen Lebensweise geführt werden, das heißt zum gemeinsamen Leben und zum Verzicht auf Privateigentum. Hatten etliche Kanonikatstifte des 9. Jahrhunderts, in denen man recht und schlecht nach der *Regula Chrodegangi* lebte, die Stürme der Zeiten überstanden, so suchte man gerade im Reformkreis um Papst Gregor VII. nach einer Form, die Weltpriestertum, Ordensgelübde und Vita communis zur Einheit zusammenzwingen konnte. Die schon genannte Lateransynode von 1059 unternahm nicht nur einen ernsthaften Vorstoß gegen die Laieninvestitur und gegen die Priesterehe; ein weiteres Dekret machte auf Betreiben Hildebrands, des späteren Papstes Gregor, den an ein und derselben Kirche wirkenden Priestern die *Vita communis* zur Pflicht und gab damit der Kanonikerbewegung neuen Auftrieb. In den alten Stiften trennten sich die reformwilligen Kleriker von denen, die sich einer Reform widersetzten, so daß wir fortan zwischen dem Kreis der regulierten Kanoniker und dem der Säkularkanoniker zu unterscheiden haben. Für die neuen Gemeinschaften der Regularkanoniker bot eine damals konzipierte Regel, in der man das geistige Erbe des heiligen Augustinus bemühte, den organisatorischen Rahmen. Freilich war diese *Regula Augustini* keine geschlossene Größe. Es liefen damals verschiedene Aussagen des großen Kirchenlehrers über das asketisch-monastische Leben unter diesem einen Titel. Doch ließ gerade die Berufung auf Augustinus die regulierten Kanoniker, die nicht nach der Regel des heiligen Benedikt leben wollten, sich aber dem Mönchtum in vielen Punkten anglichen, zu »Augustiner-Chorherren« werden.

Den entscheidenden Ausschlag für die Einführung des Kanonikertums strenger Prägung in Süddeutschland gab wiederum jener Bischof Altmann von Passau, den wir bereits als eindeutigen Parteigänger Papst Gregors VII. kennengelernt haben. Noch vor 1073 konnte Altmann mit St. Nikola vor Passau das erste Augustiner-Chorherrenstift in unserem Land begründen, und von dort aus erfaßte die Chorherrenregel den gesamten Metropolitanbereich Salzburgs, so daß Bayern und Österreich zur eigentlichen Heimat des neuen Ordens geworden sind. Während der Verbannung im österreichischen Teil seines Sprengels reformierte Altmann zwei Klosterkomplexe als Augustiner-Chorherrenstifte: St. Pölten, die alte Gründung der Tegernseer Benediktiner, und St. Florian, ein bis heute lebendes Chorherrenstift und Inbegriff barocker Pracht und Herrlichkeit. Die folgenreichste Stiftung jedoch, die Altmann im Zusammenwirken mit dem gleichfalls gregorianisch gesinnten Bayernherzog Welf I. vollzog, war zweifellos das Augustiner-Chorherrenstift Rottenbuch. 1073 im Westen des Herzogtums auf welfischem Hausgut über der Ammerschlucht gegründet, wurde Rottenbuch nicht nur zur Zufluchtsstätte der aus St. Nikola vertriebenen Passauer Chorherren, sondern überhaupt zum Kraftzentrum der neuen Kanonikerbewegung, die dann nach 1100 in weiten Teilen Süddeutschlands zur breiten Wirkung kommen sollte. Hier in Rottenbuch legte auch Gerhoch die Profeß ab, der spätere Propst von Reichersberg am Inn und eigentliche Propagandist der Chorherrenbewegung, der zeitlebens bei der Überzeugung blieb, daß nur ein in Keuschheit, Besitzlosigkeit und Gemeinsamkeit zusammenlebender Klerus die Reinheit der Kirche verkörpern könne. In seiner extremen Haltung zog er sogar die Gültigkeit der von Säkularkanonikern und Weltpriestern gespendeten Sakramente in Zweifel. Als Pflanzstätte der Augustinerreform in Süddeutschland pflegte man in Rottenbuch auch die Gebetsgemeinschaft mit den großen ausländischen Chorherrenzentren St. Rufus in Avignon, S. Fridian in Lucca und S. Giovanni im Lateran.

Im fränkischen Raum kommt die Chorherrenbewegung kaum zum Tragen, auch nicht im ostschwäbischen Bereich, wenn man von der einzigen Ausnahme des Stiftes Wettenhausen absieht. Um so größer dagegen ist ihre Strahlkraft in Altbayern. Hier wurden im frühen 12. Jahrhundert von Rottenbuch aus die Augustiner-Chorherrenstifte Berchtesgaden, Baumburg an der Alz, Gars am Inn, Dießen am Ammersee, Bernried am Starnberger See, Rebdorf bei Eichstätt, dann Stifte wie Dietramszell, Polling oder Beuerberg entweder neu gegründet oder reformiert und galten fortan als Rottenbucher Filiationen. Ein weiteres wichtiges Zentrum der Chorherrenbewegung, das mit Rottenbuch enge Verbindung hielt, wurde Salzburg unter Erzbischof Konrad I. von Abenberg (1106-1147). Zum Kreis der durch Erzbischof Konrad im Geist der Augustinerregel errichteten oder reformierten Stifte gehören: Au am Inn, Herrenchiemsee, Suben, Reichersberg und Ranshofen, Höglwörth, Weyarn, St. Zeno in Reichenhall, Neustift bei Brixen und St. Michael an der Etsch. An nicht wenigen Orten entstanden neben den Chorherrenstiften auch Frauenkonvente. Verglichen mit Salzburg und Passau, fand die Augustiner-Chorherrenbewegung im Bistum Regensburg nur eine geringe Verbreitung. Hier entstand in der Bischofsstadt selbst das Chorherrenstift St. Johann und in Stadtamhof am anderen Donauufer St. Mang; dazu kamen noch draußen im Land Paring, Schamhaupten und Rohr. Schaut man aber auf die Salzburger Kirchenprovinz als Ganzes, so waren es nicht weniger als achtundvierzig Augustiner-Chorherrenstifte, die eine weite geistliche Landschaft prägten bis 1803. In Österreich ist die Chorherrenbewegung mit den Stiften Klosterneuburg bei Wien, St. Florian bei Linz, Vorau in der Steiermark oder Reichersberg am Inn bis zum heutigen Tag lebendig geblieben; in Bayern dagegen bedeutete die große Säkularisation für die Kanoniker nach der Augustinerregel, die sich gerade im 18. Jahrhundert voller Liebenswürdigkeit präsentiert und verschwenderisch der Musikpflege hingegeben hatten, das endgültige Erlöschen.

Mönchtum und Seelsorge war die eine Aufgabe, die die strenge benediktinische Reform von Cluny und Hirsau aufgeworfen hatte – Mönchtum und Armut die andere. Je länger, je mehr nahm man Anstoß am prunkenden Lebensstil der benediktinischen Reformmönche, rief man nach strengerer Beobachtung der evangelischen Armut und nach getreuer Befolgung des 48. Kapitels der *Regula Sancti Benedicti*, das den Mönch zur Handarbeit verpflichtete, wenn auch unter Verweis auf die benediktinische Grundtugend der *Discretio*. Aus solchem Wollen heraus entstand an der Wende vom 11. zum 12. Jahrhundert ein neuer monastischer Reformzweig innerhalb der benediktinisch-zönobitischen Tradition: der Reformorden der Zisterzienser. Der Name kommt vom Kloster Cîteaux, das der nach strengster Einhaltung der alten Benediktinerregel strebende Robert von Molesme um 1098 mit zwanzig Gesinnungsgenossen in der Wildnis südlich von Dijon gegründet hatte. Seine unerwartete Anziehungskraft und weltweite Ausbreitung verdankte der neue Reformorden aber der Tatsache, daß 1112 das religiöse Genie des Jahrhunderts mit etwa dreißig von ihm geworbenen Gesinnungsgenossen in Cîteaux eintrat: der aus burgundischem Hochadel stammende heilige Bernhard. Entschlossen, eine Tochtergründung von Cîteaux aufzurichten, zog Bernhard 1115 mit einem Trupp Getreuer das Seitental der Aube hinauf und machte das »Tal der bitteren Kräuter« zum »lichten Tal« – zu Clairvaux. Bis zu seinem Tod im Jahr 1153 blieb Bernhard hier Abt, wennschon seine Wirksamkeit weit über den Klosterbereich hinausging. Man redet vom »Bernhardinischen Zeitalter« und im gleichen Sinne vom »Jahrhundert der Zisterzienser«. Denn unter Bernhards Einfluß erlangte das Ideal der »grauen Mönche« eine ungeahnte Expansionskraft. Bei seinem Tod zählte der Orden bereits über dreihundert Klöster, und in Clairvaux selber lebten 1153 an die siebenhundert Mönche. Auch das Ordensleben prägte der Heilige entscheidend mit: Er brachte die strenge Herbheit in die Ordensgesetzgebung der Zisterzienser; aber auch seine mystische Frömmigkeit, die sich in glutvoller Jesus- und Marienverehrung Ausdruck schuf, fand Eingang in den Klöstern des Ordens.

DAS ZISTERZIENSERKLOSTER GOTTESZELL BEI VIECHTACH

Von der Organisation her sollte der Klosterverband der Zisterzienser zwar aus selbständigen Abteien bestehen, ganz wie es die Regel Benedikts vorsah; jedoch waren die einzelnen Abteien durch das Filiationssystem, das heißt durch die enge Bindung zwischen Mutter- und Tochterklöster, zu einem einheitlichen, in sich geschlossenen Verband zusammengefügt. Dabei stand dem Abt des Mutterklosters das Visitationsrecht über alle Tochtergründungen zu. Als weiteres Element der Ordenseinheit verfügte die *Carta caritatis*, in der die Gewohnheiten der Zisterzienser festgelegt waren, daß sich einmal im Jahr alle Äbte in Cîteaux zum Generalkapitel zusammenfinden sollten. Für die Lebensgestaltung in den einzelnen Klöstern wurden festgeschrieben: schlichte graue Kutten aus ungefärbter Schafwolle, schmucklose Klosterbauten und Kirchen ohne Bauzier und Turm, Einfachheit der Liturgie, frugaler Tisch und Gewinnung des Lebensunterhaltes durch Handarbeit, vorab aus der Landwirtschaft. Gerade diese letzte Bestimmung, mit der die Rodungsaufgabe und die Verbesserung der Bodenkultur wieder in den Vordergrund traten, ließ die Zisterzienser zu einer der großen Wirtschaftsmächte des Mittelalters werden.

Trotz der alle Grenzen sprengenden Zentralisation des Ordens wurden die Bischöfe in hohem Maße Wegbereiter dieser neuen monastischen Lebensform. Doch fragen wir nach Relaisstationen der Zisterzienser in unserem Raum! Vom Bodenseekloster Salem aus erfolgte 1143 die Gründung von Raitenhaslach bei Burghausen, der ältesten Zisterze in Altbayern. Schon 1127 entstand mit Ebrach im Steigerwald das wichtigste Zisterzienser-kloster im Fränkischen, das schließlich auf acht Tochter- und dreiundzwanzig Enkelgründungen hinweisen konnte, darunter das niederbayerische Aldersbach im Vilstal und die fränkische Dreiheit von Langheim (Bistum Bamberg), Heilsbronn (Bistum Eichstätt) und Bildhausen (Bistum Würzburg). In der bis 1156 zum bayerischen Herzogtum gehörigen Ostmark gründete der Babenberger Leopold III. auf Bitten seines Sohnes, des Bischofs Otto von Freising, die Abtei Heiligenkreuz im Wienerwald als Familienkloster und Begräbnisstätte. Und Heiligenkreuz wurde wiederum zum Mutterkloster für sechs weitere Niederlassungen der Zisterzienser in Österreich, darunter die Kuenringerstiftung Zwettl und die große babenbergische Abtei Lilienfeld.

Für das eigentliche Altbayern kam die Zisterzienserbewegung freilich zu spät. Das Land war bereits mit Klöstern übersät, die Rodung im wesentlichen getätigt. Eine große Aufgabe aber wartete für die Zisterzienser auf dem bayerischen Nordgau, wo gegen die böhmischen Wälder zu um 1133 Markgraf Diepold III. von Vohburg und Cham die Abtei Waldsassen gründete. Dabei betrieben die Zisterzienserabteien ihre Bodenkultur von sogenannten »Grangien« (*grangia* = Scheune) aus, also von Wirtschaftshöfen, die etwa eine Tagreise voneinander entfernt um das Kloster herumlagen. Für Waldsassen lassen sich dreizehn dieser Grangien namhaft machen, von denen aus die Rodung der nördlichen Oberpfalz, des Waldsassener Stiftlandes, betrieben wurde. Bereits zehn Jahre nach ihrem Entstehen konnte die Zisterzienserabtei Waldsassen Mönche nach Walderbach am Regen entsenden; Waldsassen wurde aber auch Mutterkloster für die böhmischen Zisterzen Sedlitz und Osseg.

Eine weitere Niederlassung der Zisterzienser erstand 1263 mitten im Altbayerischen auf des »Fürsten Felde« bei Bruck, freilich nicht betraut mit einer Rodungsaufgabe, sondern gestiftet als Sühnekloster vom vierten Wittelsbacher, Herzog Ludwig II. von Bayern (1253-1294), der seine junge Gemahlin Maria von Brabant auf den bloßen Verdacht ehelicher Untreue hin in Donauwörth hatte enthaupten lassen. Verlieh die Nachwelt der Hinrichtung auch den Schein des Rechts, indem sie dem Herzog den Beinamen »des Strengen« gab, so war Ludwig doch alsbald von der Unschuld seiner Gattin überzeugt und suchte in Rom um Lossprechung von der Blutschuld nach. Der Papst trug dem Bayernherzog »zur Genugtuung für seine Sünden« auf, entweder mit angemessenem Gefolge ins Heilige Land zu ziehen oder ein Kloster für zwölf Kartäusermönche zu stiften. Da dieser strengste aller Orden in Bayern aber gänzlich unbekannt war, holte Ludwig für seine 1258 in Thal bei Aibling errichtete klösterliche Niederlassung, die 1261 in die Amperniederung bei Olching und schließlich 1263 nach Fürstenfeld verlegt wurde, Zisterziensermönche aus Aldersbach. Eine Sühnestiftung der frühen Wittelsbacher stellt auch das erste Frauenkloster des Zisterzienserordens in unserem Lande dar: Seligenthal vor Landshut, 1232 errichtet durch Ludmilla, einer Tochter des Böhmenkönigs Friedrich. Es ging um ein Fürbittkloster für die Grafen von Bogen und das Haus Wittelsbach, insonderheit aber für Ludmillas zweiten Mann, den Bayernherzog Ludwig mit dem Beinamen des »Kelheimers«, weil er im September 1231, kaum sechzigjährig, neben dem Kelheimer Donautor von einem Unbekannten meuchlings erdolcht worden war. Die anderen altbayerischen Zisterzienserklöster – Raitenhaslach, Fürstenzell, Walderbach – stehen diesen Sühnestiftungen an Bedeutung nach. Eine Kirche freilich, die den vollen Baucharakter der Zisterzienser bewahrt hat, läßt sich im Altbayerischen schwerlich ausmachen, wohl aber an der Grenze zu Schwaben hin. In der gewaltigen, schmucklosen Kirche des Zisterzienserklosters Kaisheim – ohne Turm, nur mit einem Dachreiter versehen, der zum Gebet ruft – ist uns ein eindrucksvolles Denkmal zisterziensischer Baukunst erhalten geblieben.

Wie die Zisterzienser eine strengere Form des Benediktinerordens anstrebten, so bildete sich der Prämonstratenserorden aus einer Erneuerung der Augustiner-Chorherren. Auch in der Befolgung der Augustinusregel trat dem *Ordo antiquus* ein *Ordo novus* zur Seite. Dieser neue Orden der Prämonstratenser geht zurück auf Norbert von Xanten, weshalb seine Mitglieder bei uns im 18. Jahrhundert auch »Norbertiner« genannt wurden. Aus niederrheinischem Adel, wurde Norbert schon früh Kanoniker in Xanten und bald darauf königlicher Kaplan am Hofe Heinrichs V., vollzog in einer Stunde äußerster Lebensgefahr eine innere Umkehr und fing an, nach dem Empfang der Priesterweihe, in Deutschland und Frankreich als Wanderprediger zu wirken. Fünf Jahre später zog er sich bei der Bischofsstadt Laon in die Einsamkeit zurück und gründete dort im Tal von Prémontré eine klösterliche Gemeinschaft, die er unter die Augustinusregel stellte. 1126 folgte der energische, ja bisweilen schroffe Abt von Prémontré einem Ruf Kaiser Lothars III. auf den erzbischöflichen Stuhl von Magdeburg. Durch diese neue

Stellung ihres Gründers wurden die Prämonstratenser zu einem wichtigen Orden für den deutschen Osten. Norbert selber starb 1134 in Magdeburg; während des Dreißigjährigen Krieges wurden seine Reliquien von dort nach der Prämonstratenserabtei Strahov in Prag übertragen. 1582 hatte Papst Gregor XIII. den Gründer der Prämonstratenser heiliggesprochen, und zwar unter eindeutig gegenreformatorischem Akzent: Norbert erschien jetzt unter dem Titel eines »Apostels des heiligsten Altarsakramentes«, der die Realpräsenz des Herrn in der Eucharistie gegen den Irrlehrer Tanchelm verteidigt habe. Umgedeutet zum Heiligen der Eucharistie, wurde Norbert fortan als Attribut die Monstranz beigegeben, obwohl dieser salische Reichsbischof eine solche sein ganzes Leben lang nicht gesehen haben kann. Das Aufkommen der Monstranz steht nämlich in direktem Zusammenhang mit der in der Gotik einsetzenden »Schaufrömmigkeit« und der Einführung des Fronleichnamsfestes in der zweiten Hälfte des 13. Jahrhunderts.

Wenn die Zisterzienser wegen ihres Habits aus ungefärbter Schafwolle die »grauen Mönche« genannt wurden, so erschien den Zeitgenossen der etwas jüngere Orden der Prämonstratenser als *Ordo candidus,* denn in Prémontré und seinen Tochtergründungen trug man ein blendend weißes Mönchsgewand. In organisatorischer Hinsicht übernahmen die Prämonstratenser von den Zisterziensern die zentrale Leitung des Ordens durch Generalabt und Generalkapitel. An die Stelle des Filiationssystems trat bei ihnen jedoch das Prinzip des regionalen Zusammenschlusses der Klöster in sogenannten Zirkarien, an deren Spitze anfangs ein *Circator,* später ein Generalvikar stand. In Süddeutschland konnten die Prämonstratenser vor allem auf schwäbischem Boden Fuß fassen und mit den sechs großen Abteien zu Roggenburg, Ursberg, Schussenried, Rot an der Rot, Weißenau und Obermarchtal eine stattliche Zirkarie bilden. Neben dieser schwäbischen Zirkarie fiel die bayerische verhältnismäßig klein aus. Das wichtigste Kloster war hier Steingaden in der Südwestecke des Herzogtums, gestiftet 1147 als welfisches Hauskloster und besiedelt durch Prämonstratensermönche aus Rot. Weitere Prämonstratenserklöster auf altbayerischem Boden entstanden in Schäftlarn und Neustift bei Freising, in Osterhofen an der Donau, in Windberg in den Vorbergen des Bayerischen Waldes und in Speinshart in der Oberpfalz. Zur bayerischen Zirkarie gehörten aber auch Stifte außerhalb des Herzogtums, so Wilten bei Innsbruck oder Schlägl im Mühlviertel. In

Franken kam es nur zur Gründung einer einzigen großen Abtei der Prämonstratenser: Oberzell bei Würzburg, das dann den Anstoß zur Errichtung einiger Frauenkonvente gab.

Zusammenfassend können wir festhalten, daß die Zisterzienser wie die Prämonstratenser in Altbayern nur je sieben Klöster hervorbringen konnten und daß sie, gemessen an der Ausbreitung der Reformbenediktiner und Augustiner-Chorherren, für das breite Land eigentlich zu spät kamen. Vielleicht aber auch, daß diese beiden französischen Reformorden wegen ihrer Strengheiten den Altbayern weithin fremd blieben.

Eine besondere Art monastischer Erneuerung stellte die zweite Welle iroschottischen Mönchstums dar, die Bayern im ausgehenden 11. und vor allem dann im 12. Jahrhundert erreichte. So begegnen im Reformzentrum Regensburg seit der Mitte des 11. Jahrhunderts mehrere irische Inklusen, die sich 1075 bei Weih-St. Peter ansiedelten: Männer und Frauen, die sich in Zellen einmauern ließen, um Gott durch Gebet und Buße zu dienen. Durch einen neuen Zuzug aus Irland vergrößerte sich die Niederlassung rasch, und schon 1089 verlieh ihr Kaiser Heinrich IV. die Reichsunmittelbarkeit. Um 1090 stiftete Burggraf Otto von Regensburg vor dem Westtor der Stadt für die Iren das neue St. Jakobskloster. Von hier aus entstanden dann im 12. Jahrhundert die Schottenklöster in Würzburg, Nürnberg, Memmingen, Eichstätt, Wien und Erfurt. Ihre gemeinsamen national-irischen Bindungen sollten bald zum Zusammenschluß in einer eigenen Kongregation führen.

5. Die weitere Entwicklung der vier alten Orden in Bayern

Neben dem alten *Ordo monasticus*, bereits aufgespalten in verschiedene Zugehörigkeiten, war auch in unserem Raum der neue *Ordo canonicus* mit seinen Familien getreten. Seit der Mitte des 12. Jahrhunderts standen also vier große Ordensfamilien nebeneinander: die Reformbenediktiner und als ihre strengere Richtung die Zisterzienser, die Augustiner-Chorherren und als deren strengere Richtung die Prämonstratenser. Freilich, so sehr auch dieses reiche Spektrum von Reformorden und neuen Kongregationen die Wandelbarkeit des Ordensgedankens bewies, in der Folgezeit traten doch wieder mehr die Gemeinsamkeiten hervor. Das alltägliche Leben in den Kanonikerstiften unterschied sich bald nicht mehr sonderlich von dem in den traditionellen Mönchsklöstern, und die Betonung der Eigenart und Besonderheit war deshalb zumeist bloß noch eine literarische Angelegenheit.

Kennzeichnend für die vier alten Orden ist, daß sie grundbesitzende Orden sind und ihre reichen Einkünfte in der Hauptsache durch Nutzung von Grund und Boden erhalten. Dabei mußten die Zisterzienser, wohl weil es an Laienbrüdern fehlte, schon Ende des 13. Jahrhunderts ihre Grangien aufgeben und das früher vom Orden selbst bewirtschaftete Land an die Bauern ausgeben. Diese Klosterbauern waren freilich bei uns von Anfang an keine Leibeigenen, sondern Grunduntertanen oder, wie die alten Quellen sagen, »Grundholden« und »Hintersassen« eines Klosters. Als solche wurden ihnen Höfe verschiedener Größe in einer Kombination von Pacht- und Erbrechtssystem zur Bewirtschaftung überantwortet; das heißt, die Klöster hatten die Höfe im »Obereigentum«, die Bauern im »Untereigentum«. Weil dieses System aus dem Mittelalter durchwuchs bis zur großen Säkularisation von 1803, lassen sich für den Wirtschaftskomplex der Klöster einige Daten angeben. Ein kleines Kloster wie etwa das Benediktinerstift St. Veit an der Rott konnte an die vierhundert große und kleine Bauernhöfe sein eigen nennen; ein mittleres Kloster wie das Benediktinerstift Seeon im Chiemgau besaß etwa tausend Bauernhöfe, das mächtige Niederaltaich an der Donau aber über sechzehnhundert. Neben diesem Bauernland unterhielten die großen Klöster aber auch ein eigenes Mustergut, den sogenannten »Hofbau«, der in der Regel an die tausend Tagwerk umfaßte. Zum Hofbau gehörten meist auch ein ausgedehnter Klosterwald, eine Brauerei, eine Mühle, eine Tafernwirtschaft und ein ganzer Kranz ländlicher Handwerksgerechtigkeiten.

Parallel zum Wirtschaftskomplex der Klöster entfaltete sich das System der Inkorporation von Pfarreien, das gleichfalls vom Mittelalter durchlief bis zum Jahr 1803. Je nach Größe und Bedeutung eines Klosters unterstand eine mehr oder minder große Zahl von Pfarreien im Land seinem Patronat, und die Besetzung dieser inkorporierten Seelsorgestellen mit Mönchen oder Weltgeistlichen erfolgte nicht durch den Bischof, sondern nach Wink und Willen des zuständigen Abtes. So hatte etwa der Prälat von Niederaltaich an die dreißig Pfarreien im Land zu vergeben und mochte sich durchaus wie ein kleiner Bischof fühlen. Kein Wunder, daß die meisten Klostervorsteher je länger, je mehr auch nach den äußeren Zeichen der bischöflichen Würde verlangten, nach den Pontifikalien – Mitra, Krummstab, Ring und Pektorale. In unserem bayerischen Raum bekam im Jahr 1177 der Abt von Tegernsee als erster Klostervorsteher das Privileg, die Pontifikalien zu führen, verbunden mit dem Recht, verschiedene Weihehandlungen zu tätigen. Bis etwa zum Jahr 1500 hielt dann jedes halbwegs ansehnliche Kloster in Bayern das Recht auf die Pontifikalien in Händen, und die vier alten Orden der Benediktiner, Zisterzienser, Augustiner-Chorherren und Prämonstratenser wurden aufgrund dieser Gegebenheiten fortan die Prälatenorden genannt. Sie konnten sich durchaus auch politisches Gewicht im Land verschaffen, und als sich im Bayern des 13. und 14. Jahrhunderts eine landständische Verfassung herauskristallisierte, die sogenannte »Landschaft«, die periodisch zusammentrat, die Steuern bewilligte und den Herzögen dreinregierte, zogen auch die vier Prälatenorden in dieses ständisch gegliederte »Parlament« ein und hatten eine Mittelstellung zwischen dem ersten Stand der Edelleute und dem dritten Stand der Bürger der Städte und gefreiten Märkte. Im Jahrhundert der Reformation wird es dann so weit sein, daß der große Geschichtsschreiber Aventin im Blick auf die drei Stände in Bayern feststellen kann, daß die Prälaten reicher sind und mehr vermögen als die beiden anderen Stände zusammen.

9. Kapitel:
WANDLUNGEN SEIT DER STAUFERZEIT

1. Der staatliche Umbruch in Altbayern

Mit dem Stichwort »Territorialisierung« greifen wir ein Phänomen auf, das zunächst den Landeshistoriker interessiert. Aber erst der übergeordnete Zusammenhang der Landesgeschichte und der revolutionäre Wandel in unserer Landesverfassung machen auch den großen Umbruch in der Struktur des Bischofsamtes verständlich. Und mit der Territorialisierung des hohen Mittelalters fährt sich ein Zustand ein, der im wesentlichen unverändert bestehen bleibt bis zur großen Säkularisation von 1803.

Wenn wir nochmals auf die bayerische Fürstengeschichte des 11. Jahrhunderts zurückschauen, so haben wir hier von Heinrich II. bis hin zum Investiturstreit bald den Kaiser als Träger der Herzogsgewalt, bald einen nahen Verwandten des Herrscherhauses, unmündige Königsknaben oder stammesfremde Lothringer und Sachsen. Ein reines »Amtsherzogtum« also! Erst 1070 wurde wieder für ein oberdeutsches Geschlecht der Weg zur bayerischen Herzogsmacht frei, für die Welfen. An Weihnachten 1070 belehnte König Heinrich IV. zu Goslar im Harz Welf I. – wohl in Fehleinschätzung seiner Reichstreue – mit dem bayerischen Herzogtum. Dies war ein Ereignis von großer Bedeutung. Denn wenn auch Welf I. wegen seiner Haltung im Investiturstreit von 1077 bis 1096 noch einmal abgesetzt wurde: Die Welfen hatten jetzt, abgesehen von dem babenbergischen Zwischenspiel von 1139 bis 1156, über fünf Generationen hin die bayerische Herzogswürde inne. Das 12. Jahrhundert stellt sich für den bayerischen Landeshistoriker als das »welfische Jahrhundert« dar, mit dem die Zeit der »Schattenherzöge« endgültig vorbei war und ein starkes Geschlecht im Lande einzuwurzeln suchte. Auf Welf I. – von der Vaterseite her eigentlich ein Italiener aus dem Fürstenhaus der Este – folgte sein Sohn Welf II., unter dessen Herrschaft die bayerische Politik eine ruhige Stetigkeit erlangte, geprägt von der unbedingten Treue zum salischen Haus. Auch der Bruder und Nachfolger, Herzog Heinrich der Schwarze (1120-1126), verfolgte eine kaisertreue Politik. Aber noch in seiner Regierungszeit entstand der verhängnisvolle Konflikt mit den Staufern, der schließlich zum Zusammenbruch der welfischen Machtstellung in Bayern führen sollte. Denn als die Reihe der salischen Kaiser mit Heinrich V. erlosch, war es gerade der Bayernherzog Heinrich der Schwarze, der auf der Mainzer Königswahl vom August 1125 im letzten Augenblick die Partei seines staufischen Schwiegersohnes verließ und die Wahl auf den Herzog von Sachsen lenkte, auf Lothar von Supplinburg, wie er nach seinem Hausgut heißt. Der Lohn dafür war die Vermählung des Herzogssohnes Heinrich mit Gertrud, der Erbtochter Lothars von Supplinburg. Heinrich der Schwarze freilich entzog sich dem Vollstrecken der Reichsacht gegen seinen staufischen Schwiegersohn durch den Eintritt ins welfische Hauskloster Weingarten, wo er schon ein Jahr darauf als Laienbruder starb.

Sein Sohn und Nachfolger, der vierte Welfenherzog, der über Bayern herrschte, war Heinrich mit dem Beinamen der »Stolze«: *Ob notam superbiam,* wie der große Geschichtsschreiber Otto von Freising sagt, also weil sein Hochmut offen zutage gelegen ist! Unter ihm bekommen die Welfen zwei Herzogtümer in die Hand, nämlich Bayern und Sachsen, und damit eine überraschende Machtfülle. Als Kaiser Lothar auf der Heimkehr von seinem Italienzug am 3. Dezember 1137 in einer armseligen Bauernhütte zu Breitenwang bei Reutte in Tirol plötzlich verstarb, übergab er seinem Schwiegersohn, Heinrich dem Stolzen, die Reichsinsignien und bestimmte ihn zu seinem Nachfolger; dieselbe deutsche Fürstenpartei aber, die bei der Wahl von 1125 für Lothar von Sachsen gestimmt hatte, überging jetzt Heinrich den Stolzen – sei es wegen der ungewöhnlichen Machtkonzentration in einer Hand, sei es wegen der persönlichen Unbeliebtheit des Welfen, der *nota superbia* – und wählte den Staufer Konrad. Und dieser König Konrad III. von Hohenstaufen, wollte er sich gegen Heinrich den Stolzen behaupten, mußte nun von den Welfen auf Biegen und Brechen die Herausgabe eines der beiden Herzogtümer fordern. So kam es zum ersten großen Bürgerkrieg zwischen Welfen und Staufern, und der Schlachtruf »Hie Welf! – Hie Waibling!« lief durch ganz Süddeutschland. Dabei leitet sich das »Waibling« vom großen Hausgut der Staufer um Waiblingen im heutigen Württemberg her. »Welf« und »Waibling« sind dann in der mittelalterlichen Auseinandersetzung zwischen Kaisertum und Papsttum zu wichtigen Parteibezeichnungen geworden, und zwar in der romanisierten Form von »Guelfi« und »Ghibellini«, so daß die Guelfen die papsttreue Partei meinen, während die Ghibellinen im Lager des Kaisers stehen. Noch der größte italienische Dichter des Mittelalters und Verfasser der berühmten *Divina Comedia,* Dante Alighieri (1265-1321), wird leidenschaftlich an diesen Kämpfen teilnehmen und als Ghibelline von seiner Vaterstadt Florenz aus in die Verbannung gehen.

Kehren wir zurück nach Bayern! Da Heinrich der Stolze mitten in den Auseinandersetzungen mit dem Staufer 1139 starb, kam es zum Frankfurter Vergleich, durch den die Herzogin-Witwe ihrem Sohn wenigstens Sachsen retten konnte. Bayern selber aber hatte König Konrad schon im Frühjahr 1139 dem Babenberger Markgrafen Leopold IV. gegeben, seinem Halbbruder, der seit 1136 Markgraf der Ostmark war, in Wien residierte und nunmehr von der zweitmächtigsten Stellung im bayerischen Stammesherzogtum zur ersten, zur herzoglichen Würde aufrückte. Als Leopold 1141 starb, erhielt sein Bruder Heinrich mit dem merkwürdigen Beinamen »Jasomirgott« das bayerische Herzogtum zu Lehen, nachdem er sich an Ostern 1142 mit Gertrud, der Witwe Heinrichs des Stolzen, vermählt hatte. Doch der Streit um das bayerische Herzogtum war trotz des Frankfurter Vergleichs nicht aus der Welt geschafft. Der Sohn Heinrichs des Stolzen war nämlich nicht gesonnen, die neuen Machtverhältnisse anzuerkennen, und kaum mündig geworden, forderte er sein zweites Herzogtum zurück: Gemeint ist jener junge, von Kampfesmut und zäher Energie erfüllte Sachsenherzog Heinrich, den man bald *Henricus Leo,* Heinrich den Löwen, nennen sollte. Der 1147 beginnende zweite Kreuzzug brachte eine Atempause in den Auseinandersetzungen, doch schon auf dem Würzburger Reichstag von 1150 erneuerte Heinrich seine Ansprüche auf Bayern. Friedrich Barbarossa, der 1152 neugewählte König, der von der Mutter her Welfenblut in den Adern hatte und schon wegen der italienischen Aufgaben des Reiches auf Frieden bedacht war, steuerte daher von Anfang an auf eine Aussöhnung zwischen Welfen und Babenbergern hin. Die langwierigen Verhandlungen kamen auf dem berühmten Regensburger Reichstag vom Juni 1156 zum Abschluß. Auf den Wiesen von Barbing östlich der Stadt gab Heinrich Jasomirgott in feierlicher Zeremonie Bayern an Heinrich den Löwen zurück. Die Markgrafschaft Österreich aber, die schon seit 976 in den Händen der Babenberger war, wurde von Friedrich Barbarossa aus dem bayerischen Landesverband gelöst und zum selbständigen Herzogtum erhoben, an dessen Spitze Heinrich Jasomirgott treten sollte. Diese denkwürdigen Vorgänge wurden urkundlich fixiert im *Privilegium minus* vom 17. September 1156, das den neuen Herzog darüber hinaus durch Gewährung besonderer Vorrechte zum ersten Eigenherrn des Reiches machte.

Das Jahr 1156 bringt also für Bayern den endgültigen Verlust seiner Ostmarken, die in den letzten Jahrzehnten bereits ein beträchtliches Eigenleben entwickelt hatten. Das »Land unter der Enns« – so die alte Bezeichnung – löst sich vom Mutterland Bayern und gibt den Agglomerationspunkt ab für jenen Länderkomplex, den wir heute »Österreich« nennen.

Für den jungen Herzog Heinrich war Bayern freilich nie Schwerpunkt seiner Politik. Anders als Sachsen mit seinen wichtigen Gebieten um die Elbe blieb Bayern für ihn ein Nebenland, das nur interessierte, wenn es um Hilfsquellen ging oder um den wirtschaftlichen Rückhalt für den Ausbau Niedersachsens. Doch gerade in diesem Zusammenhang hat sein herrscherliches Wirken auch in Bayern Spuren hinterlassen. Um nämlich die großen Fernstraßen und den süddeutschen Warenhandel unter Kontrolle zu bringen, legte der Herzog nicht nur die Hand auf die Salzpfannen von Reichenhall oder mit dem Einziehen der Grafschaft Burghausen auf die Hallfahrten auf der Salzach, er sicherte auch die Salzstraße, wie sie quer durchs Land lief hinüber zum Lech und zu den oberschwäbischen Welfenbesitzungen. Auf diesem Hintergrund kam es zu jener schmählichen Mißachtung bischöflich-freisingischer Rechte durch den Herzog, die 1158 zur Gründung Münchens führte. Denn im Besitz des Freisinger Bischofs befand sich der Isarübergang bei Föhring. Er war durch die Zolleinnahmen der Salzstraße sehr einträglich und hatte auch einen Markt und eine Münze nach sich gezogen. Am 14. Juni 1158 ließ Heinrich der Löwe dieses Föhring jäh überfallen: Die Besatzung wurde niedergemacht, die Häuser gingen in Flammen auf, die Brücke zerstörte man, und Markt wie Zollstätte wurden eine Wegstunde flußaufwärts nach dem herzoglichen »Munichen« verlegt, einem bloßen Bauerndorf, das seinen Namen von den Tegernseer oder Schäftlarner Mönchen herleiten mochte. Und obwohl in Freising noch der große Bischof Otto regiert und bei seinem kaiserlichen Neffen Klage erhebt: Friedrich Barbarossa strafte mit Rücksicht auf seine Italienpläne, für die er Heinrich den Löwen brauchte, den offenkundigen Rechtsbruch nicht; vielmehr entschied er auf dem Reichstag zu Augsburg, daß Markt, Münze und Brückenzoll in Oberföhring aufgehoben bleiben sollten. Das vom Welfenherzog neugegründete München aber bewies eine solche Lebenskraft, daß es auch dann bestehen blieb, als es nach dem Sturz des Herzogs zerstört werden sollte.

Zum Bruch zwischen Friedrich Barbarossa und Heinrich dem Löwen kam es erst Anfang 1176, vermutlich in Chiavenna: Der Kaiser, der den Herzog kniefällig um Waffenhilfe gegen die aufständischen lombardischen Städte bat, erhielt ein hartes Nein zur Antwort. Nach dem Friedensschluß mit dem Papst und den lombardischen Städten, zu dem sich Barbarossa durch die Niederlage von Legnano 1177 gezwungen sah, und nach der Heimkehr aus Italien ging der Kaiser daran, die Beziehungen zu seinem welfischen Vetter zu überprüfen. Der Löwe hatte inzwischen eine Stellung erreicht, die ihn nahezu aus dem Verband des Reiches hinauswachsen ließ. Als darum die sächsischen Großen 1180 mit neuerlichen Klagen über die Gewalttätigkeiten des Welfen kamen, ließ auch Barbarossa dem Recht seinen ruhigen Lauf. Das förmliche Prozeßverfahren, das mit peinlicher Genauigkeit abgewickelt wurde, bedeutete für Heinrich die Aberkennung beider Herzogtümer, den Verlust aller Lehen, die Erklärung der Reichsacht und den Weg in die Verbannung nach England. In Norddeutschland wie in Süddeutschland brach die Welfenmacht wie ein Kartenhaus zusammen.

Die weiteren Schicksale Heinrichs des Löwen stehen zur bayerischen Geschichte in keiner Beziehung. Für sie brachte bereits das Jahr 1180 den entscheidenden Einschnitt. Denn am 16. September 1180 belehnte Kaiser Friedrich Barbarossa zu Altenburg in Thüringen den Pfalzgrafen Otto von Wittelsbach, einen der treuesten Parteigänger des staufischen Hauses, mit dem Herzogtum Bayern. Und fortan bis zum Jahr 1918 werden Angehörige des Hauses Wittelsbach als Herzöge, Kurfürsten und Könige über ein Bayern regieren, das sich schon bald zum geschlossenen Territorialstaat formen sollte. Diese Wittelsbacher gehören dem seit Mitte des 11. Jahrhunderts urkundlich bezeugten Geschlecht der Grafen von Scheyern an, das sich nach der Übereignung der Stammburg an die Benediktinermönche erstmals 1116 »von Witelinespach« nannte, und zwar in Ableitung von ihrem neuen Herrensitz in Oberwittelsbach bei Aichach.

Neben den Wittelsbachern mußten von Barbarossa auch noch zwei andere kaisertreue Grafengeschlechter belohnt werden: zum ersten die mächtigen Grafen von Andechs, deren Kernbesitz reiche Güter an Isar und Ammersee, dann die Grafschaft im Inntal und das Zweimainland mit Bayreuth, Kulmbach und Hof ausmachten. Diese Grafen von Andechs, die namentlich in der

Bamberger Kirchengeschichte eine bedeutsame Rolle spielten und mit Bischof Eckbert nicht nur den großen Parteigänger Kaiser Friedrichs II., sondern auch den Bauherrn des heutigen Domes stellten, diese Andechser erhielten 1180 vom Kaiser den Herzogtitel von »Meranien«, einen Titel, der sich vom slawischen »Morje« (= Meer) ableitet und das Küstenland von Dalmatien meint. Neben den Grafen von Andechs mußte der Kaiser auch noch die Ottokare drüben in Steyr für ihre Treue belohnen. Sie waren die Herren im alten Traun- und Attergau, hatten dazu seit 1050 auch ein gutes Stück von Karantanien erworben, und 1180 nun wurde ihr ganzes Gebiet als »Steiermark« zum eigenen Herzogtum erhoben. Freilich ist dabei zu bedenken, daß dieser Vorgang für Bayern eigentlich nur den Verlust des Traun- und Attergaues bedeutete, also des Kernstücks unseres heutigen Oberösterreich. Die karantanische Mark selber war ja bereits 976 von Bayern abgetrennt worden.

Dennoch: Das Bayern, mit dem Otto von Wittelsbach 1180 belehnt wurde, war nicht mehr das machtvolle Stammesherzogtum zwischen Etsch und Eger, Lech und Leitha, wie wir es aus den Tagen der Agilolfinger und Luitpoldinger kennen, sondern ein abgeschlossener Binnenstaat. Zug um Zug hatte man eben Zuständigkeiten aufgeben müssen, 976 für Kärnten und Friaul (»Karantanien«), 1156 für »Österreich«, 1180 für die Steiermark. Und dann befand sich dieses Restherzogtum in einem Zustand der inneren Auflösung, der im 12. Jahrhundert – in merkwürdiger Parallele zum Aufstieg des Niederadels – allenthalben feststellbar ist. Man darf sich dabei die staatlichen Gegebenheiten des hohen Mittelalters keineswegs im Sinn einer modernen Geschlossenheit vorstellen. Nicht nur, daß das Reich in fünf Herzogtümer zerfiel, sich jedes dieser Herzogtümer wieder in einzelne Grafschaften aufspaltete, auch die Grafschaften selber waren durchbrochen von den Sprengeln geistlicher oder weltlicher Herren, die aufgrund irgendwelcher Privilegien vom Grafengericht über Leben und Tod ausgenommen waren, also die »Immunität« besaßen. Und wie das Königsgut, waren auch die Besitzungen der Großen nicht an ein geschlossenes Gebiet gebunden, sondern zersplitterten sich über weite Strecken hin. So hatte beispielsweise das fränkische Kloster Heilsbronn seine Güter in nicht weniger als 312 verschiedenen Orten der Bistümer Bamberg, Würzburg und Regensburg. Ähnlich vielfältig wie die einzelnen Besitztümer und Güter waren auch die jeweiligen Rechtstitel: Ein und derselbe Adelige war hier Graf, dort Klostervogt, hier Lehensträger, dort Lehensherr, hier Grundherr auf eigenem Gut, dort auf Höfen, die an die Bauern ausgegeben wurden – und das alles nicht arrondiert, nirgends flächenmäßig geschlossen, sondern weit gestreut. Auch wenn der Besitz der einzelnen Herren Mittelpunkte, Verdichtungen, Ballungen zeigte, die eigenen Rechte und Besitztitel überkreuzten und rieben sich doch immer wieder mit denen der Nachbarn.

Erst seit der Mitte des 12. Jahrhunderts begann sich hier manches zu ändern, wurde das Bestreben einzelner Fürsten und Herren, Bischöfe und Äbte erkennbar, andere Standesgenossen auszuschalten und in klar umgrenzten, abgetrennten Gebieten die eigene Herrschaft durchzusetzen. Die Basis der Herrschaft bildete im allgemeinen das Grafengericht, das *Ius gladii* also, die Gewalt über Leben und Tod. Und nun erwuchsen auf dem Boden der alten Grafschaften und Vogteien, häufig durch rücksichtsloses Beugen des Rechtes und gewaltsame Aneignung von fremdem Gut, die neuen territorialen Gerichtsbezirke; aus den alten Lehensträgern des Reiches wurden die neuen Landesherren, die *Domini terrae,* wie sie in der Reichsgesetzgebung Kaiser Friedrichs II. genannt werden. Doch leiteten die Reichsgesetze, durch die dieser Verfassungswandel seine Anerkennung fand – näherhin die *Confoederatio cum principibus ecclesiasticis* vom April 1220 und das *Statutum in favorem principum* vom Mai 1231/32 –, auch in Bayern keine neue Entwicklung ein; vielmehr bedeuteten sie eine Anerkennung der tatsächlichen Rechtsverhältnisse und damit ein Abgrenzen des neuen Standes der »Landesfürsten« nach unten hin, ein Abschließen der hochfreien Herren vom landsässigen Adel.

Bei dieser Entwicklung war die Lage für die eben erst zur Herzogswürde aufgestiegenen Grafen von Wittelsbach nicht einfach. Wie sollten sich die großen Grafengeschlechter den Wittelsbachern beugen, wie sollten sie in ihnen mehr sehen als ihresgleichen – die Andechser etwa, die selber einen Herzogtitel hatten, oder die Ortenburger, die nunmehr das bayerische Pfalzgrafenamt führten? Es hing ganz von dem persönlichen Gewicht dieser ersten Wittelsbacher ab, ob das bayerische Herzogtum künftig ein leerer Titel sein sollte oder blutvolle Wirklichkeit. Dabei kam dem neuen bayerischen Herrschergeschlecht zupaß, daß es sich auf ein ziemlich geschlossenes Hausgut stützen konnte. Die Schwerpunkte lagen im Winkel von Lech und Donau, an der Isar um Freising und Wartenberg, auf dem Nordgau um Schwandorf und Burglengenfeld; Nebenlinien, die man

1182 und 1238 beerben konnte, saßen in Dachau und Valley. Zum Hausgut kam das Kammergut an Inn und Salzach. Von dieser Machtbasis aus mußte man sich ein Herzogtum erobern. Und die ersten Wittelsbacher Herzöge taten dies mit Umsicht und Konsequenz: durch Aufheiraten, durch Auferben, durch Gebrauch des Heimfallrechtes, das dem Herzog zustand, und, wo es sein mußte, mit brutaler Gewalt. Vor allem aber kam dem Haus Wittelsbach beim Aufbau des bayerischen Territorialstaates der Umstand zu Hilfe, daß bis zum Ende des 13. Jahrhunderts von den alten hochfreien Grafengeschlechtern eines ums andere erlosch. Die Gründe dafür mögen einmal in der allzu häufig gepflogenen Verwandtenheirat liegen, dann in der Dezimierung der hochfreien Herren durch Kreuzzüge und Romfahrten, schließlich auch in der Tatsache, daß man die nachgeborenen Söhne auf die geistlichen Pfründen abschob, um Erbteilungen zu verhindern. Und immer wenn ein hochfreies Geschlecht erlosch, packten die Wittelsbacher blitzschnell zu, zogen sie die erledigten Grafschaften ein und mit ihnen auch die zugehörigen Eigengüter, Lehen und Klostervogteien. Weil man mit den meisten Geschlechtern ohnedies versippt oder verschwägert war, konnte man dabei sogar den Schein des Rechtes wahren. Jedenfalls, es gelang den Wittelsbachern, Altbayern zu einem territorialen Herzogtum neuerer Ordnung zu schließen.

Nur an einem Punkt mußte dieses Bestreben scheitern: bei den Bischöfen und Domkapiteln, die ja nicht aussterben konnten, gerade weil sie keine leiblichen Erben für ihr Amt hatten. Die Bischöfe pochten auf ihre rechtliche Gleichordnung mit dem Herzog und suchten das eigene Landesfürstentum auszuformen. Den reichsrechtlichen Rückhalt gab ihnen dabei der bereits genannte Erlaß Friedrichs II. von 1220, durch den sie das Recht erhalten hatten, den Blutbann selbst auszuüben oder zu verleihen. Zwar gelang es den Herzögen im allgemeinen, die bayerischen Bischöfe territorial einzuengen, sie vermochten es aber nicht, diese stolzen Herren, die meist aus alten hochfreien Familien kamen, »landsässig« zu machen, das heißt dem eigenen Staat einzugliedern. So verschieden das Ergebnis der Auseinandersetzung mit den Herzögen für die einzelnen Bistümer auch sein mochte, jeder der bayerischen Bischöfe nannte fortan auch ein eigenes weltliches Territorium sein eigen, in dem er Landesherr war und gleich dem Herzog die Gewalt über Leben und Tod ausübte. Dabei ist wichtig, daß die Historiker heute begrifflich sehr scharf scheiden zwischen dem »Hochstift«, womit das weltliche Territorium eines Bischofs gemeint ist, in dem er als Landesherr schaltet und waltet, und dem »Bistum«, das den geistlichen Jurisdiktionsbereich meint, wo der Bischof als *Ordinarius loci* fungiert. Daß aber Hochstift und Bistum häufig in merkwürdiger Disrelation zueinander standen, lag an der Überlegenheit der weltlichen Gewalten, die die Bischöfe im allgemeinen kleinhalten und ihren Streubesitz abdrücken konnten.

Freilich gelang es den bayerischen Herzögen in keinem einzigen Fall, die Ausbildung eines Bischofsterritoriums ganz zu verhindern. Und so sind auch hierzulande, wie fast überall in Deutschland, die Bischöfe nicht nur Oberhirten ihrer geistlichen Sprengel, sondern als Inhaber eines wenn auch noch so schmalen weltlichen Hoheitsbereichs zugleich Fürstbischöfe, und gleich den weltlichen Territorialherren werden fortan und bis zum Jahre 1803 auch sie das S.R.I.P. hinter ihren Namen schreiben können: *Sacri Romani Imperii Princeps* – »Des Heiligen Römischen Reiches Fürst«. Noch heute zeugen ja in unseren alten Domen die Wappen über Portalen und Altären von dieser merkwürdigen Doppelfunktion der Bischöfe, wenn sie neben Mitra und Krummstab als Zeichen der bischöflichen Würde wie der geistlichen Jurisdiktion das Schwert stellen, das ihre weltliche Herrschaft symbolisiert. Gewiß gab das Hochstift, das weltliche Territorium also, mit seinen Einkünften diesen Bischöfen des alten Reiches ihren eigentlichen Glanz und teilweise auch die Subsistenzmittel selbst für die geistliche Verwaltung; auf der anderen Seite aber darf man nicht übersehen, daß diese ein halbes Jahrtausend lang durchgehaltene Verknüpfung von geistlichen und weltlichen Aufgaben eine ungeheure Belastung darstellte. In der vielhundertjährigen Wechselwirkung von Hochstift und Diözese schlug sie nicht selten zum Schaden der genuin geistlichen Funktion des bischöflichen Amtes aus. Mit anderen Worten: Wir machen gerade bei seeleneifrigen Bischöfen oft die Feststellung, wie die Strukturen der Herrschaft bisweilen wichtiger oder so stark sind, daß sich der geistliche Auftrag nur mit Mühe durchsetzen kann.

Wenn wir nun mit Blick auf den altbayerischen Staat die geopolitische Lage der Hochstifte betrachten, so ergibt sich, daß Brixen, Salzburg, Passau, Bamberg, Eichstätt und Augsburg als Bischofsstädte das Herzogtum umringten; Freising und Regensburg aber staken ihm wie ein Pfahl im Fleisch. Modern ausgedrückt, wird die Situation dann bis zum Anfang des 19. Jahrhunderts so sein, daß die Untertanen des Herzogs oder Kurfürsten von Bayern in geistlichen Belangen der Jurisdiktion von Bischöfen unterstehen, die alle im »Ausland« sitzen.

Im allgemeinen ist es den bayerischen Herzögen gelungen, die Bischofsterritorien niederzuhalten und ihren Streubesitz zu kassieren. Dies gilt in besonderem Maße für Freising und Regensburg, die mitten im Land lagen. In Freising etwa waren die Wittelsbacher schon vor 1180 die Vögte der Bischöfe. Ein solcher Vogt (*Advocatus*) ist der laikale Gerichts- und Verwaltungsherr einer Kirche oder eines Klosters, der seine Existenz davon herleitet, daß sich der Klerus vom Grundsatz leiten ließ *Ecclesia non effundit sanguinem*. Die Vögte hatten also die betreffende Kirche und ihren Grundbesitz vor Gericht in persönlichen wie vermögensrechtlichen Belangen gegenüber der öffentlichen Gewalt zu vertreten und waren daneben meist auch als Richter und in der Verwaltung der kirchlichen Grundherrschaft tätig. Natürlich war man in Freising, namentlich unter dem großen Bischof Otto, bestrebt, die Vogtei der Wittelsbacher abzuschütteln. Auf der anderen Seite aber langten gerade hier schon die welfischen Herzöge auf das Bischofsgut zu, wie am jähen Überfall Heinrichs des Löwen auf Oberföhring im Jahr 1158 deutlich geworden ist. Nach einem verbissenen Hin und Her, dessen einzelne Etappen hier nicht verfolgt werden sollen, pendelten sich dann im 13. Jahrhundert die Rechtsverhältnisse zwischen dem Bischof in Freising und dem Herzog in München ein, und zwar unter Ludwig dem Bayern, der in den Jahren 1314 bis 1347 als erster Wittelsbacher die Kaiserkrone trug. Zum Freisinger Hochstift, wie es sich seitdem in den historischen Atlanten abzeichnet, gehörte zuvörderst die Bischofsstadt selber. Für sie konnte der Bischof mit dem Abschütteln der Wittelsbacher Vogtei die Reichsunmittelbarkeit durchsetzen, aber schon nicht mehr für die großen Klöster in unmittelbarer Nähe: Weihenstephan auf dem Berg blieb ebenso wittelsbachisch-bayerisch wie Neustift vor den Toren der Stadt. Dann lagen um Freising herum – doch dies ist eine spätere Entwicklung und Exempel für eine steckengebliebene Herrschaftsbildung – eine Reihe von Hofmarken, die zwar unbestreitbar der bayerischen Landeshoheit unterstanden, in denen aber die Freisinger Bischöfe neben der Grundherrschaft auch die Polizeigewalt und niedere Gerichtsbarkeit ausübten. Der Historiker spricht in solchen Fällen von Mediatbesitz, der vom Immediatbesitz, mit dem sich regelmäßig die Landeshoheit verbindet, sorgsam zu scheiden ist. Neben der Bischofsstadt gehörten zum Hochstift Freising sodann die »Grafschaft Ismaning«, ein schmaler Landstreifen am rechten Isarufer quer durch das Erdinger Moos in Richtung München, und im Osten, abgesprengt vom Freisinger Bischofsterritorium, die »Herrschaft Burgrain« mit Markt und Stift Isen. Den wichtigsten Außenposten des Fürstbischofs aber bildete bis ins 19. Jahrhundert herein die »Grafschaft Werdenfels«, das Werdenfelser Land um Garmisch-Partenkirchen und Mittenwald, dessen wirtschaftliche Bedeutung mit Stichworten wie Durchzug einer wichtigen Handelsstraße, Marmorbrüchen und Gemsenjagd angezeigt werden kann. Gewiß, die Grafschaft Werdenfels scheint vom Freisinger Domberg weitab zu liegen. Aber es gab eine Schnellverbindung mit dem Floß, das von der Kopfstation Mittenwald auf dem Wildwasser der Isar in wenigen Stunden zur Bischofsstadt hinausführte. Doch trotz dieses wertvollen Besitzes im Südwesten war das Freisinger Bischofsland verhältnismäßig klein, stand es in unglaublichem Mißverhältnis zum Bistum, das das Herz Altbayerns ausmachte, im Osten durch den Inn vom Salzburger Sprengel abgegrenzt, im Westen an das herüberspringende Augsburg anstoßend.

Zwar hatte Freising als Erinnerung an frühe Missionstätigkeit und Kolonisation im Südosten auch österreichische Besitzungen, doch dort blieb den Freisinger wie allen anderen geistlichen Herren der Durchstoß zur Landeshoheit versagt, weil sich die Babenberger kraft des *Privilegium minus* jede hohe Gerichtsbarkeit unterwerfen konnten. Die freisingischen Gebiete in Österreich können nur als »Herrschaften« angesehen werden wie die bayerischen Hofmarken um die Bischofsstadt. Sie fallen also unter den Oberbegriff »Mediatbesitz«: in Niederösterreich Waidhofen und Ulmerfeld an der Ybbs, Hollenburg in der Wachau und Großenzersdorf unterhalb Wien; in Tirol Innichen im Pustertal; in der Steiermark Rotenfels und in Krain Bischoflack bei Laibach. Wenn immer es um den Freisinger Bischof als Territorialherrn geht, darf man nicht übersehen, daß die Wittelsbacher alsbald großmächtig im Land sitzen und ihre Residenz in München ganze acht Gehstunden von Freising abliegt. So wird Kurfürst Max Emanuel noch im 18. Jahrhundert nur »Unsere Pfarr« sagen, wenn er das Bistum Freising meint, und er wird sich wiederholt und nicht ohne Erfolg bemühen, einen nachgeborenen Wittelsbacher Prinzen auf den Stuhl des heiligen Korbinian zu bringen, weil er im Hochstift Freising ein zwar nicht übermäßig einträgliches, aber doch willkommenes »Apanagium für einen Kadetten unseres Hauses« sieht.

Ähnlich wie in Freising war auch der Regensburger Hochstiftsbesitz nicht bedeutend. Hier konnte der Bischof nicht einmal die Bischofsstadt festhalten, sondern nur seine Kathedrale und seine Residenz im Bischofshof. Die Hoheit über die Stadt hatte ihm zunächst der Herzog als Erbe der Burggrafen streitig zu machen versucht. Aber mitten im zähen Ringen zwischen herzoglich-burggräflicher und bischöflicher Gewalt war als dritter Machtfaktor das handeltreibende Regensburger Bürgertum erstarkt, und im Jahre 1245 gelang es der Bürgerschaft, an Herzog und Bischof vorbei zur Reichsfreiheit durchzustoßen. So haben wir mit einemmal eine »Freie Reichsstadt« auf bayerischem Stammesboden, und Regensburg sollte die einzige bleiben bis zum Ende des alten Reiches. Landesherr im strengen Sinne war der Regensburger Fürstbischof nur in drei Territorien: in der Reichsherrschaft Wörth, bestehend aus dem Markt Wörth an der Donau mit dem Schloß und 28 Dorfschaften; in der Reichsherrschaft Hohenburg auf dem Nordgau, zu der neben Markt und Schloß Hohenburg 27 Dorfschaften zählten; dann in der forstreichen Reichsherrschaft Donaustauf, die man aber schon 1486 an Bayern verpfänden mußte und erst im frühen 18. Jahrhundert wieder einlösen konnte. Zu diesem reichsunmittelbaren Besitz kamen, ähnlich wie bei Freising, eine Anzahl von Mediatherrschaften, in denen die hochstiftischen Behörden neben der Grundherrschaft auch die Polizeigewalt und niedere Gerichtsbarkeit ausüben durften. Sie lagen vorwiegend im altbayerischen Raum, so Hohenburg am Inn, Eberspoint mit dem Markt Velden an der Vils, um Regensburg selber die Hofmarken Eitting, Geisling, Weinting, Dechbetten, Barbing, Schwabelweis, Pettendorf, Wildenberg und Auburg. In der Oberpfalz zählte die Herrschaft Siegenstein, in Niederösterreich die Herrschaft Pöchlarn zum hochstiftisch-regensburgischen Mediatbesitz. Bei diesem verhältnismäßig schmalen Hoheitsbereich der Regensburger Fürstbischöfe fielen auch die Erträgnisse entsprechend bescheiden aus, und so konnte es nicht ausbleiben, daß man in der Barockzeit, wo man größten Wert auf glanzvolle Repräsentation und fürstlichen Prunk legte, immer wieder die Freisinger und Regensburger Pfründe in einer Hand zu vereinen suchte, um den betreffenden geistlichen Herren ein standesgemäßes Auskommen zu verschaffen. Auch bei Regensburg springt wieder das Mißverhältnis von Hochstift und Bistum ins Auge. Anders als der bescheidene, recht verstreute hochstiftische Besitz, bildete der geistliche Sprengel einen geschlossenen

Block, der das Kernstück des alten Niederbayern bis hin zur Hallertau und zur oberen Rott umfaßte, ferner den größten Teil der Oberpfalz und das böhmische Egerland.

Wieder anders stellt sich die Situation im großen Südostbistum Passau dar. Hier steht der Bischof vor dem Problem, daß ihm in der eigenen Stadt ein mächtiges Reichsstift entgegensteht: das adelige Damenstift Niedernburg, ein Kanonissenstift, das dem ottonischen Haus schon von der Errichtung her eng verbunden war. In der berühmten, aber auch umstrittenen Schenkungsurkunde von 1010 hatte Kaiser Heinrich II. das ganze Land zwischen Donau, Ilz und Rodel, also das Ilzland, wie es sich nach Norden in den Wald erstreckt, an Niedernburg vergabt. So ist es keineswegs zufällig, daß Gisela die Selige, die Gemahlin Stephans des Heiligen, als sie aus Ungarn vertrieben wurde, ausgerechnet in Niedernburg ihre Zuflucht suchte und im großen reichsunmittelbaren Frauenkloster ihres Hauses auch die Grablege fand. Und nun gelang es dem Passauer Bischof Konrad I., der wie sein berühmter Bruder Otto in Freising aus dem Geschlecht der Babenberger stammte, im Jahr 1161 das in den Mauern der Stadt liegende Stift Niedernburg zu seiner Domkirche zu ziehen. 1193 konnte dann einer seiner Nachfolger, der Bischof Wolfker von Erla, auch die Klostervogtei von Niedernburg erwerben und damit die großen waldreichen Besitzungen nach Norden hin, das »Land der Abtei«, wie man in Passau sagen wird, das fortan die Basis abgeben mußte für die Landeshoheit der Passauer Bischöfe. Aber diese Passauer Landeshoheit ist von Anfang an von zwei Seiten her bedroht, von Bayern her durch die Wittelsbacher und von Österreich her durch die Babenberger und Habsburger, und mußte hartnäckig verteidigt werden. So konnte der Passauer Bischof in der Donauebene ebensowenig vorankommen wie sein regensburgischer Nachbar, ja er vermochte nicht einmal das obere Mühlviertel auf die Dauer zu halten. Und er mußte es sich auch gefallen lassen, daß die Wittelsbacher Herzöge bei der Territorienbildung bis vor die Tore der Stadt vorrückten, denn das von Bischof Altmann gegründete Chorherrenstift St. Nikola stand bereits unter bayerischer Landeshoheit. Das Passauer Hochstift umschließt somit – streng genommen – nur eine unvergleichliche Bischofsstadt und mit dem »Land der Abtei« ein paar alte Bezirksämter hinten im Wald. Vereinzelte kleinere Gebiete in Österreich sind bloßer Mediatbesitz, »Herrschaften« also, die nur Wirtschaftseinnahmen bringen, aber keine Landeshoheit begründen. So steht gerade in Passau der schmale hochstiftische Besitz in ungeheurer Disrelation zum weiten Raum des Bistums. Dieses Passauer Bistum verklammert nämlich die habsburgischen und wittelsbachischen Lande aufs engste miteinander; es beherrscht das ganze Donautal bis hinab zu March und Leitha, wird an Volkszahl später nur von Konstanz übertroffen, an Flächenraum aber von keinem geistlichen Sprengel des Heiligen Römischen Reiches. Aus Verwaltungsrücksichten wurde das ungeheuer weite Jurisdiktionsgebiet schon um 1300 in zwei Offizialate aufgeteilt, wobei der Verlauf der Enns in etwa die Grenze abgab. Das »Unterennsische Offizialat« mit dem Sitz bei Maria am Gestade in Wien umfaßte im wesentlichen das heutige Bundesland Niederösterreich, ausgenommen die 1469 errichteten Stadtbistümer Wien und Wiener Neustadt. Das »Oberennsische Offizialat« in Passau war zuständig für den niederbayerischen Anteil des Bistums, für das bayerische Innviertel und für das habsburgische »Land ob der Enns«.

Was bei Freising und Regensburg in Ansätzen steckenblieb, bei Passau eigentlich mißglückte, das gelang der geistlichen Schwesterstadt im Südosten – Salzburg. Begünstigt durch seine Lage im Schutz der Berge, konnte hier der tatkräftige Erzbischof Eberhard II., ein Graf von Regensberg im Aargau, die wichtigsten Grafschaften und Vogteien einziehen und das Land um Salzburg zur Einheit zusammenzwingen. Darüber hinaus gelang der Vorstoß über den Paß Lueg in den Pinzgau und Pongau, gelang auch der Ausfall über den Tauernpaß in den Lungau hinein. Das Hochstiftsterritorium von Salzburg erhielt so das Erscheinungsbild eines »Paßstaates« ähnlich wie Tirol, die Eidgenossenschaft oder das alte Savoyen. Indes, auch ins bayerische Flachland hatte Eberhard seit 1200 weit ausgegriffen, hinaus in den Chiemgau und Isengau. Doch da trat dem greisen Erzbischof der jugendliche Herzog Otto II., der »Erlauchte«, entgegen, und nun begann das zähe Ringen um jeden Fußbreit Bodens: Der Salzburger rückte mit Mühldorf eine Festung bis an den Inn vor, der Wittelsbacher antwortete mit der Errichtung von Neuötting auf der Innleite; der Erzbischof baute die Burg Tittmoning mit Stadt und Markt an der Salzach, der Herzog antwortet mit der mächtigen Festungsanlage von Burghausen. Es blieb ein Glücksfall für die Wittelsbacher, daß das Erzstift Salzburg nach dem Tod Eberhards 1246 dreißig Jahre lang ohne sichere Führung war, so daß es den Herzögen gelang, in den reichen salzburgischen Lehensbesitz im Chiem- und Salzachgau vorzustoßen. Das Jahr 1275 brachte mit dem zweiten Vertrag von Erharting den Vergleich: Das Erzstift gab die Innlinie und den Chiemgau preis, behielt aber den später so genannten »Rupertiwinkel«, das heißt das Salzachland mit den Ämtern Waging, Tittmoning, Teisendorf und Laufen. Was sonst für den Salzburger Erzbischof im Flachland übrigblieb, war ein Knäuel von Rechten, waren Wirtschaftsämter und Hofmarken bis heraus nach Buchbach, waren Jagd- und Forstgerechtigkeiten um Inn und Salzach. Wie weit aber Eberhard II. einst gegriffen hatte, dafür zeugte über ein halbes Jahrtausend hin, bis zum Jahre 1803, die salzburgische Exklave Mühldorf am Inn.

Bis zur großen Säkularisation war – was in den Geschichtsbüchern österreichischer wie bayerischer Provenienz häufig übersehen oder verzerrt dargestellt wird – Salzburg der geistliche und kulturelle Vorort des alten Bayern und die Herrin des freien Landes zwischen München und Wien. Erst mit der bis heute gültigen Grenzziehung von 1816 fand diese aus dem Prozeß der Territorialisierung des hohen Mittelalters erwachsene Situation ihr Ende, begann die »österreichische Periode« der Salzburger Geschichte. Die herausragende Stellung Salzburgs fand sichtbaren Ausdruck nicht zuletzt darin, daß der Erzbischof von Salzburg seit 1177 den Titel des *Legatus natus* führte, eines »geborenen päpstlichen Gesandten« also, und aufgrund dieses Titels fortan den Kardinalpurpur nahm und sich das Legatenkreuz vorantragen ließ. Dazu kam 1529 auch noch der Titel *Primas Germaniae*.

Bei dem großen und geschlossenen Hochstiftsterritorium gab es in Salzburg auch kein so krasses Mißverhältnis zwischen fürsterzbischöflicher Landeshoheit und geistlicher Jurisdiktion wie in Freising, Regensburg und Passau. Das Erzbistum Salzburg selber stieß parallel mit Passau im Südosten bis zur Draulinie und zur ungarischen Grenze vor und umschloß so die innerösterreichischen Länder Kärnten und Steiermark. Der tirolische Anteil im Südwesten reichte bis zum Ziller- und Defereggental, der bayerische Anteil im Nordwesten aber ging bis zur Innlinie und dann, über Mühldorf und Altötting hinaus, an die obere Vils und Rott. Dabei hatte es Salzburg schon im Hochmittelalter verstanden, alle zentrifugalen Kräfte durch die Errichtung der Nebenbistümer Gurk, Chiemsee, Seckau und Lavant abzubremsen. Von diesen Nebenbistümern, die nur bescheidenen Umfang hatten und sich keineswegs jener Rechtsstellung erfreuten wie die großen Suffragane der Salzburger Kirchenprovinz, ist für unseren Bereich in erster Linie das Bistum Chiemsee wichtig. 1215 von Eberhard II. gegründet, umfaßte es vom bayerischen Anteil des Erzbistums lediglich das Land südlich des großen Sees mit dem Tal von Grassau; sein Hauptgebiet mit dem Leukental, dem Brixental, dem Söll- und Ellmautal lag in Tirol. Dabei residierte der jeweilige Fürstbischof von Chiemsee in Salzburg, weil er – ein Kuriosum der alten Reichskirche – über seine Suffraganbefugnisse hinaus zugleich auch Weihbischof, Generalvikar und Statthalter des Erzbischofs selber war.

Wenn man die Vehemenz und den letzten Einsatz der Wittelsbacher beim Ringen um die Bischofsterritorien in Betracht zieht, wird begreiflich, daß in Altbayern die Klöster kaum eine Chance hatten, zur Reichsfreiheit durchzustoßen. Nach dem Aussterben der großen adeligen Familien kamen die Klostervogteien in der Regel an den Herzog, sei es durch raschen Zugriff und nachträgliche Belehnung, sei es nach zähem Kleinkrieg mit lokalen Laiengewalten. Der Versuch, sich der Hoheit des Herzogs zu entziehen, hatte bei den welfischen Vogteien über die Klöster Polling, Wessobrunn, Rottenbuch und Steingaden auf die Dauer ebensowenig Erfolg wie bei den alten immunitätsbegabten Reichsabteien Ebersberg, Benediktbeuern und Tegernsee. Die Reichsunmittelbarkeit im eigentlichen Sinne konnten nur die alten Regensburger Kaiserstifte St. Emmeram, Obermünster und Niedermünster behaupten; dazu kamen drei Ausnahmefälle an den Grenzsäumen des Herzogtums: das zisterziensische Rodungskloster Waldsassen mit seinem »Stiftland«, das mächtige Zisterzienserstift Kaisheim im Donauvorland gegen Schwaben zu und schließlich das Augustiner-Chorherrenstift Berchtesgaden. Im letzteren Falle waren die Forsthoheit und das Bergregal (Salinen) zur Basis für eine eigene Landeshoheit geworden, und da die Rivalität zwischen Bayern und Salzburg die Dinge in der Schwebe hielt, gelang dem Berchtesgadener Augustinerpropst 1559 sogar der Aufstieg zur Reichsfürstenwürde mit der Herrschaft über den Talkessel um die drei Achen, einem Ländchen, »das höher war als breit«.

Zusammenfassend können wir festhalten, daß im Laufe des 13. Jahrhunderts als die große Leistung der frühen Wittelsbacher Herzöge jener altbayerische Fürstenstaat entstand, den man das »konstante Fünfeck der deutschen Geschichte« genannt hat – das Territorium also zwischen Inn und Lech, Böhmerwald, Jura und Alpen. Dieser festgefügte, auf den ersten Blick fast geschlossene Landblock wird nur gelegentlich durchbrochen, und zwar von einigen bischöflichen Territorien, vor allem Freisings und Regensburgs, dann von der Freien Reichsstadt Regensburg, ferner von den Reichsgrafschaften Ortenburg und Haag, und schließlich von der unter österreichischer Landeshoheit stehenden Grafschaft Neuburg am Inn.

2. Die territorialen Gegebenheiten in Franken und Schwaben

Im Verlauf des 13. Jahrhunderts entschied sich die Entwicklung auch in Franken und Schwaben zugunsten des territorialen Fürstentums. Aber während sich in Bayern ein weithin geschlossener Territorialstaat ausbilden konnte, gehörten Franken und Schwaben zu den am stärksten aufgesplitterten Landschaften des alten Reiches. Eine Hauptursache dafür war die Bindung an den engeren staufischen Machtbereich bis zu dessen Auflösung, die eine großräumige Territorienbildung verzögerte, wie sie andernorts bereits im 12. Jahrhundert begann.

Franken war von Anfang an Königsland, in dem – wie wir gesehen haben – die herzogliche Gewalt bloße Episode blieb. Als dann das Königtum nicht mehr über die Kraft verfügte, in den Landschaften unmittelbar wirksam zu handeln, wurden die Machtkonstellationen fast nur noch vom Verhältnis der Territorien untereinander bestimmt. Dabei hatte sich der Prozeß der Territorialisierung in Franken recht uneinheitlich vollzogen, und mit Blick auf die Vorgänge im Süden und Osten des Reiches hat man festgestellt, »daß in Franken keines der Territorien zum ›Land‹ im Sinne der Analysen und Ergebnisse moderner Erforschung spätmittelalterlicher Verfassungsstrukturen wurde« (Alois Gerlich). Doch besaßen die Machtzentren der geistlichen Fürsten wegen ihrer besseren Verwaltung einen erheblichen Vorsprung gegenüber den Bezirken in weltlicher Hand.

In Würzburg, wo schon der Angelsachse Burkhard eine überragende Gestalt gewesen war, gelangten die Bischöfe durch die Privilegien und Schenkungen der ottonischen Kaiser mehr und mehr in eine herzogsähnliche Stellung. Diese fand durch das berühmte Kaiserdiplom Friedrich Barbarossas von 1168 eine ausdrückliche Bestätigung. Kraft der nachmals oft berufenen »Güldenen Freiheit« konnte sich der Würzburger Bischof fortan »Herzog von Franken« nennen, und noch im 18. Jahrhundert werden sich die geistlichen Herren des Mainlandes das große fränkische Herzogsschwert vorantragen lassen als Zeichen ihrer alten Würde. Auf dieser Basis bauten sich die Würzburger Fürstbischöfe im Laufe des 13. Jahrhunderts ein Territorium auf, das an flächenmäßiger Ausdehnung fast dem Erzstift Salzburg gleichkam. Allerdings gelang es nicht, diesen hochstiftischen Besitz territorial zu schließen und in feste Grenzen einzubinden. Der Würzburger Bischofsstaat wurde vielmehr durchbrochen von den Hoheiten und Gerechtsamen anderer Herren, blieb somit ein *Territorium non clausum* und bot in seiner geographischen Gestalt ein wenig kompaktes Bild.

Die Situation des 1007 gegründeten und reich dotierten Bistums Bamberg war im Zeitalter der Territorialisierung besonders prekär, weil es den altbayerischen Grafen von Andechs-Meranien als Herren des Zweimainlandes gelang, im heutigen Oberfranken einen Herrschaftsaufbau zu tätigen, der für Bamberg als Regionalgewalt nur bescheidenen Raum ließ. Daran änderte zunächst auch die Tatsache wenig, daß die Bamberger Bischöfe seit 1177 über nahezu siebzig Jahre hin in ununterbrochener Reihe aus dem Hause Andechs-Meranien stammten. Doch als 1248 dieses Geschlecht erlosch, konnte Bischof Heinrich I. von Bilversheim wenigstens die Grafschaft im Radenzgau als Basis für die Territorienbildung Bambergs eintun. Der weitere Ausbau des Hochstifts mußte in mühseliger Kleinarbeit durch den Erwerb von Grundherrschaften und durch die Entvogtung von kleineren Stiften und Klöstern geleistet werden. Im Spätmittelalter war der exemte Bamberger Fürstbischof dann Herr über ein keineswegs geschlossenes Territorium, das im Süden bei der mächtigen Festung Forchheim begann und im Norden mit der stolzen Burg Kronach endete. Der ansehnliche Streubesitz, den Bamberg schon bei der Gründung aus bayerischem Herzogsgut im niederbayerischen Donauland erhalten hatte, kam durch den Vertrag von 1252 an den bayerischen Herzog. Die großen Bamberger Besitzungen in Kärnten aber – bloße Mediatherrschaften wie die Güter der altbayerischen Hochstifte in den Habsburger Landen – konnten nur unter Schwierigkeiten gehalten werden und wurden schließlich 1759 an Maria Theresia verkauft.

Das auf der Dreistammesecke von Altbayern, Franken und Schwaben gelegene Eichstätt hatte es nicht vermocht, seine Vögte, die Grafen von Hirschberg, abzuschütteln. Eichstätts Bedeutung als Territorialmacht war demzufolge in der späten Stauferzeit wesentlich geringer als die Würzburgs oder auch Bambergs. Erst als 1305 die Hirschberger erloschen, konnte

Eichstätt das »Unterstift« an der Altmühl ausbilden. Weil dieser Besitzkomplex um Beilngries-Hirschberg aber von Anfang an durch Bayern bedroht war, orientierte man sich in Eichstätt mehr und mehr auf Franken hin, wo mit den weit auseinandergezogenen Exklaven um Herrieden und Spalt der andere Teil des Hochstifts lag – eben das »Oberstift«.

Wieder einen anderen Verlauf als in Franken nimmt die Territorialisierung in Schwaben. Ähnlich Bayern war auch das Herzogtum Schwaben in ottonischer und salischer Zeit meist von Amtsherzögen geleitet worden, die die Reichsgewalt eingesetzt hatte. Zu Ostern 1079 aber übertrug König Heinrich IV. das schwäbische Herzogtum seinem Schwiegersohn Friedrich von Hohenstaufen, dessen Geschlecht den Namen von der Stammburg in der Alb trug und 1138 mit Konrad III. selbst zur deutschen Krone kommen sollte. Damit endete für den Südwesten des Reiches eine Zeit des fortwährenden Wechsels der Herzöge und Dynastien, denn das staufische Haus behielt das schwäbische Herzogtum bis hin zum Jahre 1268. Und soweit nun auch die Hohenstaufen in einem der machtvollsten Jahrhunderte unserer Geschichte ausgreifen mochten im Reich, in Oberitalien, in Apulien und Sizilien: Der Länderkomplex Schwabens vom Elsaß herüber bis zum Lech und hinein in die heutige Schweiz blieb das eigentliche Herzogtum der Staufer, wo Herzogsgut, Königsgut und Hausgut ineinanderflossen und verschmolzen. Als 1268 das staufische Haus mit der Enthauptung des jugendlichen Konradin zu Neapel erlosch, versuchten auch in Schwaben die großen und kleinen Herren und vor allem die Städte, die die Staufer in so reichem Maße gegründet hatten, zur Reichsunmittelbarkeit durchzustoßen. Das Machtvakuum aber, das hier die Tragödie des staufischen Hauses hinterließ, zog ganz von selber die stärksten dynastischen Kräfte der Nachbarschaft an, insbesondere die eng verwandten Wittelsbacher, war doch Konradin, der letzte Hohenstaufe, als Sohn der Wittelsbacherin Elisabeth und König Konrads IV. auf der Burg Wolfstein bei Landshut geboren und auf bayerischen Herzogsschlössern groß geworden. Tatsächlich konnte sich Bayern beim Ringen um das Erbe der Staufer und um die Hinterlassenschaft der Grafen von Dillingen, die gleichfalls in der zweiten Hälfte des dreizehnten Jahrhunderts ausstarben, den Löwenanteil sichern. Die Wittelsbacher setzten sich im Lechrain um die alten staufischen Städte Landsberg und Schongau sowie an der schwäbischen Donau um Donauwörth und Lauingen durch.

Als aber Herzog Ludwig II. der Strenge seine Hand nach Füssen ausstrecken wollte, trat ihm Bischof Hartmann von Augsburg energisch entgegen, der letzte Graf von Dillingen, der dem Wittelsbacher nicht nur an der Lechlinie Einhalt gebot, sondern auch seinen eigenen Hausbesitz dem werdenden Hochstift Augsburg vermachte: näherhin Burg und Ort Dillingen, Patronatsrechte, Vogteien sowie Güter zwischen der Donau und der Rieshalde. Nach und nach entstanden im Süden des Bistums um Füssen und um die allgäuischen Flecken Nesselwang, Pfronten und Sonthofen weitere augsburgische Besitzkomplexe, so daß sich das Hochstift Augsburg von der Donau bis zu den Allgäuer Bergen durchs ganze bayerische Schwaben von heute hinzog. Freilich gelang es den Bischöfen nicht, die verstreuten Landstücke zu einem staatsrechtlich einheitlichen Territorium zusammenzuschließen. Nicht einmal die eigene Bischofsstadt ließ sich festhalten. Wie in Regensburg stieß auch die handelsmächtige Bürgerschaft von Augsburg zur Reichsunmittelbarkeit durch, während dem Bischof nur seine Domfreiheit blieb. Fortwährende Reibereien mit der Reichsstadt zwangen die Augsburger Bischöfe, ihre Residenz nach Dillingen zu verlegen, das seit dem Spätmittelalter auch Sitz der hochstiftischen Regierung war. In der Reformationszeit sagte man schließlich nur noch »der Bischof von Dillingen«, wenn man den von Augsburg meinte.

Eine Besonderheit im Territorienmosaik Schwabens stellt die Tatsache dar, daß hier auch eine stattliche Anzahl von Klöstern zur Reichsunmittelbarkeit gelangen konnte, wenn bisweilen auch erst nach jahrhundertelangem zähen Ringen. Zu ihnen zählten im ostschwäbischen Raum die Benediktinerklöster Ottobeuren, St. Ulrich und Afra in Augsburg, Elchingen und Irsee, das Zisterzienserkloster Kaisheim, die Prämonstratenserstifte Roggenburg und Ursberg, das Augustiner-Chorherrenstift Wettenhausen und die Kartause Buxheim. Der großmächtigste aller schwäbischen Prälaten aber war der Abt des Reichsstiftes Kempten, der seit 1360 sogar die Reichsfürstenwürde innehatte und somit auf den Reichstagen des Heiligen Römischen Reiches auf der Fürstenbank Platz nehmen durfte. Er führte eine sogenannte »Virilstimme«, während seine geistlichen Nachbarn auf der »Schwäbischen Prälatenbank« nur über eine (nach gemeinsamer Beratung wahrzunehmende) »Kuriatstimme« verfügten.

Die historischen Atlanten – beispielsweise die Karte von 1789 im Bayerischen Geschichtsatlas von Spindler-Diepolder – bezeugen eindrucksvoll die Rechtskontinuität des Heiligen Römischen Reiches. Nicht nur die Hochstifte blieben in ihrer Struktur über ein halbes Jahrtausend hin im wesentlichen unverändert, die übergreifenden Ordnungen für die geistliche Jurisdiktion hielten sich von den Tagen Karls des Großen bis zur Zerschlagung der kirchlichen Verhältnisse im frühen 19. Jahrhundert. Die altbayerischen Bistümer Freising, Regensburg und Passau gehörten in diesem Zeitraum zur Salzburger Kirchenprovinz, die Diözesen Würzburg, Eichstätt und Augsburg zum Metropolitanverband des Mainzer Erzbischofs; Bamberg aber war bis 1803 exemt, unterstand also unmittelbar dem Papst. Nach der Zuordnung der Hochstifte zu der von Kaiser Maximilian I. (1493-1519) vorgenommenen Einteilung des Reiches in »Kreise« gehörten Freising, Regensburg und Passau zum Bayerischen Reichskreis, bei dem das Direktorium zwischen dem jeweiligen Herzog und dem Fürsterzbischof von Salzburg wechselte. Im Fränkischen Reichskreis, zu dem Würzburg, Bamberg und Eichstätt zählten, führte der Fürstbischof von Bamberg das Direktorium. Indes, im Fränkischen Reichskreis gab es neben den geistlichen auch mächtige weltliche Herren, so etwa die Hohenzollern mit den beiden Markgrafschaften Ansbach und Bayreuth. Darüber hinaus gehörten dem Fränkischen Reichskreis eine Anzahl von kleineren Fürsten und Reichsgrafen an, auch viele Reichsritter, die zu eigenen »Kantonen« zusammengeschlossen waren; schließlich auch noch die fünf Reichsstädte Nürnberg, Weißenburg, Rothenburg ob der Tauber, Windsheim an der Aisch und Schweinfurt am Main. Dem Schwäbischen Reichskreis waren neben dem Bischof von Augsburg auch die zahlreichen Reichsprälaten zugeordnet. Das Direktorium hier führte der Herzog von Württemberg alternierend mit dem Fürstbischof von Konstanz, der dem volkreichsten Sprengel des alten Reiches vorstand.

3. Das geistige, kulturelle und kirchliche Leben

In der allgemeinen Kirchengeschichte ist das Hochmittelalter nicht zuletzt gekennzeichnet durch einen großen Umbruch im Bereich der Theologie. Hatte sich das Frühmittelalter im wesentlichen damit begnügt, die Schrifttheologie im Geist der altchristlichen Patristik zu tradieren und weiterzupflegen, so führten die kirchlichen Reformbestrebungen des 11. Jahrhunderts je

ALBERTUS MAGNUS

länger je mehr auch zu einer Differenzierung des theologischen Denkens. Über Väterlesung, Schrift, Gebet und Meditation hinaus ging es nun um eine systematische Gesamtschau der Glaubenswahrheiten kraft intensiver rationaler Reflexion. Als Vater der neuen Art des Theologisierens, der man später den Namen »Scholastik« geben wird, gilt gemeinhin der Benediktiner Anselm von Canterbury. Sein *Credo, ut intelligam* (»Ich glaube, damit ich verstehe, beweise...«) wird bei Petrus Abälard, dem scharfsinnigsten Vertreter der Frühscholastik im 12. Jahrhundert, zum *Nihil credendum, nisi prius intellectum* (»Man muß nichts glauben, was man nicht vorher verstanden hat«). Aufgrund der konsequenten dialektisch-kritischen Anwendung des *Sic et non*«, »Ja und Nein«, zur Wahrheitsfindung wurde Petrus Abälard zum eigentlichen Begründer der scholastischen Methode. Ihren Höhepunkt erreichte die theologische Entwicklung jedoch erst mit der »Hochscholastik« im 13. Jahrhundert, nachdem man auf dem Umweg über arabische und jüdische Denker (Avicenna, † 1037; Averroes, † 1198; Maimonides, † 1204) mit dem Gedankengut des griechischen Philosophen Aristoteles enger als bisher vertraut geworden war. Die bedeutendsten Vertreter der Hochscholastik stellten die jungen Bettelorden: die Dominikaner mit Albertus Magnus († 1280), Thomas von Aquin († 1274) und Meister Eckhard († 1328), die Franziskaner mit Alexander von Hales († 1245), Bonaventura († 1274) und Duns Scotus († 1308).

In enger Verbindung mit der scholastischen Entwicklung stand das Werden und Wachsen der abendländischen Universität. Das neue Denken ließ sich nämlich nicht mehr in lokale Klosterschulen einsperren; zu Hunderten strömten Schüler und Magister in Paris zusammen, seit Abälard dort lehrte, und auch andernorts wurden die Universitäten mit der Theologie als ihrem ersten und vornehmsten Fach zu Spiegelbildern der abendländischen Universalität.

Diesseits des Rheins stand man der Entwicklung im Westen sehr zurückhaltend, wenn nicht gar skeptisch gegenüber. Bayern ist nie ein Land der Wandlungen gewesen. Das Wesen der drei Stämme, die es ausmachen, trifft sich immer wieder darin, daß man Anregungen von außen erst mit Verspätung aufgreift, freilich dann, je nach Gunst der Stunde, die in ihnen beschlossenen Möglichkeiten bis zu letzter Reife steigert wie in der späten Gotik oder im Kirchenrokoko. So war unser Land an jenem geistigen Wandel, der dem Investiturstreit folgte, nicht aktiv, sondern höchstens rezeptiv beteiligt.

Wer das Neue wollte, mußte auf die Hohen Schulen nach Frankreich hinüberziehen. »Fern in Frankreich, überm Rhein, muß ich jetzt Studente sein...«, heißt es in einem jener *Goliarden-Lieder*, die uns ein Mönch von Benediktbeuern nach einem durchstürmten Leben zu einem Buch zusammenschrieb, heißt es in den *Carmina Burana*. Ohne viel Fragen luden sich diese *Clerici vagantes*, die fahrenden Scholaren oder »Goliarden«, abends bei Prälaten und Pfarrern zu Gast und zahlten dafür mit dem Gold ihrer Lieder. Fernweh und Heimatsehnsucht, Frühling und Liebe, auch rohe Gier, Würfelrollen und Becherklang gaben dabei die Themen ab.

Das typisch altbayerische Sich-Sperren gegen das Neue verkörperte sich im 12. Jahrhundert namentlich in Propst Gerhoch von Reichersberg. 1093 in der Gegend von Polling geboren, ausgebildet an den Schulen zu Freising und Hildesheim, wurde Gerhoch nach 1130 zu einem der führenden Polemiker und Publizisten der Zeit. Voller Begeisterung warb er für das Chorherrenwesen und die Augustinerregel. Seit er im Stift Rottenbuch die Profeß abgelegt hatte, war er zeitlebens der Überzeugung, daß nur ein in Keuschheit, Besitzlosigkeit und Gemeinsamkeit lebender Klerus die Reinheit der Kirche wiederherstellen könne. Als Propst von Reichersberg am Inn hat Gerhoch dann nicht nur Päpsten und Kardinälen ins Gewissen geredet und die feudalisierte Kirche einer grundsätzlichen Kritik unterzogen, sondern voll Mißtrauen gegen die heraufkommende Scholastik mit spitzer Feder gegen Abälard, Gilbert von Porreta und ihre deutschen Schüler angeschrieben. Dabei mögen wohl die störrische Eigenwilligkeit und der schweifende Denkstil die Ursache gewesen sein, daß Gerhoch auch hierzulande keine Nachahmer fand und, daß sein Anrennen gegen den Geist rationaler Zergliederung den Verfechtern des Neuen nur als ein wirres Wort aus vorwissenschaftlicher Zeit erschien.

Einen ganz anderen Rang im bayerischen Geistesleben des 12. Jahrhunderts nimmt Bischof Otto von Freising ein. Nicht kämpferische Einseitigkeit und strikte Schulzugehörigkeit kennzeichnen seinen Standort, sondern ruhige Zurückhaltung und das stete Bemühen, die Denkansätze der französischen Schulen mit der historiographischen und theologischen Tradition in Einklang zu bringen. Dem markgräflichen Geschlecht der Babenberger entstammend – sein Vater war der dem Reformbischof Altmann zugetane Klostergründer Leopold III. der Heilige –, stand Otto von der Mutterseite her auch in enger verwandtschaftlicher Verbindung zu den Herrschern des salischen und staufischen Hauses. Kaiser Heinrich IV. war sein Großvater; König Konrad III. sein Halbbruder; Kaiser Friedrich I. Barbarossa sein Neffe. Die geistige Prägung aber erhielt Otto auf der Hohen Schule zu Paris, wo er die bedeutendsten Philosophen und Theologen seiner Zeit hörte. Auf der Heimreise nach Österreich kehrte er, ums Jahr 1233, an der Grenze von Lothringen und Burgund im Waldkloster Morimund auf den Abend ein. Das strenge Leben der Zisterzienser ergriff ihn dabei mit solcher Macht, daß er blieb und selber das Ordenskleid nahm. Nach fünf Jahren Klosterzeit 1138 zum Abt gewählt, folgte Otto noch im gleichen Jahr dem Ruf auf den Freisinger Bischofsstuhl. Hier sah sich der zeitlebens den strengen Gewohnheiten seines Ordens verpflichtete Mönch mitten hineingestellt in die großen Zeitströmungen und in die drängenden Probleme der Kirchen- und Reichspolitik. Mit Tatkraft ging der Sechsundzwanzigjährige an die Ordnung des Freisinger Bistums. Er brachte die Domschule zu neuem Glanz, jagte den wittelsbachischen Vögten das entrissene Kirchengut wieder ab, holte die neuen Reformorden in seinen Sprengel: die Augustiner-Chorherren nach Schlehdorf und Schliersee, die Prämonstratenser nach Neustift und Schäftlarn. Darüber hinaus wußte sich Otto den großen Aufgaben des Reiches verpflichtet, nahm, vom König gerufen, teil an den Reichstagen und selbstverständlich auch am Zweiten Kreuzzug, für den sein Ordensbruder Bernhard von Clairvaux so unermündlich geworben hatte. Der Bischof von Freising führte 1147 ein Ritterheer durch die anatolischen Berge, fiel bei Laodicea in einen Hinterhalt, schlug sich als Pilger durch nach Jerusalem und feierte dort 1148 zusammen mit König Konrad III. das Osterfest. Zehn Jahre später ist Otto, ein Frühvollendeter, auf dem Weg zum Generalkapitel in Morimund gestorben, erst sechsundvierzig Jahre alt.

Und dieser Mann nun mit seinem Traditionsbewußtsein, seiner überlegenen Weite des Horizonts und seiner engen Bindung an die Großen des Reiches, schrieb zwischen 1143 und 1146 die acht Bücher seiner *Chronica sive Historia de duabus civitatibus* (Chronik oder die Geschichte der zwei Staaten) – eine Weltgeschichte vom Anfang der Zeiten bis zu König Konrad III., eine Universalgeschichte von der Erschaffung des Adam bis hin zum Jüngsten Gericht. Dabei bilden die aneinandergereihten Fakten und die Vielfalt des Geschehens nur das Rohmaterial der Darstellung. Otto geht es um mehr: um die Deutung des Ganzen von einem großen Grundgedanken her, und zwar in Anlehnung an den augustinischen Dualismus von *Civitas dei* und *Civitas terrena*. Auch Otto von Freising begreift alle Geschichte als ein tragisches Ringen zwischen Gut und Böse, Gottesstaat und Weltstaat. Trotzdem erweist sich das gedankenreiche Werk durchaus als eigenständig, zumal, wenn es um die *Translationes Imperii* von Osten nach Westen geht, um das Aufzeigen einer Kontinuität zwischen den großen Weltreichen, die durchläuft bis hin zu Ottos eigener Zeit. Es mag nicht überraschen, daß für den Angehörigen des Kaiserhauses die Weltgeschichte letztlich hinzielt auf eine Verwirklichung des »Gottesstaates« im *Imperium christianum* der Staufer. Und doch: Je näher Otto den eigenen Tagen kommt – mit dem Todesjahr Heinrichs IV. 1106 löst er sich von den Bibliotheken und wird selber Quelle –, desto deutlicher werden ihm die Risse und Sprünge im Bau dieses Reiches. Er erkennt, wie unheilvoll Gut und Böse ineinander verstrickt sind, sieht bereits den Antichrist und das Ende der Zeiten. Doch ist es keineswegs hoffnungsloser Pessimismus, der Otto bei der Darstellung und Deutung der Gegenwart die Feder führt, sondern Einsicht in den natürlichen Entwicklungsgang irdischer Machtgebilde und in ihre letzte Zielbestimmung. Ihm erscheinen die Krisenzeichen in Kirche und Welt, die mit eigenen Augen erlebte *Series calamitatum*, nicht als Zufälligkeit, sondern als heilsnotwendige Konstellation, bezogen auf das nahe Ende aller Geschichte.

Als Vierunddreißigjähriger vollendete Otto seine Weltgeschichte; als Vierundvierzigjähriger begann er sein zweites Geschichtswerk, die *Gesta Frederici*, die »heitere Historie« von den Taten seines Neffen Friedrich Barbarossa, dessen glückliche Anfangsjahre er noch erleben durfte. Die Konsolidierung der staufischen Macht, die Befriedung Deutschlands und Italiens bis hin zum Ausgleich zwischen Welfen und Babenbergern und zur Kaiserkrönung Barbarossas, erweckten in ihm das Gefühl, als ob nach langer, finsterer Nacht noch einmal ein reiner Morgen heraufstiege, als ob das lange ersehnte *Imperium christianum* doch noch Wirklichkeit werden sollte. In solcher Grundstimmung schrieb Otto 1156 sein Spätwerk nieder, das dann sein Hofkaplan, Geheimschreiber und Notar Rahewin, fortsetzen sollte.

Die historiographischen Werke Ottos von Freising sind in lateinischer Sprache abgefaßt und blieben somit der gebildeten Welt vorbehalten, eben der Geistlichkeit. Doch seit der Mitte des

11. Jahrhunderts gab es nach langer Pause auch wieder eine Literatur in deutscher Sprache. Die Anregung dazu ging von der Kirche aus, und so tragen die meisten Denkmäler der frühmittelhochdeutschen Zeit religiösen Charakter: Streng und herb wie die Kirchenbauten der Hirsauer Mönche, wollen sie dem Laien die Heilswahrheiten vermitteln, angefangen von der Erschaffung der Welt, »dem Anegenge«, bis hin zum Jüngsten Gericht.

Den Ausgangspunkt bildete, soweit wir sehen können, der ums Jahr 1060 entstandene festliche Hymnus des Bamberger Domscholasters Ezzo, das *Ezzolied*. Es ist ein Gang durch die Heilsgeschichte von hohem künstlerischen und theologischen Anspruch, nach Angaben des Prologs zur Einweihung des regulierten Kollegiatstifts St. Gangolf entstanden. Der Großteil der geistlichen Dichtung des ausgehenden 11. und beginnenden 12. Jahrhunderts ist freilich in der alten bayerischen Ostmark daheim, wo man den neuen Mönchsgeist am machtvollsten spüren mochte. Hier, in den weltfremden Klöstern Kärntens und der Steiermark (Sammelhandschrift von Vorau!), war die Bibeldichtung zu Hause, und draußen im offenen Stromland sammelte der Laienbruder Heinrich von Melk seine gereimten Predigten voll Wucht und dröhnender Sprachgewalt.

Altbayern selber wurde im Laufe des 12. Jahrhunderts Entstehungslandschaft der vorhöfischen Geschichtsepik. Ihre großen Förderer waren die Welfenherzöge Heinrich der Stolze und Heinrich der Löwe in der Hauptstadt Regensburg. Den Anfang dieser neuen Regensburger Epik macht die *Kaiserchronik* eines unbekannten Klerikers, die mit über 17 000 Versen eine Geschichte des weströmischen Weltreichs bietet, aufgereiht an der lückenlosen Kaiserfolge von Cäsar und Augustus »unze an disen hiutegen tac«. Gleichfalls ins welfische Regensburg gehört das in seiner Datierung umstrittene, aber wohl doch erst unter Heinrich dem Löwen entstandene *Rolandslied* des Pfaffen Konrad. Einige Jahrzehnte später meldet sich dann im altbayerisch-österreichischen Raum die höfische Epik zu Wort. Ums Jahr 1200 aber verknüpfte ein unbekannter Spielmann die rheinische Burgundersage mit dem alten Gedicht von »der Nibelunge nôt« zum deutschen Heldenepos des *Nibelungenliedes*. Entstehungsraum ist das Donauland zwischen Passau und Wien; als Entstehungsort darf man mit größter Wahrscheinlichkeit den Hof des großen Passauer Bischofs Wolfker ansetzen, eines Herrn von Erla östlich der Enns. Der unbekannte Dichter des Nibelungenliedes war nicht Geistlicher, sondern Laie, ebenso wie der Niederbayer Albrecht von Johansdorf, ein urkundlich bezeugter Ministeriale des Passauer Bischofs, mit dem die neue lyrische Kunst des »Minnesangs« in unserem Raum anhebt. So macht gerade der Kreis um den Bischof Wolfker von Erla deutlich, daß in der Stauferzeit in langsamem Schub eine laikale Kultur neben das geistliche Bildungsmonopol trat.

Der gleiche Vorgang spiegelt sich auch im Bereich der Kunst, wo nun mit einemmal überall die Laien im Blickfeld stehen – als Baumeister von Kirchen, als Freskomaler, als Glockengießer... Ein treffliches Zeugnis dafür ist uns im Zusammenhang mit dem Ausbau des Würzburger Domes erhalten, den der damalige Bischof dem Meister der alten Mainbrücke übertrug: »Da Gott gutem Trachten immer hilft, so ist uns durch den Zuruf aller unserer Bürger ein guter Mann genannt worden, welcher uns auch die Brücke in bezeichnender Weise erbaut hat, der Laie Enzelin, dem wir die Verwaltung und Bauleitung für die Wiederherstellung und Ausschmückung unserer Kirche in genugsam schöner und besonders reicher Weise übertragen haben, so daß der, welcher Brücke und Weg zur Kirche hergestellet hat, selbst durch die Wiederherstellung der Kirche zum königlichen Palast, das heißt zum himmlischen Palast, emporsteige.«

Das Entstehen der ersten Laienkultur des christlichen Abendlandes – ein keineswegs auf Deutschland oder gar auf Bayern eingegrenztes Phänomen – ist bedingt durch soziale Verschiebungen und durch das Ausformen eines neuen Standes, eben des Ritterstandes. Kennzeichnend für die gesellschaftlichen Gegebenheiten des Mittelalters, und zwar schon des frühen, ist einerseits die Adelsherrschaft, andrerseits die Unfreiheit der an die Scholle gebundenen Bauern. Nun hatte sich seit Karl dem Großen in schwierigen Übergängen eine wichtige gesellschaftliche Umschichtung vollzogen: nämlich das Absinken der sogenannten »Herzogsfreien« und der steile Aufstieg eines engen Clans miteinander versippter und verschwägerter Geschlechter. Aus den großen Grundherren der Agilolfingerzeit – den *Nobiles* und *Proceres* – wuchs so der bayerische Hochadel heraus, der den Staat eigentlich in Händen hielt. Charakteristisch für diesen hochfreien Adel ist das Gericht über Leben und Tod, das »Grafengericht«, das erblich wird, einen Titel abgibt und den Aufstieg ermöglicht zum Pfalzgrafen, zum Markgrafen, ja zum Herzog selber. Diese hochfreien Adelsgeschlechter waren es auch, die die Kolonisation vorantrieben und die Klöster gründeten. Beispiele dafür sind uns mehrfach begegnet: etwa das Chiemgaugeschlecht der Aribonen, das ums Jahr 1000 Seeon stiftete; die Babenberger, die als Markgrafen der Ostmark das Kloster Heiligenkreuz bei Wien ins Leben riefen; die Diepoldinger, die als Markgrafen von Vohburg und Cham das Zisterzienserstift Waldsassen auf dem bayerischen Nordgau gründeten; nicht zuletzt die Grafen von Scheyern, die ihren Stammsitz um 1120 den Benediktinern überließen und sich fortan nach ihrer Burg »Witelinespach« bei Aichach nannten.

Um ihre weitgestreuten Besitzkomplexe zu verwalten und den schuldigen Reichsdienst leisten zu können, brauchten diese ausgesiebten hochfreien Familien, je länger je mehr, Helfer, Dienstmannen, »Ministerialen«. Gerade die Bischöfe, die weit mehr als die weltlichen Herren dem Dienste des Reiches verpflichtet waren, prägten sehr früh den Stand der Ministerialen aus. So waren es, um ein Beispiel anzuführen, seine Dienstmannen, die Bischof Altmann von Passau bei dem Aufruhr, den die Forderung des Priesterzölibats am Stephanitag 1074 im Dom hervorrief, mit dem Schwert schützten. Und Erzbischof Konrad I. von Salzburg soll 1106 mit nicht weniger als tausend Rittern in seine Bischofsstadt eingezogen sein. Zu den Dienstmannen der Bischöfe und hochfreien Herren gesellte sich unter den Saliern und Staufern die Institution der »Reichsministerialen«, die dem Kaiser selber verpflichtet waren.

Dabei blieb der Ministeriale seiner Herkunft nach durchaus unfrei. Der Herr konnte über ihn verfügen wie über jeden anderen Hörigen, konnte ihn mitsamt der Burg, auf der er saß, verkaufen, verpfänden, verleihen, vertauschen. Und doch gaben die Erledigung von Verwaltungsaufgaben und der qualifizierte Kriegsdienst als Reiter und Ritter zu Pferd diesen Männern ein Standesbewußtsein, das sie ganz von selber aus der Masse der Zinsbauern und Hörigen hervortreten ließ. Man kann verstehen, wie sich die Geltung der ritterlichen Dienstleute allmählich entscheidend hob. Schon seit der Mitte des 12. Jahrhunderts führten sie den Titel »Herr« wie einst nur freie Personen. Immer häufiger mögen auch Sprossen hochfreier Geschlechter ins Ministerialenverhältnis übergetreten sein, und der Kleinadel und die edelfreien Vasallen, sie verschmolzen alsbald mit den Ministerialen, die es geschickt verstanden, sich »hinaufzuheiraten«. Der Aufstieg der ehemals unfreien Dienstmannen zum Niederadel mit dem Prädikat »Herre« ist eines der interessantesten Phänomene der mittelalterlichen Sozialgeschichte Deutschlands, ja Europas. Dadurch aber, daß sich dieser Niederadel den Zutritt bei »Hof« erzwingt, entsteht die »höfische Kultur« der Stauferzeit mit ihrem Ideal des Ritters. Die Standesethik des alten Geburtsadels, humanisiert durch Gedankengut, das von Cluny, Cîteaux und Prémontré ausströmte, und verchristlicht im Sinne der Tugendlehren der heraufsteigenden Scholastik, gab dabei die Grundlage ab. Die Idee der *Militia Christi* verbreitete sich über ganz Europa hin und schuf sich nachhaltigen Ausdruck in den Kreuzzügen. In der Rückeroberung der heiligen Stätten der Christenheit, die unter islamischer Botmäßigkeit standen, sah das aufstrebende abendländische Rittertum seine große Aufgabe.

Die Geschichte der Kreuzzüge, die 1095 mit dem Aufruf Papst Urbans II. auf der Synode von Clermont begann und 1270 mit dem vom französischen König Ludwig IX. dem Heiligen angeführten Achten Kreuzzug endete, gehört nicht in unseren Bereich, auch wenn Bayern an der Bewegung lebhaften Anteil nahm. So brach Herzog Welf I. 1101 auf die Kunde vom Fall Jerusalems hin ins Heilige Land auf und mit ihm Erzbischof Thiemo von Salzburg sowie die Grafen Friedrich von Bogen und Ekkehard von Scheyern. Staunend blickte die bayerische Ritterschaft damals zu den weltgewandten Provenzalen auf, mit denen man Schulter an Schulter gegen die Heiden focht, und übernahm von ihnen den Minnesang. Am Zweiten Kreuzzug, zu dem man unter Führung des Staufers Konrad III. im Frühjahr 1147 aufbrach, nahm Bischof Otto von Freising mit seinen Rittern teil, und auch beim Dritten Kreuzzug von 1189, den Kaiser Friedrich Barbarossa anführte, war Bayern mit einem starken Aufgebot vertreten. Jedesmal war Regensburg der große Sammelpunkt des Kreuzheeres. Die Kreuzkirche, jene merkwürdige Turmkirche draußen beim Osthafen, erinnert daran bis auf den heutigen Tag.

Selbstverständlich blieb die Kreuzzugsbewegung nicht ohne nachhaltige Rückwirkung auf das Abendland. Es kam zu einem lebhaften Austausch von Ideen und Lebensformen zwischen den europäischen Völkern, aber auch zu einem Hereinnehmen des ganzen Raffinements, das der Orient zu bieten hatte – Tuche, Gewürze, Damaszenerklingen, Fatimidengläser, um nur ein paar Beispiele zu nennen. Wichtiger in unserm Zusammenhang ist aber der Reflex der Kreuzzüge im religiös-kirchlichen Leben und in der Frömmigkeitshaltung. Der Kampf um die heiligen Stätten führte zu einem Aufblühen des Heilig-Grab-Kultes und der Heilig-Kreuz-Verehrung. Nachbildungen des Heiligen Grabes erfreuten sich alsbald großer Beliebtheit und zogen die Gläubigen an, so das um 1150 geschaffene monumentale Heilige Grab im Eichstätter Schottenkloster. Wundertätige Kreuzpartikel, die aus dem Heiligen Land mitgebracht wurden, ließen neue Wallfahrten entstehen. Der erste geschichtlich nachweisbare Kreuzpartikel in Bayern ist jener von Donauwörth, den der schwäbische Graf Mangold von Wörth 1028 von einer Gesandtschaftsreise aus Konstantinopel mitgebracht hatte und in einer ikonenähnlichen Fassung (»Staurothek«) zur Verehrung darbot. Die Staurothek des Mangold von Donauwörth gab dann den Namen ab für die große benediktinische Reichsabtei Heiligkreuz. Eine hohe Verehrung, die sich bis in unsere Zeit durchgehalten hat, genoß auch das »Scheyrer Kreuz«, eine Kreuzreliquie, die im 12. Jahrhundert über die wittelsbachischen Grafen von Dachau in den Besitz des Klosters Scheyern gelangt ist.

Neben die Verehrung des Heiligen Kreuzes trat bald auch die Wallfahrt zu Wunderhostien oder zum Heiligen Blut. Sie erhielt im späten Mittelalter eine neue Variante in der Verbindung des Heiligen Blutes mit der konsekrierten Hostie, in der sogenannten »Bluthostie«, deren gefeiertste hierzulande das *Sacramentum S. Gregorii* in Andechs darstellte. Aus dem Passionsmotiv des Heiligen Blutes gestaltete sich dann in der Kaiser-Ludwig-Zeit das »Vesperbild«, die »Pietà«, die ihrerseits wiederum zum Mutter-Gottes-Bild und zur Marienwallfahrt hinführt. Für die Wallfahrtsgeschichte bleibt also festzuhalten, daß als Reflex der Kreuzzugsbewegung neben die älteren Wallfahrten zum Grab eines Heiligen die Herrenwallfahrt in den genannten Formen (Heilig-Kreuz, Heilig-Grab, Heilig-Blut, Bluthostien) tritt. Mutter-Gottes-Bilder und Marienwallfahrten entstanden dann erstmals im 14. Jahrhundert.

Die klarste Verkörperung fand der Kreuzzugsgedanke in den neu aufkommenden Ritterorden, die aus den Spitalbruderschaften des Heiligen Landes erwuchsen und zwei Ideale der Zeit zur Einheit verbinden wollten: das Reformmönchtum und das staufische Rittertum. Gehören die Templer und die Johanniter (auch »Malteser«) hauptsächlich der romanischen Welt an, so wurde für unseren Raum der während des Dritten Kreuzzuges 1190 aus der Spitalbruderschaft von Akkon herausgewachsene Deutsche Orden bedeutsam, auch »Brüder vom Deutschen Haus«, »Deutschherren«, »Deutschritter« und »Kreuzherren« genannt. Kräftig gefördert von den staufischen Kaisern, folgten die Deutschherren 1226 einem Ruf des Herzogs Konrad von Masowien und bauten unter ihrem vierten Hochmeister Hermann von Salza im heidnischen Ostpreußen den Deutschordensstaat auf – ein mit fürstlicher Unabhängigkeit ausgestattetes geistliches Territorium, das in der Marienburg sein Zentrum hatte. Und doch gehören zum Deutschen Orden nicht nur Ostpreußen, sondern auch zwölf Provinzen im alten Reich, »Balleien« genannt, mit je einem Landkomtur an der Spitze, die das Unternehmen in Ostpreußen abstützten. Im Raum des heutigen Bayern wurde vor allem Franken zum »Land der heiligen Ritter«, aber es gibt auch »Kommenden«, Niederlassungen des Deutschen Ordens, in Altbayern und Schwaben, die der Ballei Franken zugeordnet sind, wie etwa Gangkofen an der Bina und Blumenthal bei Aichach. Und wenn das ostpreußische Ordensland durch den Übertritt des Hochmeisters Albrecht von Brandenburg zum Luthertum 1525 säkularisiert und in ein weltliches Herzogtum umgewandelt wurde: Die Balleien im alten Reich blieben bestehen, und Mergentheim an der fränkischen Tauber war anstatt der Marienburg fortan Sitz des Hoch- und Deutschmeisters und blieb es bis ins frühe 19. Jahrhundert, während der Landkomtur der Ballei Franken seinen Sitz in Ellingen bei Weißenburg hatte.

Der Nachhall der Kreuzzüge und des Deutschen Ritterordens läßt sich in Franken heute noch optisch fassen mit der Kirche des kleinen Zisterzienserinnenklosters Frauenroth, im Vorland der Rhön an der Fränkischen Saale gelegen. Gestiftet wurde dieses Kloster von Otto von Botenlauben, dem Minnesänger aus dem mächtigen fränkischen Grafengeschlecht der Henneberger. Er hat in einem berühmten Lied zum Kreuzzug aufgerufen: »Waere Kristes lôn niht also süeze, so enlieze ich niht der lieben frouwen mîn…« Otto war dann selber Jahrzehnte im Heiligen Land, vermählte sich dort mit Beatrix von Courtenay, der Tochter des Fürsten von Tiberias und Seneschalls von Jerusalem, und übergab nach seiner Rückkehr in die Heimat, da sich die eigenen Kinder dem geistlichen Stand zuwandten, seinen ganzen Besitz den Zisterzienserinnen von Frauenroth. Das Bild des Otto von Botenlauben und seiner Frau Beatrix hat uns das traumhaft schöne Stiftergrabmal in der Kirche von Frauenroth bewahrt. Eine andere Gestalt, mit der wir Kreuzzugsbewegung, ritterliche Welt und staufische Kultur im heutigen Bayern fassen können, ist Herr Walther von der Vogelweide – der größte Lyriker des deutschen Mittelalters, der am Babenberger Hof zu Wien seine geistige und künstlerische Heimat hatte. Nach einem bunten und oft bitteren Wanderleben schenkte ihm der junge Kaiser Friedrich II. 1220 ein kleines Lehen, vermutlich in Würzburg, das ihn endlich aller Existenzsorgen enthob. Im Lusamgärtlein beim Würzburger Neumünster liegt Walther begraben, und im alten Franken ist wohl auch jene berühmte »Elegie« des grau und einsam Gewordenen entstanden, die in Wahrheit ein Kreuzlied ist und angesichts des neuen Kreuzzugs auffordert, alle Nichtigkeiten des Lebens beiseite zu lassen und auszuziehen ins Heilige Land: »Owê, war sint verswunden alliu mîniu jâr! ist mir mîn leben getroumet, oder ist ez wâr?«

Neben Walther von der Vogelweide steht ein anderer oberdeutscher Dichter von unbedingtem Rang: Wolfram von Eschenbach, benannt wohl nach jenem Eschenbach bei Ansbach, das seit 1917 Wolframs-Eschenbach heißt. Wolfram ist ein großer Epiker und vielleicht der hintergründigste Dichter des deutschen Mittelalters. Wie sein Titel »Herre« unschwer erkennen läßt, war er Ministeriale und versah den Herrendienst zunächst wohl bei den bayerischen Hirschbergern, dann bei den fränkischen Wertheimern. Sein großer Mäzen aber wurde Hermann von Thüringen, der mit seiner Gemahlin Sophie, einer Schwester Herzog Ludwigs des Kelheimers, auf dem Eisenacher Landgrafenhof saß. Zwischen 1200 und 1220 entstand das große epische Werk Wolframs von Eschenbach: der *Willehalm*, der dem Zeitalter der Kreuzzüge antwortet und nach französischen Quellen die Geschichte des Markgrafen Wilhelm von Orange und seiner Gattin Gyburg im großen Abwehrkampf gegen die heidnischen Sarazenen schildert; dann vor allem der berühmte *Parzival*, das tiefe und in vielen Handschriften überlieferte Denkmal des deutschen Mittelalters mit einem langen Nachleben gerade in Altbayern. Die aus einem französischen Versroman entlehnte Handlung des Epos ist dunkeldeutig, verworren und schwer wie die Sprache, in der sie erzählt wird: Parzival, ein kindlich reiner Tor, entläuft seiner Mutter, zieht hinaus in die Welt, kommt in den Kreis der Artusritter, wird durch Schuld und Irrung immer wieder gefährdet und gerät schließlich doch durch das Wirken der göttlichen Gnade zur Burg Montsalvatsch und zum Königtum des heiligen Gral, zu jener höchsten Bestimmung des ritterlichen Menschen, in der Rittertum und Gottesdienst sich vereinigen. Denn aus dem heiligen Gral – nach alter Sage die steinerne Schale, deren sich Christus beim letzten Abendmahl bediente und in der Joseph von Arimathäa das Blut des Herrn am Kreuz aufgefangen hat – wird bei Wolfram von Eschenbach ein heiliger Edelstein, den eine geweihte und auserwählte Ritterschar hütet; nur Getaufte können den heiligen Gral sehen, und nur die Verbindung mit der Eucharistie wahrt seine lebenserhaltende Kraft.

Eine solche Vorstellung vom heiligen Gral, dessen man nur in der gläubig-frommen Schau teilhaftig wird, ist zugleich Ausdruck einer neuen, gewandelten Frömmigkeit, der »Schaufrömmigkeit« der heraufsteigenden Gotik, die mit der ganzen frühchristlichen Tradition brach. War die bisherige Liturgie darauf bedacht, die eucharistischen Gestalten möglichst zu verhüllen und in geschlossenen Gefäßen aufzubewahren, so wurde jetzt gleichsam der »Vorhang des Tempels« aufgetan und das Allerheiligste zur Schau dargeboten. Wesentliches Kennzeichen der neuen Schaufrömmigkeit ist die Elevation der Gestalten von Brot und Wein im Anschluß an die Wandlungsworte der heiligen Messe. Nach 1200 wird diese Elevation über ganz Europa hin in allen Kirchen Brauch. Und ähnlich wie vom heiligen Gral behauptet wurde, daß sein gläubiger Anblick für ein ganzes Jahr lang vor Tod und Leid bewahre, so wurde nun von der erhobenen und geschauten Hostie heilende Wunderkraft erwartet, und nicht mehr das eucharistische Mahl, sondern die Elevation der eucharistischen Gaben galt fortan als Höhe- und Zentralpunkt der heiligen Messe. Wie von selber mußten aus einem solchen Verständnis der Eucharistie neue Formen der Devotion entstehen. Die eucharistische Brotsgestalt wird nun in den gotischen Kirchenräumen deutlich sichtbar aufbewahrt: im »Sakramentshäuschen« oder in den »Tabernakeln«, die auf die Mensa des Altars aufgesetzt sind. Aus den geschlossenen Behältnissen aber werden Schau- oder Zeigegefäße, werden »Monstranzen«, in denen die Hostie zur Verehrung »ausgesetzt« wird – sogar während der Eucharistiefeier selber. In dem Wunsch, den Menschensohn wenigstens in seiner unter der Brotsgestalt verborgenen Gottheit zu schauen und gläubig zu verehren, lagen auch die eigentlichen Wurzeln des seit 1264 bezeugten Fronleichnamsfestes. In unserem Raum scheint es auf Anordnung des Augsburger Bischofs Hartmann erstmals 1273 im Kloster Benediktbeuern begangen worden zu sein. Im späten 14. Jahrhundert verband sich dann der *Dies festivitatis Corporis Christi* allenthalben auch mit einer feierlichen Prozession, der »Fronleichnamsprozession«. Dieses 14. Jahrhundert war aber schon nicht mehr das Zeitalter der Ritter, sondern des städtischen Bürgertums.

4. Städte, Bettelmönche, frühe Gotik

In Altbayern waren die meisten Städte Herzogsgründungen, die im Zusammenhang mit dem Werden des Landesfürstentums standen. Den alten Bischofsstädten traten so im Lauf des 13. Jahrhunderts zahlreiche Herzogsstädte gegenüber: angefangen mit Landshut, der 1204 gegründeten ersten Hauptstadt des wittelsbachischen Bayern, über die Donaustädte Ingolstadt und Straubing, über die Abstützungen gegen Salzburg mit Neuötting am Inn und Burghausen an der Salzach bis hin zu den Sicherungspunkten entlang des Lechrains mit Städten wie Schongau, Landsberg, Friedberg, Aichach und Rain am Lech. Nach 1300 kamen dann die für Altbayern so typischen Märkte dazu, und ein amtliches Verzeichnis aus dem späten 16. Jahrhundert wird insgesamt 34 Städte und 93 Marktflecken aufzählen können. Dichter noch war dieses Netz in Schwaben, wo es fast allen Stauferstädten gelang, zur Reichsfreiheit durchzustoßen, so daß Schwaben zum Kernbezirk der freien Reichsstädte in deutschen Landen wurde; eine Statistik des Jahres 1555 zählt für das schwäbische Gebiet allein 32 Reichsstädte und nochmals 13 reichsfreie Städte im alamannischen Elsaß auf. In Franken gesellte sich zu den schon genannten fünf freien Reichsstädten eine Fülle von Kleinstädten, die ihre Gründung den vielen einzelnen Herren und ihren zerlappten Territorien verdanken, die für dieses Land so typisch sind.

Die neuen Städte und Märkte nun, die sich überall zwischen die alten Burgen und neben die alten Klöster drängen, Verwaltungsmittelpunkte werden für die umliegenden Dörfer, haben zweifelsohne auch das bestehende Pfarr- und Seelsorgesystem durcheinandergebracht und ein Umstrukturieren der kirchlichen Verhältnisse notwendig gemacht. Ein typisches Beispiel dafür bietet die spätestens um 1300 entstandene Handelsstadt Schärding am Inn: Sie wird seelsorgemäßig von dem eine Stunde flußaufwärts liegenden Pfarrdorf St. Florian betreut, und es dauert über sechzig Jahre, bis der Pfarrer begreift, daß der neue Zentralort Schärding heißt, und er dorthin umziehen muß. Überhaupt bringen die Städte, die es zu besiedeln gilt, gerade für die unteren Schichten eine ganz neue Art der Mobilität mit sich. Wenn nach damaligem Rechtsbrauch ein an die Scholle gebundener unfreier Bauer in die Stadt umsiedelte und von seinem Grundherrn nicht binnen Jahresfrist gefordert wurde, so war er frei. Natürlich führte dies stoßweise zu Bevölkerungsverschiebungen und Bevölkerungsverdichtungen. Und wenn auch die Einwohnerzahlen der Städte für uns Heutige sehr niedrig erscheinen mögen: In München oder Ingolstadt hatte sich die Bevölkerung bis zum frühen 14. Jahrhundert immerhin verdoppelt, ja verdreifacht – ein Vorgang, der nicht zuletzt die Seelsorge in diesen Städten vor Aufgaben stellte, an deren Bewältigung die neuen Bettelorden kräftig Anteil nahmen.

Die alten Mönchsgemeinschaften hatten gemeinhin auf dem Lande gesiedelt und sich eng an das Agrarsystem und die feudalen Strukturen gebunden. Die Städte dagegen, die Bürger und Kaufleute, die im 13. Jahrhundert die Gesellschaft zu prägen begannen und gleichzeitig neue religiöse Ansprüche bedeuteten, wurden von ihnen nicht erfaßt. Ihrer nahmen sich die Bettelorden an, in denen uns das kirchliche Ergebnis jener mächtigen Armutsbewegung entgegentritt, die bei der Konfrontation des spontanen evangelischen Anspruchs mit den kirchlichen Herrschafts- und Machtstrukturen gerade in Mittelitalien und Südfrankreich aufgebrochen war. Noch im Lauf des 13. Jahrhunderts faßten die vier klassischen Bettel- oder Mendikantenorden – Franziskaner, Dominikaner, Karmeliten und Augustiner-Eremiten – auch bei uns Fuß und prägten fortan das Bild unserer Städte.

Die »Minderbrüder« oder Franziskaner, denen die konsequente Verwirklichung der evangelischen Armut durch den »Poverello« Franz von Assisi (1181/82-1226) zum Lebensprogramm wurde, fanden rasche Verbreitung. Noch der Heilige selber schickte 1221 vom sogenannten Mattenkapitel bei Portiuncula die ersten Brüder weg nach Augsburg, Regensburg und Salzburg, und bis 1305 hatte der Orden auch in München, Ingolstadt und Landshut, in Würzburg, Bamberg und Nürnberg Fuß gefaßt, um nur die größeren Niederlassungen aufzuzählen. Und bald wurden die »Barfüßer« hierzulande gefeiert als die großen Meister der volkstümlichen Predigt. Hierfür stehen Namen wie Bruder David von Augsburg, der in Regensburg Lehrer der Theologie und Novizenmeister war, oder Bruder Berthold von Regensburg, den die ungeheure Macht seines gesprochenen Wortes zum bedeutendsten Volksprediger des deutschen Mittelalters werden ließ.

Der zweite Bettelorden, der Orden der Predigerbrüder oder Dominikaner, verehrt im Spanier Dominikus de Guzmán, der seit 1206 eine Gruppe von Wanderpredigern um sich geschart hatte, seinen Gründer. Nachdem die Gemeinschaft 1216 die

DIE PREDIGT DES BERTHOLD VON REGENSBURG

144

päpstliche Bestätigung erlangt und sich 1220 auf dem General-kapitel zu Bologna eine erste Verfassung gegeben hatte, erlebte sie eine ähnlich rasche Ausbreitung wie der in Ethos, Lebens-form und Organisation verwandte *Ordo fratrum minorum*. Im To-desjahr des Dominikus wurde 1221 in Köln der erste deutsche Dominikanerkonvent gegründet; in den folgenden Jahrzehnten hielt der *Ordo praedicatorum* mit den Niederlassungen in Würz-burg, Regensburg, Augsburg, Nürnberg, Eichstätt und Lands-hut auch in Altbayern, Franken und Schwaben Einzug, und am Ende des 13. Jahrhunderts zählte man bereits mehr als neunzig Konvente in Deutschland. Mochte der Orden in den romani-schen Ländern mittlerweile auch die folgenschwere Inquisition übernommen haben: Der gewöhnliche Predigerkonvent in un-serem Raum hatte sein wichtigstes Aufgabengebiet in der Seel-sorge an der städtischen Bevölkerung. Darüber hinaus erwuch-sen den Universitäten des 13. Jahrhunderts gerade aus dem Do-minikanerorden die bedeutsamsten Vertreter der scholasti-schen Theologie. Man denke nur an den aus Lauingen an der Donau gebürtigen Albertus Magnus, der die deutsche Ordens-provinz leitete, in Paris einen Thomas von Aquin unter seine Schüler zählte und für kurze Zeit auch auf dem Regensburger Bischofsstuhl saß: Er war nicht nur der größte deutsche Schola-stiker, sondern auch einer der ersten Naturforscher des Mittelal-ters – ein Mann, der das ganze Wissen seiner Zeit beherrschte.

Wie sich den Franziskanern noch zu Lebzeiten des Poverello in den Klarissen ein weiblicher Ordenszweig beigesellt hatte, so hatte auch Dominikus die religiöse Frauenbewegung des 13. Jahrhunderts in feste kirchliche Bahnen zu lenken versucht und einen zweiten Orden für Frauen gegründet, der in strenger Klausur und vollkommener Armut ganz dem Gebet und der Be-trachtung lebte. So mag es nicht verwundern, daß sich gerade in den Frauenklöstern des Predigerordens neben und nach der Scholastik die Mystik auslebte, die Gott nicht mit dem grübeln-den Verstand, sondern mit dem gläubigen Herzen begreifen wollte. In Maria-Mödingen bei Dillingen, hart an der altbayeri-schen Grenze, lebte Margarethe Ebner aus Donauwörth ganz in mystischer Schau. Ihre Offenbarungen und Bekenntnisse, die sie auf Veranlassung ihres Seelenführers Heinrich von Nördlin-gen in stammelnder Sprache aufzeichnete, sind der erste Brief-wechsel in deutscher Sprache, der uns überliefert ist. In vertrau-tem Verkehr mit Mödingen scheint auch das fränkische Kloster Engelthal bei Nürnberg gestanden zu sein, wo die Dominikanerin Christine Ebner aus einem Nürnberger Patriziergeschlecht auf Anregung des Beichtvaters Konrad von Füssen ihre gedankentiefen Visionen und Zwiegespräche mit Christus niederschrieb. Die fieberhafte Luft mystischer Erregtheit, die über Kloster Engelthal lag, erhellt auch aus Christine Ebners Büchlein *Von der Gnaden Überlast*, in dem sie die mystischen Erfahrungen ihrer verstorbenen Mitschwestern ins Wort brachte.

Mit den beiden großen Bettelorden der Dominikaner und Franziskaner hatte das abendländische Mönchtum eine Ausdrucksform gefunden, von der auch die durch Berthold von Kalabrien im späten 12. Jahrhundert beim Berge Karmel in Palästina gesammelte Einsiedlergruppe erfaßt wurde. Da aber die unruhigen Verhältnisse im Vorderen Orient diese Eremiten bewogen hatten, ins sichere Europa abzuwandern, vollzog sich hier 1247 unter ihrem ersten abendländischen General, dem Engländer Simon Stock, der Übergang vom Einsiedler- zum Gemeinschaftsleben und eine Anpassung an die Bettelorden in Verfassung und Tätigkeit. Besonders durch seine ausgeprägte Marienverehrung gewann der »Orden der seligsten Jungfrau vom Berge Karmel« rasch an Breitenwirkung, und bald gehörte neben dem Dominikaner- und Franziskanerkloster auch die Karmelitenniederlassung zum Normalbild einer Stadt des hohen und erst recht des späten Mittelalters. Die großen Karmelitenklöster Altbayerns erstanden in Abensberg und Straubing; auch Würzburg, Nürnberg, Augsburg, Bamberg und Dinkelsbühl erhielten bereits im 13. Jahrhundert Konvente des neuen Ordens.

Aus den die Mönchsgeschichte immer begleitenden Eremitengruppen entstand schließlich noch ein vierter großer Bettelorden: die Augustiner-Eremiten. Diesem Orden fehlt die große Stiftergestalt; 1256 durch Zusammenschluß verschiedener italienischer Eremitenkolonien entstanden, war er ganz und gar das Werk der päpstlichen Kurie. Auch die Augustiner-Eremiten, für deren Verfassung und Tätigkeit die anderen Bettelorden das Vorbild abgaben, breiteten sich rasch aus. Gegen Ende des 13. Jahrhunderts zählten sie in Deutschland immerhin an die vierzig Niederlassungen, eingeteilt in vier Ordensprovinzen, wobei die »Bayerische Ordensprovinz« weit über das wittelsbachische Herzogtum hinausging und auch Niederlassungen in Österreich, Böhmen, Schlesien und Polen einschloß.

Den Bettelorden – entstanden als Frucht besonderer Betonung der evangelischen Armut und organisiert als überregionale, zentral gelenkte Personalverbände – boten städtisches Bürgertum und städtische Kultur die rechte Lebensentfaltung. Umgekehrt gaben diese jungen Orden auch ihren Lebensräumen eine charakteristische Prägung. Mit den Mendikanten kam die gotische Kunst in die mittelalterlichen Städte – eben die schmucklose Bettelordenskirche, deren hoch aufschnellendes Mittelschiff das neue Raumgefühl ausmachte. Um 1300 stand mit der Dominikanerkirche von Regensburg der neue Stil vollendet da, richtungweisend nicht nur für das bayerische Land, sondern für ganz Deutschland. Die Bettelorden prägten darüber hinaus das überkommene Christusbild um: Nicht mehr Christus als Triumphator wird jetzt zur Darstellung gebracht, sondern der arme, geschundene, leidende Herr am Kreuz, und der »Kronschappel« der romanischen Kruzifixe wandelt sich nun zur Dornenkrone. Die erschütterndsten Zeichen dieser Frömmigkeit in unserem Land, herausgewachsen aus dem Zusammenwirken von mystischer Erfahrung und gelebtem Ethos, aber brachte die Kaiser-Ludwig-Zeit nach 1314. Es sei nur hingewiesen auf das Astkreuz an der Chorwand der Dominikanerinnenkirche von Altenhohenau am Inn, an dem ein zerschundener Heiland hängt mit weitgeöffneter Herzenswunde, oder auf das ergreifende Vesperbild – die Gottesmutter, ihren zerfleischten Sohn in den Armen – von Salmdorf, das ursprünglich in einer Münchener Klosterkirche der Kaiser-Ludwig-Zeit stand. Doch mit diesem Herrscher und solch ausdrucksstarken Gestaltungen der Frömmigkeit haben wir das staufische Jahrhundert bereits verlassen. In der neuen Epoche, dem späten Mittelalter, das in Bayern zunächst dadurch gekennzeichnet ist, daß ein Wittelsbacher, eben Kaiser Ludwig IV. der Bayer, von 1314 bis 1347 die Krone des Reiches trägt, liegen diese Wandlungen schon überall deutlich vor Augen.

10. Kapitel:

DIE BAYERISCHE KIRCHE IM SPÄTEN MITTELALTER

Die bayerische Kirchengeschichte des späten Mittelalters wäre zu eng gefaßt, wollte man nur von inneren Vorgängen handeln und nicht auch jene großen abendländischen Entwicklungen in den Blick nehmen, die sich mit Stichworten wie Kampf zwischen Kaiser und Papst, Armutsstreit, »Babylonischer Gefangenschaft«, Abendländisches Schisma, Konziliarismus, Hussitenfrage verbinden. Die Kirchenführer haben tätig in die Auseinandersetzungen eingegriffen, das Kirchenvolk aber hatte durch kriegerische Wirren, Exkommunikation und Interdikt zumindest unter den Folgen zu leiden. Das gilt namentlich für den großen Kampf mit dem Papsttum, den Kaiser Ludwig der Bayer über Jahrzehnte hin führte.

1. Kaiser Ludwig der Bayer und seine Zeit

Mit Ludwig dem Bayern herrschen die Wittelsbacher bei uns bereits in der fünften Generation. Otto II. »Illustris«, der Enkel Ottos I. und Regent seit der Ermordung Herzog Ludwigs des Kelheimers 1231, hatte seinen beiden Söhnen Ludwig II. (1253-1294), später der Strenge genannt, und Heinrich XIII. (1253-1290) ein schweres Erbe hinterlassen. Da die beiden Brüder gleichen Anspruch auf die Regierung des Herzogtums erhoben, kam es 1255 zur ersten Teilung des Landes. Der ältere Ludwig erhielt zur Pfalzgrafschaft bei Rhein (Rheinpfalz) noch das obere Bayern, der jüngere Heinrich das reiche Unterland. So waren mit der Teilung auf einmal Ober- und Niederbayern als neue politische Begriffe geschaffen. Freilich decken sich unsere heutigen Regierungsbezirke keineswegs mit den Grenzen der damals entstandenen Landesteile. Um nämlich die Rheinpfalz aufzuwiegen, beanspruchte Heinrich ein »Groß-Niederbayern«, jene in sich ruhende kompakte Landmasse mit dem weiten Bauernland zwischen Freising und Landshut im Westen, Cham im Norden, Reichenhall im Süden und dem heute österreichischen Innviertel im Osten. Dieses »Niederland«, das sich von der Further Senke bis zum Wolfgangsee erstreckte und von Landshut aus regiert wurde, war auch Erbe der traditionellen bayerischen Ostpolitik mit Beziehungen nach Böhmen hinein und bis nach Ungarn hinunter.

Doch die Regierung der wittelsbachischen Lande sollte sich nach dem Tode der beiden Herzöge Ludwig II. und Heinrich XIII. noch schwieriger gestalten. In Niederbayern standen zuletzt gleich drei Brüder mit ihren Herrschaftsansprüchen und aufwendigen Hofhaltungen zu Landshut, Straubing und Burghausen nebeneinander. In Oberbayern und der Pfalz regierten zwei Brüder weiter, der ältere Rudolf in Heidelberg und München, der jüngere Ludwig in Ingolstadt. Gerade dieser kleine Herzog von Ingolstadt aber sollte in der ersten Hälfte des 14. Jahrhunderts die überragende Gestalt nicht nur für Bayern werden, sondern auch für das Reich – eben Kaiser Ludwig IV. der Bayer. Sein Aufstieg zur Herrschaft begann damit, daß er, bestärkt von den Habsburgern, 1302 seinem Bruder die Mitregierung abrang und 1310 sogar halb Oberbayern mit Ingolstadt als Hauptstadt erhielt. Im folgenden Jahrzehnt gelang es mit Hilfe der oberbayerischen Stände, den Bruder Rudolf überhaupt aus den bayerischen Landen zu verdrängen und zur Abdankung zu zwingen. Der Hausvertrag von Pavia vom August 1329 stellte dann die Verhältnisse auf eine für Jahrhunderte gültige Rechtsgrundlage. Unter Vorbehalt der gegenseitigen Beerbung bei Aussterben einer Linie, behielt Ludwig mit seinen Leibeserben Oberbayern, dazu Burglengenfeld, Schwandorf und Kallmünz; den Söhnen Rudolfs aber, der »rudolfinischen Linie« also, überwies er die Rheinpfalz und den Großteil der Besitzungen auf dem bayerischen Nordgau, die von nun an unter der Bezeichnung »Oberpfalz« bis zur Wiedervereinigung im Jahre 1628 von Bayern losgelöst waren. Die Kurstimme des Hauses Wittelsbach sollte zwischen den in München und in Heidelberg residierenden Linien wechseln.

Von größter Bedeutung für den Machtanstieg Ludwigs aber ist es gewesen, daß ihm 1312 mit der Übernahme der Vormundschaft über seine drei niederbayerischen Vettern auch das Schicksal des Unterlandes in die Hand gegeben wurde. Freilich hieß dies auch, den alten niederbayerisch-habsburgischen Gegensatz wieder aufzugreifen, und bald standen sich Ludwig der Bayer und sein Vetter Friedrich der Schöne von Österreich in Feindschaft gegenüber. Die Entscheidung fiel im November 1313 zu Gammelsdorf bei Moosburg. Mit dem glänzenden Sieg, den Ludwig hier erfocht, führte er sich in die große Politik ein, und die Schlagkraft der unter seiner Hand vereinigten bayerischen Lande brachte ihm zugleich die Anwartschaft auf die Krone des Reiches. Als Kaiser Heinrich VII. 1314 auf seinem Römerzug bei Siena starb, wurde Ludwig von der Luxemburger Partei der Kurfürsten zum deutschen König gewählt; eine habsburgische Minderheit dagegen einigte sich auf Friedrich den Schönen von Österreich. Angesichts der zwiespältigen Wahl und des Scheiterns aller Verhandlungen blieb nur die Entscheidung der Waffen. Erst nach einem jahrelangen Hin und Her, nach immer neuen Feldzügen, die das Land verheerten, brachte der September 1322 die Wende. In der denkwürdigen, sagenumwobenen Schlacht auf der Gickelfehenwiese bei Mühldorf – der letzten großen Ritterschlacht auf deutschem Boden – gelang es Ludwig, Friedrich den Schönen endgültig niederzuringen.

Der Sieg bei Mühldorf vom 28. September 1322 stellte für die Reichsgeschichte eine Entscheidung ersten Ranges dar. Ludwig konnte es sich nun leisten, als König aufzutreten und gleich den großen staufischen Vorbildern die Rechte des Reiches in Italien energisch in die Hand zu nehmen. Ein erster Schritt im Sinn der alten Kaiserpolitik erfolgte im März 1323 mit der Ernennung des Grafen Berthold von Neiffen zum Generalvikar des italienischen Reichsgebietes. Doch gerade diese Maßnahme führte unmittelbar hinein in den letzten großen Zusammenstoß von Kaisertum und Papsttum im abendländischen Mittelalter.

In der Papstgeschichte ist das 14. Jahrhundert im wesentlichen die Zeit der »Babylonischen Gefangenschaft« (1305-1377) – die weithin unerfreuliche Epoche der Abwesenheit der Päpste von Rom, ihres Aufenthalts in Avignon und ihrer Abhängigkeit von der französischen Politik. Am Beginn stand die schwere Niederlage, die König Philipp der Schöne von Frankreich den weit gespannten Machtansprüchen der Kirche unter Papst Bonifaz VIII. (1294-1303) bereitet hatte. Stand dann schon der Pontifikat des friedliebenden Benedikt XI. (1303/04) im Zeichen der Unterwerfung des Papsttums unter die französische Krone, so galt dies erst recht für den nachfolgenden Papst Clemens V. (1305-1314), den vormaligen Erzbischof von Bordeaux, der 1309 auf Betreiben Philipps des Schönen seine Residenz nach Avignon verlegte. Die tiefgreifenden Folgen dieser Veränderung sind bekannt: größte Verwirrung der Verhältnisse in Rom und im Kirchenstaat; peinliche Abhängigkeit der Päpste von der französischen Krone und Verlust ihres überparteilichen universalkirchlichen Gewichts wie ihres geistlichen Ansehens; ungesunde Entwicklung im Bereich des kurialen Steuerwesens und Stellenbesetzungsrechts.

Der Vertreter des Sacerdotium nun, mit dem Ludwig der

Bayer 1323 wegen seiner Italienpläne ernsthaft zusammenstieß, war der zweite Papst von Avignon, Johannes XXII. (1316-1334) – Südfranzose, ein gewiegter Kanonist, eine Herrschernatur und trotz seines hohen Alters von erstaunlicher Tatkraft. Hatte sich Johannes im deutschen Thronstreit zunächst neutral verhalten, so begann er im Oktober 1323 gegen Ludwig schroff vorzugehen, indem er ihm unter Androhung des Bannes die Führung des Königstitels verbot und ihn aufforderte, binnen dreier Monate die Reichsregierung niederzulegen. Da aber der Wittelsbacher nach einigem Zögern, anstatt sich zu unterwerfen, zum Gegenangriff ausholte, wurde er im März 1324 tatsächlich exkommuniziert. Den Bannspruch beantwortete Ludwig mit der in leidenschaftlichem Ton gehaltenen Sachsenhauser Appellation, in der er das allgemeine Konzil als höchste Entscheidungsinstanz anrief und den Papst der Häresie bezichtigte. Begründet wurde die Beschuldigung mit dem Hinweis auf die Auseinandersetzungen zwischen Johannes XXII. und den »Spiritualen«, einer streitbaren Minorität der Franziskaner, um die Verwirklichung des Ideals der evangelischen Armut und seine Vereinbarkeit mit den praktischen Erfordernissen. Dieses Übergreifen des Wittelsbachers von der reichsrechtlichen Sphäre auf das theologische Feld war zweifellos ein entscheidender Fehler und nur dazu angetan, die Auseinandersetzungen, deren weitere Stationen hier nicht interessieren, zu radikalisieren und zur großen Machtprobe auszuweiten.

Als Ludwig dann 1327 selbst nach Italien aufbrach, sich am 17. Januar 1328 vom Führer der Ghibellinenpartei, Sciarra Colonna, im Namen des römischen Volkes die Kaiserkrone aufs Haupt setzen ließ und im Mai desselben Jahres den Minoriten Peter Rainalducci als Nikolaus V. zum Gegenpapst erhob, da belegte ihn Johannes XXII. mit den schwersten Kirchenstrafen, der Verdammung als Ketzer und der Erklärung, daß er aller kirchlichen und weltlichen Lehen verlustig sei, vor allem auch des angestammten Herzogtums Bayern. Im Frühjahr 1328 ließ die Kurie in Avignon das Kreuz wider den Wittelsbacher predigen; für sie war Ludwig fortan nur noch der »Bavarus« – ein geringschätziger Beiname, der zum Ehrentitel werden sollte.

In den Auseinandersetzungen zwischen Avignon und München spielten jene minoritischen Kreise eine wichtige Rolle, deren Bestreben ganz auf die Ideale ihres Ordens gerichtet war. Ihr Streit um das Armutsgelübde verwob sich mit dem Kampf der obersten Gewalten; ihre Verurteilung durch den Papst machte sie zu Bundesgenossen des Kaisers. Schon 1323 waren die ersten italienischen Barfüßer in München aufgetaucht. Ihrem Einfluß ist jener Passus der Sachsenhauser Appellation zuzuschreiben, der den Papst wegen seiner Entscheidung im Armutsstreit der Häresie bezichtigt und deshalb die Rechtmäßigkeit seines Pontifikats anficht. Seit dem Italienzug Ludwigs hatten die großen Ordensrevolutionäre im Münchener Franziskanerkloster neben der Residenz ihr Hauptquartier: der Ordensgeneral Michael von Cesena, der scharfsinnige Kanonist Bonagratia von Bergamo, der gelehrte Vertreter der *Via moderna* und Mitbegründer des Nominalismus, Wilhelm von Ockham, und andere. Sie trafen hier auf zwei hervorragende Männer des Geistes, die Pariser Magistri Marsilius von Padua und Johannes von Jandun, die schon seit 1326 am Kaiserhof weilten und in ihren Streitschriften mit schneidender Kritik die Grundlagen wie das Verhältnis der Gewalten zueinander erörterten. Nicht von ungefähr hat die spätere Überlieferung die Rolle dieser Gelehrten um Kaiser Ludwig in die Worte gekleidet: »Schütz du uns mit dem Schwert, wir wollen dich mit der Feder schützen!«

Das hervorragendste Werk der Streitschriftenliteratur von damals, ja das berühmteste Buch seines Jahrhunderts überhaupt, ist der 1324 abgeschlossene *Defensor pacis* des Marsilius von Padua. Im Hinblick auf die Auseinandersetzung zwischen Imperium und Sacerdotium stellt die dem Kaiser als »Verteidiger des Friedens« gewidmete Abhandlung die Frage nach den Bedingungen des Friedens in der Welt und sieht sie in der völligen Unabhängigkeit und Selbstgesetzlichkeit der weltlichen Herrschaft. Der offenkundige Bruch mit der überlieferten Gedankenwelt und dem mittelalterlichen Verständnis von Staat und Kirche zeigt sich namentlich in der Lehre von der Volkssouveränität und in der Auffassung, daß Staat und Kirche in eindeutiger Über- und Unterordnung zueinander stehen. Alle politische Gewalt – so erklärt, seiner Zeit um Jahrhunderte voraus, Marsilius von Padua – ruht im souveränen Volk und seinen gewählten Vertretern. Die Trägerin der kirchlichen Gewalt aber ist die christliche Gemeinde, die oberste Instanz in der Kirche das von der weltlichen Gewalt zu berufende allgemeine Konzil. Überhaupt ist die Kirche dem Staat in jeder Beziehung untergeordnet; sie soll besitzlos sein und sich in ihrer Wirksamkeit auf das rein geistliche Gebiet beschränken. Selbstredend haben in diesem System der päpstliche Jurisdiktionsprimat und die hierarchische Ordnung keinen Platz mehr. Dem Papst kommt nach Marsilius lediglich ein Ehrenvorrang (*Primatus honoris*) zu, der aber nicht auf göttlicher Einsetzung beruht. Mit der Tatsache, daß Papst Johannes XXII. fünf Sätze des *Defensor pacis* als häretisch deklarierte und seine Verfasser als *Filii Belial* mit dem Bann belegte, waren die hier ausgesprochenen Ideen nicht aus der Welt geschafft. Namentlich die Theorie des »Konziliarismus«, die Auffassung nämlich, daß das allgemeine Konzil über dem Papst stehe und diesen nötigenfalls richten und absetzen könne, sollte kaum ein Jahrhundert später eine gewaltige Tragweite bekommen.

Die päpstlichen Urteile von 1324, durch die nicht nur Ludwig der Bayer exkommuniziert worden war, sondern auch seine Anhänger dem Bann und Interdikt verfielen, mußten besonders in Bayern Kirche und Volk in tiefe Konflikte stürzen. Doch konnte Johannes XXII. durch all diese Sentenzen die Machtstellung des Kaisers in Deutschland nicht ernstlich erschüttern, und schon gar nicht im unmittelbaren Herrschaftsbereich Ludwigs. Allzuoft waren in der vergangenen Zeit die päpstlichen Bannflüche gegen deutsche Kaiser und Könige geschleudert worden, als daß sie jetzt noch eine scharfe Waffe hätten darstellen können. Die gewohnte Reichstreue der altbayerischen und fränkischen Bischöfe zeigte sich auch in diesem letzten großen kirchenpolitischen Konflikt des Mittelalters, und selbst dort, wo kraft päpstlicher Provision ein Gegner Ludwigs auf einen Bischofsstuhl gelangte, konnte kein dauerhafter Durchbruch erzielt werden. Die Domkapitel, die meisten Stifte und Klöster, der ganze niedere Klerus und erst recht die Stimmung des Volkes – sie waren eindeutig für den Kaiser.

An dem literarischen Streit freilich, wie er von der Hofakademie Kaiser Ludwigs in München angeführt wurde, nahm man in Altbayern nicht teil. Hierzulande war man wie eh und je gegen das dürre Abziehen der Begriffe und gegen jeden einseitigen Radikalismus. Lediglich aus Franken meldete sich in der Auseinandersetzung mit dem avignonesischen Papsttum eine kaiser- und reichstreue Stimme zu Wort – die des Würzburger Domherrn und nachmaligen Bamberger Bischofs Lupold von Bebenburg. In seinem *Tractatus de iuribus regni et imperii Romani* vertrat er die umsichtig begründete Rechtsauffassung, daß der von den Kurfürsten gewählte deutsche König aufgrund der Wahl über alle königlichen und kaiserlichen Rechte in den zum Reich gehörigen Gebieten verfüge. Damit untermauerte Lupold von

Bebenburg mit Argumenten des römischen, des kanonischen und des Naturrechts jenen Standpunkt, den die deutschen Kurfürsten im Juli 1338 auf dem vielberufenen »Kurverein von Rhens« bezogen hatten, wenn sie gegenüber der Unversöhnlichkeit und den überspannten Ansprüchen der Kurie zur Wahrung der Ehre, Rechte und Freiheiten des Reiches erklärten, daß der von ihnen mit Mehrheit zum Römischen König Erwählte einer Bestätigung durch den Papst nicht bedürfe. Und im Sinne der Rhenser Beschlüsse wird dann die berühmte *Goldene Bulle* Kaiser Karls IV. von 1356 das über Jahrhunderte hin umstrittene und in immer neuen Thronkrisen allmählich ausformulierte Königswahlrecht endgültig festschreiben, ohne daß vom Papst und seinem Approbationsrecht oder seiner Mitwirkung bei der Königswahl auch nur die Rede ist.

Wenn dann Ludwigs Stellung doch ins Wanken geriet, so war dafür in erster Linie das ungezügelte Streben nach Vergrößerung seiner Hausmacht maßgebend und, in unmittelbarer Verbindung damit, seine eigenmächtigen Eingriffe in das kirchliche Eherecht. 1324, zum Zeitpunkt der schärfsten Auseinandersetzungen mit dem Papsttum, war es dem wittelsbachischen König gelungen, seinem ältesten Sohn die erledigte Mark Brandenburg zu sichern; 1342 folgte der Erwerb des wichtigen Landes Tirol; 1346 konnte man die reichen Grafschaften Holland, Seeland, Friesland und Hennegau eintun. Gerade um Tirol aber hatte der Kaiser mit skrupellosem Einsatz gespielt, indem er die zweifellos unglückliche Ehe zwischen der Gräfin Margarete Maultasch und dem Sohn des Böhmenkönigs eigenmächtig trennte und die Erbin Tirols seinem ältesten Sohn, Ludwig dem Brandenburger, anvermählte. Kein Wunder, daß nunmehr die Mahnung des schroffen Papstes Clemens VI. (1342-1352) zur Neuwahl unter den deutschen Kurfürsten eine Mehrheit fand. Am 11. Juli 1346 wurde Karl von Mähren – der andere Sohn des Böhmenkönigs aus dem Hause Luxemburg – zum deutschen König gewählt. Der Bürgerkrieg blieb jedoch Deutschland durch den plötzlichen Tod des Kaisers erspart. Am 11. Oktober 1347 ist Ludwig der Bayer auf der Bärenjagd in der Nähe des Klosters Fürstenfeld einem Herzschlag erlegen. In den Armen eines einfachen Bauern und mit einem Gebet an die Gottesmutter auf den Lippen schied der große Wittelsbacher aus der Welt: »Süezze künigin, unser fraue, his pei meiner schidung!« Sein Leichnam wurde nach München gebracht und in der Pfarrkirche zu Unserer Lieben Frau neben seiner ersten Gemahlin

Beatrix bestattet. Später erhielt er hier ein prächtiges Grabmal. Ohne Zweifel hat der im Kirchenbann gestorbene Kaiser ein gut Teil seines Unglücks selber verschuldet; nicht weniger schwer wiegt aber auch die unversöhnliche Haltung der Päpste, die in unbilligem Machtanspruch wurzelt und in einseitiger Berücksichtigung der französischen Interessen. Für die echte Frömmigkeit Ludwigs des Bayern zeugt bis zum heutigen Tag das Marienmünster zu Ettal. Als er 1330 über den Fernpaß von Italien heraufzog und nach langem wieder bayerischen Boden betrat, wollte er hier »got zu lob und unser frawen zu ern« ein Kloster gründen, in das neben zwanzig Benediktinermönchen auch dreizehn verheiratete Ritter mit ihren Frauen Aufnahme finden sollten. Noch Pater Romuald Bauerreiß hatte dieses steingewordene Zeugnis für die lautere religiöse Gesinnung des Kaisers vor Augen, wenn er dem vierten Band seiner *Kirchengeschichte Bayerns* die Widmung vorausschickte: *Monasterio Ettalensi a pio Imperatore Ludovico Bavaro fundato pergrato animo auctor.*

2. Kirche und Frömmigkeit im »Herbst des Mittelalters«

Das Jahrhundert nach dem Tode Kaiser Ludwigs des Bayern bietet ein bewegtes und von vielen Sturmzeichen bestimmtes Bild. Die universale Geltung des Papsttums erreicht nach 1378 im großen Abendländischen Schisma ihren Tiefstand. Während die Kirchenleitung in zwei und zeitweise in drei sich bekämpfende Päpste und Kurien zerfällt, stellt der an den großen Universitäten herrschende freie Geist die hierarchische Ordnung selber in Frage. Die spätmittelalterlichen Kirchenversammlungen zu Konstanz und Basel sind nicht nur beherrscht vom Problem des Konziliarismus, sondern auch vom Ruf nach einer »Reform der Kirche an Haupt und Gliedern«. Die bayerische Kirche nimmt teil an dieser allgemeinen Entwicklung. Das Land selber erfährt in dieser Zeit die zersetzende Wirkung des Prinzips der Erbteilung – 1349 zweite, 1392 dritte Teilung der altbayerischen Lande – und büßt dadurch seine reichspolitischen Wirkungsmöglichkeiten weitgehend ein.

Schon ein Jahr nach dem Tod Ludwigs des Bayern, 1348, ging eine Pestepidemie durch Europa. Aus dem Orient nach Italien eingeschleppt, schlich die asiatische Beulenpest über Tirol und das Inntal im Herbst 1348 auch ins Bayerische herauf, und das

Jahr 1349 bedeutete für ganz Süddeutschland »das große Sterben«. Europa verlor in dieser größten Katastrophe des Abendlandes seit dem Untergang des römischen Imperiums mindestens ein Drittel seiner Gesamtbevölkerung. Welch verheerendes Ausmaß die Seuche annahm, lassen Berichte ahnen, die für die Bischofsstadt Passau täglich an die 180 Tote verzeichnen oder anführen, daß das Zisterzienserstift Kaisheim in vier Wochen nicht weniger als zweiundzwanzig Mönche verloren habe. Die furchtbare Plage blieb nicht ohne Rückwirkung auf das breite abergläubische Volk. Um durch öffentliche Bußübung der strafenden Gerechtigkeit Gottes zu genügen und seine Barmherzigkeit zu erflehen, durchzogen organisierte Gruppen von Geißlern, zu Hunderten und Tausenden anschwellend, ganz Mitteleuropa. Gleich Klerikern marschierten sie prozessionsweise hinter einer Fahne oder einem Kreuz her und gaben sich unter Absingen von Bußliedern zweimal täglich einer öffentlich-rituellen Kasteiung hin, viele mitreißend zur Geißelfahrt von dreiunddreißigeinhalb Tagen, wie sie ein Himmelsbrief geboten habe, um »das große Sterben« zu beenden. Diese frenetische Bußbewegung wollte zwar nicht kirchenfeindlich sein, trug aber doch anarchische Züge an sich und radikalisierte sich rasch, so daß Papst Clemens VI. 1349 ihre Unterdrückung anordnete.

Schlimmer noch hatten sich zur gleichen Zeit vielerorts grausige Judenpogrome ausgetobt. Zwar gewährte man im Mittelalter den Juden im allgemeinen religiöse Freiheit, aber sie galten als Leute minderen Rechtes, die kein öffentliches Amt bekleiden durften, eine eigene Kleidung tragen mußten und in abgesonderten Quartieren (Gettos) zu wohnen hatten. Auf der anderen Seite verstanden es viele Juden, sich durch das Ausleihen von Geld auf Zins, das den Christen verboten war, beträchtlichen Reichtum und Einfluß zu verschaffen – eine Tatsache, die seit den Kreuzzügen zu immer wieder hervorbrechenden Judenverfolgungen geführt hatte. Ihren absoluten Höhepunkt erreichten sie in den Jahren des »großen Sterbens« 1348/49. Wegen der Anschuldigung, die Juden hätten durch Brunnenvergiftung die pestilenzische Seuche verursacht, wurden in den Städten Süddeutschlands Tausende erbarmungslos umgebracht, meist verbrannt. So lösten etwa Geißlerzüge 1349 in Nürnberg die Vernichtung des Gettos aus. Anstelle der Synagoge erbaute man die Frauenkirche am Markt. Überhaupt häuften sich im Spätmittelalter die Anschuldigungen gegen einzelne Juden und einzelne

Judengemeinden, etwa daß sie Kruzifixe verunehrten, Hostien schändeten, rituelle Morde an Christenkindern verübten. Nicht wenige wurden aufgrund solch unsinniger Anklagen grausam hingerichtet.

Das lange Exil in Avignon, das dem Ansehen von Papsttum und Kirche unendlichen Schaden zugefügt hatte, war 1377 mit der Rückkehr Gregors XI. (1370-1378) endlich beendigt worden. Schon ein Jahr später aber starb Gregor XI., und mit der Neuwahl mündete die schwere Krise des Papsttums, die man eben beseitigt wähnte, ein in eine noch schlimmere: in das große Abendländische Schisma, das nun die europäische Christenheit über fast vierzig Jahre hin aufs tiefste erschüttern sollte. Auf einmal gab es ein doppeltes Papsttum, ein römisches und ein avignonesisches, und als das Konzil von Pisa in der Hoffnung auf Beilegung der Spaltung 1409 beide Päpste als »notorische Schismatiker und Häretiker« für abgesetzt erklärte und mit dem Mailänder Erzbischof Peter Philargi als Alexander V. einen neuen Papst aufstellte, war die Verwirrung nur noch schlimmer: Anstatt zur Einheit war man von der »verruchten Zweiheit« zur »verfluchten Dreiheit« gelangt, weil sich die beiden abgesetzten Päpste dem Spruch des allgemeinen Konzils nicht fügten. Nie war der »ungeteilte Leibrock« des Herrn, um mit einem einprägsamen Bild der frühchristlichen Kirche zu sprechen, so zerrissen wie jetzt. Die ganze abendländische Christenheit brach nach 1378 in zwei und 1409 in drei feindliche Lager und sich bekämpfende Gefolgschaften auseinander, und weil jeder der Päpste von seiner Rechtmäßigkeit überzeugt war, schied der Weg des freiwilligen Verzichts oder des Kompromisses von vornherein aus. Im Gegenteil, man belegte sich wechselseitig samt allen Anhängern mit der Exkommunikation, so daß sich im ausgehenden 14. und beginnenden 15. Jahrhundert nominell die ganze Christenheit im Banne befand. Besonders schwierig gestaltete sich die Situation in Ländern, die, wie etwa Deutschland, nicht geschlossen den einen oder den anderen Papst unterstützten. Hier ging der Riß nicht selten mitten durch die Bistümer, und der Streit um den päpstlichen Stuhl setzte sich in den Kämpfen um die Bischofsstühle und andere kirchliche Pfründen fort, weil jeder der Päpste darauf bedacht war, seine Obedienz durch neue Ernennungen zu verstärken. Selbst ganze Orden wie die Zisterzienser, Franziskaner, Dominikaner und Karmeliten waren damals in nationale Gruppen aufgespalten.

Im Raum des heutigen Bayern hielten die Bischöfe und Domkapitel gleich dem Kaiser und den wittelsbachischen Herzögen im allgemeinen zum Papst in Rom; lediglich im Bistum Würzburg scheint das avignonesische Papsttum breiteren Boden gewonnen zu haben.

Nach dem gescheiterten Versuch der Synode von Pisa forderte man in weiten Kreisen ein neues großes Unionskonzil, das auch die längst fällige »Reform an Haupt und Gliedern« in Angriff nehmen sollte. Namentlich Dietrich von Niem, römischer Kurialbeamter und scharfer Kritiker der miteinander hadernden Päpste, machte sich in seiner 1410 erschienenen Schrift *De modis uniendi ac reformandi ecclesiam in concilio universali* zum Sprecher solcher Forderungen. Ihnen zu begegnen, war die Hauptaufgabe des allgemeinen Konzils von Konstanz (1414-1418), der größten mittelalterlichen Kirchenversammlung, auf der die ganze abendländische Christenheit präsent war. Wirklich gelöst wurde aber in Konstanz nur die *Causa unionis:* Durch die Wahl des Kardinals Odo Colonna am 11. November 1417, der sich nach dem Tagesheiligen Martin V. nannte, war das große Schisma endlich beseitigt. Bezüglich der Reformfrage, der *Causa reformationis,* ließ die Kirchenversammlung viele Wünsche unerfüllt. Völlig ungenügend und unglücklich aber wurde die dritte Aufgabe des Konzils behandelt, die *Causa fidei,* bei der es um die Verteidigung der Kirche gegen die Irrlehren eines John Wyclif und Jan Hus ging. Die Verurteilung des tschechischen Theologen als Ketzer und Häretiker, weil er in seinen Schriften die Irrlehren Wyclifs »dogmatisiert, verteidigt und gepredigt« habe, und seine Verbrennung am 6. Juli 1415 stellen bis heute eine schwere Hypothek dieses spätmittelalterlichen Reformkonzils dar. Husens Hinrichtung wurde in Böhmen als nationale Schmach empfunden, über die alsbald ungeheure Erregung entstand. Sie löste schließlich auch jene von religiösem und nationalem Fanatismus beherrschten Hussitenkriege aus, die von 1420 bis 1431 Böhmen und Deutschland in Angst und Schrecken hielten und vor allem das oberpfälzische und fränkische Grenzland verheerten. Die mit brutaler Gewalt geführten Auseinandersetzungen um die »böhmische Häresie« mochten manchem Zeitgenossen wie das Wetterleuchten eines bevorstehenden schweren Gewitters erscheinen.

Trotz oder vielleicht sogar wegen des Versagens einer großangelegten, vom Papsttum geleiteten Kirchenreform kam es in unserem Raum zu Reformbestrebungen aus der kirchlichen Gemeinschaft selbst. Sie wurden hauptsächlich von den alten grundbesitzenden Orden getragen, denen nach Besitzstruktur wie nach religiösem und geistigem Anliegen die Zeitläufte des 13. und 14. Jahrhunderts nicht günstig gewesen waren. Erst an der Wende zum 15. Jahrhundert wurden unsere Benediktinerklöster und Augustiner-Chorherrenstifte von einer Erneuerungsbewegung erfaßt, die sie für geraume Zeit aus der Desorientierung und der Disziplinlosigkeit herausbrachte. Um 1380 ging vom oberpfälzischen Benediktinerkloster Kastl, wo man enge Beziehungen zur Universität Prag und zu den böhmischen Reformzentren Břevnov, Kladrau und Raudnitz unterhielt, eine Reform aus, die in den folgenden Jahrzehnten auf mehr als zwanzig Abteien im altbayerischen, schwäbischen und fränkischen Raum übergriff. Bedeutsamer noch als die Kastler wurde die ebenfalls benediktinische »Melker Reform«, zu deren Entstehen die Wiener Universität mit ihrem Rektor Nikolaus von Dinkelsbühl einen wesentlichen Beitrag leistete. In Bayern wurde Tegernsee unter dem großen Abt Kaspar Ayndorffer das führende Kloster der Melker Reform. Von dort griff sie bis 1450 auf viele andere Männer- wie Frauenkonvente in Ober- und Niederbayern über. Bei den Augustiner-Chorherren wurde das böhmische Stift Raudnitz zum Ausgangspunkt einer Erneuerungsbewegung. Die Raudnitzer Statuten, die die Regularkanoniker auf wissenschaftliche Arbeit und tätige Nächstenliebe verpflichteten, gelangten im frühen 15. Jahrhundert in das Stift Indersdorf und fanden von dort aus in den meisten bayerischen Chorherrenstiften Eingang. Freilich, was Tiefgang und Dauer betrifft, lassen sich diese spätmittelalterlichen Reformversuche nicht mit den großen Bewegungen des hohen Mittelalters vergleichen. Mochte auch eine so bedeutende Gestalt wie der Kardinallegat Nikolaus von Kues bei seiner Visitation der bayerischen Chorherrenstifte nachdrücklich für die Raudnitzer Reformstatuten eintreten, mochte auch die Salzburger Provinzialsynode ebendiese Reformstatuten für alle Stifte des Metropolitanverbandes verbindlich vorschreiben, der Erfolg blieb zeitlich eng begrenzt.

Wenn wir uns der spätmittelalterlichen Frömmigkeit zuwenden, so lassen sich ihre typischen Ausdrucksformen am ehesten am lebendigen Gemeinwesen der Städte studieren – an den altbayerischen Haupt- und Residenzstädten München, Landshut, Straubing, Ingolstadt und Burghausen oder an den alten Reichsstädten Nördlingen, Dinkelsbühl und Rothenburg ob der Tauber, die sich im schwäbisch-fränkischen Raum entlang der »Romantischen Straße« hinziehen. Typisch für sie ist nicht nur das Gewinkel der Gassen und Häuser, in denen die Menschen eng beisammenhausten; typisch sind auch die vielen, das ganze Stadtbild prägenden Kirchen und Kapellen. Und zur spätmittelalterlichen Stadt gehören nicht minder die Klöster der Bettelorden und jene sozial-karitativen Einrichtungen, in denen sich der Wohltätigkeitssinn und die fromme Barmherzigkeit der Zeit spiegeln: »Heiliggeistspitäler« und »Bruderhäuser« für die Fremden und Pilger, für Kranke und Findelkinder, für Alte und Bresthafte; Leprosenhäuser für die Aussätzigen oder »Sondersiechen«. Es sei nur erinnert an das Ingolstädter Spital, das Ludwig der Bayer 1319 ins Leben gerufen hatte, oder in Regensburg an das Katharinenspital jenseits der Steinernen Brücke oder an das riesige Spital der Reichsstadt Nürnberg mit nicht weniger als zweihundert Betten, sechs Hausgeistlichen und einer eigenen Schule.

Beherrscht aber wird das Bild der spätgotischen Stadt vom stolzen Stadtmünster und seinem Aufwachsen aus Gassenenge und Alltagseile. Kirchen wie St. Martin in Landshut, St. Jakob in Straubing, St. Georg in Dinkelsbühl mögen als Beispiele für viele stehen. In großen Städten stoßen wir sogar auf Doppelungen: Unsere Liebe Frau und St. Peter in München, St. Lorenz und St. Sebald in Nürnberg. Und diese Münster des späten Mittelalters sind zumeist »Hallenkirchen«, nicht mehr gekennzeichnet durch das steile Aufschnellen des Mittelschiffes über geduckten Seitenschiffen, sondern durch das Nebeneinander dreier gleichhoher Schiffe, das Innenräume schuf voll gleitendem Licht und verschwebender Stille. Raumgefühl und Ausstattung dieser Kirchen waren freilich weniger auf die zum Gottesdienst versammelte Gemeinde ausgerichtet als vielmehr auf die Vereinsamung und Vereinzelung des Beters. Zwar gab es nach wie vor den Hochaltar und den Pfarrgottesdienst, der bis dahin den Kern des christlichen Kults gebildet hatte, aber der Gemeinschaftsgottesdienst wurde mehr und mehr zurückgedrängt durch private oder ständische Meßformen. Daß nunmehr jede Patrizierfamilie, jede Bruderschaft und jede Handwerkszunft Anspruch auf ihren eigenen Gottesdienst erhob, spiegelt sich wider in der Vielzahl der Kapellen und Nebenaltäre und in ungezählten Meßstiftungen und Benefizien.

Wie das eucharistische Geheimnis selbst vom Streben nach Anschauung und Erlebnis ergriffen wurde, ließ sich neben der Elevation der Hostie und neben den aufkommenden Heilig-Blut-Patrozinien und Ewig-Licht-Stiftungen an der Einführung des Fronleichnamsfestes und am Entstehen von eucharistischen Wallfahrten nachweisen. Auch das Beten des spätgotischen Menschen trug subjektivere Züge denn je. Nicht mehr bloß auf den Gekreuzigten ist sein gläubiges Sinnen gerichtet: Er betet vor »Christus in der Rast« – vor dem mit dem Leidensmantel umhüllten sitzenden Schmerzensmann, wie ihn Hans Leinberger für St. Nikola in Landshut so ausdrucksstark geschnitzt hat – oder er wendet sich an »Christus in der Wies« (abgeleitet vom althochdeutschen »wize« = Marter, Pein), an den »Gegeißelten Heiland«, den »Heiland in der Marter«. In solchen Darstellungen liegen die Anfänge für die gerade in Altbayern so zahlreichen »Rastkapellen« und »Wieskapellen«. Daß ihre Beliebtheit in der Leidensmystik der Barockzeit sogar noch eine Steigerung erfuhr, dafür zeugt nicht zuletzt die berühmte »Wieskirche« bei Steingaden im Pfaffenwinkel mit dem Gnadenbild des »Gegeißelten Heilandes«. Neben die Andachtsbilder traten im Spätmittelalter aber auch Andachten zum leidenden Heiland, so die »Tenebrae-Andacht«, deren Kernpunkt das Absingen des *Tenebrae factae sunt* in der Messe des Freitags ausmachte, und zwar bezeichnenderweise nach der Elevation der heiligen Hostie, oder die heute noch gebräuchliche Kreuzwegandacht.

Mit der Christusverehrung der steigenden Spätgotik setzt immer stärker auch die Verehrung der Gottesmutter ein. Den Ausgangspunkt dieser Entwicklung bildete, wie wir gesehen haben, die »Pietà« der Kaiser-Ludwig-Zeit, das Vesperbild der deutschen Mystik. Um 1400 entstehen dann mit der verschwebenden Raumstille der bürgerlichen Hallenkirchen die »Schönen Madonnen«, die, als Gnadenbilder verehrt, häufig zum Ansatzpunkt für Marienwallfahrten wurden. Auch die Verehrung der Gottesmutter zeitigte eine neue Andachtsform: das zwischen 1450 und 1470 entstandene, von den Dominikanern nachhaltig geförderte Rosenkranzgebet. Ihre rasche und weite Verbreitung verdankte die neue Gebetsform den etwa gleichzeitig entstandenen »Rosenkranz-Bruderschaften«, die ihrerseits wieder zu den Stiftern von Rosenkranzaltären und Rosenkranzbildern wurden. Gerade unter den Händen unserer großen spätgotischen Meister erfuhr das beliebte Bildthema seine reichste und reifste Gestaltung. Als Beispiele seien genannt die Madonna des Tilmann Riemenschneider auf dem Kirchberg bei Volkach in Franken, der »Englische Gruß« des Veit Stoß in der St. Lorenzkirche zu Nürnberg oder die Madonna Hans Leinbergers in St. Martin zu Landshut, die ursprünglich ebenfalls eine Madonna im Rosenkranz war.

Neben dem Marienkult erreichte die Verehrung der Mutter Anna im Spätmittelalter ihren Höhepunkt, gefördert von den Anna-Bruderschaften. Nun entstanden allenthalben »Selbdritt-bilder«, Darstellungen der bejahrten Mutter Anna mit Maria und dem Jesuskind, wobei die Gruppierung der drei Gestalten vielfach wechselte. Eine berühmte Ausformung erfuhr das »Selbdrittmotiv« durch Hans Leinberger bei den Franziskane-rinnen vom Kloster Gnadenthal in Ingolstadt. Das »Selbdrittmo-tiv« erweiterte sich nicht selten zur Darstellung der »Heiligen Sippe«. Sie umfaßte die ganze Verwandtschaft der heiligen Anna, die sich nach der schon im 13. Jahrhundert auftauchen-den Legende vom *Trinubium* dreimal vermählt haben soll, und zwar mit Joachim, Kleophas und Salomas. Besonders im schwä-bischen Raum finden wir nicht wenige Flügelaltäre mit der »Hei-ligen Sippe«. Diese Sippenaltäre sind wohl ein schlagendes Zeugnis dafür, wie sich die hinter ihnen stehenden Stifter selber in diese große Verwandtschaft eindrängten und sich sozusagen über die Basen und Vettern dem Herrn nähern wollten.

Auch die Heiligenverehrung stieg im »Herbst des Mittelal-ters« in steiler Kurve an. Eine typische Frucht des spätmittelal-terlichen religiösen Subjektivismus waren die Patronate, deren Auswahl namentlich bei den Zünften oft nach kuriosen Gesichts-punkten erfolgte. So beispielsweise wurde der heilige Florian, der in Erinnerung an seinen Martertod in der Enns stets ein Wasserschaff mit sich führte, nicht nur zum Schutzheiligen ge-gen Feuers- und Wassernöte, sondern auch zum Patron der Bierbrauer. Den heiligen Crispinus aber, einen geschichtlich schwer zu fassenden frühchristlichen Märtyrer, ließ die Berufs-angabe in der Legende zum Patron der Schuhmacher, Sattler und Gerber werden, wobei der Spruch »Crispinus machte den Armen die Schuh' und stahl das Leder auch dazu«, lediglich auf einem Mißverständnis des alten Ausdrucks »stalt« (= »stellte«) beruhte. Und selbstverständlich erfreuten sich die Schutzheili-gen bei den einzelnen Zünften besonderer Verehrung; ihre Bil-der schmückten allenthalben die Zunftfahnen, Zunftstangen und Zunftschreine. Darüber hinaus verlangte auch die Zeit sel-ber mit ihren Nöten und Ängsten nach neuen Schutzpatronen. So fand man in den Jahren des »großen Sterbens« in dem von Pfeilen durchbohrten römischen Soldatenheiligen Sebastian ei-nen besonderen Fürsprecher, zu dem sich später St. Rochus, der Heilige mit der schwärenden Wunde am Bein, als weiterer Pest-patron gesellte.

Selbstverständlich gab es im spätgotischen »Heiligenhimmel« auch so spezifisch bayerische Heilige wie St. Wolfgang, den großen Regensburger Reformbischof des ausgehenden 10. Jahrhunderts. Merkwürdigerweise nahm seine Verehrung aber nicht von der Krypta im Kloster St. Emmeram ihren Ausgang, sondern von seiner Einsiedelei am Abersee im heutigen Oberösterreich, der alsbald zum »Wolfgangsee« wurde. Die Zimmerleute, die Holzknechte, ja alle, die mit dem Holz umzugehen hatten, verehrten im Heiligen mit dem Beil ihren Patron, und der mächtig aufbrechende Wolfgangs-Kult veranlaßte 1471 den Abt des Klosters Mondsee, bei Michael Pacher jenen prächtigen Flügelaltar zu bestellen, der bis zum heutigen Tag das Glanzstück der Wallfahrtskirche am Wolfgangsee ausmacht. Von der großen Volkstümlichkeit des Heiligen aber zeugen die »Wolfgangi-Hackeln«, die man von der Wallfahrt mit nach Hause brachte oder die Häufigkeit des Vornamens »Wolfgang«, »Wolf«, »Woferl«, »Gangerl« in ganz Altbayern und darüber hinaus.

Bedeutender noch als Wolfgang wurde aber für unser Land St. Leonhard – ein Benediktinerabt des frühchristlichen Frankenreiches, der als Schutzheiliger der Gefangenen eine Kette mit sich führte. Unser Bauernvolk deutete dieses Attribut um und machte den heiligen Leonhard zum hilfreichen Patron des an der Kette liegenden Viehs. Hauptzentren der Verehrung wurden die Leonhardi-Kirchen zu Inchenhofen bei Aichach und zu Aigen am Inn; aber auch sonst entstanden überall Kirchen und Kapellen zu Ehren des Heiligen. Man umspannte sie mit Ketten wie in Ganacker bei Landau an der Isar oder man opferte in ihnen Hufeisen, Pflugscharen oder eiserne Tiere als Leonhardi-Votive. Nicht zu Unrecht hat man St. Leonhard schon als den »bayerischen Herrgott« bezeichnet, und von seiner überragenden Volkstümlichkeit zeugen die Leonhardifahrten und Leonhardiritte in allen Gegenden unseres Landes.

Im altbayerischen Heiligenhimmel des späten Mittelalters stehen aber auch Schutzpatrone für menschliche Hinfälligkeiten in vorderster Reihe. Neben den schon genannten Pestpatronen waren dies vor allem St. Alban, St. Valentin und St. Veit. Während der erste, ein spätrömischer Märtyrer aus Mainz, mit dem Haupt unterm Arm als besonderer Schutzheiliger bei Kopferkrankungen galt, rief man St. Valentin, in arg vergröberter Namensdeutung, bei allen Erscheinungsformen der »Fallsucht« an, der Epilepsie; im gleichen Anliegen erwies sich auch St. Veit als hilfreich, der überdies Patron der Apotheker und der Bierbrauer war, der Bergleute und der Kupferschmiede, der Bettnässer und der Augenkranken. War es bei St. Alban, St. Valentin und St. Veit die besondere Fürsprache, die man ihnen wegen ihrer eigenen Leiden zuschrieb, so gaben bei der heiligen Corona wohl das Groteske und Schauerliche ihres Martyriums Anlaß, sie im Zeitalter Karls IV. durch böhmische Vermittlung in den altbayerischen Heiligenhimmel aufzunehmen. Nach der Legende ist sie nämlich im zweiten nachchristlichen Jahrhundert wegen ihres standhaften Bekenntnisses dergestalt zu Tode gebracht worden, daß man sie mit Händen und Füßen zwischen zwei niedergebogene Palmen einspannte, die man dann hochschnellen ließ.

Charakteristisch für den spätmittelalterlichen Heiligenkult ist auch die Kumulation, das »Bündeln« von verehrungswürdigen Gestalten, um der Fürbitte besonderen Nachdruck zu verleihen. So erfreuten sich in unserem Land die drei heiligen Jungfrauen besonderer Verehrung: »St. Margaretha mit dem Wurm, St. Barbara mit dem Turm, St. Katharina mit dem Radl – das sind die drei heiligen Madl.« Eine andere Gruppierung von Heiligen, deren Verehrung von den Bistümern Regensburg und Bamberg ausging, stellen die Vierzehn Nothelfer dar. Zu ihnen gehören die Heiligen: Achatius, Ägidius, Barbara, Blasius, Christophorus, Cyriakus, Dionysius, Erasmus, Eustachius, Georg, Katharina, Margaretha, Pantaleon und Vitus. Gemeinsam ist diesen Gestalten das Martyrium oder ein schweres Sterben, was den Schluß nahelegt, daß die heiligen Vierzehn Nothelfer ursprünglich Sterbepatrone waren. Zu den frühesten Darstellungen gehört das Fresko in der Regensburger Dominikanerkirche. Mit der Wallfahrtskirche Vierzehnheiligen gegenüber Banz am Main aber, deren Anfänge in der Mitte des 15. Jahrhunderts liegen, erhielt das »Vierzehnheiligen-Motiv« in der Barockzeit seinen vollendeten künstlerischen Ausdruck.

Mit dem fränkischen Vierzehnheiligen haben wir ein Thema angeschlagen, das dann der Barock, nach dem Stillstand im Zeitalter der Glaubenskämpfe, wieder so machtvoll aufgreifen wird: die Wallfahrt als Spiegel der Volksfrömmigkeit. »Das baierisch volk – gemainlich davon zu reden – ist geistlich, schlecht und gerecht, gêt, läuft gern kirchferten, hat auch vil kirchfart…« Mit diesen Worten begann der große bayerische Geschichtsschreiber und Humanist Johannes Turmair aus Abensberg, auf Humanistenart nach seiner Vaterstadt »Aventinus« genannt, seine berühmt gewordene Schilderung des bayerischen Menschen-

WALLFAHRT ZUR SCHÖNEN MARIA IN REGENSBURG,
1519

schlags. Dieses »Kirchfahrtlaufen« der späten Gotik, das die Humanisten und Reformatoren im pejorativen Sinn geradezu von einer *Libido currendi* sprechen ließ, brachte dem Land eine Fülle von Wallfahrtsorten und mit ihr die im späten 15. Jahrhundert so häufig anzutreffende Übersteigerung des Religiösen. Man denke, daß die Wallfahrt zu Unserer Lieben Frau von Altötting, angestoßen von zwei wundersamen Ereignissen, erst 1489/90 richtig einsetzt, und zwar mit einer Wucht, die in der ganzen Wallfahrtsgeschichte ihresgleichen sucht. Mag auch die Wallfahrt nach Altötting im großen und ganzen aus gesunder Wurzel erwachsen sein, so zeigt sich am Beispiel der 1519 schlagartig aufbrechenden Wallfahrt zur »Schönen Maria« in Regensburg, wie es vom altbayerischen Hang zum »Kirchfahrtlaufen« nur ein kleiner Schritt war zu einer krankhaften Wallfahrts- und Wundersucht. Schon gegen Ende des 14. Jahrhunderts, näherhin mit dem Ingolstädter Pogrom von 1397, hatte in Bayern eine schändliche Folge endgültiger Judenaustreibungen eingesetzt; lediglich in der Freien Reichsstadt Regensburg konnte sich eine jüdische Gemeinde halten, bis sich 1519 die Volksstimmung auch hier gegen das uralte finstere Getto zusammenballte. Der Rat der Stadt zwang die Juden binnen weniger Stunden zur Flucht. Dann stürmten vier- bis fünftausend Menschen das Getto, zerstörten die Synagoge und errichteten an ihrer Stelle auf dem heutigen Neupfarrplatz eine Holzbude, in der sie ein Marienbild in byzantinischer Manier zur Verehrung aufstellten. Zu Tausenden zog man jetzt wie ehedem bei den Geißlerfahrten zur »Schönen Maria« in Regensburg, und der Domprediger Balthasar Hubmaier, wenige Jahre später führender Kopf der oberdeutschen Täuferbewegung, trug das Seine dazu bei, daß sich die Wallfahrer zu jenem hysterischen Gebaren hinreißen ließen, wie es der Altdorfer-Schüler Michael Ostendorfer auf seinem bekannten Holzschnitt festgehalten hat. Wird man sich auch hüten müssen, solch flackernde Erregtheit und solch wahnwitzigen Taumel als typischen Ausdruck der vorreformatorischen Frömmigkeit anzusprechen, so besteht doch kein Zweifel, daß die reiche und vielfältige religiöse Ausdruckskraft des späten Mittelalters zumindest in Gefahr stand, in krankhaften Wahn, aggressiven Fanatismus und mirakulöse Heilserwartung umzuschlagen, und daß es nicht selten an Kraft fehlte, solcher Gefahr hinlänglich zu wehren.

Tatsächlich war die Krisis des zu Ende gehenden Mittelalters um die Mitte des 15. Jahrhunderts in ihr letztes, entscheidendes

Stadium getreten. Der immer wieder feststellbare Zug zur Gegensätzlichkeit und zum Extremen verrät die Unsicherheit, Unruhe und unglaubliche Jenseitsangst der Menschen von damals. Gerade diese Jenseitsangst treibt die vielen Kirchen, Kapellen, Meßstiftungen, Bruderhäuser und Spitäler hervor. Hinter den zahllosen frommen Stiftungen steht die Absicht der Votanten, sich durch ein Übermaß an guten Werken das ewige Heil zu sichern. In unmittelbarem Zusammenhang damit steht auch die Angst vor dem jähen Tod, von der alle beherrscht sind. Ganz anders als die moderne Gesellschaft, die den Tod aus ihrem Gesichtskreis zu verdrängen sucht, ging es dem Menschen der damaligen Zeit um die Einübung und christliche Vorbereitung auf das Sterben. Und so entwickelte sich eine eigene geistliche Literaturgattung *De arte bene moriendi* – Von der Kunst, gut zu sterben. Der Patron aber, der vorm jähen Tod bewahrt, ist der heilige Christophorus. Seine Darstellung in Gemälden und Standbildern begegnet nun allerorten, so groß, daß sie jedermann sehen kann; denn wer Christophorus am Morgen schaut – so der Glaube dieser späten Gotik –, der ist bis in die Nacht hinein vor einem jähen Tod bewahrt. Diese Jenseitsangst nun schlug immer wieder um in apokalyptische Stimmungen und in Ahnungen vom tausendjährigen Reich, ja von der »Endschaft der Zeiten« und von einem »neuen Jerusalem«. Nicht selten verbinden sich solche Stimmungen mit sektiererischem Gedankengut – etwa bei den Geißelfahrern oder beim Dorfhirten, Pfeifer und Pauker Hans Böhm von Niklashausen im fränkischen Taubergrund, der 1476 auf Befehl des Würzburger Fürstbischofs Scherenberg verbrannt wurde. Was Böhm den unterdrückten und ungebildeten Bauern ankündigte, war ein neues Gottesreich sozialer Gerechtigkeit, in dem es weder weltliche noch geistliche Fürsten gäbe. Kein Wunder, daß solche Predigt die Menschen zu Tausenden anzog und aufhorchen ließ. Düstere Weltuntergangsstimmung und Ahnung der Endzeit beschwören aber auch Dürers Holzschnitte zur Apokalypse von 1498.

3. Die »vorreformatorischen Mißstände«

Ist von »Mißständen« der Kirche am Vorabend der Reformation die Rede, so mag man dabei in erster Linie das Renaissance-Papsttum vor Augen haben, das 1447 mit dem Pontifikat Nikolaus' V. anhob. Sein glänzendes Mäzenatentum konnte über den erschreckenden Verlust an religiöser Substanz nicht hinwegtäuschen. Befangen in politischen, vielfach nepotistischen und finanziellen Händeln, unterließen die Päpste des ausgehenden 15. und beginnenden 16. Jahrhunderts die dringend notwendige Erneuerung. Zudem war man durch die verschwenderischen Aufwendungen für Kunst und Kultur zu einer rücksichtslosen Finanzpolitik gezwungen. Zwar hatte die Finanzpraktik der Kurie schon während des avignonesischen Exils eine kaum mehr zu steigernde »Virtuosität« erreicht; aber im selben Maß, in dem sich die modernen Nationalstaaten des Westens – Spanien, Frankreich, England – gegen die kurialen Forderungen sperrten, traf die römische »Geldrupferei« vor allem Deutschland, oder besser, die Reichsgebiete nördlich der Alpen. Was Wunder, daß die Ausbeutung der deutschen Kirche durch das Papsttum seit der Mitte des 15. Jahrhunderts zu fortwährenden Beschwerden Anlaß gab. Die *Gravamina der deutschen Nation,* wie sie erstmals auf dem Reichstag von 1456 formuliert wurden, richteten sich gegen die römische Verwaltungspraxis, gegen das kirchliche Prozeßverfahren und vor allem gegen die kuriale Steuerpraxis bei der Pfründenbesetzung. Hier ging es insbesondere um die »Annaten« – feste Abgaben, die bei der Verleihung einer geistlichen Pfründe nach Rom abzuführen waren und in der Höhe nicht selten bis zur Hälfte des jährlichen Aufkommens gingen. So war man etwa in Passau, wo es zwischen 1479 und 1500 zum viermaligen Bischofswechsel kam, in höchste Bedrängnis geraten, und wie überall wurden auch hier die vermehrten Lasten über eine »Infulsteuer« auf die Hochstiftsuntertanen, auf das arme Bauernvolk abgewälzt. Wie nachteilig sich das kuriale Finanzgebaren auf die Stimmung im Reich niederschlug, zeigen die Beschwerden, die der Mainzer Kanzler und spätere bayerische Rat Dr. Martin Mair 1457 dem Kardinal Enea Silvio Piccolomini, dem nachmaligen Papst Pius II., folgendermaßen vortrug: »Tausend Schliche werden ersonnen, wie der römische Stuhl uns wie Barbaren das Geld auf feine Art aus dem Beutel ziehen kann. Unsere ehemals so berühmte Nation, die mit ihrer Tapferkeit, ihrem Blute das römische Reich zusammengekauft hat und die Herrscherin der Königin der Welt geworden war, ist jetzt in Armut gestürzt, Sklavin und zinsbar geworden. Sie liegt nun im Staube und betrauert schon viele Jahre ihr unglückliches Schicksal, ihre Armut.«

Beschwernisse gab es aber nicht nur gegen das Papsttum in Rom, sondern auch über den einheimischen Klerus in all seinen Schichten. Gewiß findet sich im kirchlichen Leben des späten 15.

und beginnenden 16. Jahrhunderts viel redliche und treue Pflichterfüllung, der die Redensart von den »vorreformatorischen Mißständen« keineswegs gerecht wird. Groß sind aber auch die Ausfallserscheinungen und düster die Schatten, die über dem religiös-kirchlichen Zeitgemälde liegen. Besonders nachteilig wirkte sich die Tatsache aus, daß die Reichsbischöfe seit den Staufertagen in einer Doppelfunktion als geistliche Oberhirten und Landesherrn standen, daß sie häufig nur dem Anspruch des *Princeps Imperii* Genüge leisteten, zum Schaden ihrer religiös-kirchlichen Aufgaben. Männer wie der fromme Sixtus von Tannberg in Freising oder Johannes von Eych in Eichstätt waren Ausnahmen.

Das Selbstverständnis der Bischöfe als Reichsfürsten hatte allmählich auch dazu geführt, daß die Bischofsstühle nur Mitgliedern des Adels zugänglich waren und als standesgemäße Versorgungsmöglichkeiten für nachgeborene Fürstensöhne betrachtet wurden. Nicht von ungefähr befanden sich die altbayerischen Bistümer Freising, Passau und Regensburg, als die Reformation ausbrach, in wittelsbachischen Händen: Die Passauer Mitra trug Prinz Ernst von Bayern, ein Bruder der regierenden Herzöge Wilhelm und Ludwig; auf den Stühlen von Freising und Regensburg saßen zwei Pfälzer Prinzen. Und natürlich lebten sie, ungeachtet des geistlichen Auftrags, standesgemäß und dachten, mit Ausnahme Philipps von Freising, nicht daran, die höheren Weihen zu empfangen. Und wenn nicht Fürstensöhne, so mußten die Bischöfe und selbstredend auch die Domherren, aus deren Mitte man zur Bischofswürde aufsteigen konnte, wenigstens von gutem Adel sein. Die geistlichen Pfründen an den Domstiften waren längst zu Versorgungsstätten für die nachgeborenen Söhne der Reichsgrafen, Reichsfreiherrn und Reichsritter geworden, und so entschieden nicht theologische Vorbildung und ein Sich-Auszeichnen im geistlichen Wesen über die Aufnahme in ein Domkapitel, sondern die »Ahnenprobe«, das heißt der glaubwürdig dokumentierte Nachweis der üblichen acht, sechzehn oder zweiunddreißig Ahnen. Bezeichnend dafür die Äußerung des Papstes Pius II. (1458-1464), der als Sekretär Kaiser Friedrichs III. auf eine Domherrnpfründe in Passau angetragen hatte, aber abgewiesen wurde, weil er die geforderten sechzehn adeligen Ahnen nicht nachweisen konnte. Der Piccolomini-Papst soll später gesagt haben: »Papst habe ich wohl werden können, aber nicht Domherr zu Passau!«

Was freilich die Kritik am höheren Klerus herausforderte, war nicht der Adel als solcher, sondern die Tatsache, daß diese adeligen Bischöfe und Domherren sich als »Junker Gottes« gebärdeten und häufig ein ungeistliches Leben führten. Nicht selten machte sich in den geistlichen Korporationen eine wilde Rauflust breit, und in Augsburg konnte es vorkommen, daß die Domherren, noch wenn sie zur Kapitelsitzung kamen, den Degen unterm Chorrock trugen. Selbstverständlich kannte die vorreformatorische Kirche auch in diesem Bereich Ausnahmen: Es gab da und dort fromme, ihrer geistlichen Aufgabe gewissenhaft nacheifernde Bischöfe und ebenso feingebildete Domherren, die nach Humanistenart auch Bücher sammelten, Verse schrieben und herrliche Gärten anlegten. In der Regel aber wurden die geistlichen Belange weit hintangestellt, und die geradezu selbstverständlich gewordene Kumulation von geistlichen Pfründen kam zwar der standesgemäßen Lebensführung entgegen, aber eindeutig auf Kosten einer ordnungsgemäßen Seelsorge. Sie wurde in Stadt und Land schlecht bezahlten Vikaren überantwortet. Um die Vikare aber gruppierte sich das ganze geistliche Proletariat: die vielen Frühmesser und Benefiziaten, die Stipendiaten, »Supernumerarii« und bloßen »Messenfischer«, die von Meßstipendien und Stolgebühren ihren Lebensunterhalt zu bestreiten suchten. Gerade die tiefe Kluft zwischen den hohen Geistlichen von Adel und dem viel zu zahlreichen, wenig gebildeten und schlecht versorgten niederen Klerus ließ diesem geistlichen Proletariat die Reformation oft als Befreiung erscheinen.

An der Seelsorgegeistlichkeit, die jeden Tag mit dem Kirchenvolk in Berührung kam, wurde denn auch am heftigsten Kritik geübt. Die Vorwürfe sind immer die gleichen: Unwissenheit, Anmaßung, Kleiderprunk, Spielwut, Trunksucht, Völlerei, öffentlicher Konkubinat… Aber auch hier wird man sich vor Vereinfachung und Verallgemeinerung hüten müssen, so sehr vielleicht auch beim bayerischen Klerus die Mißstände überwogen haben, denn Mißbrauch und Skandal finden weit häufiger Niederschlag in den Akten als Gewissenhaftigkeit und treue Pflichterfüllung. Außerdem bedeutete der Konkubinat im späten Mittelalter doch meist ein eheähnliches Verhältnis. Trefflich zeigt dies ein Priestergrabstein in der Kirche von Surberg bei Traunstein, auf dem auf der einen Seite der Priester mit dem Kelch, auf der anderen die Hauserin mit Haube und Kochlöffel dargestellt ist; darunter die lapidare Inschrift: »1514 Johannes Gankler, priester. Anna Köchin. got genad, enger Sun.« Der Sohn also als Votant im herrlichen Dual des Bayerischen!

Überhaupt wird man feststellen dürfen, daß die Mißstände im kirchlichen und religiösen Leben des ausgehenden 15. und beginnenden 16. Jahrhunderts wohl nicht größer gewesen sind als in der zweiten Hälfte des 14. Jahrhunderts. Nur die Menschen ertrugen sie auf einmal weniger leicht, weil sie wacher, bewußter, kritischer geworden waren und damit empfindlicher für den Widerspruch zwischen Ideal und Wirklichkeit, Lehre und Leben, Anspruch und Leistung. Diesen geschärften, kritischen Blick hatte jene geistesgeschichtliche Bewegung erzeugt, die wir mit dem Schlagwort »Humanismus« fassen. In der Begegnung mit der heidnischen Antike und kraft eigener Erfahrung und Forschung entdeckte der Mensch neue Wirklichkeiten, die nicht auf dem Boden des Christentums gewachsen waren und einer Bestätigung durch Autoritäten nicht bedurften. So griff gerade in humanistischen Kreisen nicht selten die antischolastische, antiklerikale, antirömische und unkirchliche Stimmung um sich.

In Bayern wurde die 1472 durch Herzog Ludwig den Reichen gegründete Landesuniversität Ingolstadt zu einer Pflanzstätte des neuen Denkens und des neuen Lebensgefühls. Hier lehrte zwischen 1492 und 1497 der deutsche »Erzhumanist« Konrad Celtis aus Wipfeld am Main Poesie und Beredsamkeit. Sein Nachfolger wurde der Schwabe Jakob Locher, dessen Lehrtätigkeit in Ingolstadt mit Beginn der Reformation ihren Höhepunkt erreichte. Aus dem Strahlkreis des frühen Ingolstädter Humanismus kamen auch jene drei Männer, die damals offene und ehrliche Kritik an ihrer Kirche übten, und zwar aus altkirchlicher Sicht: Angelus Rumpler, der gelehrte Benediktinerabt von Vornbach bei Passau, Kilian Leib, der Prior des Augustiner-Chorherrenstiftes Rebdorf bei Eichstätt und vor allem Bischof Berthold Pürstinger von Chiemsee, der mutmaßliche Verfassser der Flugschrift *Onus ecclesiae* (Von der Last der Kirche). Auf eine kritische Haltung gegenüber Papst und Geistlichkeit, Kirche und Mönchtum stoßen wir dann zumal beim größten Humanisten und Sprachmeister, den Altbayern selber hervorgebracht hat: bei Johannes Aventinus, dem Wirtssohn Hans Turmair aus Abensberg, den man den »Vater der bayerischen Geschichtsschreibung« genannt hat. So macht sich in Aventins *Bayerischer Chronik* gegen die Prälatenorden, aus deren Archiven sich ja seine historischen Werke speisen, eine scharfe Stimmung Luft: »Es prummen nur die münch in der kirchen in den grossen kappen, schreien wie die esel; die bestellten bachanten wissen nit, was es ist. Es erfrieren dieweil die armen, die vor der kirchen sitzen, ligen, leiden hunger, durst und kelt: hiessens die münch in ir revent gên sich zu wermen, gäben in zu essen, dienten in zu tisch wie Christus tan hat, das wär der recht gotsdienst, den got haben will, auch die natur eraischt.« Doch mit Aventinus spricht schon das Zeitalter der Reformation, auch wenn er selber mit der alten Kirche nie gebrochen hat.

11. Kapitel

BAYERN UND DIE REFORMATION

1. Die neue Lehre
und die herzogliche Konfessionspolitik

Die tödliche Krise, in der sich die Kirche befand, wurde offenbar, als die Reformatoren ihren Ansturm gegen sie eröffneten. Die deutsche Reformation ist zutiefst geprägt von der Person und dem Werk des Augustinermönches Martin Luther. Geboren am 10. November 1483 zu Eisleben im Vorland des Harzes als Sohn eines Bergmannes, wandte sich der junge Martin nach dem Besuch der Schulen in Mansfeld, Magdeburg und Eisenach auf Wunsch seines ehrgeizigen Vaters an der Universität Erfurt dem Rechtsstudium zu. Aber schon im Sommer 1505 kam es zu einer dramatischen Wende: Bei Stotternheim, nahe Erfurt, wurde Luther von einem schweren Gewitter überrascht, und als der Blitz neben ihm einschlug, schrie er auf: »Hilf, liebe Sankt Anna, ich will ein Mönch werden!« Vierzehn Tage später trat er, trotz des Befremdens seiner Freunde und der harten Ablehnung seines Vaters, in das Kloster der Augustiner-Eremiten in Erfurt ein. Nach Noviziat und Priesterweihe setzte Luther seine Studien fort, wurde alsbald Lektor der Theologie in Erfurt und 1512 Professor für die Heilige Schrift an der neugegründeten Universität Wittenberg. Trotz des steilen akademischen Aufstiegs blieb Luther, wie er selbst erzählt, ein Mönch, der sich mit Bußübungen, Fasten, Beten und Nachtwachen nicht genug tun konnte, um vor der Gerechtigkeit Gottes bestehen zu können und einen gnädigen Gott zu bekommen; doch sei alles Bemühen umsonst gewesen, bis ihn der Herr durch sein Evangelium erlöst und ihm die Pforten des Paradieses aufgetan habe. Was Luther im Turmzimmer des Wittenberger Klosters die innere Erlösung brachte, war sein neues Verständnis der Gerechtigkeit Gottes, das ihm am Römerbrief 1, 17 aufging. Sein »Turmerlebnis« bestand in der grundlegenden reformatorischen Erkenntnis, daß die Gerechtigkeit Gottes, von der Paulus spricht, nicht die strafende und belohnende Gerechtigkeit meint, sondern die unverdiente Gnadengerechtigkeit, die Gott dem Menschen zuwendet um seines Glaubens willen. Daher ist im Rechtfertigungsprozeß alles eigene Tun des Menschen unnütz. Nicht auf unsere Werke kommt es an; was der Mensch tun kann, das ist allein das vertrauensvolle Sich-Hingeben an das Wort Gottes, das Vertrauen auf die Verdienste Christi am Kreuz (»Sola-fides-Prinzip« und »Fiduzialglauben«).

Unmittelbarer Anlaß, die neuen Anschauungen an die Öffentlichkeit zu bringen, war für Luther die marktschreierische Verkündigung des Ablasses für den Neubau von St. Peter in Rom durch den Dominikaner Johann Tetzel und das damit verbundene skandalöse Geldgeschäft. Die fünfundneunzig Thesen, die Luther in Auseinandersetzung damit im Spätherbst verfaßte und die alsbald Verbreitung fanden – der im 19. Jahrhundert so ungemein hochgespielte Anschlag der Thesen an die Wittenberger Schloßkirche am 31. Oktober 1517 gehört wohl ins Reich der Legende –, zeugen von seinem Ringen um eine ernsthafte christliche Lebensgestaltung. Mit ihnen rührte der Wittenberger Augustinermönch an lange schwelende Beschwerden und tiefe Ressentiments; sein Wort gab für das längst gefüllte Pulverfaß den zündenden Funken ab.

Für den weiteren Gang der Ereignisse sollen hier Stichdaten genügen! Das »Augsburger Verhör« durch den Kardinallegaten Cajetan im Oktober 1518 blieb ergebnislos, da Luther einen Widerruf seiner Anschauungen ablehnte. Die Leipziger Disputation vom Juli 1519 zwischen Eck einerseits, Luther und Karlstadt andrerseits brachte dann eine Klarstellung der Fronten, insofern Luther, vom streitbaren Ingolstädter Theologen in die Enge getrieben, mit der göttlichen Einsetzung des Primats und der Irrtumslosigkeit der allgemeinen Konzilien auch jedes kirchliche Lehramt ablehnte und die Heilige Schrift zur einzigen Quelle des Glaubens (*Sola scriptura*) erklärte. Nach der Leipziger Disputation mehr und mehr zum Helden und Sprecher der Nation geworden, verfaßte Luther im darauffolgenden Jahr 1520 drei kirchenpolitische Programmschriften »an seine lieben Deutschen« von überaus großer Sprengkraft:

1) *An den christlichen Adel deutscher Nation von des christlichen Standes Besserung;*
2) *Von der babylonischen Gefangenschaft der Kirche (De captivitate babylonica ecclesiae praeludium);*
3) *Von der Freiheit eines Christenmenschen.*

Dem römischen Prozeß gegen den Reformator, der mittlerweile angelaufen war, und der Exkommunikation folgte im April 1521 Luthers großer Auftritt vor Kaiser und Reich auf dem Reichstag zu Worms. Da Luther unter Berufung auf die Schrift und auf das eigene Gewissen sich hartnäckig weigerte abzuschwören, wurde im Mai 1521 durch das »Wormser Edikt« die Reichsacht über ihn verhängt.

Die von Luther ausgehende religiöse Bewegung hat bald auch Bayern erreicht, wo die kirchlichen Verhältnisse am Vorabend der Reformation offenkundig nicht besser und nicht schlechter waren als in anderen Teilen des deutschen Sprachgebiets. Rasche Verbreitung fanden die Gedanken und Forderungen des Reformators auch hierzulande durch die »Schwarze Kunst« des Buchdrucks, jene große Erfindung des Johannes Gutenberg von 1454. So wurden in München bei Hans Schobser und bei Weyssenburger in Landshut zwischen 1519 und 1521 mehrere Flugschriften Luthers nachgedruckt. Später wird dann unser Land die »Postille« (abgeleitet von *post illa verba textus!*) des Reformators von 1527 faszinieren, eine Erklärung der Sonntags- und Festtagsperikopen – eben die Postille, die Homilie als Auslegung des Schrifttextes im Gegensatz zur thematischen Predigt. Die berühmte »Lutherbibel« aber scheint in Oberdeutschland nicht jene Rolle gespielt zu haben, die ihr die Literaturgeschichte zuweist, da man allenthalben lateinische Ausgaben der Vulgata zur Hand hatte und sie auch zu lesen verstand.

Erste Anhänger der neuen Lehre – Geistliche oder gebildete Laien – begegnen in den Städten, vor allem in den Grenzgebieten des Herzogtums gegen Franken und Schwaben zu. Überhaupt erfuhr das reformatorische Bekenntnis beim intellektueller strukturierten fränkischen und schwäbischen Menschenschlag einen wesentlich stärkeren Zuspruch als in Altbayern, wo man mehr gefühlsmäßig reagierte. Trotzdem treffen wir auch hier auf Geistliche, die in ihren Predigten gegen die Messe und das Wallfahren herziehen wie der Augustiner Stephan Kastenpauer (Agricola) im Salzburgischen oder der »Gsellpriester« Wolfgang Ruß in Altötting. In der herzoglichen Residenzstadt Landshut wurden die Hofkapläne sogar der Reihe nach lutherisch, und in Straubing eiferte Thomas Kirchmair, Naogeorgus genannt, mit Leidenschaft für die neue Lehre, wie überhaupt die Reformation zeigen kann, daß man in Niederbayern schon immer jäher und radikaler gewesen ist. In den kritischen Jahren 1521/22 verfaßte der Schwabe Johann Ökolampadius, der bald zum Reformator Basels werden sollte, im Kloster Altomünster im Dachauer Hinterland neugläubige Schriften. Auch an der Landesuniversität Ingolstadt meldete sich mit dem Magister Arsacius Seehofer, einem Münchener Bürgerssohn und Schüler des Philipp Melanchthon, die neue Lehre zu Wort: Seehofer leugnete die Willensfreiheit und sprach ganz im Sinne Luthers von der Rechtfertigung aus dem Glauben allein.

Die Ingolstädter Universität stellte freilich mit Doktor Johannes Eck – einem Bauerssohn aus Egg bei Memmingen, der sich eigentlich Maier schrieb – auch den ersten Vorkämpfer der alten Lehre in Deutschland. Eck (1486-1543) war schon mit dreizehn Jahren als Student nach Heidelberg gezogen; mit fünfzehn Jahren erwarb er in Tübingen den Grad eines *Magister artium,* vierundzwanzigjährig wurde er in Freiburg zum Doktor der Theologie promoviert: das Frühreife, Streberhafte, Intransigente blieb zeitlebens charakteristisch für ihn. Kaum waren die Ablaßthesen an die Öffentlichkeit gelangt, da witterte Eck auch schon in Luther den unbelehrbaren Feind des Papsttums und der Kirche und rannte voll Unnachgiebigkeit gegen ihn an: »Dieweil ich leb, will ich allen Ketzern, Abtrünnigen, Zwiespältigen in unserm heiligen Glauben wider sein und wider sie streben nach meinem höchsten Vergnügen.« So drängte Eck mit der Leipziger Disputation von 1519 Luther zur klaren Formulierung und machte die Preisgabe der alten Auffassung von der Kirche durch den Reformator allen deutlich. Nicht minder energisch betrieb Eck dann den römischen Prozeß gegen Luther, den Erlaß der Bannandrohungsbulle *Exsurge Domine* vom 15. Juni 1520 und schließlich die Exkommunikation des Reformators nach Verstreichen der Widerrufsfrist. Daneben warf sich der gelehrte Scholaster aus Ingolstadt auf alle Tagesthemen, um die Ideen aus Wittenberg in immer neuen Flugschriften zu widerlegen. Unermüdlich und erfolgreich, aber auch verhöhnt und verhaßt, kann Eck als einer der Hauptgegner der Reformation gelten. Aber er war darüber hinaus auch ein theologischer Lehrer aus Berufung und ein Seelsorger aus innerer Neigung. Als Pfarrer von St. Moritz und bei Unserer Lieben Frau hat er vorbildlich gewirkt. Um dem Mangel an katholischer Predigtliteratur abzuhelfen, veröffentlichte er fünf Bände deutscher Predigten, und auf Wunsch seines Landesherrn gab er 1537 die Bibel in deutscher Sprache heraus. Natürlich kann sie neben Luthers unvergleichlichem Sprachatem nicht bestehen, aber die schlechteste aller Übersetzungen ist diese Bibel in oberdeutscher Mundart noch lange nicht. Sechs Jahre später ist Eck, viel zu früh aufgerieben, in Ingolstadt gestorben. Mit seinem Tod sank die Theologische Fakultät zur Bedeutungslosigkeit herab. Das spiegelte sich etwa in der Tatsache, daß keine Promotion mehr vorgenommen werden konnte, weil dazu mindestens zwei Doktoren der Theologie hätten anwesend sein müssen. So konnten beispielsweise im Herbst 1543 zwei Lizentiaten der Theologie nur deshalb promoviert werden, weil zufällig der päpstliche Gesandte Dr. Robert Vauchop in Ingolstadt weilte und sich zur Teilnahme bereit fand.

Dr. Ecks besondere Bedeutung für den oberdeutschen Raum liegt darin, daß er der Haustheologe der finanzmächtigen Augsburger Patrizierfamilie der Fugger war und vor allem der theologische Berater der Herzöge von Bayern. Hier in Bayern hatte sich kurz nach der Jahrhundertwende ein folgenschwerer politischer Wandel vollzogen. 1503 war mit Herzog Georg dem Reichen die Linie Niederbayern-Landshut erloschen, und dem regierenden Herzog von Oberbayern-München, Albrecht IV. dem Weisen, gelang es – freilich nur unter Hinnahme eines verheerenden Kriegs! – nach zweieinhalb Jahrhunderten die Einheit des Landes wiederherzustellen und Ober- und Niederbayern zu vereinigen. Um das schwer erkämpfte Lebenswerk zu sichern, erließ Herzog Albrecht mit Zustimmung der Landschaft am 8. Juli 1506 das sogenannte »Primogeniturgesetz«. Künftig sollten die im Herzogtum Bayern vereinigten Fürstentümer eins und unteilbar sein, vererbbar nur nach dem Recht der Erstgeburt in der männlichen Linie. Damit war der Grund gelegt für den bayerischen Staat der Neuzeit, der mit 500 Quadratmeilen Landes und etwa 800 000 Einwohnern eines der größten Territorien des alten Reiches darstellte.

Die neue Einheit des Herzogtums und der innere Zusammenhalt des Staates wurden freilich nach dem Tode Albrechts IV. (1508) in den ersten Regierungsjahren seines ältesten Sohnes Wilhelm IV. (1508-1550) auf eine harte Probe gestellt. Sein jüngerer Bruder Ludwig bestritt nämlich für seine Person die Gültigkeit des Primogeniturgesetzes, das erst nach seiner Geburt erlassen worden sei, und forderte die Mitregierung oder ein Drittel des Landes. Nach zähen Verhandlungen kam es auf dem Ingolstädter Landtag von 1516 zu einer Aussöhnung zwischen beiden Brüdern und zu einer Verständigung auf gemeinsame Regierung, aber getrennte Verwaltung. Wilhelm erhielt die Rentämter München und Burghausen, Ludwig X. die Rentämter Landshut und Straubing. Mochte es auch auf diese Weise zum letzten Mal zu einer Trennung von Ober- und Niederbayern gekommen sein, nach außen hin stand Bayern bei der vereinbarten gemeinsamen Regierungsführung geschlossen da.

Weil Ludwig keine Ehe einging, blieb auch das Primogeniturgesetz fortan außerhalb jeder Diskussion. Den jüngeren Bruder, Herzog Ernst, aber hatte man 1517 als Administrator von Passau in die kirchliche Laufbahn abgedrängt. Ludwig X. (1516-1545) hielt fortan, ganz im Sinne der aus dem Süden heraufsteigenden Renaissance-Kultur, in Landshut einen glänzenden Hof; seine Stadtresidenz an der Ländgasse war der erste Palazzo auf deutschem Boden.

Hatte Ludwig durch seinen Lehrer Aventinus auch Zugang zum Humanismus und zur Welt der Bücher gefunden, so verkörperte sein älterer Bruder Wilhelm eher den altdeutschen Typ, der seine Freude an der Jagd hatte oder an einem scharfen Turniergestech. In den eigentlich politischen Geschäften aber stützte sich der Münchener Herzog auf seinen Ersten Rat Leonhard von Eck (nicht Kanzler!). Aus altbayerischem Beamtenadel geboren, hatte Eck in Ingolstadt und Siena die Rechte studiert und war schon als junger Doktor zum führenden Berater Herzog Wilhelms geworden und zum eigentlichen Leiter der bayerischen Politik. Dabei verfügte Eck nicht nur über einen scharfen Verstand und eine staunenswerte Gewandtheit in den Geschäften, er beherrschte auch, wie nur wenige altbayerische Staatsmänner, das feine Spiel der Diplomatie, die Kunst des Dissimulierens, des Konnivierens, des Spielens mit gezinkten Karten. Wenn Eck schon früh gegen das Luthertum Front machte, war dies in erster Linie eine politische Entscheidung, keine religiöse. Denn hinter der Reformation witterte er, schon vor dem großen Bauernkrieg, den Aufruhr, die religiös-soziale Revolution, die Gefahr, daß der Kirchenstreit über Nacht in den offenen Volksaufstand umschlagen konnte. »Ist den Fürsten je not gewesen, ihr Ansehen zu haben, so ist es jetzt und es gilt nimmer Lachens und mit halbem Wind zu fahren... Es steht gleich an: hupfen oder springen«, mahnte Eck bereits 1524.

Diese Grundhaltung war nun auch entscheidend für das Schicksal des bayerischen Herzogtums in der Reformationszeit, denn der Widerstand gegen die um sich greifende evangelische Bewegung ging nicht von den kirchlichen Instanzen aus, sondern von der staatlichen Gewalt. Zwar hatte die Bannbulle gegen Luther vom Januar 1521 in Bayern zunächst nur geringe Beachtung gefunden, aber als sich auf dem Wormser Reichstag die Kirchenspaltung klar zeigte, reifte in Herzog Wilhelm und seinen Ratgebern die Entscheidung, aktiv und umfassend auf die reformatorische Herausforderung zu antworten. Eine Konfe-

JOHANNES AVENTINUS

renz der Herzöge in Grünwald vor München erbrachte im Februar 1522 ein kirchenpolitisches Aktionsprogramm: Man war entschlossen, »den negativen Einsatz der fürstlichen Gewalt wider Luther mit energischen landesherrlichen Vorstößen zugunsten einer kirchlichen Reform konservativ-katholischen Stils zu verbinden, ja letzteres sogar noch mit Vorrang vor dem ersten zu betreiben« (Georg Pfeilschifter). Das wesentliche Ergebnis der Grünwalder Konferenz bestand also in der Absicht, staatlichen Glaubenszwang und obrigkeitliche Reformmaßnahmen miteinander zu verknüpfen. So wurde bereits am 5. März 1522 das erste bayerische Religionsmandat erlassen, und noch im gleichen Jahr trat in Mühldorf auf Drängen der Herzöge ein geistlicher Reformkonvent der Salzburger Kirchenprovinz zusammen. Aber auf ebendiesem Mühldorfer Konvent stieß die Möglichkeit einer innerkirchlichen Reform sofort auf eindeutige Grenzen. Die Bischöfe beantworteten nämlich die herzoglichen Reformforderungen ihrerseits mit den *Gravamina ecclesiasticorum contra saeculares:* Erst wenn die Übergriffe der staatlichen Gewalt in die geistliche Sphäre abgestellt seien, könne man dem herzoglichen Verlangen entsprechen. Gerade diese Verklammerung der Reformfrage mit den *Gravamina ecclesiastica* sollte dann in den folgenden Jahrzehnten immer wieder lähmend auf den Fortschritt innerkirchlicher Reformmaßnahmen einwirken.

Erst das Konkordat von 1583 zwischen dem Herzog von Bayern, dem Erzbischof von Salzburg und seinen Suffraganen zu Freising, Passau, Regensburg und Chiemsee brachte eine vertragliche Regelung der wechselseitigen Rechte. Inzwischen war es den Herzögen freilich gelungen, und zwar unter Berufung auf ihre Mitverantwortung für das Seelenheil der Untertanen und bedingt durch den tatsächlichen Notstand der letzten Jahrzehnte, ihre Staatskirchenhoheit zu einem förmlichen System auszubauen (*Praxis Bavariae*). Schon im Anschluß an den Mühldorfer Reformkonvent von 1522 und unter dem Eindruck der offensichtlichen Reformunwilligkeit des Episkopats hatte man in München über den Theologen Eck direkte Verhandlungen mit Rom aufgenommen, um einen Ausbau der staatlichen Kirchenhoheitsrechte auf Kosten der bischöflichen Jurisdiktion zu erreichen. Das Ergebnis waren jene drei fundamentalen päpstlichen Privilegien von 1523/24, die dem Herzog die Einsetzung einer ständigen Kommission zur Klostervisitation zugestanden, dann das landesherrliche Präsentationsrecht auf alle Pfründen in den päpstlichen, das heißt in ungeraden Monaten, und die Ausdehnung der Strafgerichtsbarkeit über den Klerus selber.

Was das Vorgehen gegen die Anhänger der lutherischen Lehre im Lande betraf, so hatte das Religionsmandat von 1522 allzu großem Eifer der Pfleggerichte dadurch vorgebeugt, daß jeder Einzelfall dem Herzog gemeldet werden mußte. Eine schärfere Gangart schlug man erst nach dem großen Bauernkrieg von 1525 ein, den Leonhard von Eck, wie bereits erwähnt, in einer Perspektive mit der religiösen Neuerung sah. Dieser Bauernkrieg erfaßte zwar weite Gebiete Deutschlands, war aber kein geschlossenes, zentral geleitetes Unternehmen, sondern bestand aus einer Reihe von sozial-revolutionären Einzelaktionen, an denen sich neben den unzufriedenen Bauern häufig auch das städtische Proletariat beteiligte. So mußte beispielsweise der Fürstbischof von Würzburg vor den anstürmenden Bauern und Bürgern fliehen, während sich im Süden der Kardinal Matthäus Lang im Frühjahr 1525 auf seiner Festung Hohensalzburg von den Aufständischen belagert sah. Gewiß verfolgten die Bauern die Absicht, eine Besserung ihrer sozialen Lage herbeizuführen; sie trugen schwer an der Willkür ihrer Herren, an der Einführung des geschriebenen römischen Rechtes und am Aufkommen der städtischen Geldwirtschaft. Aber von Anfang an waren mit dem Aufstand auch religiöse Motive verbunden. Luthers

Flugschrift *Von der Freiheit eines Christenmenschen* deuteten die Bauern im Sinn einer Befreiung von allen Abgaben und Frondiensten, ja als die volle Unabhängigkeit von allen weltlichen oder geistlichen Grundherren. Das zeigen etwa die bekannten *Zwölf Artikel* der schwäbischen Bauern, wie sie der Memminger Kürschnergeselle Sebastian Lotzer verfaßt hatte. Als dann im Frühjahr 1525 in Schwaben, Franken, Thüringen, Sachsen und Tirol Hunderte von Klöstern und Burgen in Flammen aufgingen, kam es zur energischen Gegenwehr der Landesfürsten. Auch Luther, der zunächst die Forderungen der Bauern im allgemeinen als billig und berechtigt anerkannt hatte, vollzog angesichts der überhandnehmenden Gewalttaten eine radikale Wendung. In seiner Schrift *Wider die räuberischen und mörderischen Rotten der Bauern* forderte er die Fürsten auf, die Bauern totzuschlagen wie tolle Hunde; es sei ein gottgefällig Werk.

Die landesherrliche Zwangsgewalt brachte noch im Laufe des Jahres 1525 die Aufstände allenthalben zum Erliegen. Zuletzt waren an die einhunderttausend Menschen in den Schlachten umgekommen, waren erschlagen, geköpft, gespießt, verbrannt, geblendet worden. Erst mit dem Scheitern der Bauernkriege begann die Epoche der deutschen Fürstenreformation, die durch die Ausbildung von Landeskirchen mit straffem landesherrlichem Summepiskopat gekennzeichnet ist.

Die bayerischen Herzöge sahen im Frühjahr 1525 ihr ganzes Territorium vom Aufstand umbrandet, denn in Schwaben und Franken, in Tirol und in Salzburg standen die siegreichen Bauernhaufen im Feld. Nur in Altbayern blieben die Bauern in dumpfer Stille sitzen, sei es, weil ihre soziale Lage gegenüber den fränkischen und schwäbischen Kleinterritorien doch etwas günstiger war; sei es, weil Leonhard von Eck mit Klugheit und Härte vorbeugende Maßnahmen getroffen hatte; sei es auch, weil vom Scheitern des Vorstoßes der Niederallgäuer über den Lech eine mäßigende Wirkung ausging. Jedenfalls wurde dadurch die volle Schlagkraft des Herzogtums für die Nachbarländer frei, und es waren vor allem bayerische Truppen, die die Aufstände im Eichstättischen und Salzburgischen niederwarfen.

Es lag ganz auf der politischen Linie Leonhards von Eck, wenn nach dem Bauernkrieg scharfe Maßnahmen gegen die wirklichen und vermeintlichen Anhänger der neuen Lehre ergriffen wurden. Nicht selten traf die Verdächtigen nach Verhaftung und Ketzerprozeß das Los der Landesverweisung. So starb Kastenpauer als Pfarrer in Eisleben, Arsacius Seehofer im Württembergischen; Thomas Kirchmaier aus Straubing aber mußte nach Thüringen fliehen. Auch Todesurteile wegen Ketzerei wurden verhängt. Bereits 1523 wurde in München ein Bäckergeselle hingerichtet, 1526 zu Wasserburg der Kooperator Johannes Hörl und 1527 zu München ein Messerschmied, der bei der Predigt vor versammelter Gemeinde daruntergeschrien hatte. Besonders tragisch war die Verurteilung des Priesters Leonhard Käser im Bistum Passau. Käser, bereits Pfarrvikar von Waizenkirchen, mußte sich im Herbst 1525 wegen Verbreitung lutherischer Lehren vor dem bischöflichen Gericht in Passau verantworten, wurde aber nach seinem Widerruf freigelassen. Er ging jetzt nach Wittenberg und trat mit Luther selbst in Verbindung. Als er zum Besuch seines sterbenden Vaters in den Heimatort Raab bei Schärding zurückkehrte, wurde er im März 1527 erneut verhaftet und als rückfälliger Ketzer vor das Bischofsgericht gestellt. Da Leonhard Käser jetzt den Widerruf verweigerte, wurde er dem herzoglichen Pfleggericht überstellt und am 16. August 1527 zu Schärding am Inn bei lebendigem Leibe verbrannt. Käser, dem Luther selber einen Trostbrief in den Kerker geschickt hatte, gab ein ergreifendes Beispiel eines männlich-gefaßten, wahrhaft christlichen Sterbens – ein Märtyrer für seine Glaubensüberzeugung.

Ungleich radikaler und blutiger als gegen die Lutheraner ging man auch in Bayern gegen die Täufer vor, die ja von der neuen Kirche genauso verfolgt wurden wie von der alten. Die Täufer (»Wiedertäufer«) stellten eine eigenständige religiöse Bewegung dar, die, im Unterschied zu den bloßen Spiritualisten und Schwarmgeistern, vom festen Willen zur sichtbaren Gemeinde getragen wurde. Bundeszeichen war die Wiedergeburt in der Erwachsenentaufe. Dazu kam die Überzeugung, daß das Reich Gottes in dieser Welt nur in kleinen Kreisen zu verwirklichen sei und daß es nicht mit Gewalt durchgesetzt werden dürfe. Die erbarmungslose Unterdrückung der Täufer durch die weltlichen und geistlichen Obrigkeiten erklärt sich in erster Linie durch den Schock des großen Bauernkriegs. So erließ Herzog Wilhelm IV. am 15. November 1527 ein scharfes Mandat gegen die Täuferbewegung, bei dessen konsequenter Durchführung in Altbayern schätzungsweise an die achtzig bis hundert Hinrichtungen durch Schwert, Wasser oder Feuer vollzogen wurden. Dieses radikale Vorgehen hielt das Volk bei der alten Lehre und schnitt auch dem Luthertum jede weitere Ausbreitung ab, so daß im altbayerischen Raum der Protestantismus seit den frühen dreißiger Jahren als äußerlich überwunden gelten konnte. Die Wirksamkeit der beiden bedeutendsten Gestalten des oberdeutschen Täufertums, die aus Bayern stammen, nämlich des Balthasar Hubmaier aus Friedberg bei Augsburg und des Hans Denck aus Habach bei Weilheim, entfaltete sich außerhalb des Herzogtums. Denck führte die Sache des Täufertums von Augsburg hinüber nach Straßburg und in die Pfalz, bis ihn 1527 in Basel die Pest hinwegraffte. Die wichtigsten Stationen Hubmaiers nach seinem Weggang aus Regensburg aber waren Waldshut in Vorderösterreich, Zürich in der Schweiz und Nikolsburg in Mähren; von dort wurde er im Sommer 1527 auf Begehren der österreichischen Regierung nach Wien ausgeliefert und im März des darauffolgenden Jahres auf dem Scheiterhaufen verbrannt.

2. Die Reformation in Franken, Ostschwaben und in der Oberpfalz

Während in Altbayern die evangelische Bewegung schon bald nach dem großen Bauernkrieg zumindest äußerlich und in ihrer ersten Welle zum Stillstand kommt, kann sich die neue Lehre im ostschwäbischen und fränkischen Raum seit 1525 zunehmend ausbreiten und festigen. Dabei ging dieser Prozeß überall Hand in Hand mit der Entfaltung des landesherrlichen Kirchenregimentes. Man begriff, daß man die dringend notwendige Ordnung des Gottesdienstes und der kirchlichen Verfassung nicht, wie Luther zunächst gemeint hatte, der freien Entwicklung überlassen konnte. So entstanden im Zusammenwirken von reformatorischen Geistlichen und staatlichen Juristen die berühmten evangelischen Kirchenordnungen als Basis für den äußeren Aufbau wie für den Lebensvollzug der lutherischen Gemeinden. In diesen Kirchenordnungen kommt der weltlichen Obrigkeit anstelle der Bischöfe in Fragen der Liturgie, der Lehre und der Kirchendisziplin durchgängig das oberste Wächteramt zu. Darüber hinaus äußerte sich der landesherrliche Summepiskopat auch im Zugriff auf das Kirchengut, auf karitative Stiftungen, nicht zuletzt auf die Klöster, die im neugläubigen Raum fast durchgehend säkularisiert wurden.

In Franken trat die Reformation erstmals offen zutage, als schon bald nach dem Wormser Reichstag von 1521 die vakanten Propststellen an den beiden Nürnberger Hauptkirchen St. Lorenz und St. Sebald mit Männern aus dem Wittenberger Kreis um Luther besetzt wurden. Dabei hatte sich in der Freien Reichsstadt Nürnberg, mit ihren gut 30 000 Einwohnern und ihrem weiten Bauernland ringsum, die reformatorische Bewegung vor allem in der »Augustinergesellschaft« geistig vorbereitet, einem religiös interessierten Humanistenkreis, dem die führenden Männer der Stadt angehörten. Unter ihnen war auch der Ratsschreiber Lazarus Spengler, der zusammen mit Andreas Osiander als dem neuberufenen Prädikanten zu St. Lorenz zum eigentlichen Reformator Nürnbergs werden sollte. Die zunächst eher tumultuarischen Vorgänge um die neue Lehre traten in ein entscheidendes Stadium, als der Rat der Stadt im Anschluß an das Religionsgespräch vom März 1525 den katholischen Gottesdienst und die katholische Predigt verbot. Gleichzeitig nahm man die Reformation von oben her in die Hand, indem man den bischöflichen Einfluß Bambergs und Eichstätts abschüttelte, das Kirchengut zugunsten der Schulen und des Armenkastens säkularisierte, die vielen Klöster, wenn sie sich nicht freiwillig auflösten, durch das Verbot von Neuaufnahmen zum Aussterben verurteilte. Fast tragisch war in diesem Zusammenhang das Schicksal des Nürnberger Klarissenklosters. Die feingebildete Äbtissin Charitas Pirckheimer, eine Schwester des bekannten Humanisten Willibald Pirckheimer, führte einen tapferen Kampf gegen den neugläubigen Rat der Stadt und gegen alle Versuche, den Nonnen evangelische Prediger und Beichtväter aufzuzwingen.

Inzwischen hatte man auch in den hinter Nürnberg sitzenden Reichsstädten Windsheim, Weißenburg, Schweinfurt und Rothenburg lutherische Prediger angestellt und den evangelischen Gottesdienst eingeführt. Daneben gab es im territorial zerklüfteten Franken viele kleine Herren, die jetzt, allein schon um sich der bischöflichen Einflußsphäre zu entziehen, zum Luthertum übertraten. Besonders günstig für den weiteren Fortgang der Reformation wirkte sich dann der Speyrer Reichstag von 1526 aus. Er überließ bis zum künftigen Konzil die Einhaltung des Wormser Edikts den einzelnen Reichsständen, und zwar so, »wie ein jeder solches gegen Gott und kaiserliche Majestät hoffe und vertraue zu verantworten«. In Ansbach-Kulmbach, wo 1527 Markgraf Georg die Alleinregierung übernommen hatte, nutzte man diese Rechtsbasis, um in enger Zusammenarbeit mit dem bisherigen Rivalen Nürnberg im ganzen Territorium die Reformation durchzuführen. Markgraf Georg, »der Fromme«, und die fränkischen Reichsstädte Nürnberg, Weißenburg und Windsheim befanden sich 1529 unter den Mächten, die gegen

TITELBLATT ZUR »APOKALYPSE« VON ALBRECHT DÜRER

den Speyrer Reichstagsabschied Protest erhoben; auf dem Augsburger Reichstag von 1530 aber waren sie unter den Unterzeichnern der *Confessio Augustana*. Die innere und äußere Festigung der Reformation in Franken brachte freilich erst die 1533 von Markgraf Georg zusammen mit Nürnberg erlassene »Brandenburg-Nürnbergische Kirchenordnung«. Mit ihrer Zusammenfassung der reformatorischen Lehre, ihrer Regelung des Gottesdienstes und ihrem Programm kirchlicher Verwaltung gab sie ein Vorbild ab für viele andere Territorien, ja wurde sie zur Grundlage des fränkischen Luthertums – eines merkwürdig konservativ akzentuierten Luthertums bis tief ins 19. Jahrhundert hinein. So waren seit den dreißiger Jahren des 16. Jahrhunderts weite Teile Frankens protestantisch. Die hoffnungslos dazwischengekeilten Bistümer Würzburg, Bamberg und Eichstätt konnten nicht einmal ihre Hochstiftsterritorien zur Gänze dem alten Glauben erhalten. Schon waren Hunderte von Pfarreien dem Protestantismus zugefallen, als mit der Regierung des großen Würzburger Fürstbischofs Julius Echter von Mespelbrunn (1573-1617) in den siebziger Jahren der gegenreformatorische Stoß einsetzte und eine Festigung des Katholizismus in Franken.

In Ostschwaben hatte die reformatorische Bewegung schon 1518 erkennbare Wurzeln geschlagen, namentlich im Zusammenhang mit Luthers Verhör zu Augsburg durch den Kardinallegaten Cajetan. Zu den ersten Anhängern der Reformation in Augsburg gehörten der Karmeliterprior Johann Frosch, der alsbald die evangelische Gottesdienstordnung in der Reichsstadt einführte, dann der frühere Domprediger Urban Rhegius und der Augustiner Stephan Agricola (Kastenpauer). Wie in Nürnberg begünstigten auch hier humanistische Kreise und ein Teil des Rates das Umsichgreifen der Wittenberger Lehren. In den frühen zwanziger Jahren traten lutherische Prediger auch in den meisten kleineren schwäbischen Reichsstädten auf, so beispielsweise der Karmeliterprior Kaspar Kantz in Nördlingen, der mit Zwingli eng verbundene Schweizer Dr. Christoph Schappeler in Memmingen oder der Prädikant Jakob Lutzenberger in Kaufbeuren. Nach dem Rückschlag, den der große Bauernkrieg für die evangelische Bewegung auch in Schwaben mit sich brachte, gerieten in den Allgäuer Reichsstädten und in Augsburg die lutherische und die zwinglische Richtung der Reformation, namentlich wegen der Abendmahlslehre, in heftige Kontroversen. Das war auch der Grund, weshalb sich die Reichsstädte Memmingen und Lindau 1530 nicht der *Confessio Augu-*

stana anschlossen, sondern zusammen mit Straßburg und Konstanz dem Reichstag ein eigenes Bekenntnis vorlegten, die *Confessio Tetrapolitana*. Nur allmählich kam es dann in den dreißiger Jahren zu einer Aussöhnung zwischen Lutheranern und Zwinglianern, während sich die reformatorische Bewegung als Ganzes weiter ausbreiten und innerlich festigen konnte. 1537 wurden in Augsburg auf Anordnung des Rates die »papistische Abgötterei« abgeschafft und die Klöster aufgehoben. Die meisten Domherren siedelten jetzt nach Dillingen an der Donau über, wo die Augsburger Bischöfe schon seit längerem Residenz hielten. 1538 wurden Füssen und das benachbarte Waltenhofen für die neue Lehre gewonnen; 1539 schlossen sich die reichen Grafen von Oettingen-Harburg und Oettingen-Oettingen der Reformation an, nicht aber die Oettingen-Wallerstein. 1545 einigte man sich in Donauwörth und Kaufbeuren auf die kirchliche Neuordnung gemäß dem Augsburger Bekenntnis. Nach dem Religionsfrieden von 1555, dem übrigens der in Dillingen residierende Kardinal Otto Truchseß von Waldburg als einziger deutscher Bischof die Unterschrift versagt hatte, wies Schwaben eine seltene konfessionelle Vielgestalt auf, wenn auch der Großteil Ostschwabens nach wie vor an der katholischen Religion festhielt.

Nicht nur die mächtigen oberdeutschen Handelsstädte Nürnberg und Augsburg hatten sich der Reformation angeschlossen, auch die Freie Reichsstadt Regensburg war, trotz der territorialen Umklammerung durch das altgläubige Bayern, nach einigem Zögern zur neuen Lehre übergeschwenkt. Schon seit den frühen zwanziger Jahren gab es in Regensburg eine nicht unerhebliche Gruppe von Luther-Anhängern, die vom Ratsherrn Hans Portner und vom Ratskonsulenten Dr. Johann Hiltner angeführt wurde. Trotzdem hielten die Drohungen der bayerischen Herzöge und des Königs Ferdinand den Rat von einem förmlichen Übertritt nahezu zwei Jahrzehnte zurück. Erst das Regensburger Religionsgespräch von 1541, die reformatorische Wende von Pfalz-Neuburg im Jahr darauf, dann die schwierige Zwangslage des Kaisers selber bestimmten die Stadtväter, am 15. Oktober 1542 die erste Abendmahlsfeier *Sub utraque* zuzulassen, und zwar in der Wallfahrtskirche zur »Schönen Maria«, die nun zur »Neuen Pfarr« wurde. Die organisatorischen Grundlagen des evangelischen Kirchenwesens aber legte der Sachse Nikolaus Gallus, der in vielen Punkten an seine heimatliche Kirchenordnung anknüpfte. War die Bürgerschaft in der Folgezeit auch in der überwiegenden Mehrheit protestantisch – seit 1651 durfte grundsätzlich an Katholiken kein Bürgerrecht mehr verliehen werden –, so verstand man sich nach dem Buchstaben des Reichsrechts doch als paritätische Stadt und erklärte dies auch ausdrücklich gegenüber dem Kaiser.

Auch stand in Regensburg, ungeachtet des Bekenntnisses der Freien Reichsstadt, der dünnen protestantischen Oberschicht stets eine breite katholische Mehrheit aus dem Niedervolk gegenüber, was wohl damit zusammenhängt, daß die Reformation die innerhalb der Stadtmauern katholisch verbliebenen vier Reichsstände unangetastet ließ. Kaum eine Stadt des alten Reiches konnte das verhängnisvolle Durcheinander von geistlicher und weltlicher Jurisdiktionsgewalt, heraufbeschworen durch das den Reichsständen im Augsburger Religionsfrieden garantierte Recht der freien Religionsbestimmung, so eindrucksvoll widerspiegeln wie Regensburg. Auf engstem Raum gab es hier gleich fünf solcher Reichsstände: die protestantische Reichsstadt, den Fürstbischof, die Reichsabtei St. Emmeram und die beiden adeligen Damenstifte Ober- und Niedermünster mit ihren Fürstäbtissinnen an der Spitze. Da Regensburg auf allen Seiten von bayerischem Gebiet umschlossen war, bildete die evangelische Reichsstadt aber nur ein Einsprengsel inmitten eines dem alten Glauben treu verbundenen Territoriums. Der katholischen Nachbarschaft war es auch zu verdanken, daß nicht nur die zahlreichen Stifte und Klöster erhalten blieben, sondern daß im Zug der Gegenreformation sogar Neugründungen der Jesuiten, Kapuziner und Karmeliten möglich wurden. Dies führte dann zu der eigenartigen, den Besucher der alten evangelischen Reichsstadt gewiß verwirrenden Tatsache, daß die drei protestantischen Kirchen – Neupfarr-, Dreieinigkeitskirche und St. Oswald! – fünfmal soviel katholische Gotteshäuser gegenüber hatten.

Die seit Kaiser Ludwig dem Bayern von den Heidelberger Wittelsbachern regierte Oberpfalz war unter Kurfürst Friedrich II. (1544-1556) dem Luthertum zugefallen, erhielt aber erst nach dem Augsburger Religionsfrieden durch den Kurfürsten Ottheinrich (1556-1559) eine durchgreifende Ordnung und Organisation des Kirchenwesens. Sie sollte freilich nur von kurzer Dauer sein. Schon der Nachfolger, Kurfürst Friedrich III., »der Fromme« (1559-1576), ging zum reformierten Bekenntnis über und zwang seinen Landen den Kalvinismus auf. Doch konnte er in der Oberpfalz seinen Willen nicht voll durchsetzen, da nicht nur die Landstände mächtigen Widerstand leisteten, sondern auch sein in Amberg als Statthalter amtierender Sohn und Nachfolger Ludwig VI. eine streng lutherische Haltung einnahm. Nach dem Regierungsantritt von 1576 suchte dann Ludwig VI. dem Luthertum überall und ausschließlich Geltung zu verschaffen. So bekam gerade die Oberpfalz wie kaum ein anderes Land den verhängnisvollen Rechtsgrundsatz, daß der Landesherr auch das Bekenntnis seiner Untertanen zu bestimmen habe, in leidvoller Deutlichkeit zu spüren. Auf ein halbes Jahrhundert mußte man viermal die Konfession wechseln, bis mit der Rückkehr an die altbayerische Linie der Wittelsbacher mitten unterm Dreißigjährigen Krieg die endgültige Rekatholisierung einsetzte.

Freilich darf man die Oberpfalz des konfessionellen Zeitalters nicht mit dem geschlossenen Regierungsbezirk von heute gleichsetzen. Nicht nur, daß das Herzogtum Bayern mit den Gerichten Riedenburg, Dietfurt und Stadtamhof in die Oberpfalz hineingriff und das Land selber von kleinen reichsfreien Territorien durchbrochen wurde, wie der Landgrafschaft Leuchtenberg, der Herrschaft Lobkowitz-Störnstein, der bambergischen Exklave Vilseck, der regensburgischen Herrschaft Hohenburg: Seit dem »Kölner Schiedsspruch« von 1505 gab es auch das aus dem landshuterischen und münchnerischen Gebiet jenseits der Donau gebildete wittelsbachisch-pfälzische Fürstentum Neuburg, die sogenannte »Junge Pfalz«, mit einer ganz eigenen Konfessionsgeschichte. Hier hatte Pfalzgraf Ottheinrich nach langem Zögern 1542 offiziell die Reformation eingeführt. Zwar kam es mit dem Schmalkaldischen Krieg zu einer teilweisen Rekatholisierung des Fürstentums; nach 1552 setzte sich aber wieder das evangelische Bekenntnis durch und blieb in Pfalz-Neuburg in Geltung bis zur folgenschweren Münchener Konversion des Pfalzgrafen Wolfgang Wilhelm im Jahre 1613.

3. Bayern und die
deutsche Fürstenreformation (1525-1555)

Die reformatorische Bewegung konnte sich nach dem großen Bauernkrieg ungehindert entfalten, weil die Repräsentanten der alten Ordnung, Kaiser und Papst, ihre Kräfte im Kampf gegeneinander verbrauchten. Papst Clemens VII. (1523-1535) befürchtete eine Umklammerung des Kirchenstaates durch die habsburgische Macht von Norditalien und Neapel her und unterstützte daher Frankreich gegen Karl V. (1519-1556), einen Kaiser, der ja nicht nur das Reich, sondern als mütterliches Erbteil auch Spanien und damit die »Neue Welt« jenseits des Atlantiks in Händen hielt. Der französische König Franz I. aber konspirierte seinerseits mit den Türken und ermunterte sie, in Ungarn einzufallen, das durch die Heirat Ferdinands I. von Österreich mit der Königin Anna zum Vorfeld der habsburgischen Hausmacht geworden war. Damit war Karl V. gehindert, energisch auf die Durchführung des Wormser Ediktes zu dringen und gegen die deutschen Fürsten vorzugehen. Er und sein im Reich gebliebener Bruder Ferdinand brauchten ja ihre Hilfe. Die Reichstagsabschiede von Nürnberg 1524 und Speyer 1526, die das Wormser Edikt dem Gewissensentscheid des einzelnen Fürsten anheimstellten, setzten die Politik des Hinhaltens fort und leisteten der voranschreitenden Reformation einen kräftigen Vorschub. Erst nach dem Friedensschluß mit Frankreich und dem Papst konnte der Kaiser auf dem Speyrer Reichstag von 1529 die Forderung erheben, daß hinfort alle Neuerungen bis zum künftigen Konzil zu unterbleiben hätten – eine Forderung, die die neugläubigen Fürsten und Reichsstädte mit energischem Protest (seither »Protestanten«) beantworteten. Im Jahr darauf legten sie auf dem Reichstag zu Augsburg mit der von Philipp Melanchthon verfaßten *Confessio Augustana* ihre erste Bekenntnisschrift vor. Dann brachten die neugläubigen Stände schon im Februar 1531 zu Schmalkalden ein Verteidigungsbündnis gegen den Kaiser zustande. Dieser Schmalkaldische Bund, der sofort diplomatische Beziehungen zu Frankreich aufnahm, wurde zum Mittelpunkt aller habsburgfeindlichen Kräfte. Selbst die bayerischen Herzöge, die im eigenen Land die neue Lehre im Keim erstickt hatten, glaubten nun, der Umklammerung durch die habsburgische Übermacht nur durch ein Zusammenspiel mit den Protestanten und Franzosen wirksam begegnen zu können. So kam auf Drängen Leonhards von Eck noch 1531 zu Saalfeld ein Bündnis Bayerns mit den Schmalkaldenern zustande und im Jahr darauf zu Kloster Scheyern ein Pakt mit Frankreich. Dieses Zusammengehen Bayerns mit Frankreich markiert den Anfang einer europäischen Konstellation, die durch drei Jahrhunderte halten sollte. Wie künftig jeder große Träger der französischen Krone versuchen mußte, Wittelsbach gegen Habsburg auszuspielen, kam auch jeder bayerische Staatsmann von Format immer wieder auf Frankreich als den gegebenen Verbündeten zurück.

Seit 1532 konnte die Reformation im Reich wieder ungehindert voranschreiten, da sich der Kaiser angesichts der Türkengefahr und der Auseinandersetzung mit Frankreich im »Nürnberger Anstand« die Hilfe der Protestanten durch einen Waffenstillstand erkaufen mußte. Erst nach dem Abschluß des Friedens mit Frankreich 1544 holte Karl V. zum großen Schlag gegen die Schmalkaldener aus, und nun mußte auch Leonhard von Eck, der bislang eine antihabsburgische Politik betrieben hatte, Farbe bekennen. Der Regensburger Geheimvertrag von 1546 brachte für Bayern das Rückschwenken zur gegenreformatorischen Reichspolitik des Kaisers. Man versprach, bei der bevorstehenden Auseinandersetzung wohlwollende Neutralität zu wahren, und erhielt dafür vom Kaiser den möglichen Rückerwerb der Pfalzgrafschaft Neuburg und der Pfälzer Kurwürde in Aussicht gestellt. Die Regensburger Abmachungen wurden besiegelt durch die Vermählung Albrechts, des Sohnes und Erben Wilhelms IV., mit Anna, der Tochter des Königs und Kaiserbruders Ferdinand, was sogar bayerische Erbaussichten auf die habsburgischen Lande eröffnete. Der Krieg zwischen den Schmalkaldenern und den Kaiserlichen – die »größte militärische Auseinandersetzung, die Deutschland bis dahin erlebt hatte« (Erich Hassinger) – wurde im Sommer 1546 auf süddeutschem Boden eröffnet, verlagerte sich aber bald in den norddeutschen Raum, weil der mit dem Kaiser verbündete Herzog Moritz von Sachsen zusammen mit König Ferdinand in Kursachsen eingefallen war. Wiewohl von schwerem Gicht- und Blasenleiden gequält, eilte Karl V. in das Stammland der Reformation und gewann hier unter schonungslosem persönlichen Einsatz bei Mühlberg an der Elbe am 24. April 1547 die Entscheidungsschlacht gegen Kurfürst Johann Friedrich von Sachsen. Die besiegten Schmalkaldener konnten jetzt auch von auswärts keine Hilfe mehr erwarten, da König Heinrich VIII. von England und König Franz I. von Frankreich schon in den ersten Monaten des Jahres von der großen Bühne abgetreten waren.

Karl V. hielt nun die Stunde für gekommen, die Neuordnung Europas im Sinne seiner universalen Kaiseridee in Angriff zu nehmen und die Glaubenseinheit wiederherzustellen. Doch erneut versagte sich ihm das Papsttum. Schon im Januar 1547 hatte Paul III. das Bündnis mit dem Kaiser gekündigt und seine Hilfstruppen zurückgezogen; am 11. März 1547 beschloß das zwei Jahre zuvor ins reichsständische Trient einberufene Konzil seine Verlegung nach Bologna, in eine Stadt des Kirchenstaates also, die jede Hoffnung auf ein Dazukommen der besiegten Protestanten zunichte machte. So blieb dem Kaiser nur der Versuch, die Religionsangelegenheit ohne Papst zu lösen und im innerdeutschen Rahmen. Auf dem noch im Herbst 1547 nach Augsburg berufenen »Geharnischten Reichstag« mußte sich Karl V. aber mit einer Zwischenlösung begnügen, dem »Augsburger Interim«, das Vermittlungstheologen beider Konfessionen ausgearbeitet hatten. Es sollte nur vorläufig gelten, eben *interim,* bis zu einer endgültigen Regelung durch ein allgemeines Konzil. Zwar trug das Interim dem Inhalt nach die Lehre der alten Kirche ohne Abstriche vor, kam aber den Anliegen der Protestanten durch seine bibelnahe Sprache, seine irenisch-humanistische Grundtendenz und durch die Zugeständnisse von Laienkelch und Priesterehe entgegen. Trotzdem fand das Interim bei den katholischen Ständen keine Zustimmung, und die Protestanten mußten in ihm von vorneherein das Diktat der siegreichen kaiserlichen Partei sehen. Kein Wunder, daß seine Durchführung fast allenthalben auf heftigen Widerstand stieß. Nur in einigen oberdeutschen Reichsstädten, in Augsburg beispielsweise, konnte der Kaiser seiner Regelung einigermaßen Geltung verschaffen.

In Bayern war man mittlerweile wieder zur alten Opposition zurückgekehrt. So sehr Leonhard von Eck dafür auch religiöse Motive geltend machte: Den Hauptausschlag für die neuerliche Wendung hatte doch die Tatsache gegeben, daß von den Versprechungen des Regensburger Geheimvertrages von 1546 fast nichts übriggeblieben war. Die Aussicht auf die Pfälzer Kurwürde hatte sich zerschlagen, und für das Fürstentum Neuburg verlangte Karl V. eine so hohe Entschädigungssumme, daß man sie unmöglich beitreiben konnte. Im Groll darüber ist Herzog Wilhelm IV. 1550 gestorben; sein Bruder in Landshut war ihm schon 1545 vorausgegangen. Und eine merkwürdige Fügung wollte es, daß Leonhard von Eck, der treue Weggefährte durch vierzig bewegte Jahre, seinem Herrn nur etliche Tage später ins Jenseits nachfolgte.

Der neue Herrscher von Bayern, Albrecht V. (1550-1579), der nun mit achtundzwanzig Jahren zur Regierung kam, mochte auf den ersten Blick etwas unsicher und oberflächlich erscheinen. Die Nachwelt hat ihm den Beinamen des »Großmütigen« gegeben und dabei seine Kunstpflege im Auge gehabt und sein fürstliches Mäzenatentum. Immerhin hat er als erster deutscher Fürst für die von ihm gesammelten Kunstschätze ein eigenes

Museum errichten lassen – das »Antiquarium« der Münchener Residenz. Von Albrecht V. wurde auch der Grund gelegt für die Münchener Antikensammlung, für das Münzkabinett, die Schatzkammer und die Staatsbibliothek. Seine Hofkapelle war von europäischer Geltung und zog einen Tonsetzer an wie den großen Orlando di Lasso. In der Reichspolitik freilich blieb Albrecht der Linie seines Vaters und Leonhards von Eck treu, wenngleich der Gegensatz zu Habsburg jetzt an Schärfe verlor und der Herzog sich in den Wirren, die Karl V. schließlich zur Abdankung zwangen, äußerst klug verhielt.

Infolge eines raffinierten Doppelspiels des neuen Kurfürsten Moritz von Sachsen sah sich der in Innsbruck weilende Kaiser im März 1552 mit einemmal einem Aufstand der protestantischen Fürsten gegenüber. Mit Mühe flüchtete Karl, der seiner Gicht wegen in einer Sänfte getragen werden mußte, über den Brenner und quer durch die Berge nach Villach hinüber, ließ Rüstungen anlaufen, um mit den Kräften seines ganzen Weltreiches den Gegenstoß zu führen. Doch auf Betreiben des mit Anna von Österreich vermählten und somit den Habsburgern eng verwandten bayerischen Herzogs kam es zu Ausgleichsverhandlungen zwischen den Parteien zu Passau, zwischen Moritz von Sachsen einerseits und König Ferdinand andrerseits. Der Passauer Vertrag vom Sommer 1552 hob das Interim auf und gestand freie Religionsausübung zu bis zum nächsten Reichstag. Diese geplante Schlußregelung brachte dann, wegen neuerlicher Verzüge durch kriegerische Unternehmungen, erst der Augsburger Reichstag von 1555. Nach monatelangen Verhandlungen einigten sich die konfessionsgeschiedenen Reichsstände auf den Kompromiß des Augsburger Religionsfriedens vom 25. September 1555.

Der Augsburger Religionsfriede legte die Anerkennung und reichsrechtliche Gleichstellung der Anhänger der *Confessio Augustana* fest. Zwinglianer, Täufer und Reformierte blieben von dieser Anerkennung ausgeschlossen. Dann wurde, gestützt auf das Prinzip des Territorialismus, den einzelnen Reichsständen das *Ius reformandi* zugesprochen: Jeder Fürst hatte für den ganzen Bezirk seiner Herrschaft die Religion der Untertanen frei zu bestimmen nach dem Grundsatz: *Nam ubi unus Dominus, ibi sit una religio.* Daraus wurde dann zu Anfang des 17. Jahrhunderts die Juristen-Formulierung *Cuius regio, eius et religio.* Dem einzelnen Untertan blieb nur das Recht der Auswanderung ohne Schaden an Ehre und Gut; jedoch sollte dieses *Ius emigrandi* nicht gelten in den habsburgischen Landen.

Zu den beiden Hauptbestimmungen traten eine Reihe von Sonderverfügungen und Ausführungsregelungen: 1) In den Reichsstädten ist der *Status quo* zu erhalten, das heißt, andersgläubige Minderheiten, die schon länger bestanden, sollten auch künftighin geduldet werden. So bleibt etwa Augsburg paritätisch, Nürnberg protestantisch. 2) Für die geistlichen Reichsfürsten gilt das *Reservatum ecclesiasticum* (»Geistlicher Vorbehalt«), das ihnen das Reformationsrecht vorenthielt. Ein Bischof oder Reichsabt, der protestantisch wurde, ging künftig also seines Amtes, seines Landes und seiner Einkünfte verlustig. 3) Auf der anderen Seite durften Ritter, Städte und Gemeinden in geistlichen Territorien, die schon länger der Augsburger Konfession angehörten, bei ihrer Religionsausübung verbleiben. Diese Erklärung König Ferdinands (*Declaratio Ferdinandea*) wurde freilich nie publiziert und hat in der Folgezeit genauso wie der »Geistliche Vorbehalt« zu unzähligen Streitigkeiten Anlaß gegeben.

Der Augsburger Religionsfriede hatte das Nebeneinander von zwei Konfessionen rechtlich sanktioniert; die religiöse Spaltung war nunmehr definitiv geworden. Mit der Aufgabe der ausschließlichen Geltung des einen katholischen Glaubens war aber auch die Idee des Reiches zutiefst getroffen. So mag es nicht wundern, daß Karl V., der jahrzehntelang mit allen Kräften um die Wahrung und Wiederherstellung der Glaubenseinheit gerungen hatte, am 12. September 1556 auf die Kaiserkrone verzichtete. Das habsburgische Imperium brach jetzt in zwei Hälften auseinander: Spanien mit seinen weiten Besitzungen jenseits des Atlantiks und mit den Niederlanden kam an Karls Sohn Philipp II., die Regierung des Reiches und die österreichischen Erbländer übernahm der Bruder Ferdinand I.

4. Die zweite reformatorische Welle in Altbayern

Wenn das altbayerische Herzogtum selber von den Bestimmungen des Augsburger Religionsfriedens nicht unmittelbar betroffen war wie Franken und Schwaben, so hatte die allgemeine konfessionspolitische Entwicklung im Reich doch auch hier eine indirekte Rückwirkung. Denn die reichsrechtliche Anerkennung der evangelischen Lehre gab den heterodoxen Bewegungen in den katholischen Territorien neuen Auftrieb. In Bayern hatte bereits der Sieg der Fürstenopposition eine starke Bewegung ausgelöst, die auf dem Landshuter Landtag von 1553 forderte, der Herzog möge die kirchlichen Behörden dazu veranlassen, daß »das heilig Evangelium nach rechtem christlichen verstandt« gepredigt und »das hochwirdig sacrament des altars denen, so aus christlicher naigung, wie es im anfang der christenhait auf etlich hundert jar gehalten worden ist und noch in viel landen gebraucht wirdet, begern, also gereicht« werde. Man wird freilich in dieser »Kelchbewegung« nur mit Einschränkung eine »zweite reformatorische Welle« sehen dürfen. Die Ziele waren nicht eindeutig, und die meist adeligen Anhänger der neuen Gruppierung suchten nur vereinzelt über die Kelchforderung hinaus zum Augsburgischen Bekenntnis und zur evangelischen Gemeindebildung zu kommen. Es ging nach Heinrich Lutz, um den »Ausdruck einer überaus unfesten und verschwommenen religiösen Bewußtseinslage, wo nur zwei Dinge klar waren: der Verfall der traditionellen kirchlichen Lebensformen und die Notwendigkeit eingreifender Reformen«.

Auf dem Landtag von 1553 wies Albrecht V. die Kelchforderung zurück, versprach aber kirchliche Reformmaßnahmen, über die noch im gleichen Jahr eine Synode in Mühldorf beriet. Weil der Herzog nach dem Augsburger Religionsfrieden weitere Forderungen der Landstände besorgte, ließ er noch im September 1555 durch seinen Sekretär Heinrich Schweicker in Rom für sein Land um die Bewilligung des Laienkelches, um die Zulassung verheirateter Geistlicher und um eine Milderung der Fastengebote nachsuchen. Als im Frühjahr 1556 die schroff ablehnende Antwort Papst Pauls IV. eintraf, war in München bereits ein neuer Landtag zusammengetreten, der die Kelcherlaubnis zur Bedingung jeder weiteren Beratung und Beschlußfassung machte. Da Albrecht V. dringend einer Landtagsmehrheit bedurfte, die ihm angesichts der finanziellen Krise des bayerischen Staates die Steuern bewilligte, gab er dem Druck der Stände insoweit nach, als die Deklaration vom 31. März 1556 zwar den Laienkelch nicht eigentlich gewährte, wohl aber die darauf stehenden Strafbestimmungen befristet aussetzte.

Allerdings vollzog sich am herzoglichen Hof in den folgenden Jahren ein merklicher Stimmungsumschwung. Seit 1558 haben wir überall das scharfe Vorgehen gegen »Utraquisten« oder gegen andere verdächtige Geistliche und Laien. Die fortschreitende Zerrüttung des kirchlichen Lebens in Stadt und Land, wie sie die in Zusammenarbeit mit der geistlichen Obrigkeit durchgeführte *Visitatio Bavarica* von 1558/60 an den Tag brachte, tat ein übriges, um den Münchener Hof zu einer Straffung des staatlichen Regimentes im konservativen Sinn zu bestimmen. Auch war zur selben Zeit mit Simon Thaddäus Eck, einem jüngeren Halbbruder des Theologen Johann Eck, ein treuer und unbedingter Anhänger der alten Kirche an die Spitze der Münchener Regierung getreten, dem nichts weniger lag als das »Connivieren«. Auf ihn konnten sich die Gegner bald den Vers machen: »Zu München hat's ein scharpfes Eck, davon stürzt man Gottes Wort hinweg.«

Herzog Albrecht V. hatte wegen der Reform und Besteuerung des Klerus und wegen des Laienkelches überdies Verhandlungen mit dem neuen Papst aufgenommen. Pius IV. verwies diese Angelegenheit an das seit Anfang 1562 wieder in Trient tagende Konzil, das seinerseits nach längeren Verhandlungen beschloß, die Entscheidung über die Opportunität der Kelchgewährung dem Papst selber anheimzustellen. War Albrecht bei diesem neuerlichen Aufschub entschlossen, in der Abendmahlsfrage notfalls auch ohne Zustimmung der Kirchenbehörden seine eigene Linie weiterzuverfolgen, so kam es im Frühjahr 1563 zum entscheidenden Umschwung. Auf dem Landtag zu Ingolstadt sah sich nämlich der Herzog auf einmal einer schroffen, unnachgiebigen Adelsgruppe gegenüber, angeführt vom früheren Hofmarschall Pankraz von Freyberg zu Hohenaschau, vom reichsunmittelbaren Grafen Joachim von Ortenburg und vom gleichfalls reichsunmittelbaren Freiherrn Wolf Dietrich von Maxlrain. Man forderte gebieterisch die Zulassung der Augsburger Konfession. Herzog Albrecht aber wies das Ansinnen zurück und fand trotzdem für die Übernahme seiner Schuldenlast die notwendige Mehrheit, denn die radikale Adelspartei hatte, als es darauf ankam, von den einhundertzwanzig landsässigen Familien nur vierzig bis fünfzig hinter sich. So konnte die strenggläubige Umgebung des Herzogs schon bald nach dem Landtag zum Gegenschlag ausholen. Man legte dem Herzog einen Geheimbericht vor, der den Anschein erwecken konnte, als sei eine protestantische Adelsverschwörung im Gange, die nicht bloß die kirchliche Ordnung umstürzen wollte, sondern auch die politische. Gleichzeitig einlaufende Nachrichten über die ansteigenden Hugenottenkämpfe in Frankreich und den Beginn ständisch-kirchlicher Unruhen in den Niederlanden waren dazu angetan, das Mißtrauen Albrechts zu schüren. Dazu kam im Spätherbst 1563 ein Alarmschuß aus Franken, der aufhorchen ließ. Es handelte sich um die sogenannten Grumbachischen Händel, Auseinandersetzungen des dreisten und zwielichtigen Reichsritters Wilhelm von Grumbach mit den Würzburger Fürstbischöfen, durch die der für Franken so verheerende »Zweite Markgräflerkrieg« (1552/53) ein trauriges Nachspiel erlebte. Schon im April 1558 war der Würzburger Fürstbischof Melchior von Zobel auf dem Weg zur Marienburg von einem Helfer Grumbachs ermordet worden. Jetzt, im Oktober 1563, hatte Grumbach, gedeckt von der Reichsritterschaft und protestantischen Fürsten wie dem Herzog von Sachsen-Gotha, die Stadt Würzburg überfallen, den neuen Bischof in die Flucht geschlagen und die Öffnung der hochstiftischen Besitzungen erzwungen.

Zu diesen beunruhigenden Nachrichten von außerhalb gesellte sich eine aufsehenerregende Veränderung im Lande selber: Graf Joachim von Ortenburg hatte im Oktober 1563 in seiner reichsunmittelbaren Grafschaft offiziell das Augsburger Bekenntnis eingeführt und auch den Freiherrn von Maxlrain, dessen Herrschaft Hohenwaldeck-Miesbach ebenfalls eine reichsunmittelbare Enklave war, zum entsprechenden Vorgehen angestiftet.

Albrecht V. war nun zum scharfen Vorgehen entschlossen. Da er die Reichsfreiheit des Ortenburgers schon immer bestritten hatte, ließ er die Grafschaft im Winter 1563/64 kurzerhand besetzen und die Religionsneuerung rückgängig machen. Als dann der bayerischen Regierung im Frühjahr 1564 auf dem ortenburgischen Schloß Mattighofen bei Braunau am Inn auch noch ein Briefwechsel in die Hände fiel, der die ganze Oppositionsgruppe aufs schwerste belastete, entschloß man sich zu einem großangelegten Schauprozeß in München, der die ständische wie die evangelische Position des radikalen Adels ins Herz treffen sollte. Zwar mußte die Anklage auf Hochverrat mangels Beweis fallengelassen werden, die gewollte Abschreckung aber wurde durch den Prozeß zweifellos erreicht. Von einer öffentlichen Duldung des Augsburger Bekenntnisses konnte von jetzt ab keine Rede mehr sein, und der nächste Landtag zeigte dann, daß es unter den bayerischen Landständen keine organisierte neugläubige Gruppe mehr gab.

Während München vollauf mit der Ortenburger Frage beschäftigt war, traf aus Rom ein Breve ein, mit dem der Papst der Kelchforderung nachgab. Doch dieses Zugeständnis kam angesichts des Wandels, der sich inzwischen vollzogen hatte, nicht mehr zum Tragen. Von jetzt an war der Herzog mit aller Konsequenz darauf bedacht, die kirchenpolitischen Maßnahmen an den Normen des Konzils von Trient zu orientieren. Nicht nur, daß das ganze Schul- und Kirchenwesen nach den neuen Vorschriften geordnet wurde, alle Staatsbeamten und Professoren den Eid auf das Tridentinum leisten mußten: Man suchte auch die lutherischen Enklaven im Land für den alten Glauben zurückzugewinnen. Die Grafschaft Haag wurde unverzüglich rekatholisiert, als Ladislaus von Fraunberg 1566 als letzter seines Geschlechts kinderlos starb und damit sein Territorium an Bayern fiel. Auch die Maxlrainer zu Hohenwaldeck mußten sich in den folgenden Jahren beugen lassen. Nur der Prozeß gegen die Reichsunmittelbarkeit des Ortenburgers brachte keinen Erfolg. So blieb die Grafschaft neben der Reichsstadt Regensburg das einzige protestantische Einsprengsel im alten Bayern.

»Bayern und die Reformation« haben wir dieses Großkapitel überschrieben und dabei den Blick vor allem auf das wittelsbachische Herzogtum gerichtet. Als Ergebnis läßt sich festhalten: Wenn die Reformation von Ostpreußen bis in die Schweiz, von Friesland bis nach Innerösterreich den alten Glauben hinwegfegte, Bayern mit seiner nach Norden weisenden Festung Ingolstadt hatte standgehalten. Das wittelsbachische Herzogtum wurde so – geopolitisch gesehen – ganz von selber zur Vormauer der katholischen Welt, als in der zweiten Hälfte des 16. Jahrhunderts die große Gegenbewegung zur Reformation einsetzte.

12. Kapitel:
GEGENREFORMATION UND KATHOLISCHE ERNEUERUNG

Zweifellos hat die von der neueren Forschung geforderte Differenzierung des überlieferten Begriffes »Gegenreformation« in »Katholische Reform« und »Gegenreformation« auch für Altbayern Gültigkeit, sofern man unter »Katholischer Reform« die innere Erneuerung der Kirche versteht und unter »Gegenreformation« ihre nach außen gerichtete, kämpferische Auswirkung. Damit ist auch bereits gesagt, daß diese beiden Begriffe nicht voneinander getrennte, sondern miteinander verflochtene Bewegungen meinen, die häufig auch von den gleichen Institutionen und Personen getragen wurden.

1. Der Zeitgraben des 16. Jahrhunderts

»Wir fanden den Zustand der Religion unglaublich elend und traurig: in den Klöstern, wo die Obern fast insgesamt das schändlichste Leben führen, keine Frömmigkeit; in den Kirchen Schmutz und Unehrerbietigkeit; im Volke Zügellosigkeit, man glaubt, was einem gefällt, und folgt dem, was dem Fleische am meisten schmeichelt; beim Klerus und selbst den Pfarrern die krasseste Unwissenheit und Vernachlässigung ihres Amtes, so daß es nicht wundernimmt, wenn das einfache Volk vom katholischen Glauben abfällt. Ein großer Teil der Priester kann nicht einmal richtig und gut lesen. Offen halten sie Konkubinen. Mit der größten Freiheit bedienen sie sich häretischer Bücher. Luther nennen sie den heiligen Dr. Martinus und edlen Mann Gottes... Fast die Hälfte des bayerischen Volkes hier kümmert sich nicht um Gott und nicht um die Welt...«

Mit solch düsteren Worten hat Pater Martin Stevordian, Volksmissionar der Gesellschaft Jesu, 1564 die religiöse Situation im niederbayerischen Rottal um Pfarrkirchen gezeichnet. Darf man bei der Wertung dieses Berichtes auch den aufbrausenden Charakter des niederdeutschen Verfassers in Anschlag bringen und die mangelnde Vertrautheit mit Land und Leuten, so bleibt die trostlose Gesamtsituation der bayerischen Kirche um die Mitte des 16. Jahrhunderts doch eine durch viele Quellenzeugnisse belegte Tatsache. Die *Visitatio Bavarica* von 1558/60, die erste im Zusammenwirken von Herzog und Bischöfen durchgeführte Generalvisitation, hatte schwere Schäden aufgedeckt. Freilich, die große Zäsur für den Zusammenbruch der spätmittelalterlichen Frömmigkeit und eines kraftvollen religiösen Lebens lag nicht beim Jahr 1517 oder 1520, sondern erst um 1540/50. Legt einerseits für das Weiterleben des altkirchlichen Wesens in die Reformationsjahrzehnte hinein die spätgotische Kunst ein beredtes Zeugnis ab, so steht andrerseits für das Abreißen der Tradition die verzweifelte Situation an der Universität Ingolstadt nach dem Tode des Dr. Johannes Eck (1543). Nun erst brechen die Klöster nieder – ausgenommen ganz große Abteien wie Tegernsee oder St. Emmeram –, denn die Mönche entlaufen, und Novizen gibt es keine mehr. Die innere Entfremdung zwischen Klerus und Laien, Kirche und Kirchenvolk war seit den vierziger Jahren ganz offenkundig, auch wenn die herzoglichen Religionsmandate und der straffe antireformatorische Kurs das Volk äußerlich bei der alten Lehre hielten.

Wenn die herzogliche Kirchenpolitik nicht im luftleeren Raum schweben sollte, mußte man um jeden Preis wieder Tiefe und Breite gewinnen, mußte man ein ganzes Volk zur inneren Katholizität zurückführen. So kann es nicht überraschen, daß der bayerische Gesandte Augustin Paumgartner am 27. Juni 1562 in einer berühmten Rede vor den in Trient versammelten Konzilsvätern nicht nur den Tiefstand der kirchlichen Verhältnisse im Herzogtum grell ans Licht hob, sondern auch den ernstlichen Willen seines Herrn zur Reform kundgab – zu einer Reform, die der bayerischen Kirche angesichts des tiefen Grabenbruchs freilich nicht aus eigener Kraft gelingen konnte, sondern die eines kräftigen Anstoßes von außen bedurfte. Von seiten der Weltkirche aber waren die Voraussetzungen für eine innere Erneuerung gegeben, als Rom entscheidende Einkehr bei sich selbst gehalten, im Geiste des Konzils von Trient die ersehnte Ordnung im eigenen Hause geschaffen und in den neuen Orden, namentlich in der Gesellschaft Jesu, einen mächtigen Stoßtrupp der Renovatio und Propaganda gefunden hatte.

2. Die kirchlichen Reformbestrebungen
Albrechts V. und Wilhelms V.

Von der gegenreformatorischen Tätigkeit Herzog Albrechts V. im eigenen Territorium war bereits die Rede: Wie sein Vater in den zwanziger Jahren lutherische und täuferische Strömungen im Volk gewaltsam unterdrückt hatte, so ging er nach dem denkwürdigen Ingolstädter Landtag von 1563 konsequent gegen den protestantisierenden Adel vor. Gerade angesichts der Bedrohung, die von der ständischen Opposition ausging, hatte sich bei Albrecht eine Wandlung vollzogen von der Milde und Lässigkeit hin zu einer betont kirchlichen Haltung. Fortan verfocht er mit gleichbleibender Aktivität eine Politik der »ausschließlichen Katholizität« (Michael Doeberl), was je länger je mehr auch auf das Reich nicht ohne Rückwirkung bleiben konnte. Vor allem suchte der Herzog auf seinen halbprotestantischen Schwager, den Kaiser Maximilian II., einzuwirken und bei ihm den altgläubigen Standpunkt wieder zur Geltung zu bringen, indem er den berühmten Prediger Eisengrein nach Wien schickte und die Jesuiten nach Graz vermittelte. Aber auch reformfreudige Bischöfe – Otto Truchseß von Waldburg in Augsburg, Julius Echter von Mespelbrunn in Würzburg oder Urban von Trennbach in Passau – erfuhren seine nachhaltige Unterstützung, wenn es um die Eindämmung des Protestantismus ging und die Sicherung des katholischen Besitz- und Bekenntnisstandes.

Herzog Wilhelm V., der 1579 die Regierung antrat, zeigte bereits jene strenge Kirchlichkeit, die ihm den Beinamen »des Frommen« eingetragen hat. Er war der Fürst, der sich noch zum Letzten herunterließ, sich geißelte, fastete, bei glühender Sommerhitze, den Stecken in der Hand, nach Tuntenhausen wallfahrten ging. Und nicht nur, daß der neue Herzog die Jesuiten mit Gunstbezeigungen überschüttete, er griff auch weit stärker als der Vater hinaus ins Reich. Die Ansatzpunkte waren Baden und Bamberg, dann Würzburg, wo er dem großen Julius Echter die Flanke deckte, vor allem aber Innerösterreich, wo in Graz seine Schwester Maria stark in die Zügel griff.

Den Höhepunkt brachte die bayerisch-spanische Aktion im Kölner Krieg von 1583. Den äußeren Anlaß dafür bot die Verletzung des Augsburger Religionsfriedens, näherhin des »Geistlichen Vorbehalts«, durch den Kölner Kurfürsten und Erzbischof Gebhard Truchseß von Waldburg, der 1582 zum Protestantismus übertrat und heiraten wollte, ohne auf seine Ämter und geistlichen Besitzungen zu verzichten. Um eine Säkularisation des Erzstifts zu verhindern, blieb dem Kölner Domkapitel keine andere Wahl als Wilhelms Bruder Ernst, der den starken Rückhalt an Bayern und Spanien hatte, zum Gegenbischof aufzustellen. Als der vom Papst seiner geistlichen Würden enthobene Truchseß Widerstand leistete, entschieden bayerische und spanische Truppen in raschem Feldzug die Kölner Frage zugunsten der katholischen Partei. Damit war nicht nur eine protestantische Mehrheit im Kurfürstenkolleg verhindert und die Gefahr gebannt, daß mit Kurköln auch die Territorien am Niederrhein dem Protestantismus zufielen: Für Bayern war der »Weg nach Köln« (Günter von Lojewski) auch deshalb von hoher Bedeutung, weil er das Haus Wittelsbach aus seiner binnendeutschen Umschlossenheit herausführte. Über fast zwei Jahrhunderte hin hielt jetzt ein nachgeborener Wittelsbacher Prinz das Kölner Erzstift in Händen, und zur Kurwürde und einem geistlichen Fürstentum, das größer war als Ober- und Niederbayern zusammen, kamen meist auch noch die Hochstifte Lüttich, Münster und Hildesheim, zeitweilig selbst Osnabrück oder Paderborn. So besaß etwa der vorgenannte Prinz Ernst, obwohl er weder Neigung noch Eignung zum geistlichen Stand zeigte, bereits die Bistümer Freising, Hildesheim und Lüttich, als ihm 1583 das große Erzstift Köln zufiel; zwei Jahre später kam auch noch das Bistum Münster hinzu. Natürlich verstieß eine solche Häufung geistlicher Pfründen gegen den Buchstaben wie gegen den Geist des Konzils von Trient; aber das Wohlgefallen, das die konsequent katholische Religionspolitik der bayerischen Herzöge an der römischen Kurie fand, ließ alle Bedenken in den Hintergrund treten. Man wußte in der Umgebung des Papstes sehr wohl, daß – wie es der Nuntius Commendone formulierte – »die unschätzbare Freundschaft Bayerns nur durch außerordentliche Opfer erkauft werden konnte«. Und wie tief die Freundschaft war, mag eine Mitteilung des in Rom weilenden Augsburger Bischofs Otto Truchseß von Waldburg an Herzog Albrecht zeigen: »Ich kann nicht genug aussprechen, wie aufs höchst Ihre Heiligkeit ein dankbares Wohlgefallen ob Euer Liebden gehabt haben, also daß Ihrer Heiligkeit das Wasser in die Augen geschossen...«

Das Jahr des Kampfes um Köln ist überhaupt ein entscheidendes Stichjahr für die bayerische Kirchenpolitik. 1583 wurde auch der Grundstein zum neuen Jesuitenkolleg gelegt und zur Michaelskirche in München, die Georg Dehio treffend als das »künstlerische Wahrzeichen der gegenreformatorischen Bewegung und der mit ihr vordringenden romanischen Kulturwelle« bezeichnet hat. Im selben Jahr 1583 kam aber auch, nach langen Verhandlungen und mühevollen Vorarbeiten, eine vertragliche Regelung zwischen dem bayerischen Herzog und den Bischöfen der Salzburger Kirchenprovinz zustande: das Konkordat vom 5. September, das den lange schwelenden Kompetenzkonflikt zwischen dem Landesherrn und dem Episkopat weitgehend bereinigte und so ein entscheidendes Hemmnis für die bischöfliche Reformtätigkeit aus dem Weg räumte. Der Sieg von Köln, der Grundstein zur Münchener Jesuitenkirche, das Konkordat – diese markanten Ereignisse des Jahres 1583 machen zur Genüge deutlich, wie eng in der bayerischen Kirchenpolitik des ausgehenden 16. Jahrhunderts Gegenreformation und Katholische Reform miteinander verbunden waren.

3. Die geistlichen Träger der Katholischen Reform in Altbayern

DAS REFORMPAPSTTUM

Nach schweren inneren Krisen war am 4. Dezember 1563 die dritte und letzte Tagungsperiode des Konzils von Trient in allgemeiner Eintracht zu Ende gegangen. Die zweimal unterbrochene Kirchenversammlung (1545-1563) hatte den katholischen Glaubensinhalten in scharfer Abgrenzung zur reformatorischen Lehre klaren und bestimmten Ausdruck verliehen. Sie bahnte darüber hinaus durch ihre Reformdekrete die Beseitigung der Mißstände an und gab unter bewußter Betonung der seelsorgerlichen Erfordernisse dem innerkirchlichen Leben neue Impulse. Mit der Bestätigung der Trienter Beschlüsse durch Pius IV. »hatte Rom seinen Beruf als Haupt der Christenheit wiedergefunden« (Gustav Schnürer). Die Päpste der folgenden Jahrzehnte – Pius V. (1566-1572), Gregor XIII. (1572-1585) und Sixtus V. (1585-1590) – erwiesen sich, bei allen Unterschieden der Persönlichkeit wie der Amtsführung, als kraftvolle Förderer der katholischen Erneuerung. Namentlich Gregor XIII., der am Entschluß Wilhelms V. zum gegenreformatorischen Stoß von 1583 erheblichen Anteil hatte, ist auch für die Katholische Reform in Bayern von besonderer Bedeutung geworden. Mit der Gründung der *Congregatio Germanica,* einer aus Kennern der deutschen Verhältnisse gebildeten Kardinalskongregation, schuf er 1573 die organisatorische Voraussetzung für ein gezieltes Vorgehen innerhalb der Reichskirche. Schon auf den ersten Sitzungen der Kongregation wurde das Bemühen deutlich, dem Tridentinum auf der Ebene der Territorialstaaten und geistlichen Fürstentümer Geltung zu verschaffen. Hier bot sich, trotz schmerzlicher Verluste, der katholisch gebliebene Süden des Reiches als fruchtbares Arbeitsfeld an. Es ging darum, die Landesherren und die Bischöfe über die Vorhut der Diplomaten gegen die

Träger der Neuerung zu stärken; im hohen wie im niederen Klerus die Bereitschaft zur Selbstreform zu wecken; mit Hilfe der neuen Orden eine dem tridentinischen Ideal nahekommende Führungsschicht heranzubilden.

In der Kirchenprovinz Salzburg, die mit den Suffraganbistümern Freising, Passau und Regensburg und dem kleinen Nebenbistum Chiemsee weite Teile des altbayerischen Stammesgebiets umfaßte, waren die bischöflichen Reformbestrebungen auch in der ersten Hälfte des 16. Jahrhunderts nie ganz zum Erliegen gekommen. Seit dem Ausgang des Konzils dann wirkte hier der Dominikaner Felician Ninguarda als theologischer Berater des Salzburger Metropoliten in rastlosem Einsatz für die tridentinische Erneuerung. Von seinem Ordensbruder Pius V. 1566 nach Rom zurückberufen und mit einem Gutachten über die vorgefundenen kirchlichen Zustände beauftragt, kehrte Ninguarda zwei Jahre später als Apostolischer Reformkommissar nach Salzburg zurück. Er arbeitete unermüdlich an der Vorbereitung einer Provinzialsynode, die dann endlich im März 1569 in der Bischofsstadt zusammentrat. Die Beschlüsse dieser Salzburger Synode, ausgearbeitet von Ninguarda und vom erzbischöflichen Sekretär Johann Baptist Fickler, galten der Rezeption des tridentinischen Reformwerks und seiner Anpassung an die örtlichen Verhältnisse. So konnten sie zur Grundlage der Erneuerung in den altbayerischen Bistümern werden.

Der beschleunigten Durchsetzung der Trienter Beschlüsse galt auch die von der *Congregatio Germanica* angeregte Errichtung einer eigenen Nuntiatur für Süddeutschland, die dem landeskundigen Grafen Bartolomeo Portia übertragen wurde. Schon wenige Wochen nach seiner Ankunft konnte der Nuntius den Erzbischof Johann Jakob von Khuen-Belásy dazu bewegen, eine neue Provinzialsynode einzuberufen, die dann vom 26. August bis zum 3. September 1573 in Salzburg tagte. Ihr Ergebnis war ein von Ninguarda vorbereitetes, an den Synodalkonstitutionen des Jahres 1569 ausgerichtetes Reformprogramm, das den Bistumsvorständen unter anderem die baldige Errichtung von Priesterseminaren zur Pflicht machte, dann die tatkräftige Bekämpfung des Konkubinats, die regelmäßige Visitation der Sprengel, die Vereinheitlichung der Liturgie nach römischem Vorbild. Diese Forderungen standen freilich zunächst nur auf dem Papier. Ihr Erfolg mußte angesichts der weithin ablehnenden Haltung des Klerus im Zweifel stehen. Ninguarda kehrte im März 1574 von einer mehrmonatigen Visitationsreise durch Altbayern enttäuscht zurück. Ob in Freising, Passau oder Regensburg – überall hatte sich dem Visitator ein ähnlich tristes Bild geboten: eifersüchtige Domherren und unfähige Prälaten, die einzig auf ihre Jurisdiktions- und Exemtionsansprüche aus waren und den zaghaften bischöflichen Reformversuchen im Wege standen; Klöster, in denen wirtschaftlicher Ruin und disziplinärer Verfall Hand in Hand gingen; beim Seelsorgeklerus religiöse Unwissenheit und sittliche Verrohung. So konnte Ninguarda, auch als er nach der Abberufung Portias 1576 die Nuntiatur übernahm, nur ein bedingter Erfolg beschieden sein. Nach Abschluß des Konkordats von 1583 ging er ganz nach Italien zurück, so daß die Nuntiatur für Süddeutschland nach zehn Jahren wieder erlosch.

Immerhin, Portia und Ninguarda war es, dank tatkräftiger Unterstützung durch die Gesellschaft Jesu, gelungen, auch aus dem altbayerischen Raum begabte junge Leute für ein Studium am *Collegium Germanicum* in Rom anzuwerben. Diese neue Studienanstalt, die dem Mangel an guten, wohlunterrichteten Priestern in Deutschland abhelfen sollte, war zwar schon 1552 gegründet worden, kam aber erst 1573 durch Papst Gregor XIII. voll zum Tragen. Bis weit ins 17. Jahrhundert hinein sollte das Germanicum eine geistig-geistliche Elite für das katholische Deutschland heranziehen. Dabei war der Heilige Stuhl immer bestrebt, dem Kolleg mit Rücksicht auf die strengen Ahnenproben in den deutschen Domkapiteln den Charakter einer adeligen Pflanzschule zu geben. Nur so konnte man vakante Pfründen durch päpstliche Provision an tüchtige, kirchentreue Germaniker vergeben oder über das domkapitelsche Wahlrecht auch Einfluß auf die Besetzung der Bischofsstühle gewinnen.

Welch hohe Bedeutung das Germanicum für einen neuen Aufschwung auch innerhalb der bayerischen Kirche gewann, wird wohl nirgends deutlicher als in Regensburg, dessen Klerus der Nuntius Portia noch 1573 als den verkommensten in ganz Deutschland geschildert hatte. Aber schon im späten 16. Jahrhundert war mit einigen Germanikern ein neuer Geist ins Domkapitel eingezogen. Die markanteste Gestalt war dabei der Schwabe Dr. Jakob Miller. Nach Abschluß der römischen Studien Domprediger und Visitator in seinem Heimatbistum Konstanz geworden, war Miller, um ernsthaften Anfeindungen auszuweichen, 1585 nach Prag übergewechselt. Zwei Jahre später kam er auf Vermittlung des dortigen Nuntius nach Regensburg. Als Bistumsverweser für den minderjährigen Wittelsbacher

IHS

THEOLOGVS ✠ PETRVS CANISIVS SOCIE TATIS IESV

Qui docti fuerint, fulgebunt quasi splendor
firmamenti; et qui ad iustitiam erudiunt
multos, quasi stellæ in perpetuas æ-
ternitates. Dan. 12.

Hunc habuit Petrum felix Germania Patrem,
Quem stupuere olim, Curia, Templa, Scholæ.
Nunc sculpta ære quidem fas est hæc ora tueri,
Illius at vita est suspicienda magis.

PETRUS CANISIUS

Prinzen Philipp Wilhelm wurde er auch hier, wie vorher in Konstanz, zum energischen Reformer. In enger Zusammenarbeit mit Herzog Wilhelm V. gelang es ihm, den hartnäckigen Widerstand des Domkapitels gegen die Errichtung eines Jesuitenkollegs zu brechen. Seine 1588 verfaßten und immer wieder eingeschärften Reformkonstitutionen wie sein vielgerühmter *Ornatus ecclesiasticus*, eine Handreichung für die würdevolle Ausstattung der Kirchen, sollten den tridentinischen Dekreten auch in den Landdekanaten und Bauernpfarreien zum Durchbruch verhelfen. Doch dieser rastlose Einsatz für die Erneuerung beschränkte sich nicht auf die Verwaltungstätigkeit an der bischöflichen Kurie, sondern führte Miller auf seinen Visitationsreisen auch jedes Jahr hinaus in die entlegensten Dörfer und Weiler der weiten Diözese. So mag sich in der Gestalt dieses Bistumsadministrators, der am 1. Dezember 1597, erst siebenundvierzigjährig, starb, zweierlei spiegeln: wesentliche Züge des tridentinischen Seelenhirten; aber auch die Tatsache, daß nur durch kräftigen Anstoß von außen und erst gegen Ende des Jahrhunderts eine neue kirchliche Führungsschicht die Zügel in die Hand bekam.

DIE REFORMORDEN: JESUITEN, KAPUZINER

Der Mangel an geeigneten Kräften für die Priesterbildung im eigenen Land, wie er sich im rapiden Verfall Ingolstadts nach dem Tode Ecks abzeichnete, hatte schon die Aufmerksamkeit Herzog Wilhelms IV. auf den jungen, von kraftvollem Elan getragenen Jesuitenorden gelenkt. Lange, zähe Verhandlungen mit dem Ordensgeneral Ignatius von Loyola führten mit der Unterstützung des Heiligen Stuhles schließlich zum Erfolg. Am 13. November 1549 trafen drei der damals bedeutendsten Ordensmitglieder in der Donaustadt ein: der Spanier Alfons Salmerón, der Savoyarde Claudius Jajus und der Niederländer Petrus Canisius. Ihre Berufung an die darniederliegende Theologische Fakultät – ein Markstein der Ingolstädter Universitätsgeschichte – wurde zugleich zum Ausgangspunkt des kräftig einsetzenden Regenerationsprozesses innerhalb der bayerischen und deutschen Kirche. Nicht Wissenschaft und Lehrtätigkeit um ihrer selbst willen lautete der Auftrag dieser ersten Jesuiten; sie sollten, gemäß der Weisung des heiligen Ignatius, den wahren Glauben stärken, den Gehorsam gegen die katholische Kirche fördern, sollten durch das Beispiel eines unbedingten christlich-frommen Lebens Seelen rufen und retten. Der Neubau konnte freilich nur von unten her geleistet werden. Die Patres waren daher im Interesse einer dauerhaften Gesundung der Verhältnisse von Anfang an auf die Schule verwiesen, so sehr auch dem Ordensgeneral der Gedanke des religiösen Kreuzzugs vor Augen stehen mochte. Die Gründung von Kollegien und Gymnasien mußte mit innerer Konsequenz zum Programm des neuen Ordens werden.

Nach großen Anfangsschwierigkeiten, ja nach der vorübergehenden Abberufung der Patres im Jahr 1552, faßte die Gesellschaft Jesu seit 1556 in Ingolstadt endgültig Fuß. Sechs Patres und zwölf Scholastiker bezogen das von Herzog Albrecht V. prächtig erbaute Kolleg. Gleichzeitig übernahm der Orden zwei, später drei Professuren der Theologischen Fakultät, dazu seit 1588 die gesamte Artistenfakultät der Universität. Auch die Leitung des *Albertinum,* des neuen Seminars für die Weltpriester, vertraute der Herzog der Gesellschaft Jesu an, die sich von Ingolstadt aus bald den ganzen bayerischen Raum aufbrechen sollte. 1559 wurde im verwaisten Münchener Augustinerkloster ein Kolleg eingerichtet; 1563 übernahmen die Jesuiten das *Collegium Hieronymianum* und die von Kardinal Truchseß gegründete Universität in Dillingen. Das Netz der Kollegien wurde in den folgenden Jahren zusehends dichter. 1580 gelang der Sprung ins reichsstädtische Augsburg, zehn Jahre später der Einzug in Regensburg. Die maximilianeische Zeit sieht die Jesuiten im fürstbischöflichen Passau (1612), wo, ähnlich wie in Regensburg, das Gymnasium zur Diözesanhochschule ausgebaut werden kann, und in den alten Residenzstädten Landshut (1629), Burghausen (1629) und Straubing (1631). Dazu kommen die Kolleggründungen jenseits des Lechs und der Donau wie in Mindelheim (1618), Neuburg (1618), Eichstätt (1614), Neumarkt (1624) und Amberg in der Oberpfalz (1626). Seit der Orden die Formung einer neuen Generation als vordringlichste Aufgabe erkannt hatte, war die Schule zu seiner eigentlichen Domäne geworden. In Gymnasien, Priesterseminaren und Universitäten galt es, nach einem einheitlichen Erziehungs- und Lehrplan, der *Ratio studiorum* des vierten Ordensgenerals Claudio Aquaviva von 1599, eine geistliche und weltliche Elite heranzubilden, bereit und fähig, Kirche und Staat aus humanistischer Bildung und vertiefter, lebendiger Frömmigkeit neu zu durchdringen.

Zum Schuleifer des Ordens trat die unmittelbare Seelsorge. Durch Volksmissionen suchte man den Glauben und das religiöse Leben in besonders gefährdeten Gemeinden systematisch zu fördern. Der Individual- und Standesseelsorge aber dienten die »Marianischen Kongregationen«, deren Mitglieder sich nach dem Vorbild der 1563 am römischen Kolleg gegründeten Gemeinschaft durch religiöse Tiefe und gelebten Glaubensgeist auszeichnen sollten. Seit Pater Jakob Rem 1574 in Dillingen die erste Sodalität ins Leben gerufen hatte, breitete sich die Kongregationsidee rasch über ganz Oberdeutschland aus. Überall, wo sich der Orden niedergelassen hatte, entstanden solche Gemeinschaften, bald geteilt und gestuft nach Kongregationen für Akademiker, Gymnasiasten und Bürger, und man begreift, daß von den Sodalitäten, ihrer marianischen Grundhaltung, ihrem Streben nach Selbstheiligung und ihrem apostolischen Eifer eine nachhaltige Wirkung im Sinne der religiös-kirchlichen Erneuerung ausging. Dabei gehört Rems Tätigkeit als Subregens in Dillingen und Ingolstadt bereits einer Epoche der Konsolidierung und des wiedergewonnenen Selbstbewußtseins an. Mitten im Neuanfang und Aufbruch aber steht das überragende, in seiner verwirrenden Vielfältigkeit kaum faßbare Lebenswerk des heiligen Petrus Canisius. Geprägt von betonter Kirchlichkeit, wurde dieser erste Provinzial der oberdeutschen Jesuiten als Gründer und Organisator von Kollegien und Schulen, als kirchenpolitischer Ratgeber der Päpste und Nuntien, als Prediger, Lehrer und theologisch-praktischer Schriftsteller in den zwei Jahrzehnten zwischen 1549 und 1569 zum Bahnbrecher der Reform und zur eigentlichen Triebfeder seines Ordens weit über Süddeutschland hinaus.

Die Gesellschaft Jesu brachte auch dem alten Mönchtum, dessen Klöster der lutherischen Herausforderung sonst wenig Widerstand zu leisten wußten, eine neue Kraftzufuhr. Der religiöse Aktivismus der Jesuiten und die Atmosphäre ihrer Schulen wirkten der antimonastischen Propaganda mächtig entgegen und schufen nach dem verheerenden Niedergang überhaupt erst wieder die Voraussetzung für eine gesunde Wertung des klösterlichen Lebens. Schon gegen Ende des 16. Jahrhunderts wird in den Konventen der bayerischen Benediktiner, Zisterzienser, Augustiner-Chorherren und Prämonstratenser eine erste Festigung erkennbar, vornehmlich getragen von jener neuen Mönchsgeneration, die bei den Jesuiten in Ingolstadt und Dillingen ihre wissenschaftliche Ausbildung und geistliche Erziehung erfahren hatte. Im 17. Jahrhundert aber erlangten die Prälatenorden, allen voran die Benediktiner, ihre eigentliche Stoßkraft wieder, eine Tatsache, die sich am Aufblühen der Salzburger Universität ebenso ablesen läßt wie an der Missionierung der bayerisch gewordenen Oberpfalz und am Rückerwerb der Klöster dort. Herzog Wilhelm V., auf dessen Druck das gemeinsame Studium der Ordensleute in Ingolstadt überhaupt erst zustande gekommen war, hat die durchschlagende Kraft und Breitenwirkung klar erkannt: »Dieweil auch fast alle Clöster ihre Religiosos bey den Patribus zu Ingolstadt haben, welche sy in allen Tugenten, Gottsforcht und Geschicklichkeit, mit großer Sorg, Mühe und Arbeit, bey Tag und Nacht dermaßen erziehen und trewlich underweisen, daß zu hoffen, es solle alle unsere Closterleuth im gantzen Landt hernach auch und nach jhren Exempel auch alle Layen und gemaine Priester in wenig Jahren also reformirt und in einem solchen Gott und der Welt nutzlichen Standt gericht werden…«

Konzentrierte sich das Wirken der Gesellschaft Jesu vornehmlich auf die höheren Stände, auf Adel, Geistlichkeit und Bürger, so wurden die Kapuziner zu den Seelsorgern des breiten Volkes. Dieser zweite große Reformorden des 16. Jahrhunderts, herausgewachsen aus der geistigen Auseinandersetzung um die Auslegung der Franziskanerregel und beseelt vom Willen zur alten Einfachheit, hatte sich, trotz kirchlicher Widerstände und heftiger innerer Kämpfe, rasch ausgebreitet. 1574 erhielt der Orden auf vielfaches Drängen hin die päpstliche Erlaubnis, sich auch außerhalb Italiens niederzulassen. Mit dem Vorstoß über die Alpen, zunächst in die deutsche Schweiz, dann in den neunziger Jahren nach Innsbruck und Salzburg, war dem jungen Zweig der franziskanischen Ordensfamilie eine große Aufgabe zugewachsen. Zur karitativen Tätigkeit trat das Eingreifen in die kämpferische Auseinandersetzung zwischen altem und neuem Glauben und ein seelsorgerliches Wirken im Dienst der kirchlichen Erneuerung. Das Nebeneinander dieser Aufgaben tat dem Orden auch in Bayern ein reiches Arbeitsfeld auf, vor allem im Zusammenhang mit der gegenreformatorischen Politik Maximilians I. Im Jahre 1600 holte der Herzog, beeindruckt von der Persönlichkeit des heiligen Laurentius von Brindisi, die Kapuziner nach München; am Rand der Stadtmauer erstand das erste Kloster auf bayerischem Boden. Schlag auf Schlag folgten dann, zumeist angeregt und großzügig unterstützt durch den Landesherrn, weitere Gründungen. Noch vor 1618 entstanden Niederlassungen in Rosenheim, Landshut, Passau, Regensburg und Straubing. Die schwere Notzeit des Dreißigjährigen Krieges aber sieht den Orden der Armut überall an vorderster Front: bei der Missionierung der Oberpfalz, bei der Überwindung des noch schwelenden Protestantismus im Innviertel, im heroischen Kampf gegen die überall im Land grassierenden Seuchen, im selbstlosen Dienst an Kranken, Obdachlosen und Verwundeten. In wenigen Jahrzehnten war es gelungen, zum Herzen auch des schlichten Bauern und armen Mannes vorzudringen. Durch ihre aufrüttelnde Predigt, durch die Pflege volksnaher Andachtsübungen und Bräuche, des Vierzigstündigen Gebetes etwa oder der dramatisch-bildhaften Karfreitagsprozession, gewannen die Kapuziner eine Beliebtheit beim gläubigen Volk, die ohne Beispiel war.

In ihrer von Innerlichkeit und kindlichem Vertrauen getragenen Spiritualität trafen sie sich mit den Franziskanern des Landes. Auch ihre Klöster, rasch sich mehrend an Zahl und Mitgliedern, hatte Maximilian I. der Geschlossenheit wegen aus der Straßburger Ordensprovinz gelöst und seit 1620 nacheinander den *Riformati* zugeführt, einem neuen franziskanischen Ordenszweig strenger Observanz, entstanden im italienischen Fonte Colombo bei Rieti.

DIE BISCHÖFE ALS TRÄGER DER REFORM

Mit dem Glaubenseifer und Reformstreben der Wittelsbacher Herzöge, die alle vom romanischen Süden einströmenden Kräfte frühzeitig für ihr Land fruchtbar machten, hielten die berufenen Hüter von Religion und Sitte, hielten die Bischöfe keineswegs Schritt. Für die Tatsache, daß sich der bayerische Episkopat auch nach dem großen Konzil nur zögernd der Reformfrage annahm, gibt es viele Gründe. Es wurde bereits auf die langwierigen Differenzen zwischen den Herzögen und den Bischöfen um die Reichweite der staatlichen Kirchenhoheit hingewiesen. Zu den Übergriffen der weltlichen Gewalt in die geistliche Sphäre gesellte sich meist der hartnäckige Widerstand der exemten Klöster und vor allem der Domkapitel. Diese Domkapitel des 16. Jahrhunderts, pfründenversessene adelige Korporationen, beherrscht vom blinden Standesegoismus und bar jeder geistlichen Verantwortung, wehrten sich mit Vehemenz, um sich ihre Ellenbogenfreiheit zu bewahren. Wenn der Nuntius Ninguarda 1581 heftig, doch erfolglos gegen die in den Statuten und Wahlkapitulationen des Passauer Domkapitels verankerten Jurisdiktionsprivilegien protestiert, da durch sie dem reformwilligen Bischof Urban von Trennbach »Hände und Füße gebunden waren«, so ist dies kein Einzelfall. Allenthalben brachen in der diözesanen Kleinwelt des späten 16. Jahrhunderts Widerstände auf, namentlich, wenn es um die Zulassung der Gesellschaft Jesu ging oder um die Planung und finanzielle Sicherung der Priesterseminare, und häufig war das zäh fortgeschleppte Wahlkapitulationswesen der »eigentliche Trumpf, den das Domstift in den Händen hielt, um an vielen Stellen seine Abneigung gegen die tridentinischen Beschlüsse zum Ausdruck zu bringen« (Georg Schreiber).

Trotz alledem darf nicht übersehen werden, daß es den Bischöfen dieser Epoche zumeist selber an der Fähigkeit und Entschlußkraft fehlte, um das Programm des Konzils – geistliche Synoden, Visitationen, Seminargründungen, liturgische Reformen – kraft eigener Initiative durchzusetzen. Mangelnde theologische Bildung und religiöse Gleichgültigkeit hatten die altbayerischen Bischöfe, mit Ausnahme des Chiemseers Hieronymus Meitinger, von einer persönlichen Teilnahme am Konzil abgehalten; beides verstellte vielfach auch jetzt den Blick für die Erfordernisse von Amt und Stunde. Dazu kamen politische, finanzielle und dynastische Rücksichten, überhaupt die grundsätzliche Gefahr der in der Reichsverfassung begründeten Doppelfunktion der geistlichen Würdenträger: eben die Versuchung, den Fürsten über den Bischof zu stellen.

Wenn sich dann nach der Jahrhundertwende die religiösen Verhältnisse in den Bistümern spürbar besserten und die tridentinischen Grundsätze in weiten Kreisen Anerkennung fanden, wenn jetzt erst von einem breiten Durchstoß der Katholischen Reform gesprochen werden kann, so lag dies vor allem am seelsorgerlichen und erzieherischen Wirken der Reformorden, die im Zusammenspiel mit der Kurie und den Landesherrn eine neue kirchliche Führungsschicht ans Ruder brachten. Wo in den Domstiften eine reformfreudige und pflichteifrige Minorität allmählich die Oberhand gewonnen hatte, häufig dank päpstlicher Provision, wirkte sich dies bald auf eine Höherstufung des Kapitulationswesens aus. Trotz aller Beschränkungen und Fesseln, die dieses Wahlgeding den Bischöfen auferlegte, konnten sich die Kapitel dem Anspruch des Konzils auf Dauer nicht verschließen. Die Salzburger Kapitulation von 1580 stellt nicht nur das Bemühen um die Erhaltung der katholischen Religion obenan; sie zeigt auch konkrete Wege zur Verwirklichung auf, wenn sie vom künftigen Koadjutor und Erzbischof die Errichtung eines Priesterseminars forderte, die Besetzung der Kirchenämter mit tauglichen Personen und die persönliche Visitation des Erzstiftes selber. Daß auch im Regensburger Domkapitel der eingeströmte Reformgeist bestimmend blieb, zeigt das gegenüber früheren Kapitulationen um drei wesentliche Punkte vermehrte Wahlwerk von 1600. Es verpflichtet den neuerwählten Bischof zur Reinerhaltung des Glaubens, zur Bestellung tüchtiger Priester und zur Errichtung einer geistlichen Gerichts- und Verwaltungsbehörde.

Die Bischöfe ihrerseits waren in der Reformfrage seit 1585 durch die von Papst Sixtus V. erlassene Konstitution *Romanus Pontifex* zum stärkeren Zusammenwirken mit der Kurie angehalten. Auch wenn sich der bayerische Episkopat fast durchwegs der persönlichen Relationspflicht versagte und die geforderten »Ad-Limina-Besuche« durch Vertreter abstatten ließ, so hatten die schriftliche Berichterstattung über den Stand der Diözese und der damit verbundene Zwang zu vorheriger Information in vielen Fällen einen heilsamen Einfluß auf Lebensweise und Amtsführung. Joseph Schmidlin, der die Statusberichte vor dem Dreißigjährigen Krieg als wertvolle Quelle für unsere Kenntnis der kirchlichen Verhältnisse sichtete, hat mit Recht hingewiesen auf die »psychologische Wechselwirkung zwischen Referieren und Mithandeln, Schilderung und Betätigung«, die von dieser Maßregel ausging.

Nach der Jahrhundertwende stehen dann in den meisten Bistümern tadellose Persönlichkeiten an der Spitze, energievolle, zielbewußte Charaktere, besorgt um das geistliche Wohl ihrer Sprengel, meist auch bestrebt, dem neuen Bischofsideal in der eigenen Person soweit nahezukommen, als dies die reichsfürstliche Stellung erlaubte. Regensburg beispielsweise hatte mit der Postulation des Ellwanger Fürstpropstes Wolfgang von Hausen (1600-1613) einen wahrhaft tridentinischen Seelenhirten erhalten. Daß der Bischof alljährlich auf Visitations- und Firmungsreisen ging, daß er seinen Klerikern selbst die heiligen Weihen spendete, in seiner Kathedrale häufig Gottesdienst hielt und sogar die Kanzel bestieg, daß er Kranke besuchte und Sterbenden die letzte Wegzehrung brachte – in alledem wird ein tiefgreifender Wandel des Bischofsbildes erkennbar, ein Sieg des Seelsorgers über den Fürsten, der auf den Klerus in Stadt und Land prägend wirken mußte. Unter Albert IV. Törring zu Stein und Pertenstein (1613-1649) konnten die verlorengegangenen pfalzneuburgischen und oberpfälzischen Bistumsgebiete für das katholische Bekenntnis zurückgewonnen werden. Die Kriegsereignisse aber wurden nicht nur dem Bistum, sondern auch dem bescheidenen Oberhirten zum harten Schicksal. Seinem überragenden Nachfolger Franz Wilhelm von Wartenberg (1649-1661) war es dann aufgegeben, den Wiederaufbau und die religiöse Erneuerung des schwer heimgesuchten Sprengels ins Werk zu setzen.

Auch Freising hatte nach dem Tod des charakterschwachen vielbepfründeten Herzogs Ernst von Bayern (1566-1612) in Stephan von Seiboltsdorf (1612-1618) einen frommen, um die Reform bemühten Oberhirten erhalten. Den eigentlichen Durchbruch der kirchlichen Restauration brachte aber hier erst der lange Pontifikat des kraftvoll regierenden Veit Adam von Gepeckh (1618-1651), wenngleich seine reformerischen Impulse durch die Not der Zeit viele Abschwächungen erfuhren und erst Jahrzehnte später voll zum Tragen kamen.

Wenn es um die Träger der kirchlichen Reform in den einzelnen Bistümern geht, darf der Bischof nicht isoliert gesehen werden. Neben und hinter den geistlichen Fürsten steht der unauffällige, schwerer faßbare, aber oft nicht minder wichtige Einsatz der Weihbischöfe, Generalvikare und Bistumsadministratoren. Auf ihren Schultern ruhte häufig die eigentliche Last der Bistumsverwaltung. Ihre Tätigkeit, ihr Seeleneifer prägte das geistliche Antlitz der Kirche in entscheidendem Maße mit. Nur so läßt sich begreifen, daß auch im Salzburg eines Wolf Dietrich von Raitenau (1587-1612), der zwar Zögling des Germanicums war, aber sonst keineswegs das tridentinische Ideal verkörperte, die kirchliche Erneuerung vorangetrieben werden konnte. Unter seinen Nachfolgern Marx Sittich von Hohenems (1612-1619) und Paris Graf Lodron (1619-1653) wurde gerade Salzburg dann bestimmend für das triumphale Selbstbewußtsein des neuen, des barocken Zeitalters.

Ähnliches muß vom weiten Passauer Bistumssprengel gesagt werden, der mit Urban von Trennbach (1561-1598) schon in der zweiten Hälfte des 16. Jahrhunderts einen entschiedenen Reformer an seiner Spitze sah, sich dann aber als geistliche Sekundogenitur von 1598 bis 1664 ununterbrochen in den Händen österreichischer Erzherzöge befand. Gewiß, Leopold (1598-1625) oder sein Nachfolger Leopold Wilhelm (1625-1662) waren kirchentreue, streng katholisch erzogene Männer. In ihrer weltmännischen Gesinnung und Lebensführung aber, die sie zeitlebens vom Empfang der höheren Weihen abhielt, wie in der nicht gehaltenen Residenzpflicht und der mehrfachen Bepfründung standen sie in lebendigem Widerspruch zum Buchstaben des großen Konzils. Wenn gleichwohl während ihrer Regierungszeit

Unser lieben frawen Hülff auff dem Lechfeld

DIE GNADENKAPELLE
VON KLOSTERLECHFELD

die tridentinische Reform kräftig voranschritt, so ist dies vor allem ihren tüchtigen Bistumsadministratoren und Generalvikaren zu verdanken, trefflichen Persönlichkeiten wie Melchior Klesl und Christoph von Pötting, Marquard von Schwendi und Johann Hektor Schad Freiherrn von Mittelbibrach.

DER DURCHBRUCH DER KATHOLISCHEN REFORM

Das Reformbemühen der bischöflichen Behörden mußte je länger je mehr auch auf der Ebene der Dekanate und Pfarreien Früchte tragen und das Kirchenvolk zu einem vertieften religiös-sittlichen Leben führen. Noch im Lauf des 16. Jahrhunderts hatte man in den meisten Bistümern eine Reorganisation oder Neueinteilung der Dekanate vorgenommen, die regelmäßige Visitation der Pfarreien und die Pflicht der Dekane zu sorgsamer Berichterstattung, gerade auch *de vita et honestate clericorum*, führten zu einer kräftigen Durchblutung der ganzen Peripherie. Die Förderung der sakramentalen und außersakramentalen Andacht durch Predigt, Katechese und Volksmission zielte ab auf die Verlebendigung und Verinnerlichung des pfarrlichen Lebens im Sinn der tridentinischen Reform.

Trotzdem vollzog sich diese Reform nicht in einem einmaligen Durchstoß, nicht in systematischer Entwicklung, sondern im

215

wechselhaften Auf und Ab der Geschichte, das Vor- und Rück-
schritte kennt, den Erfolg wie den Mißerfolg. Es dauerte oft
Jahrzehnte, bisweilen sogar ein volles Jahrhundert, ehe die religiöse Erneuerung auf breiter Grundlage in einem Landstrich,
einem Bistum, einem Territorium spürbar wurde. Die hereinbrechenden Wogen des großen dreißigjährigen Religionskrie-
ges bedeuteten allerorts die Gefährdung des mühsam Errungenen. Erst nach dem Westfälischen Frieden konnte sich jener vi-
tale religiöse Gestaltungswille der süddeutschen Lande bemäch-
tigen, der sich heute noch dem Betrachter erschließt, wenn er offenen Auges durch das Land wandert, vorbei an den prunkenden Gotteshäusern, den gebreiteten Stiften und Klöstern. Sin-
nenfreude, der Zug zum Repräsentativen und Augenfällig-Ein-
drucksvollen eignet all den vielen Formen neuer oder neubeleb-
ter Frömmigkeit, die nun nach langen Wirren im katholisch ge-
bliebenen Süden Gestalt annahmen. Heiligen- und Reliquien-
verehrung, Wallfahrten und Bruderschaftsfeste, Weihnachts-
krippen und Heilige Gräber, Kreuztrachten und Passionsspiele
– in solchem Umkreis hat sich nicht wenig von der Gestaltungskraft des bayerischen Volkes zum farbigen Schauwerk erhoben.
Der gemeinsame Ursprung und das einigende Band dieses
kraftvollen Aufbruchs liegt aber im wiedererstarkten katholischen Glaubensbewußtsein, im furchtbefreiten Triumphgefühl
des Sieges.

Auf dem Konzil von Trient hatten führende Männer der katholischen Kirche die Schäden aufgedeckt, die sich im Laufe der
Zeiten in den verschiedensten Bereichen des religiösen Lebens
eingefressen hatten. Den aus dem romanischen Süden einströmenden und im eigenen Lande aufbrechenden Reformkräften
war es aufgegeben, die Beschlüsse der Kirchenversammlung in
die Tat umzusetzen. So markieren Trienter Konzil und Westfä-
lischer Friede ein knappes »Jahrhundert des Einbruchs von außen, des Aufbruchs von innen – ein großes Wechselspiel von
Herausforderung und Antwort, das sich dann im Triumph des
bayerischen Kirchenbarock so wunderbar verklären sollte«.

4. Gegenreformation und Katholische Reform
in Ostschwaben und Franken

Gegenreformation und Katholische Reform nahmen im ostschwäbischen und fränkischen Raum auf weiten Strecken einen
ähnlichen Verlauf wie in Altbayern. Auch hier ging die stärkste

religiöse Aktivität von den neuen Orden aus. Namentlich im Bereich des Bistums Augsburg konnten die Jesuiten schon früh ihre Niederlassungen errichten, und von den Kollegien zu Augsburg, Dillingen, Neuburg, Mindelheim und Kaufbeuren ging ein großer Einfluß auf die Erziehung der Jugend aus. Zum eigentlichen Wegbereiter der kirchlichen Restauration aber wurde der Fürstbischof und Kardinal Otto Truchseß von Waldburg (1544-1573). Sein Verdienst, den Jesuiten in Deutschland den Weg bereitet zu haben, bleibt ebenso unbestritten wie sein Bemühen, das eigene Bistum durch die große Dillinger Synode von 1567, die erste nachtridentinische im Reich, der konziliaren Erneuerung zuzuführen. Seine Wirksamkeit als päpstlicher und kaiserlicher Diplomat, als Förderer des Germanicums und Begründer der Dillinger Universität, als Protektor der deutschen Nation und Mitglied der *Congregatio Germanica* machte ihn zum Bannerträger der frühen Gegenreformation weit über Süddeutschland hinaus. Ein wirklicher Reformbischof freilich, wie der bisweilen zum Vergleich herangezogene Karl Borromäus, war Otto nicht. Selber mehrfach bepfründet und häufig abwesend von seinem Sprengel, zutiefst verstrickt in das Getriebe der großen Politik, fehlten ihm Stetigkeit, Tatkraft und Tiefgang. Die treffende Bemerkung des spanischen Botschafters Juan de Zuñiga, der Kardinal habe zwar guten Willen, aber »poco fondamento«, läßt begreifen, warum den hektisch aufgegriffenen Reformmaßnahmen eine durchschlagende Wirkung versagt blieb. Auch unter Ottos Nachfolgern Johann Eglof von Knöringen, Marquard vom Berg und Johann Otto von Gemmingen blieben die konziliaren Erneuerungsbestrebungen in den Anfängen stecken. Erst der willensstarke, auf den Jesuitenschulen zu Dillingen, Ingolstadt und Rom herangebildete Heinrich von Knöringen (1598-1646) führte die tridentinische Reform in Augsburg zum Sieg. Die umsichtigen Bestimmungen der großen Bistumssynode von 1610, die feste wirtschaftliche Fundierung des Dillinger Priesterseminars, regelmäßige Pfarrvisitationen und gezielte Weisungen an den Seelsorgeklerus sicherten seinem langjährigen Wirken, trotz verheerender Kriegsläufte, einen bleibenden Erfolg.

War auch der überwiegende Teil Ostschwabens in der ersten Hälfte des 16. Jahrhunderts katholisch geblieben, so hatte die alte Kirche im Bistum Augsburg doch an die 140 Pfarreien eingebüßt, dazu ein Dutzend Abteien und ebensoviele Bettelordensklöster. Was im Zuge der Gegenreformation an verlorenem

Terrain zurückgewonnen werden konnte, war verhältnismäßig bescheiden und hatte im allgemeinen nur lokale Bedeutung. Lediglich die Vorgänge in Kaufbeuren und Donauwörth zeitigten überregionale Auswirkungen. In Kaufbeuren erzwangen der Kaiser und der bayerische Herzog 1602/04 den Verzicht der Evangelischen auf die Mitbenützung der Martinskirche, die Unterlassung einer Ratswahl und die Einführung des Gregorianischen Kalenders. Über Donauwörth aber hatte 1607 Kaiser Rudolf II. die Reichsacht verhängt, nachdem evangelische Bürger mehrmals die Prozessionen des Klosters Heilig Kreuz gestört hatten. Als der mit der Exekution beauftragte bayerische Herzog Maximilian die Stadt nach kurzer Belagerung eroberte und zu gegenreformatorischen Maßnahmen schritt, kam es zur Gründung jener konfessionellen Bünde – der »Union« unter Führung der Kurpfalz protestantischerseits und der »Liga« unter Führung Bayerns katholischerseits –, mit denen sich die große kriegerische Auseinandersetzung vorbereitete.

Für Franken ist die territoriale Zersplitterung auch zum konfessionellen Schicksal geworden. In der Regel waren nur die in den hochstiftischen Territorien gelegenen Pfarrsprengel katholisch geblieben. Aber selbst dort konnten sich lutherische Enklaven halten, und zwar unter Berufung auf den durch die *Declaratio Ferdinandea* der Reichsritterschaft zugestandenen Sonderstatus. Im Bistum Bamberg waren so über hundert Pfarrkirchen und viele Stifte und Klöster der Reformation zugefallen. In Eichstätt, dem kleinsten fränkischen Bistum, betrug der Gesamtverlust 209 Pfarreien. Dazu kam, daß der Priesternachwuchs auch im fränkischen Raum auf ein Minimum herabgesunken war und die im Amt verbliebenen Priester in religiös-sittlicher Hinsicht häufig zu wünschen übrig ließen, wie etwa die Visitation durch den päpstlichen Gesandten Nikolaus Elgard ergab. Somit brauchte es kraftvolle Aktivitäten der Fürstbischöfe, um die Saat des Konzils von Trient aufgehen zu lassen.

Nur im Hochstift Eichstätt konnte die Restauration ohne Gewaltanwendung und Gewissenszwang einfach mit obrigkeitlichen Mandaten durchgesetzt werden. Bischof war von 1560 bis 1590 der edle, reformeifrige Martin von Schaumberg. Die Wiederherstellung des bischöflichen Rechtes auf Besetzung der Pfarreien, die Gründung des *Collegium Willibaldinum* für die Ausbildung des Priesternachwuchses 1564 und die kanonische Visitation des Bistums 1565 waren seine ersten durchgreifenden Reformmaßnahmen, an die die Nachfolger nur anzuknüpfen brauchten.

JULIUS ECHTER VON MESPELBRUNN

In Würzburg hatte Fürstbischof Friedrich von Wirsberg (1558-1573) erste Maßnahmen zur Erneuerung des Klerus und zur Hebung von Glaube und Sitte im Volk getroffen. Den eigentlichen Durchbruch der Reform, aufs engste gekoppelt mit energischen gegenreformatorischen Aktionen, brachte dann die lange Regierungszeit des tatkräftigen Julius Echter von Mespelbrunn (1573-1617). Selber Jesuitenzögling, gebildet auf französischen und italienischen Universitäten, stellte Bischof Julius sein administratives Talent wie seine unbeugsame Energie ganz in den Dienst der großen Aufgabe. Eine aktive territorialstaatliche Gegenreformation sollte das ganze Hochstift wieder dem katholischen Glauben zuführen. Dazu kam die durchgreifende Neugestaltung des gesamten Erziehungs- und Bildungswesens, die ihm als Grundlage erschien für einen gebildeten Klerus, aber auch für einen zuverlässigen Beamtenapparat. So wandelte Echter nicht nur das bestehende Konvikt in ein Priesterseminar nach tridentinischer Vorschrift um, sondern gründete auch 1582, gegen den heftigen Widerstand seines Domkapitels, die neue Universität. Um überschaubare kirchliche Verwaltungsstrukturen zu schaffen, wurden über dreißig Pfarreien errichtet und die Landkapitel neu eingeteilt. Die Kirchenordnung von 1589 regelte das gesamte liturgisch-sakramentale und sittliche Leben der Gemeinden bis herab zum letzten und kleinsten. Mit der Stiftung des Juliusspitals aber hat sich Echter ein bleibendes karitatives und soziales Denkmal geschaffen, und die vielen neuen Kirchen mit den spleißigen, spitzen Türmen sagen heute noch überall in den Mainlanden, was einmal der »Juliusstil« gewesen ist.

219

Am längsten ließen gegenreformatorische Aktion und Katholische Erneuerung im Bamberger Sprengel auf sich warten, weil sich hier das Domkapitel mit besonderem Nachdruck gegen jede Reform stemmte. Erst der 1591 auf Drängen Echters zum Fürstbischof gewählte Neidhart von Thüngen (1591-1598) suchte nach Würzburger Vorbild im gesamten Hochstift die Gegenreformation durchzudrücken und einen konfessionell einheitlichen Untertanenverband zu schaffen. Nach einem schweren Rückschlag, den die Regierung des unwürdigen Johann Philipp von Gebsattel (1599-1609) für ganz Bamberg bedeutete, brachte die durch Echter und den bayerischen Hof herbeigeführte Wahl des vierunddreißigjährigen Domherrn Johann Gottfried von Aschhausen (1609-1622) den dringend notwendigen Neuansatz. Er war selber das »Muster eines Priesters« (Ludwig von Pastor), der seinem Hof ein fast klösterliches Gepräge gab. Nach Echters Tod übernahm Aschhausen auch den Stuhl des heiligen Kilian. Diese erstmalige Kumulation der beiden Mainbistümer in einer Hand trug nicht wenig bei zur Stärkung der katholischen Partei im Fränkischen Reichskreis überhaupt.

5. Maximilian I.
und der konfessionelle Absolutismus

Herzog Wilhelm V. hatte mit der gegenreformatorischen Aktion im Kölner Krieg von 1583 zwar das Haus Wittelsbach aus seiner binnendeutschen Umschlossenheit befreit, aber auch die finanzielle und militärische Kraft des altbayerischen Kernlandes überfordert. Schließlich ging die Rechnung nicht mehr auf, und der Staat trieb dem »Generalanstand« zu, eben dem Staatsbankrott. Als die Landschaft immer besorgtere Vorstellungen erhob, entschloß sich der Herzog, die Regierung mit dem Sohn zu teilen. Am Ende stand die Abdankungsurkunde vom 15. Oktober 1597 – ein Fürst, der sich, noch nicht fünfzigjährig, wie ein Bauer auf den Austrag setzte; der Herzog von Bayern, bei dem der melancholische Zug seines Wesens mehr und mehr die Oberhand gewonnen hatte und dem der Friede seiner Einsiedeleien um Schleißheim und Schloß Neudeck ob der Au das Liebste geworden war. Trotzdem nahm Wilhelm V. bis zuletzt Anteil an den Haus- und Staatsgeschäften. Erst 1626 ist er gestorben und als erster wittelsbachischer Regent in der Gruft von St. Michael beigesetzt worden. Der Orden hat ihm eine Grabschrift gesetzt, die deutlich auf sein Doppelwesen anspielt, auf das Ineinander

EXURGAT DEUS ET DISSI
PENTUR INIMICI EIUS.

MAXIMILIANUS D. G. COMES PALATINUS RHENI
UTRIUSQ BOIARIÆ DUX, S. R. IMP. ARCHIDAPIFER ET PR: EL. etc
Aspice tam fortem; PATRE qui generosus, AVOꝗ,
Et PROAVOꝗ ATAVO, Magnanimumꝗ DUCEM;
Qui claris MAGNUM ducit MAJORIBUS ortum
MAXIMUS, en BAVARUS ÆMYLIANUS hic est.

E. K. ex.   D. M. C. B

KURFÜRST MAXIMILIAN I.

221

von strengster Askese und unermüdlichem Streben für den Ruhm seines Hauses: *In ambiguo reliquit pietate an felicitate maior esset* – »Es bleibt zweifelhaft, ob er in der Frömmigkeit größer war oder im Glück.«

Als nun Maximilian, der erste Kurfürst und große Sohn, 1597 die Regierung übernahm, erschien er, trotz seiner vierundzwanzig Jahre, von Anfang an als geschlossene, fertige Persönlichkeit voll strenger Selbstzucht und eiserner Willenskraft. Tief geprägt vom Geist des Jesuitenhumanismus und der katholischen Erneuerung, ging er mit nüchterner Entschlossenheit daran, überall Ordnung zu schaffen und Ordnung zu erhalten. Schon um vier Uhr morgens saß er über den Akten, bereits auf dem Weg zur Frühmesse nahm er die ersten Bittschriften entgegen. Es gab kaum ein Schriftstück, das Maximilian nicht selber gelesen hatte, und immer wieder stehen derb und treffend seine Glossen an den Aktenrändern: »An wemb lauth das Schreiben? Man kanns nit schmöckhen!« – »Man muß nit zweimal schreiben, was zu rechter Zeit auf einmal geschehen kann.« – »Es ist zum Erbarmen, daß so wenig Hirn in so dicken Köpfen!«

Es ist klar, daß auf die straffe Staatsverwaltung Maximilians die Landstände kaum mehr Einfluß hatten. Es war der reinste Fürstenabsolutismus, der nun in Bayern Gestalt annahm, nur gemildert durch jenes strenge Gefühl der Pflicht, das Maximilian so umschrieben hat: »Eiferige, arbeitssame Potentaten und Fürsten werden recht den prennendten Kerzen verglichen, welche sagen khündten: *Aliis lucendo consumor* – Ich brauch mich auf, um anderen zu leuchten!«

Schon Sigmund von Riezler hat erkannt, daß der religiöse Glaube das Grundprinzip ist, das Maximilians Tun und Lassen bestimmt. In den *Treuherzigen vätterlichen Lehrstucken, Erinnerungen und Ermahnungen,* die er noch 1650 für seinen Sohn Ferdinand Maria niederschreiben läßt, gibt sich der Achtzigjährige Rechenschaft über die Mächte und Grundsätze seines Handelns. Die Ehre Gottes, die katholische Konfession, das Seelenheil der ihm anvertrauten Untertanen nach allem Verstand und Vermögen zu fördern, erscheint darin als erste und vornehmste Aufgabe des Fürsten. Auffallend auch die fast schwärmerische Marienverehrung Maximilians, sein unerschütterliches Vertrauen auf die gewaltige Kraft der *Virgo* als Grundzug seiner religiösen Haltung. Wichtige politische und militärische Aktionen verlegte er, wann immer es ging, auf einen Marientag. Sein Sohn Ferdinand Maria ist der erste Altbayer, der zu seinem Männernamen dazu noch den Mariennamen erhielt. Ein Mandat von 1601 schreibt allen Untertanen den Besitz des Rosenkranzes vor, und den Talern von 1631 ist als ersten das Marienbild aufgeprägt. Die Marienverehrung wurde zum Staatskult, das *Maria Patrona Boiariae* geradezu zum Staatsprogramm. Symbol dafür die Mariensäule auf dem Münchener Schrannenplatz, aufgerichtet 1638, mitten unterm großen Krieg, und nicht als Siegeszeichen, sondern als Weihegabe. Sie trägt jenes berühmte Distichon, das gewöhnlich Maximilian selber zugeschrieben wird, aber wohl von Jakob Balde stammt:

> *Rem, regem, regimen, regionem, religionem,*
> *Conserva Bavaris, Virgo Maria, tuis.*

Oder in der Volkssprache ausgedrückt: Hier sind die besten Güter im alten Bayern dem Schutz der Gottesmutter anvertraut – das »Sach«, der Herr, die Herrschaft, die Heimat und der Glaube. Nicht zuletzt nahm Maximilians Marienverehrung ausdrucksstark Gestalt an in seinem Weihebrief an die Gottesmutter von Altötting, 1645 mit dem eigenen Blut hingeschrieben: *In mancipium tuum me tibi dedico consacroque Virgo Maria hoc teste cruore atque chyrographo, Maximilianus peccatorum corypheus.* – »Dir gebe ich mich ganz zu eigen, Dir weihe ich mich, o Jungfrau Maria, wie ich es mit meiner Blutunterschrift bezeuge: Maximilian, der Oberste der Sünder.«

Bezeichnend für die religiöse Haltung Maximilians ist auch jene Fülle von Verordnungen und Mandaten, die tausendfältig ins Leben des gemeinen Mannes eingriffen und auf einmal den ganzen Alltag durchdrangen. Man führte an den Donnerstagen die Sakramentsprozession ein, überwachte die Fastengebote und die Sonntagspflicht, forderte allen Untertanen den Beichtzettel ab. Die Beamten vom Hofrat bis herab zum letzten Drittelschreiber mußten jeden Tag in die Messe gehen, und zu den Donnerstagsprozessionen zogen selbst die Mitglieder der Münchener Kollegien mit brennenden Lichtern aus ihren Sitzungszimmern in die Kirche hinüber. Beim Gebetläuten ließ jeder die Arbeit ruhen, sprangen die Reiter vom Pferd, stieg selbst der Vornehme aus seiner Kutsche und kniete sich in den Staub der Straße, um den »Engel des Herrn« zu beten.

Vom Binnenkern des Religiös-Konfessionellen her öffnet sich dann auch der Zugang zu jenem innenpolitischen System, das man als »kirchliches Polizeiregiment« charakterisiert hat. Gegen das »Heimgartengehen« der jungen Burschen, gegen das »Gunkeln und Fensterln« schritt man energisch ein. Das Tanzen war nur an Sonn- und Feiertagen erlaubt, und auch da winters nicht über vier Uhr und sommers nicht über fünf Uhr nachmittags hinaus. Und natürlich nur ein Tanzen ohne das »grobe Halsen, Drucken und Aufheben«! Ähnlich waren die Verordnungen übers Kartenspielen und Kegeln, Branntweintrinken und Zechemachen, Hochzeithalten und Kleidertragen.

Damit diese Mandate nicht bloß auf dem Papier blieben, versuchte es Maximilian ein paar Jahre hindurch sogar – wie ehedem Calvin in Genf – mit geheimen Aufpassern, den *Coricaei* oder »Aufstechern«. Und wie Calvin ist auch Maximilian besessen vom Hexenglauben der Zeit. Ja, er schrieb sogar die Kinderlosigkeit seiner ersten Ehe der Zauberei zu, und 1611 erschien das berühmt-berüchtigte *Landgebot* wider Aberglauben, Hexerei und andere Teufelskünste. Bis hin zum Jahr 1631 haben wir dann eine steigende Welle der Hexenprozesse auch in Bayern.

Angesichts der herben, fast puritanischen Sittenstrenge, mit der Maximilian den katholisch-konfessionellen Staat auszuprägen suchte, mußte sich den nationalliberalen Historikern des vorigen Jahrhunderts ganz von selber das Wort aufdrängen vom »kirchlichen Polizeiregiment«, von der »Bigotterie« des alten konfessionellen Staates und vom kulturellen Tiefstand Bayerns im frühen 17. Jahrhundert. Und doch ist es gerade das München Maximilians gewesen, das die große Jesuitendichtung der Zeit getragen hat. Jakob Bidermann, vielleicht der größte Dramatiker, den der Orden überhaupt hervorgebracht hat, ließ hier 1609 seinen *Cenodoxus* über die Bretter gehen – die Geschichte vom Leben und Sterben des Doktors von Paris –, und zwar mit solcher Wirkung, daß vierzehn Vornehme vom Platz weg zu den Exerzitien eilten und der Hauptdarsteller selber Jesuit wurde. Neben dem Dramatiker Bidermann aber stand Jakob Balde als der große Lyriker des Ordens mit den fünf Büchern seiner lateinischen Oden und Epoden und den neun seiner *Lyrischen Wälder*. An die Seite Baldes und Bidermanns trat Jeremias Drexel, der über zwanzig Jahre auf der Kanzel der Michaelskirche stand und als der größte aszetische Schriftsteller Deutschlands im 17. Jahrhundert gelten kann. Maximilian selber aber war der eigentliche Bauherr der Münchener Residenz, dazu ein Kunstsammler und Kunstkenner von europäischem Rang. Er knüpfte

persönliche Beziehungen zu Peter Paul Rubens und Joachim Sandrart, legte für die Alte Pinakothek den Grundstock zur »großartigsten Dürersammlung der Welt«.

In der großen Politik waren schon 1597, als Maximilian die Regierung übernommen hatte, die Zeichen auf Sturm gestanden. Man stritt sich seit zwei Generationen um die Auslegung des Augsburger Religionsfriedens von 1555 und seines »Geistlichen Vorbehalts«. Auf der einen Seite formierte sich die protestantisch-calvinistische Bewegungspartei um die Wittelsbacher von der Pfalz. Auf der anderen Seite setzte der zurückweichende deutsche Katholizismus auf einmal zum Gegenstoß an, gedeckt durch das Papsttum und die neue Weltmacht Spanien. Beim faktischen Ausfall des Kaisers fiel die Führung der katholischen Partei im Reich wie selbstverständlich dem Herzog von Bayern zu, und ganz von selber mußte Maximilian hineingezogen werden in jenen furchtbaren Dreißigjährigen Krieg, dessen zuinnerst religiöse Antriebe doch auch die seinigen waren. Der Anlaß erschien zunächst böhmisch, innerhabsburgisch, sozusagen lokal, aber die Parteien waren längst gruppiert, und als der Funke ins Pulverfaß flog, stand bald das ganze Reich in Flammen. Der Verlauf des Krieges soll uns hier nicht im einzelnen beschäftigen. Jedenfalls, Bayern war in der großen Auseinandersetzung von Anfang an eine entscheidende Macht, Maximilian auf katholischer Seite die weitaus bedeutendste Gestalt. Und tatsächlich trug die erste Hälfte des Krieges Maximilian in steilem Anstieg nach oben. Erst als Gustav Adolf 1630 mit seinen Schweden und Finnländern ins Geschehen eingriff, senkte sich die Waagschale nach der anderen Seite. Zwei Jahre später erlitt der alte Feldmarschall Tilly die schwere Niederlage bei Rain am Lech, und Altbayern stand dem Feind schutzlos offen bis hin zum Alpensaum und bis zur Festungslinie am Inn. Zum erstenmal seit über 120 Jahren stampfte der Krieg wieder über die eigenen Grenzen herein, hinterließ nach sechzehn Jahren voll auf- und abwogender Kämpfe ein schrecklich verwüstetes, rauchendes Land. Es wäre müßig, die endlosen Blätter der Kriegsleiden und Kriegsgreuel herzuzählen. Beim Einfall von 1634 konnte man auf der bayerischen Hochebene einmal an einem einzigen Tag mit bloßem Auge dreihundert Feuersbrünste zählen, und allein in Landshut haben die Schweden in der Schreckensnacht vom 22. auf den 23. Juli 1634 an die 1400 Menschen niedergemacht. Von Ordensleuten, die man viehisch ermordete, erzählt jede Klosterchronik, und vor alten Votivtafeln kann einem heute noch der Schauder kommen: »Anno 1648 haben die schwedischen Soldaten dem Stephan Zeiller, Metzger zu Rännetsperg, daß Maull aufgespreizt und Kotlackhen eingegossen, so aber durch Hilfe Mariae bey Gesundheit und Leben wider erhalten worden.« Maximilian wäre der letzte gewesen, der den Krieg um des Krieges willen fortgeführt hätte. Bereits 1640 hatte er den Ausgleichsfrieden gefordert, aber die Umstände waren mächtiger gewesen als er, und das »Fried- und Freudenwort«, das langersehnte, erscholl erst am 24. Oktober 1648 zu Münster und Osnabrück.

Will man ausloten, was Maximilians lange Regierung für Bayern bedeutet hat, so geht es nicht bloß um die Rückgewinnung der Oberpfalz oder um die Kurwürde von 1623. Entscheidender ist, daß Maximilians geistiges und politisches Erbe auf lange Zeit hinaus für diesen bayerischen Staat bestimmend geblieben ist — für diesen kleinen bayerischen Staat, den Maximilian in einer Überforderung ohnegleichen den europäischen Mächten an die

Seite gerückt hatte. Dem Reich aber ist durch Maximilians rückhaltlosen Einsatz die alte Verfassung erhalten geblieben, das Übergewicht der katholischen Kurstimmen bei der Kaiserwahl, die bunte Fülle seiner geistlichen Fürstentümer vom Niederrhein bis hin zum Bodensee. Zusammengenommen ergibt das alles wohl die Grundlage für unseren einmaligen süddeutschen Barock – für den »Kirchenbarock«, der sich bereits mitten unterm Krieg im windstillen Bereich des Rupertiwinkels erstmals regte. Durch das Bayern Maximilians gedeckt, hatte nämlich Erzbischof Paris Graf Lodron sein Salzburg zur Friedensinsel machen können. Bis 1634 baute man am Dom weiter, und schon 1623 wurde, unterstützt von den oberdeutschen Prälaten, die neue Universität gegründet, die berühmte *Alma Benedictina*.

Freilich, nach 1648 blieben für Maximilian, der, wie nur noch Veit Adam von Freising, den großen Krieg vom Anfang bis zum Ende durchgekämpft hatte, kaum ein paar Jahre, um die ärgsten Wunden zu heilen. Im September 1651 unternahm er mit seiner Frau und den beiden Prinzen eine Reise nach Ingolstadt. Auf der Wallfahrt zum nahen Bettbrunn, in der zugigen Kirche und auf den kalten Fliesen vor dem Gnadenbild, hat sich dann der fast Achtzigjährige eine schwere Erkältung geholt. Am 27. September 1651, in der Morgenfrühe gegen halb vier Uhr, ist Maximilian im Ingolstädter Schloß gestorben, bereit und still wie einer, dem der Tod die letzte Erfüllung ist und nicht das große Vielleicht.

13. Kapitel:

DER BAYERISCHE KIRCHENBAROCK

1. Unter den Kurfürsten Ferdinand Maria,
Max II. Emanuel und Karl Albrecht

Der Dreißigjährige Krieg hatte dem bayerischen Land und Volk schwerste Opfer abverlangt. Neben den eigentlichen Verheerungen durch feindliche Einfälle waren es vor allem die finanzielle Belastung der Untertanen und pestilenzartige Seuchen, die tiefe Spuren der Zerrüttung im wirtschaftlichen, gesellschaftlichen und kulturellen Bereich hinterließen. Einzig dem Prälatenstand, dem Hauptträger der werdenden Barockkultur, blieb eine gewisse Wirtschaftskraft erhalten. Das Land selber aber stand am Ende seiner Kräfte. Von hier aus erscheint die konsequente Friedenspolitik des Kurfürsten Ferdinand Maria (1651-1679) nur allzu verständlich.

Dieser Ferdinand Maria, der weiche, träumerische, aber nicht unbegabte Sohn aus Maximilians zweiter Ehe mit der Habsburgerin Marianne, war seit 1652 mit der lebenslustigen und geistvollen Henriette Adelheid von Savoyen vermählt. In der Außenpolitik steuerte er zunächst einen österreichfreundlichen Kurs, während die Innenpolitik ganz auf die Erholung des geschwächten Landes abgestellt wurde. Man verlegte sich auf strenge Sparsamkeit, suchte die Einnahmen aus den Kammergefällen zu mehren und das Gewerbe wieder zu heben. Tatsächlich war diese Sanierung der Finanzen von Erfolg begleitet, und die letzten Regierungsjahre des Kurfürsten boten in wirtschaftlicher Hinsicht ein durchaus günstiges Bild. Angesichts der Unselbständigkeit Ferdinand Marias wurde die innere und äußere Staatsverwaltung maßgeblich von den kurfürstlichen Räten bestimmt, seit 1662 vor allem von Kaspar von Schmid, einem tüchtigen Juristen und unverwüstlichen Arbeiter, der 1667 auch formell das Kanzleramt übernahm. War der Kurfürst schon nach der Wahl Kaiser Leopolds I. 1658 allmählich aus dem reichshabsburgischen ins französische Lager übergeschwenkt, so drängte ihn sein frankophiler Kanzler 1670 zum Abschluß einer förmlichen Allianz mit Frankreich: Ludwig XIV. verpflichtete sich zur Subsidienzahlung, Kurbayern zu einer Politik der bewaffneten Neutralität. Und an dieser konsequenten, nur-bayerischen Friedenspolitik hielt man auch im folgenden Jahrzehnt trotz aller Verlockungen und Drohungen unbeirrbar fest.

Im Windschatten von dreißig Friedensjahren konnte so, von München aus, ein stark italienisch bestimmter Hochbarock im Land Einzug halten, tatkräftig gefördert von der Kurfürstin Henriette Adelheid. Wichtigste Wegzeichen dafür waren das 1663 begonnene Lustschloß Nymphenburg und die Theatinerkirche St. Kajetan – beide Bauten errichtet als Dank für die heißersehnte Geburt des Kurprinzen Max Emanuel und nach italienischen Vorbildern entworfen vom Architekten Agostino Barelli aus Bologna. Für die Theatinerkirche gab Sant'Andrea della Valle, eine römische Schwesterkirche von Il Gesù, das Modell ab; Barellis Nachfolger, der Graubündner Enrico Zuccalli, hat ihr dann mit der mächtigen Tambourkuppel und den bizarren Türmen ihr heutiges Gesicht gegeben.

Im Bereich der staatlichen Kirchenpolitik hielt man unter Ferdinand Maria an der Linie Maximilians im wesentlichen fest. Auf die ausschließliche Katholizität des Landes wurde streng geachtet. Wie bisher überwachte der Staat auch die Religionsausübung der Untertanen und übte die kirchenpolizeiliche Kontrolle, wennschon die hoheitsrechtliche Bevormundung der Bischöfe nicht mehr so schroff gehandhabt wurde wie zu Maximilians Zeiten. Ein besonderes Verdienst Ferdinand Marias, von dem kräftige Impulse für den werdenden Barock ausgingen, ist die Wiederherstellung der 1556 säkularisierten, im Dreißigjährigen Krieg zurückgewonnenen, aber aus Finanzgründen zunächst nicht restituierten Oberpfalzklöster. Ungeachtet der Widerstände im Episkopat, namentlich von seiten des Regensburger Fürstbischofs Franz Wilhelm von Wartenberg, gab der Kurfürst in den Jahren 1661 bis 1669 die oberpfälzischen Abteien an die Prälatenorden zurück: Ensdorf, Michelfeld, Reichenbach und Weißenohe an die Benediktiner, Walderbach und Waldsassen an die Zisterzienser, Speinshart an die Prämonstratenser. Nicht mehr hergestellt wurden die Frauenklöster Gnadenberg und Seligenporten.

Kurfürst Max II. Emanuel (1679-1726), der Sohn Ferdinand Marias und der savoyischen Adelheid, war der Typ des vollendeten Barockfürsten. Ehrgeizig, leichtlebig, großzügig, ein verschwenderischer Mäzen und tapferer Soldat, ohne die Selbstbescheidung des Vaters und weit mehr vom Temperament der Mutter bestimmt, wollte er sein Land wieder in die große europäische Rolle der maximilianeischen Zeit heben. Nach einigem Zögern brach er mit der bisherigen Neutralitätspolitik und schloß im Januar 1683 mit Österreich eine Defensivallianz. Das

Bündnis eröffnete ihm die Aussicht auf die Hand der Habsburgerin Maria Antonia und damit den nächsten Erbanspruch auf die spanische Krone. Zwar mußte dann die Kaisertochter, ehe sie sich 1685 mit Max Emanuel vermählte, auf ihre spanischen Erbrechte verzichten, doch es blieb eine Anwartschaft auf die Niederlande. Die enge Bindung an das Kaiserhaus führte den bayerischen Kurfürsten in den Jahren 1683 bis 1688 in den Türkenkrieg hinein, der ihm wegen seines hervorragenden Anteils am Entsatz von Wien (1683), an der Reiterschlacht von Mohács (1687) und an der Erstürmung Belgrads (1688) in ganz Europa den Ruhmestitel des »Blauen Kurfürsten« einbrachte. Allein, vom Türkenkrieg bekam Bayern nur die Lasten zu spüren: 15 Millionen Gulden hatte man hingeopfert, 30 000 Landessöhne waren auf den Schlachtfeldern geblieben. Nachdem Max Emanuel 1691 die Statthalterschaft der Spanischen Niederlande angetreten hatte und ein Jahr darauf Maria Antonia bei der Geburt des Kurprinzen im Kindbett gestorben war, trübte sich das Verhältnis zum Kaiserhaus mehr und mehr. Zum offenen Bruch kam es dann, als mit dem Tod des letzten spanischen Habsburgers, König Karls II., im November 1700 die militärische Auseinandersetzung zwischen den rivalisierenden Machtblöcken Habsburg und Bourbon in greifbare Nähe rückte. Das ursprüngliche Bemühen der Spanier, die Monarchie durch ihre Übertragung an einen Dritten, den bayerischen Kurprinzen Joseph Ferdinand, zusammenzuhalten, hatte der plötzliche Tod des sechsjährigen Kurprinzen im Februar 1699 zunichte gemacht. Angesichts der ungeheueren Ausdehnung der spanischen Monarchie, die neben Spanien und den spanischen Niederlanden auch die beiden Indien, Neapel, Sizilien, Sardinien und Mailand umfaßte, mußte sich die Erbfrage zu einem entscheidenden Problem des europäischen Mächtegleichgewichts zuspitzen. Allein schon durch seine geographische Lage zwischen den beiden Rivalen Frankreich und Österreich wurde Bayern notwendig in die Auseinandersetzung hineingezogen. Zudem war Max Emanuel als Statthalter der Niederlande vom Tauziehen der Großmächte um das spanische Erbe unmittelbar betroffen. Nachdem der bayerische Kurfürst wenige Wochen zuvor ein Bündnis seines Bruders Joseph Clemens von Köln mit dem Hause Bourbon in die Wege geleitet hatte, band er sich in der »Engen Allianz« am 9. März 1701 auch selber an Frankreich.

Wieder wurde im Waffengang um das spanische Erbe, zu dem Max Emanuel mit dem Überfall auf die Reichsstadt Ulm im September 1702 den entscheidenden Auftakt gab, Oberdeutschland zum großen Kriegsschauplatz. Keine zwei Jahre später, am 13. August 1704, fiel in der Schlacht bei Höchstädt und Blindheim die Entscheidung zugunsten der kaiserlichen Truppen. Während sich Max Emanuel hinter den Rhein zurückzog, beendigte die zur Regentin eingesetzte Kurfürstin Therese Kunigunde im Vertrag von Ilbesheim im November 1704 den auf die Dauer aussichtslosen Widerstand und überantwortete das völlig ermattete Land der Gnade des Siegers. Eine schwere Zeit brach nun für Bayern an. Vielerorts kam es zu Ausschreitungen und Besatzungsgreueln, die an die Schwedenzeit erinnern mochten. Unter den unwürdigsten Umständen wurden Zwangsrekrutierungen vorgenommen, preßte man dem geschundenen Volk ungeheuerliche Summen an Kriegskontributionen ab und trieb die Steuern bis zum Siebenfachen eines Jahres hinauf. Kein Wunder, daß sich Verbitterung und Haß gegen die Unterdrücker ins Unermeßliche steigerten und schließlich zu jener verzweifelten Volkserhebung des Ober- und Unterlandes führten, die 1705/06 in den schauerlichen Gemetzeln von Sendling und Aidenbach ihr blutiges Ende fand. Max Emanuel hatte an der bayerischen Volkserhebung keinen Anteil gehabt, ja, er trug sich zeitweilig sogar mit dem Gedanken, seine bayerischen Stammlande gegen Sizilien, Sardinien oder die Niederlande zu vertauschen. Mit dem Frieden von Rastatt erhielt er 1714 seine Kurlande wieder ungeschmälert zurück, aber seine Pläne blieben bis zuletzt voll hochfliegendem Ehrgeiz. So brachte er 1722 die Vermählung des Kurprinzen Karl Albrecht mit der Kaiserstochter Maria Amalie zustande in der Absicht, seinem Sohn die Erbansprüche auf Österreich und damit das Anrecht auf die Kaiserkrone zu sichern: Beim Tod Kaiser Karls VI. würde Bayern eine weibliche Thronfolge nicht anerkennen, sondern unter Berufung auf den Regensburger Geheimvertrag von 1546 als Erbe der Wiener Habsburger auftreten.

Kurfürst Karl Albrecht (1726-1745), in dessen Person sich das leichte, heitere bayerische Rokoko verkörperte, suchte zwar das auf europäische Größe angelegte Spiel des Vaters zu wiederholen, doch es fehlte ihm selbst an Schwung und Härte und seinem in langen Kriegsjahren ausgesaugten Land an wirtschaftlicher und militärischer Kraft. Immerhin erhob man bayerischerseits, als Kaiser Karl VI. 1740 ohne männliche Nachkommen starb, unverzüglich Anspruch auf die österreichischen Erblande. Da die diplomatischen Vorstellungen am Wiener Hof keine Beachtung fanden, eröffnete Karl Albrecht mit seiner durch französische und spanische Hilfsgelder auf die Beine gebrachten Armee im Herbst 1741 den Österreichischen Erbfolgekrieg. In raschem Zugriff konnte ganz Oberösterreich besetzt werden; noch im November fiel auch Prag in die Hände des bayerischen Kurfürsten. Am 12. Februar des Jahres darauf wurde Karl Albrecht in Frankfurt unter höchster Prachtentfaltung als Karl VII. zum Kaiser gekrönt. Aber wenige Tage später schon führten die Österreicher mit der Besetzung Münchens die militärische Wende des Krieges herbei, und nun begannen für Bayern jene Pandurenjahre von 1742 bis 1745 mit Schrecknissen und Greueln, wie man sie seit Menschengedenken nicht mehr erlebt hatte. Erst als Friedrich der Große 1744 einen neuerlichen Krieg gegen Maria Theresia anzettelte, konnte Karl Albrecht nach München zurückkehren; aber er war todkrank, innerlich gebrochen wegen des Scheiterns all seiner Hoffnungen und Pläne. Am 20. Januar 1745 erlag er in der Münchener Residenz seinem alten Stein- und Gichtleiden, ganze siebenundvierzig Jahre alt. Sein Sohn Max III. Joseph sah sich wenige Monate später gezwungen, den Sonderfrieden von Füssen zu unterzeichnen, in dem er auf alle österreichischen Erbansprüche verzichtete und dafür Kurbayern ungeschmälert zurückerhielt. Für Bayern bedeutete dieser Friede nichts weniger als das Ausscheiden aus dem Konzert der europäischen Mächte und die endgültige Preisgabe der von Maximilian errungenen Stellung.

2. Die bayerischen Bistümer

Das Ende des Dreißigjährigen Krieges und der Westfälische Frieden markieren auch für die bayerische Kirche eine Epochengrenze. Jetzt erst konnte die in Trient eingeleitete katholische Reformbewegung in einer zweiten Welle durchs Land gehen und auf breiter Ebene Wurzel fassen. Als sich in den ersten Jahrzehnten nach 1650 das System von Synoden, Visitationen und Reformgeneralien weithin eingespielt hatte und die Priesterbildung überall auf ein neues Fundament gestellt war, ließen sich die weiteren Aktionen der kirchlichen Oberbehörden auf einzelne Reformmaßnahmen konzentrieren. Wie sich die Dinge gebessert hatten, zeigt etwa ein Vergleich der *Visitatio Bavarica* von 1558/60 mit der Salzburger Visitation von 1672/75 Seelsorge, Schulwesen, der bauliche Zustand der Kirchen, nicht zuletzt die Lebensführung der Geistlichen selber, werden im allgemeinen in Ordnung befunden. Soweit Klagen auftauchen, gehen sie höchstens über das Fernbleiben der Kinder von der Christenlehre, über die »Leichtfertigkeit« der Dienstboten oder den Aberglauben des Bauernvolks. Die allmähliche Stabilisierung der Verhältnisse spiegelt sich nicht zuletzt in den Bischofsstädten wider, die nun zu weithin ausstrahlenden Mittelpunkten wurden und mit der Haupt- und Residenzstadt München in jeder Weise zu konkurrieren suchten. Neue Kirchen und Residenzen, neue Ordensniederlassungen und Diözesanhochschulen, der oft gewaltige Druckausstoß der bischöflichen Offizinen – all das spricht heute noch eine deutliche Sprache.

Die fürstlichste unter diesen Bischofsstädten der Barockzeit war zweifelsohne Salzburg, seit 798 die Metropole der bayerischen Kirchenprovinz. Hier, im windstillen Bereich des bayerischen Südostens, hatten sich noch während des Großen Krieges die Ansätze der neuen Barockkultur herausgebildet. 1598 war in Salzburg der romanische Dom niedergebrannt. Die Pläne des Fürsterzbischofs Wolf Dietrich von Raitenau für den Neubau zielten auf den größten Dom diesseits der Alpen, der dem Vergleich mit St. Peter in Rom standhalten sollte. Sahen sich seine Nachfolger Marx Sittich von Hohenems und Paris Graf Lodron aus finanziellen Gründen auch zu Abstrichen gezwungen, so konnte der Bau doch mitten unterm Dreißigjährigen Krieg nach dem grandiosen Entwurf Santino Solaris vollendet werden. 1628 wurde der neue Dom, das erste Wahrzeichen des Kirchenbarocks in Süddeutschland, unter höchster Prachtentfaltung und in Anwesenheit illustrer Gäste geweiht; die aus diesem Anlaß aufgeführte 53stimmige Festmesse von Orazio Benevoli machte den Raum nördlich der Alpen wie nebenbei auch mit der zeitgenössischen venezianisch-römischen Musikkultur vertraut. Schon fünf Jahre zuvor, 1623, hatte Fürsterzbischof Paris Graf Lodron, tatkräftig unterstützt von den bayerischen, österreichischen und schwäbischen Abteien, seine Benediktiner-Universität feierlich eröffnen können. Im Jahr 1641 war dann die Salzburger Benediktiner-Kongregation gegründet worden, die auch ins Kurbayerische hinausgriff. Überhaupt stand das Salzburger Erzstift nach seinen Interessen und Rückbindungen souverän zwischen Bayern und Österreich wie nur noch das geistliche Passau. Die Häuser Habsburg und Wittelsbach rangen um die Vorhand, wenn es um die Wahl des Fürsterzbischofs ging oder um die Besetzung von Domherrenpfründen. Dabei verlor die bayerische Position im Verlaufe des 17. Jahrhunderts mehr und mehr an Gewicht, während gleichzeitig die Austriazisierung Salzburgs – hierin wiederum Passau vergleichbar – rasch voranschritt. Schon der Nachfolger Lodrons, Guidobald Graf Thun, war ein Deutschböhme, über dessen Haltung zur Wiener Politik seine Funktion als kaiserlicher Prinzipalkommissar auf dem Immerwährenden Reichstag zu Regensburg keinerlei Zweifel aufkommen läßt, und mit Franz Anton Fürst Harrach hatte dann 1709 der Wiener Hofadel das Erzstift Salzburg bis zum Ende der alten Ordnung fest in seine Hände gebracht.

Ganz anders war demgegenüber die Situation des im Herzen des Landes gelegenen Freising, nur acht Gehstunden von München ab und mit einem geistlichen Sprengel, der das alte Oberbayern umfaßte. Was Wunder, daß man in München mit allen Mitteln versucht hat, gerade auf Freising Einfluß zu nehmen und den Stuhl des heiligen Korbinian nicht in fremde Hände gelangen zu lassen. War es doch im Haus Bayern seit der großen gegenreformatorischen Aktion in Kurköln eine selbstverständliche Gewohnheit geworden, nachgeborene Prinzen mit Rücksicht auf ihre standesgemäße Versorgung zu geistlichen Reichsfürsten zu machen. Und tatsächlich finden wir immer wieder wittelsbachische Prinzen auf dem Freisinger Bischofsstuhl: zunächst Herzog Ernst (1566-1612), jenen Bruder Wilhelms V., der auch die wittelsbachische »Sekundogenitur« im Nordwesten des Reiches begründet hat, dann Albrecht Sigismund (1652-1685), einen Neffen des Kurfürsten Maximilian I. aus der Leuchtenberger Nebenlinie; ferner Joseph Clemens (1685-1695), den Bruder Max Emanuels, und zuletzt noch im Rokoko Johann Theodor (1727-1763), den »Kardinal von Bayern«. Die Kette wird, wenn wir von Fürstbischof Veit Adam von Gepeckh (1618-1651) und der Zeit des Dreißigjährigen Krieges absehen, eigentlich nur durch die lange Regierung des großen Johann Franz Eckher von Kapfing und Liechteneck (1696-1727) unterbrochen. Aber gerade mit Fürstbischof Eckher bekam Freising seinen großen Seelsorgebischof und Repräsentanten des Barocks.

Ähnlich wie Freising war Regensburg ein fast ausschließlich bayerisches Bistum, und ähnlich wie dort wurde auch hier der Einfluß des bayerischen Herrscherhauses in massiver Weise spürbar, wenn es um die Neubesetzung des Bischofsstuhles ging. Auf dem vielfach erprobten Wege der Präsentation eines nachgeborenen Prinzen aus dem eigenen Hause und der Durchsetzung seiner Wahl zum Bischof oder Bischofskoadjutor ließ sich wenigstens indirekt eine Art kirchlicher Oberhoheit über den Sprengel sichern. Mochte der wirtschaftliche Ertrag des Regensburger Hochstifts auch noch so bescheiden sein und der Stuhl des heiligen Wolfgang zu den ärmsten Bischofssitzen des Reiches zählen, so lag dem Münchener Hof doch alles daran, zu verhindern, daß ein »ausländischer Souverän« in Bayern regierte und über weite Teile des Landes die geistliche Jurisdiktion ausübte. Darum befand sich auch Regensburg im Jahrhundert nach dem Westfälischen Frieden fast ununterbrochen in den Händen nachgeborener Prinzen aus der Dynastie der bayerischen Wittelsbacher. Bereits im ausgehenden 16. Jahrhundert hatte Prinz Philipp Wilhelm (1579-1598), ein Sohn Herzog Wilhelms V., die Reihe der Regensburger Fürstbischöfe aus dem bayerischen Herrscherhaus eröffnet. Von 1649 bis 1763 läuft sie dann nahezu geschlossen durch: zunächst der wohl bedeutendste Wittelsbacher Kirchenfürst überhaupt, Franz Wilhelm aus der Wartenberger Seitenlinie (1649-1661); dann Albrecht Sigismund (1668-1685), Joseph Clemens (1685-1715) und Clemens August (1716-1719); schließlich Johann Theodor (1719-1763), der letzte geistliche Prinz aus dem wittelsbachischen Haus. Aufs Ganze gesehen, bietet das »wittelsbachische Säkulum« der Regensburger Bistumsgeschichte hinsichtlich der Inhaber des fürstbischöflichen Stuhles ein wenig erfreuliches Bild, und Wilhelm von Wartenberg ist eigentlich die große Ausnahme. In klarer Zielsetzung und unbeugsamer Festigkeit hat er im Bistum nach dem Dreißigjährigen Krieg eine umfassende religiös-sittliche Erneuerung eingeleitet. Seine umsichtigen Reformmaßnahmen blieben richtungweisend bis ins 18. Jahrhundert hinein. Völlig anderen Zuschnitts war Fürstbischof Albrecht Sigismund, der seit 1651 auch schon das Bistum Freising innehatte. Gewiß untadelig in seinem persönlichen Lebenswandel, konnte er sich doch nie dazu aufraffen, die höheren Weihen zu empfangen. Mit ihm, erst recht aber mit seinem Koadjutor und Nachfolger Joseph Clemens beginnt die Reihe jener Regensburger Fürstbischöfe aus dem Hause Wittelsbach, die sich kaum um ihren Sprengel kümmerten, ihm lediglich ihren hochfürstlichen Namen liehen und auf die sorgfältige Abführung der Schatullengelder bedacht waren. Doch ist damit nur eine Seite der Geschichte des Bistums in der Barockzeit ins Bild gebracht. Neben und hinter den geistlichen Fürsten, die wegen ihrer Pfründenkumulation, ihrer Minderjährigkeit, ihrer fehlenden höheren Weihen oder ihrer unzulänglichen theologischen Bildung den bischöflichen Pflichten nur in beschränktem Maß nachkommen konnten und wollten, darf das unauffällige Wirken der ganz im Schatten stehenden Weihbischöfe, Bistumsadministratoren und Generalvikare nicht übersehen werden. Auf ihren Schultern ruhte die eigentliche Bistumsverwaltung, und ihr Seeleneifer prägte das andere, das geistliche Antlitz der Reichskirche in entscheidendem Maße mit. Ihrem Einsatz ist es schließlich zu danken, daß auch in dem mit der dynastischen Reichskirchenpolitik und all ihren Schattenseiten so eng verflochtenen Bistum Regensburg die Aufbauarbeit nicht ins Stocken kam und jener gewaltige religiöse Aufschwung möglich wurde, der noch heute hinter der kulturellen Gestaltungskraft des Barockzeitalters auf Schritt und Tritt spürbar wird.

Gemessen an Regensburg und Freising, hatte das Bistum Passau, das seit den Tagen der Frühmission Bayern und Österreich miteinander verklammerte, die freiere Stellung und den fürstlicheren Auftritt. Im Passauer Domkapitel – wenn auch zerspalten in »Austriaci«, »Bohemi« und »Tirolenses« – ist die erbländische Partei immer stärker gewesen als die bayerische, und so wird verständlich, daß sich die Passauer Kapitulare nach dem Tod des großen Urban von Trennbach 1598 einem kaiserlichen Prinzen zuwandten und keinem wittelsbachischen. Nacheinander haben nun drei Erzherzöge – Leopold (1598-1625), Leopold Wilhelm (1625-1662) und Karl Joseph (1662-1664) – den weiten Passauer Sprengel in Händen, und als dann das Erzhaus aus Mangel an männlichen Sprossen keinen Bischofskandidaten mehr stellen konnte, trat die erbländische Hocharistokratie an seine Stelle. Familien wie die Grafen Thun mit insgesamt vier Fürstbischöfen oder die Grafen Lamberg mit den beiden Kardinälen Johann Philipp und Joseph Dominikus pflegten das Hochstift geradezu als persönliche Domäne zu betrachten. Dabei ist Passau, wie es noch heute das ganze Stadtbild spiegelt, überstrahlt vom vollen Glanz einer geistlichen Residenz. Noch unter den Erzherzögen wurde eine weit ausstrahlende Diözesanhochschule mit Gymnasium und Priesterseminar gegründet, die die Jesuiten übernahmen. Typisch auch, wie Passau über die Jahrhunderte hin mit Salzburg rivalisiert, bis endlich Fürstbischof Joseph Dominikus von Lamberg 1728 die Exemtion von der Metropolitangewalt des Salzburgers erreichte. Man mußte als Preis dafür allerdings das Viertel unter dem Wienerwald mit sieben Städten und neunundsechzig Pfarreien an das kaiserliche Wien abtreten – eine wichtige Etappe auf jenem Weg, der schließlich 1783/84 zum völligen Verlust des österreichischen Diözesananteils und damit zur lebensgefährlichen Amputation des alten Passau führen sollte.

Bei der Betrachtung der bayerischen Bistümer wird häufig übersehen, wie auch die zur Kirchenprovinz Mainz gehörigen Diözesen Augsburg und Eichstätt sowie das exemte Bamberg von den Grenzsäumen her in das altbayerische Stammesgebiet hereingreifen. Blieb der Einfluß Bambergs mit seinen fünf Oberpfalz-Pfarreien ziemlich am Rande, so waren die Bistümer Augsburg und Eichstätt aufs engste mit dem bayerischen Territorium verzahnt. Die Augsburger Diözese schob sich mit zwei Stoßkeilen die Paar abwärts bis zur Ilm und über die Ammer hinaus bis zum Würmsee und zur oberen Isar vor. Den Zusammenhalt weiter Landesteile mit Augsburg konnte man am besten daran erkennen, daß der Pfarrer auf der Kanzel im schwäbischen Tonfall predigte oder daß der geistige Einfluß Dillingens entscheidend über den Lech herüberschlug. Seit Kardinal Otto Truchseß von Waldburg gab es ja dort die lebendige Einheit von Universität, Diözesanseminar und Jesuitenkolleg sowie die für ganz Süddeutschland entscheidende Druckerei des Sebald Mayer. Auf die Besetzung des Augsburger Bischofsstuhls vermochte das Haus Wittelsbach freilich auch in der Barockzeit keinen mit Freising oder Regensburg vergleichbaren Einfluß auszuüben.

Ähnliches gilt für Eichstätt, wiewohl sein jeweiliger Fürstbischof Kanzler der bayerischen Landesuniversität Ingolstadt war. Die Domherrenpfründen ruhten in Eichstätt eisern in den Händen des schwäbisch-fränkischen Reichsadels, oder sie kamen auf dem Weg über das kaiserliche Recht der *Preces primariae* an innerösterreichische Geschlechter. Noch Raimund Anton Graf Strasoldo (1757-1781), der große Fürstbischof des Eichstätter Rokoko, war zu Graz geboren und stammte aus altem friulanischen Reichsadel. Versuche, bayerische Prinzen zu geistlichen Würden zu bringen, aber wurden vom Eichstätter Domkapitel stets vereitelt. Das Verhältnis zwischen Eichstätt und dem wittelsbachischen Bayern blieb auch in der Barockzeit distanziert. Es fehlten dem kleinen Bistum die weit in den Wittelsbacherstaat hineingreifenden Einflußbahnen eines Salzburg oder Augsburg, und Diözesanhochschule wie Jesuitenkolleg standen zu sehr im Schatten des mächtigen Ingolstadt. Nicht zuletzt zeigt sich die Abkapselung Eichstätts in der Kunst. Hier blieb – im Gegensatz zu Altbayern und Bayerisch-Schwaben – ein stark romanisch akzentuierter Reichsstil bestimmend, und die italienischen Baumeister in der Abfolge der Engel-Angelini, Barbieri, Gabrieli und Pedetti beherrschen bis weit ins 18. Jahrhundert hinein das Feld.

In den fränkischen Bistümern Würzburg und Bamberg markiert das Jahrhundert nach dem Dreißigjährigen Krieg die »Schönbornzeit«. Sie ist zum sprichwörtlichen Begriff unserer Kulturgeschichte geworden und als baufreudiges, kunstliebendes Säkulum bis heute greifbare Wirklichkeit geblieben. Die Familie Schönborn selber, die aus dem beengten Raum des landsässigen Westerwälder Adels kommt, bietet in der Barockzeit ein grandioses Bild des Aufstiegs. Während dreier Generationen gelang der einzigartige Ansturm auf die Hochstifte an Rhein und Main. Sechs Schönborn hatten zwischen 1642 und 1746 vierzehn geistliche Fürstenstühle inne; von ihnen waren zwei auch Fürstbischöfe von Bamberg (Lothar Franz und Friedrich Karl), drei Fürstbischöfe von Würzburg (Johann Philipp, Johann Philipp Franz und Friedrich Karl). Von besonderer Bedeutung für das kirchliche und politische Geschehen in den fränkischen Bistümern wurde der Umstand, daß Johann Philipp und Lothar Franz zugleich auch Kurfürsten von Mainz waren und damit Erzkanzler des Reiches, während Friedrich Karl, vor seiner Bischofswahl von 1729, fünfundzwanzig Jahre lang das Amt des Reichsvizekanzlers bekleidet hatte. Doch bei aller Aktivität auf der Bühne des großen politischen Geschehens waren die geistlichen Schönborn-Fürsten durchwegs Männer von beispielhafter Amtsauffassung und Lebensführung, bemüht, in ihren Bistümern die Saat von Trient zur Blüte und Reife zu bringen. Darüber hinaus wurde in den Schönbornlanden, wie überall in der Barockzeit, eine ungeheuere Baulust wirksam und ein lebhafter Austausch von Künstlern schon bald nach der Mitte des 17. Jahrhunderts. In der zweiten Generation ist dann Lothar Franz zum eigentlichen Vater des rheinisch-fränkischen Barocks geworden. Der sprichwörtliche »Bauwurm« steigerte sich bei ihm zu einer wahren Leidenschaft, und mit heiterer Selbstironie gesteht sich der Kurfürst ein: »Das Bauen ist eine Lust und kostet viel Geld, aber einem jeden Narren seine eigene Kappe gefällt.« Die Brüder Dientzenhofer bauen von Kloster Banz über Bamberg, Pommersfelden und Ebrach bis zum Mainzer Schönbornhof, ja selbst in der benachbarten Fürstabtei Fulda. Allen voran aber steht Balthasar Neumann, dem es gelingt, eine wahrhaft europäische Künstlergemeinschaft von höchstem Rang zusammenzuführen und zusammenzuhalten. Die Würzburger Residenz ist das eindrucksvollste Beispiel dafür, das »Schloß über allen Schlössern« sozusagen.

Selbstverständlich gibt es über die süddeutschen Bischöfe der Barockzeit eine Fülle von Monographien, angefangen vom großen Julius Echter von Mespelbrunn bis hin zum Kardinal Johann Theodor von Bayern. Doch es kann bei unserer Überschau nicht um die Einzelheiten gehen, sondern nur um die Grundlinien der Entwicklung. Festzuhalten bleibt, daß das Jahrhundert nach dem Großen Krieg jedem Bistum wenigstens einmal einen Bischof nach dem Ideal des Tridentinums geschenkt hat, einen Oberhirten, der bestrebt war, den Forderungen des Konzils nahezukommen, soweit dies Herkunft, Rang und reichsfürstliche Stellung nur irgend erlaubten. Man möchte an Johann Christoph von Freyberg in Augsburg (1665-1690) denken, an Johann Ernst von Thun in Salzburg (1687-1709) oder, schon am Ende unseres Zeitraums, an Raimund Anton Graf Strasoldo in Eichstätt (1757-1781). Vor allem aber stehen die verehrenswerten Gestalten eines Johann Franz Eckher von Kapfing zu Freising (1696-1727) und eines Gottfried Langwerth von Simmern zu Regensburg (1717-1741) vor uns. Eckher, der in seiner dreißigjährigen Regierungszeit geradezu den Typ des süddeutsch-barocken Kirchenfürsten repräsentierte, ausgezeichnet durch Seeleneifer, Nächstenliebe und kernige Frömmigkeit. Durch ausgedehnte Hirtenreisen und die systematische Arbeit seines Geistlichen Rats verhalf er der tridentinischen Reform im ganzen Bistum zu einem späten Durchstoß. Unter ihm erhielt Freising eine eigene, von den Benediktinern geleitete Diözesanhochschule, die zur wichtigen Pflegestätte des Salzburger Thomismus und des barocken Schultheaters wurde, aber auch ein neues Krankenhaus an der Herrenmosach und ein großes Waisenhaus. Überhaupt machte die Armenpflege, im »Liebesbund« von 1710 mustergültig zusammengefaßt, einen Kernpunkt seines Wirkens aus. Nebenher aber lief ein reiches Mäzenatentum, das 1724 in der Jahrtausendfeier des Bistums und in der durchgreifenden Erneuerung des Doms durch die Brüder Asam gipfelte. Nicht zuletzt holte Eckher 1722 den Benediktiner Karl Meichelbeck nach Freising und öffnete ihm die Archive zur Abfassung der zweibändigen *Historia Frisingensis*, der ersten umfassenden und kritischen Bistumsgeschichte in Deutschland.

Gottfried Langwerth von Simmern war zwar nur Weihbischof und Bistumsadministrator für die bayerischen Prinzen Clemens August und Johann Theodor, aber gerade er zeigt den Typ des meist zu oberflächlich gesehenen Barockbischofs in Vollendung, zeigt wie zum selbstverständlich auf sich genommenen Hirtenamt noch die strenge Askese dazukommt und eine verschwenderische Wohltätigkeit. Einem alteingesessenen rheingauischen Adelsgeschlecht entstammend, das sich seit Generationen zum Protestantismus lutherischer Prägung bekannte, war Gottfried unter dem Einfluß der Mainzer Jesuiten mit achtzehn Jahren zum katholischen Glauben übergetreten. Nach glänzendem Abschluß der theologischen Studien am Collegium Germanicum in Rom hatte er eine Domherrnpfründe in Regensburg erhalten. Der Schwerpunkt seiner Tätigkeit lag aber von Anfang an im Bereich der Bistumsverwaltung; zeitlebens war er bemüht um eine Neubelebung, Festigung und Vertiefung des religiössittlichen Lebens bei Klerus und Volk. Wichtige Grundlage für die pastoralen Entscheidungen des Bistumsadministrators wurde die *Designatio parochiarum* von 1723/24, eine große, bislang ungedruckte Bestandsaufnahme des Bistums. Naturgemäß galt die besondere Hirtensorge des Konvertiten den konfessionell gemischten Einsprengseln der Diözese, namentlich den Simultanpfarreien im Herzogtum Sulzbach. Seinem sprichwörtlichen *Zelus catholicae religionis* entsprang auch die tatkräftige Mithilfe bei der Errichtung eines schottischen Missionsseminars in Regensburg. Daneben stehen mit der Gründung von Waisenhäusern und Armenschulen und mit dem Feldzug gegen die religiös-sittliche Verwilderung des vagabundierenden Volkes sozial-karitative Maßnahmen, die von hohem persönlichen Einsatz zeugen. Dazu kommen eine äußerst bescheidene, ja kärgliche Lebensführung und eine von starkem Drang zur Innerlichkeit geprägte Frömmigkeitshaltung. Im Regensburg des 18. Jahrhunderts war Gottfried Langwerth von Simmern ohne Zweifel die bedeutendste geistliche Gestalt. Und in seinem schlichten, streng tridentinisch geprägten Leben spiegelt sich viel vom anderen, vom geistlichen Antlitz der Reichskirche in der letzten Epoche ihres Bestehens. Man kann nur ahnen, was Bischöfe dieses Schlages als Vorbilder, Anreger, Oberhirten im eigentlichen Sinn des Wortes für die Ausbildung einer spezifisch bayerischen Barockfrömmigkeit bedeutet haben...

3. Kultur, Kunst und Frömmigkeit

Mag das von neuer Macht und Pracht der alten Kirche kündende Barockzeitalter in Südeuropa bereits um die Mitte des 16.

Jahrhunderts einsetzen, so war die volle Entfaltung der Barock-kultur nördlich der Alpen erst nach dem Ende der furchtbaren Religionskriege möglich. Gerade in der Baukunst zeigte sich jetzt das Aufatmen nach langem Druck innerer und äußerer Krisen, spiegelte sich der Aufschwung des verjüngten kirchlichen Lebens, aber auch das Triumphgefühl des wiedergewonnenen Selbstbewußtseins nach Jahrzehnten der Mutlosigkeit. Ein harmonischer Zusammenklang von Religion und Politik, von gesellschaftlichen und kulturellen Werten, von Glaube und Wissen prägte das farbenfrohe Antlitz des barocken Bayern, wie es in der zweiten Hälfte des 17. Jahrhunderts Gestalt anzunehmen begann. Der gemeinsame Ursprung und das einigende Band dieses kraftvollen Aufbruchs sind in erster Linie im wiedererstarkten katholischen Glaubensbewußtsein zu suchen, in einer neuen religiösen Grundhaltung, die wir Barockfrömmigkeit nennen. Gewiß bedeutet diese »Barockfrömmigkeit« zunächst »nachtridentinische Frömmigkeit«, also eine Frömmigkeitshaltung, die durchlebt ist von den Gesetzen und Dekreten des großen Konzils. Auf der anderen Seite aber atmet die katholische Barockreligiosität neben dem Ernst, der Herbheit und Nüchternheit des stark romanisch geprägten Katholizismus von 1563 auch gelöste Heiterkeit, Siegessicherheit und reflektierte Weltbejahung, so daß Anton Ludwig Mayer den Frömmigkeitsstil des Barocks geradezu als Reaktion auf den eingehausten engen Geist der »Gegenreformation« ansprechen konnte. Im Blick auf die Gesamtgeschichte der christlichen Frömmigkeit aber wird man sagen dürfen: »Es ist gerade die Frömmigkeitshaltung des späten Mittelalters, die im Barockkatholizismus wiederkommt, nur jetzt durch die Glaubenskämpfe geläutert, durch Trient stärker in Zucht genommen, vom neuen Zeitstil machtvoller betont«.

Die Ausprägung der Barockreligiosität im bayerischen Raum des 17. und 18. Jahrhunderts wurde in entscheidendem Maße von den geistlichen Fürsten sowie von den Stiften und Klöstern getragen, so daß man im katholischen Bayern mit vollem Recht von einem »geistlichen Barock« sprechen kann. Gerade die vielen Klöster des Landes trugen wesentlich dazu bei, daß die Barockkultur in Bayern eine wahre Volkskultur wurde, daß es zur Wiederbegegnung von Kirche und Niedervolk kam und sich der neue Frömmigkeitsstil mit verblüffender Selbstverständlichkeit hineinlebte in die weiten Räume des Volkstums. Kein Land des Reiches hatte ja so viele Klöster wie Altbayern, und Lorenz

Westenrieder konnte noch 1794 allein für den Prälatenstand seine neunundfünfzig Klöster herzählen. Daß die alten Prälatenklöster unter dem Einfluß der Jesuiten gegen Ende des 16. und mit beginnendem 17. Jahrhundert fast ausnahmslos wiedererstarkten, kann als einer der erstaunlichsten Erfolge der Katholischen Reform verbucht werden. Und jetzt, nach dem Dreißigjährigen Krieg und den ersten Siegen der inneren Erneuerung, waren die gebreiteten Klostersitze des Landes die wichtigsten Mittler hin zum Volk, die ein volles Stück barocker Kultur und Lebensfreude in den Bauernalltag hineintrugen. Bodenständiger und dem Volke näher als die Jesuiten, wurden gerade die alten Orden mit der gewaltigen Wirtschaftskraft ihrer Klöster zu den großen Bauherrn des Landes, allen voran die Benediktiner. Ihnen gelang 1684, gegen heftigste Widerstände des Episkopats, auch der Zusammenschluß zu einer »Bayerischen Benediktinerkongregation«, die sich Aszese und wissenschaftliche Leistung zum Ziel setzte und von Michelfeld bis Rott am Inn, von Thierhaupten bis Oberaltaich neunzehn Abteien zu einem Block von imponierender wirtschaftlicher und geistiger Potenz zusammenfaßte. Längst war inzwischen das große Zusammenspiel aller oberdeutschen Benediktiner, von Österreich bis hinüber nach Schwaben und der Schweiz, höhere Wirklichkeit geworden, denn seit 1623 trugen sie die Salzburger Universität und schickten ihre besten Leute auf die Lehrkanzeln der Salzachstadt. Der Gelehrtenruhm der Universität ruhte vor allem auf ihren Kanonisten und Theologen, und Männer vom Schlage eines Augustin Reding, Paul Mezger oder Cölestin Sfondrati konnten zeigen, wie weit die Benediktiner sich wieder selber gefunden hatten und daß sie durchaus imstande waren, mit ihrem strengen Thomismus der Jesuitentheologie den Widerpart zu halten. Der Geist der Salzburger Universität wirkte zurück auf die einzelnen Abteien im Land, hob sie aus der Isolierung, weckte schlummernde Energien, ließ sie aufblühen zu neuen geistlichen und kulturellen Mittelpunkten. Ohne Salzburg hätte die Bayerische Benediktinerkongregation von 1684 kaum binnen weniger Jahre ein *Studium commune* aufbauen können, das bald als »Versammlungsort der gelehrtesten Männer ihres Zeitalters« galt. Und ohne das Salzburger Vorbild hätte sich der Freisinger Fürstbischof Eckher wohl nicht entschlossen, seine 1697 gegründete Diözesanhochschule ebenfalls den Benediktinern zu übergeben.

Kaum weniger als die Benediktiner haben die Stifte der Augustiner-Chorherren für das Aufblühen der Barockkultur im Lande bedeutet. Man denke nur, was von einem Stift wie Polling, das unter dem Propst Franziskus Töpsl im 18. Jahrhundert eine Bibliothek von 80 000 Bänden besaß und mit Eusebius Amort einen der fruchtbarsten Theologen der Zeit im Konvent hatte, an geistig-geistlichen Energien ausging. Aber auch die Zisterzienser und Prämonstratenser, deren Abteien gewiß dünner gesät waren, standen nach 1650 wieder auf voller Höhe und lebten sich kraftvoll hinein in die Welt des bayerischen Kirchenbarocks. Von ihrer wiedererlangten Stoßkraft zeugt nicht zuletzt die Anteilnahme am Rückerwerb der Oberpfalzklöster. So konnte Aldersbach die Abtei Walderbach wieder besetzen und das gleichfalls völlig leerstehende niederbayerische Gotteszell, Fürstenfeld das wichtige Waldsassen, während die Prämonstratenser von Steingaden ihrem Orden das oberpfälzische Speinshart zurückgewannen.

Freilich, in den Prälatenklöstern des barocken Bayern mit ihrer bodenfassenden Kraft, wirkten Mönche, die in ihrer Frömmigkeitshaltung, ihrer betonten Hinwendung zur Schule und Seelsorge stark den Jesuiten glichen. Man aktiviert das Bruderschaftswesen, die Prozessionen, Aufzüge, Wallfahrten; man strebt auch in den alten Abteikirchen über die glanzvoll gefeierte Liturgie hinaus nach jener »volksdramatischen Gestaltung des Frommen«, wie sie etwa bei den Jesuiten oder Kapuzinern gang und gäbe ist. Manche Methoden der Katholischen Reform, Glaubensunterweisung durch Predigt, Christenlehre und Volksmission beispielsweise, erhielten jetzt erst ihre große Form. Gleichzeitig haben sich jene sinnenfälligen Äußerungen der Volksfrömmigkeit ausgebildet, die das Tridentinum angeregt hatte. An der Gelegenheit, Feste zu feiern, hat es keineswegs gefehlt, nicht nur am Fürstenhof; auch das gemeine Volk hatte seine großen Wallfahrtsgottesdienste und prunkvoll gestalteten Primizfeiern, seine Bruderschafts- und Patroziniumsfeste, seine Prozessions- und Kirchweihtage. Vor allem aber war das bürgerliche und bäuerliche Leben bestimmt durch den Ablauf des reich gegliederten Kirchenjahres, von dem es den inneren Rhythmus erhielt. Die Feste des Kirchenjahres waren auch die Hoch-Zeiten des bäuerlichen Jahres, und gerade vom Volkstümlichen her ließ sich der liturgische Kalender bereichern.

Ohne Zweifel erlebte diese volkstümliche Ausgestaltung des Kirchenjahres in der Feier des Leidens, Sterbens und der Auferstehung des Herrn ihren Höhepunkt. Der biblische Bericht bot vom Einzug Jesu in Jerusalem bis hin zur Kreuzigung, Grablegung und Auferstehung eine Fülle religiöser Szenen, die geradezu nach Dramatisierung und Schaustellung drängten. Die Nichtigkeit des Irdischen, die seelische Erschütterung durch die *Passio* des Herrn und der Triumph der Kirche in der Auferstehung konnten gleich einer *Biblia pauperum* zur persönlichen Erbauung und Erschütterung des Volkes mit allen Mitteln barocker Theaterkunst ausgestaltet und vor Augen gestellt werden. Die ergreifende Schau der Leidenswoche begann mit der dramatischen Nachgestaltung des feierlichen Einzugs Jesu in Jerusalem und erreichte ihren Höhepunkt in der großen Leidensprozession am Nachmittag des Karfreitags, wie sie sich im Verlauf des 17. Jahrhunderts fast an allen größeren Orten, Marktflecken und Städten des Landes eingebürgert hatte, lebhaft gefördert von den Kapuzinern und Franziskanern und getragen von den überall entstehenden Laienbruderschaften. War die tief ins Mittelalter zurückreichende Karfreitagsprozession ursprünglich als reine Bußprozession gedacht, so verschob sich der Hauptakzent in der Barockzeit mehr und mehr auf die szenische Gestaltung des Leidens Christi, angefangen von der Gefangennahme bis hin zur Kreuzigung. Im Passionsspiel, der »Karfreitagskomoedi«, wie der technische Ausdruck bezeichnenderweise lautete, erreichte das Streben nach sinnenhaft einprägsamer Wiedergabe auch des Heiligen seine höchste Steigerung. Bald wurden die »drey Angstfälle«, bald die »Urtl Christi« – die Szenen vor der Hohenpriesterschaft und vor Pilatus – vorgeführt. Und das Volk nahm an alledem lebhaften Anteil, ließ sich in naiv-gläubiger Ehrfurcht ergreifen von dem Geschauten. Freilich durfte neben dem Heiligen und Ernsten das Heitere und Lustige, das »geistlich G'spaßl«, nicht fehlen. Und keine andere Szene war besser dazu angetan, die Zuschauer zu erheitern als jene, wo der Verräter Judas von einigen Teufeln »mit herausgehengtem gedärmb« auf der Bühne vorgeführt wurde.

Große Bedeutung im religiösen Leben der Barockzeit gewannen die Prozessionen. An vorderster Stelle ist hier an die Fronleichnamsprozession zu denken, die jetzt ihren Glanzpunkt erreichte. Allerorten wetteiferte man im Schmuck der Häuser, und nichts war für den »Prangertag« zu schade. Genauso hat der Barock in Wallfahrten, Feldumritten und Bittgängen die seinem Wesen eigentümliche Religiosität sichtbar zu machen verstanden. Es gab genug Not und Elend, die das gläubige Volk drängten, an Stätten besonderer göttlicher Hilfe, vor Bildern und Reliquien der Heiligen Trost und Erhörung zu erflehen. Und neben den alten entstanden zahlreiche neue Andachtsstätten. Der Ausgangspunkt war oft ein Marienbild, an das sich wunderbare Erhörungen knüpften. Nicht selten blühten bei diesen Wallfahrtsstätten geistliche Bruderschaften auf, so beispielsweise jene beim Gnadenbild der »Mutter von der Schönen Liebe« zu Wessobrunn, die schon zwei Jahre nach ihrer Gründung von 1711 an die 16 000 Mitglieder zählte. Der Michaeli-Bruderschaft von Berg am Laim bei München verdanken wir eine unserer schönsten Rokoko-Kirchen; die typisch bayerische, von den Kapuzinern kräftig geförderte Maria-Hilf-Bruderschaft aber eroberte sich von Maria-Hilf ob Passau aus das Donauland, von St. Peter in München aus Oberitalien.

Heute noch geben uns die vielen barocken Wallfahrtskirchen mit ihren schlichten Votivtafeln und treuherzigen Wunderlegenden, ihren abgegriffenen Weichbrunnkesseln und dämmrigen Gebetswinkeln einen unmittelbaren Zugang zur Religiosität des breiten Volkes. Daß dabei zuweilen auch der Aberglaube nicht weit war, wird man freilich zugeben müssen. Das hilflose Ausgeliefertsein an Krankheit und Schmerz, an eine ungewisse Zukunft und unabwendbare Armut, hat die Menschen noch zu allen Zeiten nicht bloß zum Gebet um Gottes Hilfe und die Fürsprache der Heiligen gebracht, sondern auch zu magischen Praktiken. So kann es nicht überraschen, wenn die Klagen der kirchlichen Behörden über die »tausent erzeinfältige aberglauben und possenwerck«, die unter dem Volk regierten, nicht abreißen, oder wenn ein Bericht über die jesuitische Volksmission in Kurbayern aus der Mitte des 18. Jahrhunderts die Feststellung trifft: »Es gibt kaum eine kranckheit an menschen und vich, wider welche die leute nit mit allerley abergläubischen reimen und sprüchen, seegen, todtenbeinlein, armer sünder flecklein und dergleichen reichlich versehen seint.« Trotzdem, es kann kein Zweifel bestehen, daß im barocken Bayern das katholisch-christliche Denken tiefe Wurzeln geschlagen hat. Man wird mit dem Jesuiten Matthäus Rader durchaus von einer *Bavaria Sancta* sprechen dürfen – vom »geistlichen Bayern«.

Nicht zuletzt wird dieses Wort bestätigt durch eine ungewöhnlich große Zahl tiefreligiöser Menschen aus allen Volksschichten. Der heiligmäßige Propst Johann Georg Seidenbusch führte in Aufhausen bei Regensburg, in München und Wien die Oratorianer ein. Bartholomäus Holzhauser aus Laugna bei Dillingen, eine apostolische Priestergestalt von mystischer, ja prophetenhafter Begabung, gründete das Weltpriesterinstitut der »Bartholomäer«, die sich die Heranbildung eines vorbildlichen Seelsorgeklerus zum Ziel setzten. Bald griffen die »Bartholomäer« weit über Bayern hinaus; dem Land selber aber stellten sie bis tief ins 18. Jahrhundert hinein hervorragende Seelsorger. Aus ihren Reihen sind Männer gekommen wie Andreas Strobl, der große Barockprediger und Pfarrer von Buchbach bei Mühldorf, oder der Dekan Simon Zollbrucker von Binabiburg, ein früher Freund des großen Johann Michael Sailer. Anna Maria Lindmayr dann, Tochter eines Münchener Hofbediensteten und demütige Karmeliter-Tertiarin, war die größte Barockmystikerin Altbayerns; ihr Name ist untrennbar verbunden mit der Errichtung der Münchener Dreifaltigkeitskirche und des ihr zugeordneten Klosters. Im Maierhofkloster drüben in der Reichsstadt Kaufbeuren lebte seit 1702 die junge Franziskanerin Kreszentia Höß und suchte, ungeachtet des Unverständnisses ihrer Mitschwestern, ungeachtet dämonischer Anfechtungen von seiten des Bösen, ihren eigenen Weg zur Leidens- und Sühnemystik der Zeit. Und von überall her ging man die seherische Gestalt um Rat und Hilfe an.

Die Frage nach barocker Kultur und Frömmigkeit wäre freilich nur unvollständig beantwortet, würden wir nicht auch den weiten Bereich der Kunst in unsere Betrachtung einbeziehen. Die meisten Kunstdenkmäler jener Epoche sind nämlich aus geistlich-religiöser Wurzel erwachsen. Ging der erste große Akkord barocker Baukunst in Bayern vom neuen Salzburger Dom aus, so markiert das Jahr 1663 mit dem Baubeginn an der Münchener Theatinerkirche das Stichdatum für den endgültigen Sieg des Barocks. Jetzt erhielten die geistlichen Residenzstädte nach und nach ihr neues Gesicht, das vielfach bestimmend geblieben ist bis zum heutigen Tag. Auch in den landsässigen Abteien, nicht zuletzt in den wiedererstandenen Oberpfalzklöstern, begann sich die Bauleidenschaft noch vor 1700 kräftig zu regen. Schlichte Meister aus alten Handwerkerfamilien und hofgesessenen Bauerngeschlechtern griffen die neue Weise künstlerischen Schaffens, wie sie zunächst aus dem italienischen Süden (Enrico Zuccalli, Giovanni Antonio Viscardi), dann seit etwa 1700 aus dem französischen Westen (Josef Effner, François Cuvilliés) vermittelt wurde, begierig auf. Die italienisch-französische Anregung und das Wesen des Stammeseigenen fanden schließlich von 1720 bis in die sechziger Jahre hinein ihren großartigen Ausdruck im bayerischen Rokoko, jener Spätphase des

KRÖNUNG MARIÄ, ZEICHNUNG VON IGNAZ GÜNTHER

Barocks, in der sich, wie schon in der verschwenderisch reichen Spätgotik, die typisch bayerische Stammesart spiegelt: Nämlich, fremde Anregungen nur zögernd und erst spät aufzugreifen, dann aber alle darin beschlossenen Möglichkeiten zur letzten Reife zu steigern.

Es kann bei unserem Überblick nicht darum gehen, Künstlernamen und Bauprojekte herzuzählen. Daß die barocke Kirchenbaukunst mit den Brüdern Egid Quirin und Cosmas Damian Asam (Weltenburg, Rohr, Ursulinenkirche in Straubing, Johann Nepomuk in München) ihren Höhepunkt erreicht, daß die

Wieskirche des Dominikus Zimmermann, die Abteikirche des Johann Michael Fischer zu Rott am Inn oder das plastische Werk Ignaz Günthers Gipfel und Vollendung darstellen, ist in jedem Kunstführer nachzulesen. Wie das Werk des größten Architekten des 18. Jahrhunderts, Johann Balthasar Neumanns, aufs engste mit den Fürstbischöfen aus dem Hause Schönborn verbunden ist, wurde bereits erwähnt. Mit wahrhaft fürstlicher Großzügigkeit, die sich durchaus mit den Bischofsherren messen konnte, führten damals die schwäbischen Reichsprälaten ihre Klosterresidenzen und Kirchen neu auf, angefangen von der Kemptener Stiftskirche, dem ersten großen Kirchenbau in Deutschland nach dem Dreißigjährigen Krieg überhaupt, bis hin zu Ottobeuren, dem gefeierten »Schwäbischen Escorial«. Zu den mächtigen Dombauten, den Stifts- und Klosterkirchen gesellte sich schließlich eine kaum überschaubare Fülle von Pfarr- und Filialkirchen, meist schlichter und mit weniger Aufwand ausgeführt, aber doch Wegzeichen dieser großen Stilepoche bis in die entlegensten Landeswinkel hinein.

Neben der bildenden Kunst steht das Wort des süddeutschen Kirchenbarocks, das ganz eigene Literaturformen ausprägt: den Traktat etwa, das Mirakelbuch, den mystischen Text oder die große Predigt. Das meiste davon schlummert noch in den Bibliotheken und Archiven. Und doch läßt sich an Pater Abraham a Sancta Clara, der von der Rauhen Alb kam, in Ingolstadt und Salzburg studierte, der Grundton bayerisch-barocker Kanzelberedsamkeit ablesen, wie er auch dem Kapuziner Jordan Reisberger in Landshut, dem Pfarrer Christoph Selhamer in Weilheim oder dem Pater Gelasius Hieber in Aufkirchen zu eigen war: derb, wirkungssicher, voll eindreschender Wucht.

Die beherrschende Literaturform des süddeutschen Bildbarocks war freilich das Theater, dessen Pflege sich namentlich die Jesuiten und die Benediktiner angelegen sein ließen. Alle geistlichen Städte des Landes hatten ihre großen Barockbühnen, auf denen die Studenten zum Studienschluß ihre »Endskomödie« aufführten. Ihre Abfassung fiel dem jeweiligen Professor für Rhetorik zu, dem *Pater comicus.* Tonangebend war das Benediktinertheater im fürstbischöflichen Salzburg, wo das Hirtenspiel und die geistliche Musik schon immer daheim gewesen waren. Gerade durch den Zusammenklang von Dichtung und Musik gewann die bayerische Theaterkultur ihre Tiefe und Breite. Fast jedes einigermaßen ansehnliche Kloster hatte im 17. oder 18. Jahrhundert einen Komponisten von Rang aufzuweisen, und mit Vorliebe führte man gerade die Kompositionen auf, die im eigenen Hause entstanden waren, machte man an hohen Feiertagen die mehrstimmige lateinische Orchestermesse zum musikalischen Ereignis. Gerade die Stifte der Augustiner-Chorherren, ein Rottenbuch etwa oder ein Weyarn, erwiesen sich als die großen Heimstätten der geistlichen Musik. Unter den Bischofsstädten aber gab Salzburg auch hier den Ton an. In der Hofkapelle löste ein tüchtiger Komponist den andern ab, und im Fluß der Jahrzehnte konnte sich jene »Salzburger Melodik« ausbilden, die selbst noch das Frühwerk eines Wolfgang Amadeus Mozart getragen hat.

14. Kapitel:

BAYERN UND DIE AUFKLÄRUNG

Die große geistesgeschichtliche Bewegung der Aufklärung, »die Krise des europäischen Geistes«, wie sie der Literarhistoriker Paul Hazard einmal umschrieb (*La crise de la conscience européenne*) – sie hatte von England und den Niederlanden ihren Ausgang genommen und seit dem späten 17. Jahrhundert auch in Frankreich, Deutschland und den übrigen Staaten Europas zunehmend an Boden gewonnen. Das 18. Jahrhundert wurde dann so recht zum Zeitalter der Aufklärung, zum »Zeitalter der Kritik«, wie Immanuel Kant (1724-1804) sein Jahrhundert genannt hat. Und Kant, dessen Kritik der Metaphysik und der Erkenntnisgrundlagen von ebendieser Aufklärung herausgefordert ist, hat in einem berühmt gewordenen Aufsatz der *Berlinischen Monatsschrift* von 1784 auch Antwort zu geben versucht auf die Frage, was Aufklärung sei: »Aufklärung ist der Ausgang des Menschen aus seiner selbstverschuldeten Unmündigkeit. Unmündigkeit ist das Unvermögen, sich seines Verstandes ohne Leitung eines anderen zu bedienen. Selbstverschuldet ist diese Unmündigkeit, wenn die Ursache derselben nicht am Mangel des Verstandes, sondern der Entschließung und des Mutes liegt... Sapere aude! Habe Mut, dich deines eigenen Verstandes zu bedienen! Das ist also der Wahlspruch der Aufklärung.«

Natürlich war die hier angesprochene Unmündigkeit in erster Linie auf die christliche Offenbarungsreligion bezogen, der nun von der rechnenden und wägenden Vernunft der Aufklärer der öffentliche Prozeß gemacht wurde, freilich nach Person und Ländern in unterschiedlicher Heftigkeit. Anders als in der englischen oder der französischen Aufklärung, blieb in der deutschen Philosophie des 18. Jahrhunderts von Leibniz bis Kant die Theologie ein ständig anwesender Gesprächspartner. So bewahrte die deutsche Aufklärung, die zunächst im protestantischen Norden Wurzel schlug und erst seit der Mitte des 18. Jahrhunderts in breiterer Front auch auf die katholischen Territorien des Südens und Westens übergriff, im allgemeinen ein maßvolles Gepräge. Unter den Vertretern der »katholischen Aufklärung« sind nur wenige zu nennen, die sich in eine radikale, offenbarungsfeindliche, mit der Kirche und ihren Dogmen zerstrittene Richtung hineinsteigerten. Daß es den Verantwortlichen in Staat und Kirche hauptsächlich um notwendige, längst fällige Reformen zu tun war, um das Bemühen, die guten Kräfte der Aufklärung zum irdischen und geistlichen Wohl der Menschen fruchtbar zu machen, läßt sich gerade am Beispiel Bayerns ablesen, wo sich seit etwa 1720 eine recht eigengeprägte, vielschichtige und in die Zukunft weisende Spielart der Aufklärung abzuzeichnen begann.

1. Erste Ansätze

Erste Bemühungen, den Geist des neuen, wesentlich von der Ratio bestimmten Weltbildes aufzunehmen und weiterzuvermitteln, werden erkennbar, als man auch bei uns Anschluß suchte an die große Akademiebewegung, die Hauptquelle der europäischen Aufklärung überhaupt. 1722 erschien in München das erste Heft des *Parnassus Boicus oder neu eröffneten Musenbergs,* herausgegeben von Eusebius Amort aus dem Augustiner-Chorherrenstift Polling und den Münchener Augustiner-Eremiten Agnellus Kandler und Gelasius Hieber. Diese Zeitschrift, die mit Unterbrechungen bis hin zum Jahr 1740 aufgelegt wurde, hatte sich kein geringeres Ziel gesetzt, als »die hohe Nutzbarkeit von denen vornehmsten Wissenschaften und Künsten in baierischen Landen einzuführen und zu befördern«. Indem sie über die wichtigsten Neuerscheinungen auf dem internationalen Büchermarkt berichtete, wurde sie zu einem Bindeglied zwischen Bayern und der übrigen gelehrten Welt. Das Hauptanliegen der Zeitschrift aber blieb die Pflege der deutschen Sprache und Dichtung sowie der Landesgeschichte. Um allgemeine Verständlichkeit zu erzielen, durften die Aufsätze nur in deutscher Sprache erscheinen. Konnte der *Parnassus Boicus* mit seinem Bemühen um die Popularisierung der Wissenschaften auch nicht voll durchschlagen, so erscheint doch bemerkenswert, daß hier schon vor Gottsched die Grundlagen für eine bewußte Pflege von deutscher Sprache und Dichtung gelegt wurden und daß die Gründer der Bayerischen Akademie der Wissenschaften von 1759 betont an die Zielsetzung des *Parnassus Boicus* anknüpfen konnten.

Es ist kennzeichnend für die bayerische Frühaufklärung, daß sie nicht kirchenfeindlich war, sondern im Kulturbereich der alten Klöster ihre weitesten Kreise zog. Geradezu typisch dafür erscheint die Persönlichkeit des schon erwähnten Pollinger Chorherrn Eusebius Amort. Geboren 1692 auf der Bibermühle bei Tölz, wirkte er zeitlebens als Hausprofessor in seinem Kloster.

Amort, aus dessen Feder über siebzig Druckwerke flossen, war einer der größten Theologen des 18. Jahrhunderts, aber auch ein ausgezeichneter Philosoph, Geograph und Astronom. Seine geisteswissenschaftliche Bedeutung liegt vor allem in dem zähen Versuch, »die Errungenschaften der Vorzeit mit den Forderungen der Gegenwart zu verbinden« (Matthias Joseph Scheeben). Als Theologe wie als Philosoph war er bemüht, die Scholastik in ihrem Kern zu bewahren, sie aber mit den gesicherten Ergebnissen der historischen und empirischen Wissenschaften zu einem neuen System zu verknüpfen. Aussöhnung der mehr und mehr sich verfeindenden Brüder Glaube und Wissen hieß sein oberstes Ziel. Darum der Ruf nach mehr Naturwissenschaft, mehr Quellenkunde, nach mehr Volksbildung, mehr Ernst und Tiefe in der Moral; darum auch sein energisches Auftreten gegen die spanische Mystikerin Maria de Agreda und ihre vielgelesenen Visionen und seine überscharfe, an den Maßstäben der Naturwissenschaften und der Geschichte orientierte Kritik im Seligsprechungsprozeß der Kreszentia Höß von Kaufbeuren.

Überhaupt führten die bayerischen Prälatenorden im 18. Jahrhundert ihre große wissenschaftliche Tradition noch einmal auf einen Höhepunkt. Das kleine Benediktinerstift Ensdorf in der Oberpfalz besaß in Anselm Desing einen Gelehrten, dem kein Wissenschaftsgebiet fremd blieb. Als Mathematiker und Physiker, Geograph und Astronom, Rechtsgelehrter und Historiker hat er Hervorragendes geleistet. Dabei wußte sich Desing, was seine Zugehörigkeit zur Epoche der Frühaufklärung deutlich macht, ganz und gar der pädagogischen Bewegung der Zeit verpflichtet. Viele seiner seit 1730 erschienenen Bücher waren bestimmt für den Unterricht an den höheren Schulen; aber er katalogisierte auch die alten Freisinger Handschriften oder entwarf für den Abt von Kremsmünster den Plan zur berühmten Sternwarte. Freilich, so sehr Anselm Desing, im Strom der Wolffschen Ideen stehend, mit seinen Geschichtswerken zur Bürgertugend und zu einem »rechten«, das heißt vernünftigen und glücklichen Leben anleiten wollte, ein Erziehungsoptimist war er nicht. Er wußte um die Spannungen zwischen dem Licht der Vernunft und den tieferen Schichten menschlichen Seins und neigte sich demutsvoll vor dem Unergründlichen der letzten Wahrheit: *Ratio sola sufficit ad errandum* – »Die Vernunft allein führt nur zum Irrtum.«

Weil immer mehr Ordensangehörige von jener innerkirchlichen Bewegung ergriffen wurden, wie sie im 17. Jahrhundert bei den Maurinern und Bollandisten in Frankreich und Belgien aufgebrochen war, erfuhr vor allem die Geschichtswissenschaft eine große Bereicherung. 1735 veröffentlichte der schon genannte Münchener Augustiner-Eremit Agnellus Kandler ein aufsehenerregendes Buch, den *Arnulphus male malus cognominatus*. Er bemühte sich darin unter ausgiebiger Heranziehung alter Urkunden und mit subtiler Quellenkritik um eine Ehrenrettung des Bayernherzogs Arnulfs »des Bösen«, die ihm auch glänzend gelungen ist. Schon in den zwanziger Jahren war die zweibändige *Historia Frisingensis* des Paters Karl Meichelbeck aus Benediktbeuern erschienen, die den ersten kritisch-modernen Ansatz der Geschichtsschreibung in Bayern markiert und vielfältige Nachahmung fand. Von unglaublicher Arbeitskraft, urkundentreu, sicher im Urteil, glänzend in seinem Latein, war Meichelbeck der bedeutendste bayerische Historiker in der Phase des Übergangs vom Barock zur Aufklärung. Dabei fällt auf, daß die Landesuniversität Ingolstadt, die in erster Linie berufen gewesen wäre, die geistige Führung des Landes zu übernehmen, in diesem Stadium kaum in Erscheinung trat. Viel eher regte sich der Geist der neuen Wissenschaftslehre eines Gottfried Wilhelm Leibniz oder Christian Wolff im Südosten des Landes, in den Hörsälen der Salzburger Benediktineruniversität. Sie wurde seit 1740 in steigendem Maße zur Einbruchsstelle der Aufklärung in Philosophie und Theologie. Hier war vor allem Pater Ulrich Weiß aus Irsee eifrig bemüht, anstelle der barocken Scholastik das Wolffsche System durchzusetzen. Auf fruchtbaren Boden fielen in Salzburg auch die reformkatholischen Bestrebungen der italienischen Frühaufklärung, deren namhaftester Vertreter Ludovico Antonio Muratori war, der Bibliothekar des Herzogs von Modena. Bald sammelten sich die Anhänger in einem »Muratori-Zirkel«, gegen den die konservativen Kräfte Salzburgs leidenschaftlich, aber vergeblich zu Felde zogen. Als sie den Zirkel in offenkundiger Namensverwechslung als freimaurerisch deklarierten, ernteten sie das homerische Gelächter des gesamten gebildeten Europa.

2. Der Durchbruch unter Max III. Joseph

Wenn die Aufklärung im Zeitalter des fürstlichen Absolutismus auf breiterer Ebene Wurzel schlagen sollte, war es unerläßlich, den Herrscher selber für die neue Bewegung zu gewinnen. 1745 kam in Kurbayern ein Mann von fast bürgerlichem Zuschnitt an die Regierung, der weder außerordentlich begabt noch besonders willenskräftig war, aber beseelt vom ehrlichsten Wollen: Max III. Joseph, der letzte Kurfürst aus der altbayerischen Linie des Hauses Wittelsbach. Seine Regierung bedeutet die Gewichtsverlagerung von der Außenpolitik auf das Innere, um das schwer angeschlagene Land um jeden Preis wieder in die Höhe zu bringen, überhaupt den Versuch, den allmählich erstarrenden barocken Staat mit Reformen im Sinne der Aufklärung zu durchdringen. Max III. Joseph war bereits im Geist des neuen Säkulums erzogen worden. Sein entscheidender Lehrer war der Staatsrechtler Johann Adam Ickstatt, der in Marburg bei Christian Wolff gehört hatte und in Würzburg als Professor der Rechte lehrte, ehe er 1741 nach München berufen wurde, um den Kurprinzen in die Rechts- und Staatswissenschaft einzuführen. Daneben stand als Beichtvater der Jesuit Daniel Stadler, den seine Korrespondenz mit Wolff gleichfalls als Vertreter der neuen Geistesrichtung ausweist. Das Ergebnis dieser Erziehung war ein gebildeter, von tiefem Verantwortungsgefühl bestimmter Fürst, zwar immer noch der patrimonialen Staatsauffassung verpflichtet, aber doch erfüllt vom bewußten Streben nach dem Ruf eines aufgeklärten Herrschers. Spürbare Auswirkungen des Neuen sollten sich zunächst nur im Justizwesen einstellen, das durch das *Bayerische Landrecht* von 1756, zusammen mit dem Kriminalrecht von 1751 und der Prozeßordnung von 1753 eine tiefgreifende Umgestaltung erfuhr. Entscheidend dabei der Vizekanzler, der große Jurist Wiguleus Freiherr von Kreittmayr. Dann folgten Maßnahmen im Bereich der Kirchenpolitik und auf dem Gebiet von Schule und Erziehung.

So gründete Max III. Joseph, angestoßen von seinem Hof- und Bergrat Johann Georg Lori, 1759 in München die Bayerische Akademie der Wissenschaften, und zwar als direktes Gegengewicht gegen das jesuitisch bestimmte Ingolstadt und als Pflanzstätte einer gemäßigten Aufklärung. Damit stand auch Bayern mitten in der großen europäischen Akademiebewegung. Die Einteilung dieser Akademie in zwei Klassen, eine Historische und eine Physische (später Philosophische), aber läßt den Willen erkennen, den Gesamtbereich der Forschung einzubeziehen, wie es dem Siegeszug des experimentell-naturwissenschaftlichen Denkens entsprach und den jetzt bewußt gewordenen Spannungen zwischen Geistes- und Naturwissenschaften. Für beide Bereiche warb Lori, ohne Rücksicht auf die Konfession, in ganz Süddeutschland Gelehrte als Mitarbeiter und Mitglieder an; natürlich auch viele Ordensleute, aber grundsätzlich keine Jesuiten. Blieb auch, entgegen dem Optimismus der Gründungszeit, der Beitrag Bayerns zur Entwicklung der Naturwissenschaften lange bescheiden, in der Pflege der »vaterländischen Geschichte« wurde Hervorragendes geleistet. Die von der Akademie herausgegebenen Bände der *Monumenta Boica* machten die Urkundenschätze des Landes zugänglich; der Lori nahestehende Hofbibliothekar Andreas Felix Oefele brachte mit den Folianten seiner *Rerum Boicarum scriptores* die alten Geschichtsschreiber heraus. Dazu trafen sich im Bannkreis der Münchener Akademie zornige junge Leute wie Lorenz Westenrieder oder Anton Bucher, Ludwig Fronhofer oder Andreas Zaupser, und mit den *Bayerischen Sammlungen und Auszügen zum Unterricht und Vergnügen* suchte man dem norddeutschen Frühklassizismus auch in Bayern die Bahn zu brechen.

Ihren bedeutendsten Beitrag leistete die Akademie aber zur Schulreform. Das humanistische Bildungsprogramm der Jesuiten, wie es in der *Ratio Studiorum* von 1599 seinen klassischen Ausdruck gefunden hatte, konnte den Anforderungen der neuen Zeit nicht mehr genügen. Geschichte, Geographie und Physik fehlten in diesem Programm fast völlig, Deutsch wurde überhaupt nicht gelehrt. Um diesem Mangel abzuhelfen, kämpfte man im Forum der Akademie erbittert um die Aufnahme der »Realien« in den Fächerkanon der höheren Schulen; an die Stelle des alten Jesuitengymnasiums sollte die neuzeitliche Realschule treten. Die Wortführer dieser Bestrebungen waren der Direktor des Geistlichen Rates, Peter von Osterwald, und der von ihm 1764 als akademischer Lehrer für deutsche Sprache, Dicht- und Redekunst nach München berufene Tegernseer Benediktiner Heinrich Braun. Freilich blieben die meisten Pläne auf dem Papier. Die 1771 verordnete allgemeine Schulpflicht ließ sich nicht durchsetzen, weil es an geeigneten Lehrkräften fehlte, und auch an Geld. Ähnliche Schwierigkeiten türmten sich im Bereich des höheren Schulwesens auf – selbst als sich 1773 mit der Aufhebung des Jesuitenordens die Chance des völligen Neubeginns bot. Lediglich den zähen Anstrengungen Heinrich Brauns war einiger Erfolg beschieden. 1777 zum Direktor des gesamten Schulwesens ernannt, trat er unentwegt für den deutschen Sprachunterricht und die allgemeine Volksschule ein und wurde so zum geistigen Schöpfer des modernen bayerischen Schulwesens. Brauns Einsatz brachte 1777 für Ingolstadt auch die Reform der theologischen Studien, und zwar orientiert am Programm des Abtes Stephan Rautenstrauch, der 1773 im Österreich Maria Theresias und Josephs II. die Einführung der historischen Theologie durchgesetzt hatte, das Studium der orientalischen Sprachen, die Verlegung des Schwergewichts auf die praktische Theologie.

In unserem Zusammenhang interessieren vor allem die Maßnahmen Max' III. Joseph im Bereich der Kirchenpolitik. Sie beginnen im wesentlichen 1768 mit der grundlegenden Neuorganisation des kurfürstlichen Geistlichen Rates – jener Behörde also, die in München 1570 zur Wahrnehmung der staatskirchlichen Belange gegründet worden war. Stand hier traditionsgemäß stets ein Geistlicher an der Spitze, so wurde mit der Neuordnung erstmals ein Laie zum Direktor ernannt: Peter von Osterwald, ein Konvertit aus dem Nassauischen, gelernter Jurist, Vorstand der Philosophischen Klasse der Akademie und aller Welt bekannt als entschiedener Aufklärer. Dem Kurfürsten hatte sich Osterwald indirekt empfohlen durch seine 1766 veröffentlichte Programmschrift *Veremund von Lochsteins Gründe sowohl für als wider die geistliche Immunität in zeitlichen Dingen*. Dieses aufsehenerregende Buch zog eine klare Grenze zwischen der geistlichen und der weltlichen Gewalt und verfocht das staatskirchliche Denken der Aufklärung mit eindeutiger Schärfe und Konsequenz. Die fürstliche Souveränität war für Osterwald die Grundlage jeder Gesetzgebung, der sich die Kirche nicht nur in rein zeitlichen Dingen zu unterwerfen hatte, sondern auch in den sogenannten »gemischten Angelegenheiten«, wie Prozessionen, Wallfahrten, Feiertagen, Kircheneinkünften. Lediglich der rein geistliche Bereich sollte dem staatlichen Einfluß entzogen bleiben. Das Konkordat von 1583 und die späteren Ergänzungsrezesse mit den einzelnen Bistümern, die bloß die Temporalien behandelten, betrachtete Osterwald demzufolge nicht mehr als zweiseitig bindende Verträge, sondern nur noch als landesherrliche Privilegien, die grundsätzlich widerrufbar waren. Vor allem aber wies er die überkommene Auffassung der Unabhängigkeit geistlicher Personen vom weltlichen Gericht und der Freiheit der Kirche von Abgaben als monströse Theorie der Kurialisten zurück.

Als Vorläufer der Osterwaldschen Reformgesetzgebung hatte der Kurfürst bereits am 13. Oktober 1764 ein »Amortisationsgesetz« erlassen, das sich gegen die Wirtschaftsmacht der reichen Klöster richtete und den kirchlichen Vermögenserwerb erheblich einschränkte: Das Kirchenvermögen kam unter staatliche

Oberaufsicht; alle Zuwendungen an kirchliche Institutionen, die hundert Gulden überstiegen, sowie testamentarische Verfügungen über zweitausend Gulden wurden untersagt. Dem Amortisationsgesetz folgten nach der Neuordnung des Geistlichen Rates im August 1768 Schlag auf Schlag weitere Reformmandate, inspiriert von den revolutionären Thesen des »Veremund von Lochstein« und schmerzhaft hineinwirkend in das kirchliche Leben. Eine Verordnung vom 9. Dezember 1768 forderte für die Neuerrichtung von Bruderschaften die landesherrliche Genehmigung; am 20. Dezember gleichen Jahres erging ein strenges »Indigenatsmandat« für alle kirchlichen Pfründen des Landes, das als Amtsträger nur noch kurfürstliche Untertanen zuließ. Noch tiefer in die bestehende Ordnung griffen die Generalmandate des Jahres 1769 ein: Im Februar wurde eine unabhängige kurfürstliche Bücherzensurbehörde ins Leben gerufen; die »Klostermandate« vom 2. November und 30. Dezember beschnitten die Disziplinargewalt der Oberen und forderten landesherrliche Kommissare bei allen Prälatenwahlen sowie die Abtrennung der inländischen Ordensniederlassungen von den auswärtigen Provinzen; das »Sponsalienmandat« vom 24. Juli verschärfte die Bestimmungen über die Eheverlöbnisse und unterwarf Verlöbnisstreitigkeiten der weltlichen Gerichtsbarkeit. Ein Erlaß des Jahres 1770 schließlich brachte das *Placetum regium,* wonach jede geistliche Verordnung der vorherigen landesherrlichen Einsicht und Genehmigung (»Plazet«) unterworfen wurde.

All diese Maßnahmen, erst recht das unverhehlte Hindrängen der Münchener Reformer auf die Errichtung eigener Landesbistümer und auf die Säkularisation des Kirchengutes, mußten die bayerischen Bischöfe alarmieren. Am 27. August 1770 versammelten sich ihre Vertreter zu Salzburg, um dieser territorialistischen Kirchenpolitik entgegenzuwirken. Die aus episkopalistischem und febronianistischem Geist erwachsene Opposition des »Salzburger Kongresses« (1770-1777), angeführt vom nachmaligen Chiemseer Bischof Ferdinand Christoph Grafen zu Zeil, wirkte tatsächlich mäßigend, und die überhitzte Reformwelle der Jahre 1769/70 klang rasch ab. Die Befugnisse der Zensurbehörde wurden eingeschränkt, das umstrittene Sponsalienmandat zurückgenommen. Die letzten Regierungsjahre Max' III. Joseph waren getragen von dem Bemühen, sich mit dem Salzburger Kongreß zu verständigen und die staatskirchlich-territorialistischen Ziele nur soweit zu verfolgen, als sie sich mit den gleichlaufenden Interessen der Kurie im Kampf gegen die wachsende national-kirchliche Strömung im stiftischen Deutschland verbinden ließen.

3. Strömungen und Gegenströmungen
unter Karl Theodor

Mit Max III. Joseph, dem »Vielgeliebten«, ist 1777 die altbayerische Linie des Hauses Wittelsbach erloschen. Kurbayern fiel aufgrund der Familienverträge (Hausvertrag von Pavia 1329!) an die pfälzischen Wittelsbacher, vertreten durch die seit 1656 katholische Seitenlinie Sulzbach. Nach mehr als fünfhundertjähriger Trennung wurden Bayern und die Pfalz wieder in einer Hand vereinigt, und zwar zu jenem Kurstaat »Pfalz-Bayern«, der sich vom Niederrhein bis zu den Alpen hinzettelte. Nur das Herzogtum Zweibrücken machte noch eine Ausnahme. Erbe aber war der Kurfürst Karl Theodor, der bereits 1742 und mit achtzehn Jahren die Regierung der pfälzischen Kurlande übernommen hatte. Er galt überall als gebildeter und freisinniger Kopf, und seine Mannheimer Residenz mit der neugegründeten Akademie der Wissenschaften, einer bedeutenden Kunstsammlung, einer vielgerühmten Hofkapelle und einem Nationaltheater, das noch Schillers Jugenddramen über die Bühne bringen sollte, hatte unter den europäischen Fürstenhöfen einen guten Klang. Im Grund freilich war Karl Theodor ein kalter Menschenverächter. Weil seine Ehe mit einer vier Jahre älteren Base kinderlos blieb, tröstete er sich mit Schauspielerinnen, Tänzerinnen und Bürgerstöchtern, wobei er als zärtlicher Liebhaber gegenüber seinen Mätressen und Kindern zur linken Hand mit Geldsummen und Adelsbriefen keineswegs geizte.

Nach München siedelte der alternde Kurfürst im Januar 1778 nur mit Widerstreben über, und er war jederzeit bereit, seine rheinischen Lande auf Kosten Bayerns zu arrondieren. So wich er, als Kaiser Joseph II. Ansprüche auf Kurbayern erhob, im Wiener Vertrag von 1778 sofort zurück; er trat das alte Teilherzogtum Niederbayern-Straubing (»Straubinger Ländchen«) sowie die Herrschaft Mindelheim an Österreich ab und behielt es sich vor, zu einem späteren Zeitpunkt ganz Altbayern zu vertauschen. Freilich, eine solche Kräfteverschiebung mußte die europäischen Kabinette alarmieren. Im Herbst 1778 rückte Friedrich der Große, vom Herzog von Zweibrücken als nächstem Agnaten zu Hilfe gerufen, in Böhmen ein. Aber der »Bayerische Erbfolgekrieg«, wegen seiner leeren Hin- und Hermärsche von den Preußen der »Kartoffelkrieg«, von den Österreichern nur der »Zwetschgenrummel« geheißen, wurde von beiden Parteien nachlässig geführt und blieb ohne eigentlichen Ausschlag.

Erst die drohende Intervention Rußlands zwang Kaiser Joseph 1779 zum Frieden von Teschen: Österreich annullierte den Wiener Vertrag und begnügte sich mit dem Innviertel – achtunddreißig Quadratmeilen prächtigen Bauernlandes zwischen Donau, Hausruck, Inn und Salzach. Aber trotz Teschen liefen die Geheimverhandlungen zwischen Joseph II. und Karl Theodor weiter und konzentrierten sich schließlich auf das bayerisch-belgische Tauschprojekt der Max-Emanuel-Zeit: Karl Theodor sollte für Altbayern die Österreichischen Niederlande und den Königstitel erhalten. Der Plan zerschlug sich erst endgültig, als 1788 ein offener Aufruhr in den Niederlanden den Tausch nicht mehr ratsam erscheinen ließ.

Selbstverständlich wirkte diese schlimme Schacherpolitik auf die Volksstimmung zurück: Eine Atmosphäre des Mißtrauens entstand, die noch verstärkt wurde durch die Günstlings- und Mätressenwirtschaft des Kurfürsten und sein plötzliches Umschwenken von einem aufklärungsfreundlichen zu einem betont reaktionären Kurs. Ausgelöst wurde diese Schwenkung 1784 durch das Aufdecken des »Illuminatenordens«, einer weit über Bayern hinausgreifenden geheimen Gesellschaft nach Art der Freimaurer, die der Ingolstädter Ordinarius für kanonisches Recht, Johann Adam Weishaupt, 1776 gegründet hatte.

Durch die Protektion seines Taufpaten Ickstatt war Weishaupt schon mit vierundzwanzig Jahren auf die Professur gelangt, und kaum zu Amt und Würden aufgestiegen, strebte der leidenschaftliche Jesuitengegner nach einem Zusammenschluß junger aufgeklärter Dozenten, Beamten und Studenten der Universitätsstadt im Geheimbund der »Perfectibilisten«. In diesem Namen drückt sich nicht weniger deutlich als in der später gewählten Bezeichnung »Illuminatenorden« ein Programm aus: Erziehung der Menschheit zum Streben nach steter Vervollkommnung durch Aufklärung der Vernunft. Das Endziel des Geheimbundes, in dem eine straffe Ordenshierarchie herrschte und den Mitgliedern der Aufstieg vom Novizen bis zum »Schottischen Ritter« möglich sein sollte, war die vollständige Emanzipation von allen hergebrachten religiösen und politischen Bindungen. Verfügte der Orden schon bald über Mitglieder und Vertrauensleute am Hofe Karl Theodors sowie in den zentralen

Regierungsbehörden, so kam die nähere Verbindung zur deutschen und europäischen Freimaurerei erst ab 1781/82 zustande, und zwar nachdem sich der hannöversche Freiherr Adolf von Knigge, der Verfasser des geschwätzigen Buches *Über den Umgang mit Menschen,* dem Orden angeschlossen und entscheidenden Einfluß gewonnen hatte. In erstaunlich kurzer Zeit breiteten sich die Illuminaten jetzt über ganz Deutschland aus und knüpften auch enge Beziehungen zum Wien Kaiser Josephs II. Aber gerade diese Verbindung, bei der zweifellos der Wunsch zur Vereinigung Kurbayerns mit dem Habsburgerreich wirksam war, führte im Herbst 1783 zum Absprung der bayerisch-patriotisch gesinnten Illuminaten vom Schlage eines Joseph Utzschneider, des Sekretärs der Herzogin Maria Anna. Durch Utzschneider ging Karl Theodor die erste Warnung zu, und als dann das Verschwinden hochpolitischer Dokumente aus dem kurfürstlichen Geheimarchiv gleichfalls den Illuminaten zur Last gelegt wurde, entschloß sich der Kurfürst zum Handeln. Eine maßvolle Verordnung vom Juni 1784 verbot alle geheimen Gesellschaften; im Februar 1785 wurde Weishaupt von seinem akademischen Lehramt in Ingolstadt suspendiert. Nach Haussuchungen und Verhören, nach dem Sicherstellen von wichtigen Papieren und Namensverzeichnissen ergingen noch im selben Jahr verschärfte Erlasse. Das Ende waren Zensurverordnungen, Sonderkommissionen und Polizeidruck auf der einen Seite, auf der anderen Verlust des Amtes und Landesverweisung. Im allgemeinen blieb es freilich bei freiwilligen Schuldgeständnissen und feierlichen Treuegelöbnissen.

Was die Kirchenpolitik Karl Theodors betrifft, so trieb nun der staatskirchliche Territorialismus dem Höhepunkt zu. Als der Salzburger Kongreß mit seinem Ringen um ein Einheitskonkordat an der schwierigen Rechtslage, an der Uneinigkeit und Entschlußlosigkeit des Episkopats und nicht zuletzt an der fehlenden päpstlichen Unterstützung 1777 endgültig gescheitert war, konnte der neue Landesherr Zug um Zug seine rigorosen Ziele durchsetzen; und zwar um so wirksamer, je mehr er sich, im Unterschied zu Kaiser Joseph II., der betonten Übereinstimmung mit Rom zu versichern wußte. »So ergab sich in Bayern der zunächst grotesk anmutende Sachverhalt: der Kurfürst gestaltete das Verhältnis von Staat und Kirche weithin nach febronianischen Ideen, und dies mit päpstlicher Unterstützung« (Georg Schwaiger).

Daß Karl Theodor von Anfang an auf einen weiteren Zuwachs

der landesherrlichen Gerechtsame zielte, zeigen seine kirchen-politischen Mandate aus den ersten Münchener Jahren in aller Deutlichkeit. Die früheren Bestimmungen über die kurfürstlichen Patronatsrechte, die Behandlung der geistlichen Verlassenschaften und die Anwesenheit landesherrlicher Kommissare bei den Wahlen der Ruraldechanten wurden erneuert; die Aufsicht des Staates über das Ortskirchenvermögen wurde erheblich verschärft. Das Edikt über die Neuordnung des Geistlichen Rates vom August 1779 erweiterte den *Recursus ad principem* und brachte das landesherrliche Plazet für alle geistlichen Erlasse nachdrücklich in Erinnerung. Weitere Verordnungen bekräftigten die Maßnahmen Max' III. Joseph gegen die allzu vielen Feiertage und die wuchernden Formen barocker Volksfrömmigkeit.

Die römische Kurie nahm diese Eingriffe nicht nur stillschweigend hin; in ihrer übertriebenen Furcht vor den episkopalistischen Bestrebungen der deutschen Bischöfe war ihr der Bund mit dem Kurfürsten von Pfalz-Bayern, dem nach dem Kaiser mächtigsten katholischen Reichsfürsten, großzügige Zugeständnisse wert. So konnte Karl Theodor, unterstützt von Kasimir Häffelin als seinem Vertrauensmann in kirchenpolitischen Fragen, erfolgreich auf die Errichtung einer bayerischen Zunge des Malteserordens dringen, in erster Linie zur Versorgung seiner illegitimen Kinder und des nachgeborenen pfalz-bayerischen Adels. Das bedeutende Vermögen des ehemaligen Jesuitenordens, das Max III. Joseph für die Schulen bestimmt hatte, sollte der finanziellen Ausstattung dienen, während das gesamte höhere Schulwesen dem widerstrebenden Prälatenstand aufgebürdet wurde. Im Juli 1781 gab Papst Pius VI. (1775-1799) der Gründung einer bayerischen Zunge des Malteserordens seine Zustimmung. Erster Großprior wurde der damals zwölfjährige Karl August Graf von und schließliche Reichsfürst zu Bretzenheim, Karl Theodors natürlicher Sohn aus der Verbindung mit der Mannheimer Schauspielerin Josepha Seiffert. Im Zusammenhang mit der Ausstattung des adeligen Damenstiftes St. Anna in München, einem weiblichen Pendant zur bayerischen Malteserzunge, kam es auch zu ersten Säkularisationen. Um dem neuen Bildungs- und Versorgungsinstitut Raum zu schaffen, mußten die Salesianerinnen der Landeshauptstadt Kloster und Kirche abtreten und nach Indersdorf umziehen. Dort war nämlich bereits 1783 das Augustiner-Chorherrenstift säkularisiert worden, zwar mit päpstlicher Bewilligung, aber unter gänzlicher Mißachtung der Rechte des Fürstbischofs von Freising. Ein Jahr zuvor schon hatte Pius VI. der Aufhebung einer alten Münchener Patrizierstiftung zugestimmt: des Ridler-Frauenklosters. Im November 1783 wurde unter dem Vorwand hoher Verschuldung auch die niederbayerische Prämonstratenserabtei Osterhofen zugunsten des Damenstiftes säkularisiert.

Wie weit der Heilige Stuhl bereit war, den landeskirchlichen Absichten des Kurfürsten entgegenzukommen, zeigte sich gerade nach den persönlichen Begegnungen zwischen Pius VI. und Karl Theodor in München (1782) und Rom (1783), die das gute Einvernehmen weiter gefestigt und vertieft hatten. Zwar erreichte Karl Theodor nicht sein letztes kirchenpolitisches Ziel, nämlich die schon von seinen Vorgängern angestrebte Lösung Bayerns aus der reichskirchlichen Organisation und die Gründung eines oder mehrerer Landesbistümer; dafür konnte er 1785 bei Pius VI. die Errichtung einer ständigen Nuntiatur in München durchsetzen. Während des großen Nuntiaturstreites gelang es ihm dann, das stiftische Altbayern weitgehend zu unterwerfen, und zwar durch geschickte Ausnutzung der im Emser Kongreß aufgebrochenen Rivalitäten zwischen Metropoliten und Suffraganen. Die für den Kurfürsten höchst vorteilhaften Rezesse mit den Bischöfen von Augsburg (1785) und Regensburg (1789) geben dafür genauso Zeugnis wie die vom Papst im November 1787 auf zehn Jahre bewilligte »Dezimation«. Gewiß, der bayerische Klerus war schon seit 1757 unter Nachweis der Landesnotdurft kraft päpstlicher Genehmigung schier ununterbrochen mit einer Dezimationssteuer belegt worden. Die jüngste päpstliche Bewilligung aber mußte in zweifacher Hinsicht als Neuerung empfunden werden. Einmal war die Steuer nicht, wie bisher, für fünf, sondern für zehn Jahre festgeschrieben worden; zum anderen wurde ihre Eintreibung dem von den Bischöfen nicht anerkannten Münchener Nuntius anvertraut. Gerade diese letzte Bestimmung rief den lauten Protest der bayerischen Bischöfe hervor, die in der neuen Regelung mit Recht eine schwere Beeinträchtigung ihrer Vollmachten erblickten.

Selbst als der vom Kurfürsten besoldete Nuntius Giulio Cesare Zoglio in höchst zwielichtige finanzielle Abhängigkeiten geriet, ließ sich Rom nicht davon abhalten, die bayerische Unterstützung im Nuntiaturstreit mit weiteren Gunsterweisen und Zugeständnissen zu bezahlen. Am 15. Dezember 1789 wurde durch das Apostolische Breve *Convenit provide* ein vom Freisinger Diözesan- und Salzburger Metropolitanverband exemtes Münchener Hofbistum errichtet. Blieb die Jurisdiktion des Hofbischofs auch auf die Hofkirche und das Kollegiatstift zu Unserer Lieben Frau beschränkt, so mußte die Verflechtung des Hofbischofsamtes mit der Präsidentenstelle des kurfürstlichen Geistlichen Rates doch unheildrohend in die Zukunft weisen. Und in der Tat, es fehlte in der Folgezeit nicht an massiven, von Kurfürst und Nuntius gestützten Eingriffen des Hofbischofs in die Freisinger Jurisdiktionsgewalt. Mit der Münchener Nuntiatur und dem exemten Hofbistum hatte der staatskirchliche Territorialismus Bayerns entscheidende Erfolge errungen. Wie sehr das alles der adeligen Reichskirche zur lebensgefährlichen Bedrohung werden konnte, sollte sich binnen kurzem bei der Freisinger Bischofswahl vom 1. März 1790 zeigen. Karl Theodor, derzeit auch noch Reichsvikar, setzte sich massiv über das freie Wahlrecht des Domkapitels hinweg, um die Nominierung des zwar persönlich lauteren und pflichteifrigen, aber Bayern ganz ergebenen Berchtesgadener Fürstpropstes Joseph Konrad von Schroffenberg durchzudrücken. Am 13. März 1790 wurde Schroffenberg auch in Regensburg zum Fürstbischof gewählt. Damit war in wenigen Wochen ein weiterer Sieg der Regierung über die Bischofsopposition errungen, und die bevorstehende Säkularisation begann sich immer deutlicher abzuzeichnen.

Dabei markierte gerade die Spätaufklärung im Bereich der bayerischen Kirche eine Blütezeit des wissenschaftlichen und literarischen Lebens. Immer noch gehörten die Klöster der Prälatenorden zu den ersten Bildungsträgern des Landes. So hatte etwa das Augustiner-Chorherrenstift Polling unter der langen Regierung von Propst Franziskus Töpsl eine mustergültige Hausschule geschaffen, die bis zuletzt mit vorzüglichen Lehrern versehen war, in den Naturwissenschaften wie in der Theologie. Die Reichsabtei St. Emmeram in Regensburg aber wurde unter Fürstabt Frobenius Forster eine Pflanzstätte ganz eigener Art, und ihre besten Kräfte stellten sich unentwegt in den Dienst der Münchener Akademie. Etwa Roman Zirngibl, der, dem Wissenschaftsideal der Mauriner verbunden, für ein neues Bild der bayerischen Geschichte den Grund gelegt hat. Auch das gelehrte Benediktinerkloster Oberaltaich an der Donau mit seiner bedeutenden Bibliothek und seinen tüchtigen Historikern und Theologen muß hier genannt werden.

Freilich häuften sich jetzt auch die Austritte aus den klösterlichen Gemeinschaften, und seit den siebziger Jahren nahm der literarische Kampf gegen das Mönchswesen immer schärfere Formen an – bis hin zum lauten Ruf nach der Säkularisation. Die literarisch-polemischen Zeitschriften schossen wie Pilze aus dem Boden und wurden zum Sprachrohr einer neuen Zeit und einer jungen Generation, die alles mit ätzender Kritik übergoß, was ihr nicht vernünftig erschien, gestrig oder dem Fortschritt hinderlich. So wandte sich der Münchener Theatiner Don Ferdinand Sterzinger in einer vielbeachteten Akademierede gegen das »gemeine Vorurteil von der wirkenden und tätigen Hexerei« und kämpfte an vorderster Front, als der Vorarlberger Bauernpfarrer Johann Joseph Gaßner mit seinen Teufelsaustreibungen auch in Bayern die Gemüter zu erregen begann. Zu Beginn der achtziger Jahre brachte der Oberaltaicher Exbenediktiner Johann Pezzl aus Mallersdorf seine fingierten *Briefe aus dem Noviziat* heraus und seine *Reise durch den Baierschen Kreis* – Pamphlete voller Ironie und Polemik. Viel Aufsehen erregten auch die Gedichte des Münchener Hofkriegsratssekretärs Andreas Dominikus Zaupser, insbesondere seine hitzköpfige *Ode auf die Inquisition*.

Die bedeutendsten Namen aber waren Anton von Bucher und sein »Herzensfreund« Lorenz Westenrieder. Bucher, der Sohn eines Münchener Wappenmalers, Schulinspektor, Jesuitenfresser, zuletzt Pfarrer von Engelbrechtsmünster in der Hallertau, war der große Zeitsatiriker und Sittenrichter, geistreich, aber auch frivol und zynisch, voll urwüchsiger dialektnaher Sprachkraft. Westenrieder aber, Sohn eines Münchener Getreidehändlers, 1770 in Freising zum Priester geweiht, Lehrer für deutsche Sprache in Landshut und München, dann Bücherzensor und Geistlicher Rat, verfügte über eine ungewöhnliche literarisch-publizistische und pädagogische Begabung. Der kleine, quecksilbrige Mann schleuderte eine solche Fülle von Flugschriften, Zeitungsartikeln, Reden und Lehrbüchern heraus, daß man ihn geradezu den »Volkslehrer seines Vaterlandes« genannt hat. Dazu schrieb Westenrieder empfindsame Erzählungen und gab mit den *Bayerischen Beiträgen zur schönen und nützlichen Literatur* eine moralische Wochenschrift heraus, die ihn in ganz Deutschland als Repräsentanten weltoffener süddeutsch-bayerischer Geistigkeit erscheinen ließ. Sein *Leben des guten Jünglings Engelhof* ist ein bedeutender Erziehungs- und Bildungsroman. Die Mitte von Westenrieders Leben und Schaffen aber machten die bayerische Geschichte und die bayerische Landeskunde aus – war er doch nicht nur ein entschiedener Aufklärer, sondern zugleich auch ein glühender Patriot. Seine historischen Werke zeichnen

LORENZ WESTENRIEDER

sich aus durch Sachkenntnis und literarisches Gestaltungsvermögen. Was er darüber hinaus als Sekretär der Historischen Klasse der Akademie der Wissenschaften ein volles Menschenalter hindurch für die Geschichtspflege in unserm Land geleistet hat, ist beispielhaft.

Im späten 18. Jahrhundert wurde auch die Landesuniversität Ingolstadt von den Kräften der Aufklärung stärker erfaßt. Das Vordringen des neuen Geistes löste freilich erbitterte Kämpfe aus. Es ist klar, daß sich der von allen Seiten angegriffene Jesuitenorden seiner Haut wehrte, oder daß sich die ältere, noch barocknähere Generation verzweifelt gegen das Neue sperrte. Vor allem schieden sich die Geister an Kant und seiner neuen Philosophie. Einer ihrer schärfsten Gegner war der Ingolstädter Dogmatiker und Exjesuit Benedikt Stattler, ein Bauerssohn aus Kötzting im Bayerischen Wald. Stattler war ein typischer Einzelgänger, der radikal mit der spätscholastischen Methode seiner Mitbrüder brach und, gestützt auf Leibniz und Wolff, ehrlich danach strebte, der katholischen Theologie mit lebendigen, zeitnahen Begriffen neue Stoßkraft zu geben. Sein letztes Ziel war eine gemeinsame Front aufgeklärter gläubiger Katholiken und Protestanten gegen den Deismus, Atheismus und Materialismus der radikalen Aufklärung. Wie gerade von dieser bayerischen Aufklärung im guten Sinn die Linie in das neue Jahrhundert

265

weiterlief, beweist Stattlers großer Schüler Johann Michael Sailer. Er wirkte seit 1754 als Professor der Ethik und Pastoraltheologie an der Hochschule in Dillingen und sammelte dort um sich einen Kreis gleichgesinnter Anhänger. Dabei waren Sailer und seine Freunde – anders als Stattler, der 1788 in München seinen dreibändigen »Anti-Kant« publizierte und den Königsberger als »Alleszermalmer« anklagte – durchaus zu einer positiv-kritischen Auseinandersetzung mit Kant bereit. Indem sie den kategorischen Imperativ mit der christlichen Lehre zu verbinden suchten und die neue Ethik als Waffe gegen den Utilitarismus und Skeptizismus der radikalen Aufklärer einsetzten, wurde Kant eine wichtige Durchgangsstufe für ihre eigene geistige Entwicklung. Sailers Freund Sebastian Mutschelle hingegen, Exjesuit wie Stattler, Schulkommissar im Hochstift Freising und zuletzt Lehrer am Münchener Lyzeum, blieb zeitlebens ein ausgeprägter Kantianer, dem das große Moralprinzip als das einzig menschenwürdige galt – auch für die katholische Ethik, Moraltheologie und Staatslehre. Mutschelles Ansehen beleuchtet nicht zuletzt die Tatsache, daß er 1800 – in seinem Todesjahr – »als einer der aufgeklärtesten Philosophen Deutschlands« einen Ruf nach Königsberg erhielt.

Selbstverständlich fehlte es nicht an Gegenkräften, die sich der Aufklärung grundsätzlich verschlossen, absolute Anhänglichkeit an Papst und Kurie an den Tag legten, in einer allzu beharrsamen und eifernden Orthodoxie ihr Heil suchten. Zum süddeutschen Sammelbecken dieser beharrenden Kräfte hatte sich seit den siebziger Jahren das ehemalige Jesuitenkolleg St. Salvator in Augsburg entwickelt, wo man nicht nur gute Verbindungen zum Augsburger Ordinariat unterhielt, sondern auch zum intransigenten Kreis um den einflußreichen Beichtvater Ignatius Frank am Hofe Karl Theodors in München. So gab dann gerade die Illuminatenkampagne den Augsburger Jesuiten neuen Auftrieb. Auch am Verleumdungsfeldzug gegen die Dillinger Hochschule, der 1794 zur Entlassung der Professoren Sailer, Zimmer und Weber führte, nahm man in St. Salvator lebhaften Anteil.

4. Die bayerischen Bistümer

Bei ihrem pädagogischen Elan und ihrem unbedingten Willen, die sozialen Verhältnisse zu bessern, sind die menschenfreundlichen Züge typisch für die Aufklärung ganz allgemein. Aber an-

gesichts der immer wieder auftauchenden Säkularisationsge-
rüchte waren die geistlichen Reichsfürsten zuletzt den weltlichen weit über im Bestreben, ihre Territorien zu Musterstaaten
umzuformen und ihren Untertanen all das zu geben, was die
Zeit als Fortschritt empfand. Das war in den bayerischen Hochstiften nicht anders als am Rhein und spiegelt sich eindrucksvoll
wider in den pastoralen Verordnungen und Hirtenbriefen des
späten 18. Jahrhunderts.

Allen voran leuchtete die Metropole der bayerischen Kirchenprovinz, das alte geistliche Salzburg, unter Hieronymus Graf
Colloredo, Fürsterzbischof seit 1772. Selber von tadellosem,
schlichten Lebenswandel, suchte Colloredo, beeinflußt von den
Gedankengängen des Spätjansenismus und der österreichischen
Kirchenreform, sein Hochstift mit strengen Sparmaßnahmen in
die Höhe zu bringen. Es ging um Gelder für die Volksbildung
und Reformen aller Art. Dazu kam die Sorge für eine saubere
Rechtssprechung und Verwaltung und das unablässige Bemühen, auch in den religiösen Lebens- und Ausdrucksformen das
Wesentliche vom Unwesentlichen zu scheiden. Berühmt geworden ist so der Hirtenbrief von 1782, der weit über Österreich und
Bayern hinaus aufhorchen ließ und selbst ins Französische und
Italienische übersetzt wurde. Grundforderung war die Rückkehr zu einem von allen Nebensächlichkeiten und Äußerlichkei-
ten gereinigten Christentum. Colloredo betont die zentrale Bedeutung der heiligen Messe und der Predigt als der Verkündigung des Gottesworts, die durch die barocke Marien- und Heiligenverehrung überwuchert und verdunkelt worden seien. Die
Mißbräuche im Ablaßwesen werden ebenso getadelt wie die
übermäßig vielen Bruderschaften, Feiertage, Bittgänge, Wallfahrten. Ein scharfes Verdikt ergeht namentlich gegen mehrtä-
gige Wallfahrten, bei denen die Leute die Zeit »zum Nachteil ihres Hauswesens und ihrer Angehoerigen, ihrer Dienstherrschaf-
ten und des gemeinen Wesens verschleppen, des Nachts in ver-
mischten Haufen beyderley Geschlechts entweder auf einer
Streu beysammen liegen, oder in Winkeln sich verkriechen«. Am
anderen Tag würden sie dann den Beichtstuhl mit gewalttätigem
Gedränge eher bestürmen als reumütig suchen, dem Beichtvater
Ruhe und Gemütsverfassung rauben, dann ebenso gewalttätig
zur Kommunionbank hindrängen – um sich schließlich einen
guten Tag zu machen und den Wirtshäusern zuzueilen.

Seinem Reformhirtenbrief ließ Colloredo strenge Erlasse zur
Hebung der Seelsorge folgen. Dazu wurde die Priesterbildung

geordnet, und auf die Lehrstühle der Salzburger Universität kamen aufgeklärte Männer wie der Benediktiner Simpert Schwarzhueber aus Wessobrunn, der Freisinger Weltgeistliche Joseph Wismayr oder der Exjesuit Lorenz Hübner aus Donauwörth. Schwarzhueber trug eine rationalistisch-eudämonistische Aufklärungsethik und Moraltheologie vor; Wismayr gab mit seiner Kenntnis der italienischen Literatur der Verbindung zur südländischen Geisteswelt neuen Auftrieb; Lorenz Hübner machte als Redakteur der *Oberdeutschen Allgemeinen Literaturzeitung* Salzburg zu einem Vorort weltoffener kritischer katholischer Publizistik. Kein Wunder, daß den Zeitgenossen das »Salzburger Ländl« bald als Muster eines deutschen Kleinstaates erschien.

In den altbayerischen Bistümern Freising und Regensburg hatte der Illuminatenkrach die geistige Auseinandersetzung mit den Strömungen der Zeit merklich gedämpft. Zudem sah sich der Freisinger Fürstbischof Ludwig Joseph von Welden nach der Errichtung der Münchener Nuntiatur und des neuen Hofbistums fortwährend konfrontiert mit Übergriffen des bayerischen Staatskirchentums auf seine Jurisdiktionsrechte, während man in Regensburg durch die Diözesanregulierungspläne Kaiser Josephs II. bedrängt wurde. Gegen den heftigen Protest des Domkapitels wurde während der Sedisvakanz von 1787 kraft kaiserlichen Dekrets der »Egersche Bezirk« vom Bistum Regensburg abgetrennt und dem Erzbistum Prag angegliedert. Erst nach dem Tod Josephs II. 1790 wurde diese eigenmächtige Dismembration rückgängig gemacht, bis dann die Neuumschreibung der bayerischen Bistümer 1818 für Regensburg die endgültige Abtrennung des Egerlandes brachte. Der letzte Fürstbischof von Freising und Regensburg dann, Joseph Konrad Freiherr von Schroffenberg, war ein lauterer und gütiger Regent, der sich um das Wohl seiner Untertanen redlich mühte; doch als Günstling Karl Theodors zur Regierung gekommen, mußte er dem bayerischen Staatskirchentum manchen Tribut zahlen.

Im Gegensatz zu Freising und Regensburg standen Hochstift und Bistum Passau weitgehend im Einflußbereich der aufgeklärten josephinischen und spätjansenistischen Gedanken, wie sie im kaiserlichen Wien vertreten wurden. So mag es nicht überraschen, daß sich in Passau schon zu Anfang der sechziger Jahre eine gemäßigte kirchliche Aufklärung die Bahn brach. Namentlich unter Fürstbischof Leopold Ernst von Firmian (1763-1783), der während seiner römischen Studienzeit mit jansenistischem

Gedankengut vertraut geworden war, trat die reformkatholische Richtung klar hervor. Gleich nach dem Regierungsantritt ließ Firmian die pastoraltheologische Schrift *Pastor bonus* des Jansenisten Johann Opstraet auflegen und empfahl sie seinem Klerus als richtungsweisend. Stets war der Bischof um eine bessere religiöse Unterweisung des Volkes bemüht, und mit seinem Memorandum *Von der Nutzbarkeit guter Schulen für den Staat und die heilige Religion* leitete er in der Tat eine umfassende Schulreform ein, die weit über Passau hinaus wirksam wurde. Auch verschiedene soziale Maßnahmen, wie etwa die Errichtung eines allgemeinen Krankenhauses, zeugen von einer gemäßigt aufgeklärten, durchaus kirchentreuen Haltung. Firmian, seit 1772 Kardinal, war der letzte Regent eines ungeteilten Großbistums Passau. Die Regierungszeit seines Nachfolgers Joseph Franz von Auersperg (1783-1795) blieb dann freilich überschattet von den Diözesanregulierungsplänen Josephs II. Noch war Fürstbischof Firmian nicht beerdigt, als in Passau die Nachricht eintraf, daß der Kaiser die sofortige Abtrennung aller österreichischen Lande vom Bistum verfügt habe, dazu die Beschlagnahme aller weltlichen Güter des Hochstifts in Österreich. Nach vergeblichen Protesten des Domkapitels und gescheiterten Vermittlungsvorschlägen des neuen Oberhirten, der schon als Bischof von Lavant und Gurk ein enger Vertrauter des Kaisers gewesen war, mußte man sich schließlich in die neuen Tatsachen fügen und die Errichtung der Landesbistümer Linz und St. Pölten nolens volens hinnehmen. Mit der Konvention von 1784 erklärte sich Auersperg bereit, gegen Rückgabe der beschlagnahmten Hochstiftsgüter auf alle Jurisdiktionsrechte in Österreich zu verzichten und zur Dotation des Bistums Linz 400 000 Gulden beizusteuern. Für Passau bedeutete diese Amputation den Verlust von sechs Siebtel seines bisherigen Bistumsgebietes mit ungefähr achthundert Pfarreien. Zurückgeworfen auf den Restteil der Diözese, war Auersperg unablässig bemüht, aufgeklärte Reformen durchzusetzen, auch wenn die angespannte Finanzlage des Hochstifts seine ehrgeizigen Universitätspläne und seine großen sozial-karitativen Projekte nicht ausreifen ließ.

Ähnlich wie in Passau hielt auch im Hochstift und Bistum Augsburg schon früh eine gemäßigte kirchliche Aufklärung Einzug, und zwar unter Joseph Landgraf von Hessen (1740-1768). Damals gehörte der gelehrte Pollinger Chorherr Eusebius Amort zu den engsten Beratern des Fürstbischofs selber. Auch der nächste Oberhirte, Clemens Wenzeslaus von Sachsen, seit

1768 Kurfürst von Trier und Fürstbischof von Augsburg, steuerte zunächst einen aufgeklärten Kurs, wie es seine vielen Erlasse gegen die Auswüchse barocker Frömmigkeit und gegen die Leichtgläubigkeit des Volkes deutlich zeigen. Insbesondere der umfangreiche, vom jungen Dillinger Professor Sailer entworfene Hirtenbrief des Jahres 1783 trug alle Merkmale des innerkirchlichen Reformwillens an sich und war durchtränkt vom Bemühen um ein zeitgemäßes Priestertum. Freilich gewann dann an der Augsburger Kurie bald jene Richtung die Oberhand, die sich der unduldsamen, militanten Orthodoxie der Exjesuiten von St.Salvator verschrieben hatte, und so wurde die schwäbische Bischofsstadt auf Jahrzehnte hin zur süddeutschen Hochburg eines konservativen und ultramontan ausgerichteten Katholizismus. Johann Michael Sailer und sein irenisch gesinnter, weltoffener Freundes- und Schülerkreis sollten dies schmerzlich zu spüren bekommen. Vor allem aber ging man gegen die »Allgäuer Erweckungsbewegung« mit beschämender Härte vor – eine stark vom Pietismus beeinflußte und auf die Verinnerlichung von Religion und Glauben zielende Gruppierung um die Priester Johann Michael Feneberg, Martin Boos, Johann Evangelist Goßner und Ignaz Lindl.

War das kleine Bistum Eichstätt, von allen Seiten beengt und ganz im Schatten der bayerischen Landesuniversität, kaum in der Lage, aus eigenen Kräften ein großes Reformprogramm zu entfalten, so wurden die fränkischen Bistümer Bamberg und noch mehr Würzburg zu Mittelpunkten gelehrten Strebens und aufgeklärter Reformen. Voran ging Adam Friedrich von Seinsheim (1755-1779), der die beiden Bistümer in Personalunion leitete. Es gab Erlasse zur religiösen Unterweisung des Volkes, zur Hebung der Seelsorge, zur Einschränkung der Feiertage, und eine ganze Reihe jansenistischer Werke passierte die Offizinen von Bamberg und Würzburg, ohne daß die kirchliche Zensurbehörde einschritt. Den eigentlichen Durchbruch der Aufklärung im hochstiftischen Franken markiert freilich erst der Regierungsantritt des Fürstbischofs Franz Ludwig von Erthal (1779-1795). Jetzt konnte sich die Auseinandersetzung mit dem neuen Denken in großer Freiheit vollziehen. Bezeichnend dafür, wie der Fürstbischof selber den Würzburger Benediktiner Maternus Reuß nach Königsberg sandte, damit er Kants Philosophie aus unmittelbarem Erleben kennenlerne. Kantianer waren auch der Würzburger Moraltheologe Johann Anton Roßhirt und der Banzer Benediktiner Ildephons Schwarz, während der Kirchenhistoriker Franz Berg und der Dogmatiker Franz Oberthür stark im Bannkreis der protestantischen Neologie standen. Mit Johann Kaspar Barthel, Johann Nepomuk Endres und Johann Philipp Gregel stellte die Theologische Fakultät Würzburg nacheinander drei Kanonisten, die auf das Rechtsdenken der deutschen Reichskirche größten Einfluß nahmen.

Aber nicht nur Theologen begründeten den Gelehrtenruhm der Würzburger Universität im ausgehenden 18. Jahrhundert: Seit 1773 saß der Weltpriester Michael Ignaz Schmidt aus Arnstein auf dem Lehrstuhl für Reichsgeschichte und schrieb an seiner vielbändigen *Geschichte der Deutschen,* die ihn bald als den größten deutschen Geschichtsschreiber des Jahrhunderts erscheinen ließ. Wie sehr man sich im geistlichen Franken dem neuen Wissenschaftsgeist verpflichtet wußte, zeigt nicht zuletzt auch die Benediktinerabtei Banz mit ihren gelehrten Mönchen vom Schlage eines Placidus Sprenger, Ildephons Schwarz oder Dominikus Schramm. Der Ruhm der Abtei Banz, die einem Vergleich mit St. Emmeram in Regensburg oder St. Blasien im Schwarzwald durchaus standhalten mochte, gründete sich vor allem auf die von Placidus Sprenger und seinen Mitbrüdern herausgegebenen Zeitschriften, den *Fränkischen Zuschauer* (1772/73) und die *Litteratur des katholischen Deutschlands* (1776-1798). Und mochten sich die Exjesuiten in Augsburg noch so kämpferisch gebärden, die Banzer Literaturzeitung antwortete mit beißendem Spott: »Sie (die Exjesuiten) lauern auf alles, was dem Maßstab ihres alten Schlendrians und dem aus grundlosen Vorurteilen zusammengesetzten Religionssystem nicht anpaßt. Stets spukt es in ihrem Kopf von Ketzereien. Kaum glauben sie, ein Ketzerphantom gesehen zu haben, dann schwingen sie sich gleich auf das Steckenpferd ihrer Orthodoxie, hauen mit dem Schwerte ihrer hirnlosen Intoleranz auf allen Seiten um sich, verfolgen jeden besser denkenden Religionsgenossen, verschreien ihn als Ketzer, ziehen dazu gute und leichtgläubige Große mit ins Vertrauen und rühmen sich als Aufklärer, wenn es ihnen gelingt, jeden hervorschießenden Keim der Aufklärung zu zertreten.«

Es steht heute außer Frage, daß die vielen und vielschichtigen Ansätze und Bestrebungen der katholischen Aufklärung – Reform der Priesterbildung, Ausrichtung der Seelsorge auf das Evangelium, liturgische Erneuerung mit Nachdruck auf der Meßfeier und der Muttersprache, Friede und Vereinigung der getrennten Kirchen – bei allen Übersteigerungen insgesamt positiv zu werten sind. Und trotzdem blieb der Erfolg des Ganzen zweifelhaft. Das Volk in seiner Breite freilich mochte auf die überkommenen Formen der Frömmigkeit nicht verzichten, stand immer noch im lebendigen Strom barocker Tradition. Während die kritischen Köpfe in den Klosterkonventen und auf den Lehrkanzeln der Universitäten um eine vernunftgemäße Begründung der Religion rangen, während alle Hirtenbriefe und Fürstenmandate gegen Mißbrauch und Aberglauben donnerten, lief das Volk in hellen Scharen dem Vorarlberger Bauernpfarrer Johann Gaßner zu, der in Regensburg seine berühmten Wunderkuren und Teufelsbeschwörungen übte. Wenn Mensch oder Vieh krankten, wenn die Kühe rote Milch gaben oder die Rührkübel verhext waren, wandte man sich immer noch vertrauensvoll an den Benefiziaten von Mariabichl oder die Kapuziner von Traunstein, die mit geweihten Lukaszetteln und mit Hexenrauch, mit Benediktion und Exorzismus helfen mußten. Erzbischof Colloredos strenge Reformmandate wurden wohl von der Kanzel verlesen, aber befolgt hat man sie kaum. Und nicht nur das breite Volk sperrte sich, sondern auch weite Teile der Priesterschaft. In Salzburg etwa ging bald der böse Spruch um: »Ohne Gloria und Credo ist der Colloredo.« Das bayerische Wesen wehrte sich, als man ihm alles Warmherzige und Kindliche, alles Bunte und Bewegte aus dem Leben verbannen wollte. Selbst die große Säkularisation von 1803 und die einschneidenden Maßnahmen des Ministers Montgelas bedeuteten hier nur eine schmerzliche Hemmung, nicht den endgültigen Bruch. Die bayerische Volksfrömmigkeit wurzelt auch im 19. Jahrhundert auf weiten Strecken in der barocken Tradition.

15. Kapitel:
VON DER GROSSEN SÄKULARISATION ZUM ZWEITEN KONKORDAT

1. Bayern und die Säkularisation von 1803

Über der Geschichte der geistlichen Territorien des Reiches zwischen dem Westfälischen Frieden und dem Reichsdeputationshauptschluß könnte jener Satz stehen, den die geschäftiggeistreiche Sophie La Roche, Gemahlin des Kurtrierer Kanzlers, schon 1757 vom aufgeklärten Kurmainzer Minister Friedrich von Stadion gehört haben will: »Die geistlichen Stifter und Länder sind Sparpfennige unserer großen weltlichen Fürsten, die sie bei der nächsten großen Gelegenheit angreifen und teilen werden.« Seit der Westfälische Frieden die Aufhebung zahlreicher ehemals katholischer Fürstbistümer und Reichsabteien zur Entschädigung protestantischer Fürsten sanktioniert hatte, waren die geistlichen Staaten in ihrer Existenz bedroht. Der Säkularisationsgedanke zieht sich wie ein roter Faden durch die letzten einhundertfünfzig Jahre des alten Reiches, und in den verschiedenen, oft weitgediehenen Bestrebungen des 17. und 18. Jahrhunderts, »den geistlichen Staats-Mantel des Teutschen Reiches um ein paar Ehlen kürzer zu machen« (so der Staatsrechtler Johann Jakob Moser), spiegelt sich die schicksalhafte Verflochtenheit von Säkularisation, Reichsverfassung und Aufstieg des modernen Fürstenstaates. Im Zeitalter der Aufklärung wurde dann die Reichskirche in steigendem Maße Gegenstand politischer Spekulationen, und seit der Aufhebung der Gesellschaft Jesu 1773 mehrten sich die »literarischen Sturmzeichen der Säkularisation«. Hinter der Frage nach der Verfügungsgewalt über das Kirchengut, um die sich die kirchenfeindliche Belletristik und das aufklärerische Staatsrecht mit Leidenschaft annehmen, steht immer häufiger das Verneinen der Existenzberechtigung geistlicher Staaten überhaupt.

Dabei konnten die geistlichen Reichsfürsten weder von päpstlicher noch von kaiserlicher Seite ernsthafte Hilfe erwarten. Die Auseinandersetzungen um die wider Reichsverfassung und Herkommen errichtete Münchener Nuntiatur hatten die mißtrauische Haltung Roms gegenüber dem Episkopat erheblich verstärkt und zum verhängnisvollen Bündnis des Papsttums mit einem Laienfürsten wie Karl Theodor geführt. Der Kaiser selber aber, der *Defensor ecclesiae,* hob in den eigenen Erblanden weit über siebenhundert Klöster auf und unterstellte die übrigen, unter Mißachtung ihrer Exemtion, der Jurisdiktion seiner Diözesanbischöfe – dies alles gewiß im Interesse einer neuen Pfarregulierung, aber auch aus sehr handfesten finanziellen Gründen. Die fortwährenden Rechtsbrüche Kaiser Josephs II., insbesondere die gewaltsame Abtrennung der Passauer Bistumsgebiete und die Beschlagnahme des Passauer Mediatbesitzes in Österreich, mußten die von den geistlichen Wahlstaaten wesentlich gestützte Reichsverfassung aufs schwerste erschüttern.

Das weitverbreitete »Abendgefühl vom bevorstehenden Untergang« wurde für die geistlichen Staaten zur harten Wirklichkeit, als die Wogen der Französischen Revolution von 1789 auch auf Deutschland übergriffen. Seit 1792 verdichteten sich die Gerüchte über territoriale Veränderungen aufgrund einschneidender Säkularisationen. Das Jahr 1794 brachte dann, nach dem gescheiterten österreichisch-preußischen Feldzug, die endgültige Besetzung der linksrheinischen Reichsgebiete durch die französischen Revolutionstruppen. Rheingrenze, Entschädigung, Säkularisation – diese drei Schlagworte gaben jetzt die Parole aus für die Auflösung des Heiligen Römischen Reiches und seiner tausendjährigen Kirchenverfassung, zumal seit Napoleon mit seinem Vormarsch durch Oberitalien die österreichischen Erblande ins Herz getroffen und im April 1797 den Waffenstillstand von Leoben erzwungen hatte. Ungeachtet der beschworenen Reichsintegrität machte sich Kaiser Franz II. im Herbst 1797 mit dem Frieden von Campo Formio bei Udine die protestantische Forderung nach Säkularisationen zu eigen. In den Geheimartikeln der Friedensurkunde stimmte er der Abtretung des linken Rheinufers an Frankreich und den »angemessenen Entschädigungen« der hiervon betroffenen Reichsfürsten durch geistliche Territorien grundsätzlich zu, wenn auch das Wort »Säkularisation« selber unausgesprochen blieb. Im März 1798 schließlich nahm die zu Rastatt versammelte Reichs-Friedens-Deputation unter französischem Druck das Prinzip der Entschädigung durch Säkularisation an. Nun begann das bekannte Werben der deutschen Fürsten um die Gunst des »Reichsfeindes« und das schäbige Feilschen um die Beute. Der Kongreß glich nach dem Urteil des österreichischen Gesandten Grafen Lehrbach einer wahren »Handelsbörse«, auf der »ein vorhinniger französischer Pfarrer (Talleyrand!) nunmehr ganz Deutschland nach seiner Willkür verteilen will«.

Das in Rastatt vereinbarte Säkularisationsprinzip kam nach dem Scheitern des Zweiten Koalitionskrieges gegen Frankreich (1799-1801) voll zum Tragen. Im Frieden von Lunéville vom 9. Februar 1801 wurde der Kaiser definitiv gezwungen, der Abtretung der linksrheinischen Gebiete an Frankreich im Namen des Reiches zuzustimmen. Der siebente Artikel des Friedensvertrags wies den erblichen Fürsten für ihre auf dem linken Rheinufer erlittenen Verluste Entschädigungen »aus dem Schoße des Reiches« an. Das »Indemnisationsgeschäft« sollte nach den zu Rastatt vereinbarten Grundlinien und den noch näher zu treffenden Anordnungen abgewickelt werden. Dabei hatte sich Napoleon über die vorgesehene Neuordnung Deutschlands, die vor allem auf eine Stärkung der Mittelstaaten hinauslief und damit auf die Bildung einer von Paris beeinflußbaren dritten Kraft gegenüber Österreich und Preußen, noch im Oktober 1801 mit Rußland als der anderen Garantiemacht des Reiches im wesentlichen geeinigt. Im Jahr darauf kam es in Paris zu ersten Sondervereinbarungen mit einzelnen deutschen Staaten. Somit war das Entschädigungsgeschäft schon weitgehend vorweggenommen, als der Kaiser im August 1802 die achtköpfige außerordentliche Reichsdeputation nach Regensburg einberief. Auf der Grundlage des französisch-russischen Planes arbeitete sie in den folgenden Monaten jene Einzelbestimmungen aus, denen die geistlichen Staaten fast ausnahmslos zum Opfer fielen. Das endgültige Ergebnis der zähen Verhandlungen legte die Kommission am 25. Februar 1803 mit dem vielberufenen »Reichsdeputationshauptschluß« vor. Er wurde durch kaiserliches Dekret ratifiziert und zum Reichsgesetz erhoben. Damit war die weithin schon im Vorgriff erfolgte Okkupation geistlicher Besitzungen legitimiert, der politische Kampf um die Säkularisation zum Ende gebracht und die endgültige Auflösung des Heiligen Römischen Reiches nicht mehr aufzuhalten.

Der Reichsdeputationshauptschluß sah eine allgemeine Säkularisation aller reichsunmittelbaren geistlichen Staaten zugunsten weltlicher Fürsten vor. Ausgenommen blieben vorderhand die Territorien des Malteser- und Deutschordens (bis 1809!) und der aus geistlichen und weltlichen Restgebieten geschaffene Staat des Mainzer Kurfürsten Karl Theodor von Dalberg, der nunmehr, ausgestattet mit den Fürstentümern Regensburg, Aschaffenburg und der Grafschaft Wetzlar, als Kurerzkanzler und Primas seinen Sitz in Regensburg haben sollte. Der neuen Metropole, von Reichs wegen zum Erzbistum erhoben, wurden, außer den österreichischen und preußischen, alle Bistümer des Reiches unterstellt. Zur Herrschaftssäkularisation, das heißt zur Mediatisierung fast aller reichsunmittelbaren geistlichen Besitzungen, trat eine Vermögenssäkularisation, wonach neben den domkapitelschen und bischöflichen Domänen (§ 34) auch »alle Güter der fundirten Stifter, Abteyen und Klöster... der freien und vollen Disposition der respectiven Landesherrn, sowohl zum Behuf des Aufwandes für Gottesdienst, Unterrichts- und andere gemeinnützige Anstalten, als zur Erleichterung ihrer Finanzen überlassen« wurden. Es blieb allerdings der Vorbehalt der Ausstattung der Domkirchen sowie der Übernahme der Pensionen für die stellenlos gewordene Geistlichkeit (§ 35). Der durch Dalbergs Bemühen zustande gekommene § 62 des Reichsschlusses garantierte der katholischen Kirche wenigstens den Bestand ihrer Verfassung, »bis eine andere Diöcesaneinrichtung auf reichsgesetzliche Art getroffen seyn wird«. Gemäß § 63 aber sollte die bisherige Religionsausübung in jedem Land gegen »Aufhebung und Kränkung aller Art« geschützt sein; »dem Landesherrn steht jedoch frei, andere Religionsverwandte zu dulden und ihnen den vollen Genuß bürgerlicher Rechte zu gestatten«.

Die Durchführung der Säkularisation und die gleichfalls im Reichsschluß verfügte Mediatisierung zahlreicher kleinerer Reichsstände und freien Städte mußte die Landkarte Deutschlands von Grund auf verändern. Betraf doch allein die Säkularisation ein Gebiet von über 1700 Quadratmeilen mit mehr als drei Millionen Einwohnern! Die eigentlichen Gewinner waren die größeren und mittleren Staaten, die teilweise das Vielfache dessen erhielten, was sie links des Rheins eingebüßt oder rechts des Stromes einer vernünftigen Arrondierung wegen aufgegeben hatten. Für die katholische Kirche aber war die doppelte Säkularisation des Jahres 1803 ein furchtbarer Schlag. Nicht nur, daß die deutsche Kirche fortan ihrer materiellen Grundlagen entbehrte – nur das Ortskirchenvermögen blieb im allgemeinen erhalten –, auch der äußere Rahmen des religiösen Lebens war zerschlagen, die Kirche als geistliche Gemeinschaft ihrer Ordnung und Leitung beraubt. Weil in den folgenden Jahren auch noch fast alle Bischofsstühle verwaisten und die Diözesangeschäfte durch Vikare versehen werden mußten, sah man sich überall den engen Fesseln der staatlichen Bürokratie hoffnungslos ausgeliefert. Jetzt erst konnte der aufgeklärte spätabsolutistische Staat seine Herrschaftsansprüche über die Kirche ungehemmt durchsetzen, konnte man, solange eine Neuorganisation der Kirchenverfassung unterblieb, Landesgrenzen und geistliche Jurisdiktionssprengel willkürlich zur Deckung bringen. Mit den geistlichen Fürstentümern verschwanden auch die Domkapitel, mit den Abteien und Klöstern fielen, zum Schaden des geistigen und kulturellen Lebens, wichtige Zentren der Kunstpflege und Gelehrsamkeit. Von den achtzehn stiftungsgemäß katholischen Universitäten blieben nur Freiburg, Würzburg und Münster als paritätische Hochschulen erhalten. Dabei hat eine allzusehr von fiskalischen Gesichtspunkten geleitete Bürokratie durch das rücksichtslose Abbrechen und Niederreißen ganzer Kloster- und Kirchenkomplexe, durch das Verschleudern und Versteigern wertvoller Kunstschätze und Bibliotheken nicht selten das unersetzliche Erbe einer tausendjährigen Geschichte sinnlos zugrunde gerichtet. Den scharfen Kontrast der alten Reichskirche zur armseligen Lage nach der Säkularisation hat Joseph Görres einprägsam gezeichnet: »Ein knapp anliegend steifleinern Habit statt des alten reichgestickten Purpurmantels, ein Rohrstengel statt des Zepters verlorener Landesherrlichkeit, dazu die Dornenkrone der Dienstbarkeit: Ecce Ecclesia Germanica.«

Wenn wir uns dem Verlauf und den Auswirkungen der Säkularisation in Bayern zuwenden, so muß daran erinnert werden, daß das bayerische Staatskirchentum schon in der Regierungszeit Karl Theodors eine nie dagewesene Steigerung erfahren hatte. Das düstere Schicksal der bevorstehenden Säkularisation zeichnete sich für die landsässige bayerische Kirche immer deutlicher ab, als 1796 mit dem Grafen Emidio Ziucci ein in jeder Hinsicht unwürdiger Mann auf den Posten des Münchener Nuntius berufen wurde. Seinem Betreiben ist es zuzuschreiben, daß am 17. November 1797 ein päpstliches Breve dem Kurfürsten erlaubte, vom gesamten Klerus und von allen kirchlichen Stiftungen seines Landes für weitere zehn Jahre die Dezimation zu erheben. Im Jahr darauf bot Ziucci zur Säkularisation dann selber die Hand, bewogen durch seine Privatschulden in Höhe von 300 000 Gulden, deren Übernahme er sich vom bayerischen Staat erhoffte. Am 7. September 1798 jedenfalls unterzeichnete Pius VI., bereits als Gefangener Napoleons auf dem Weg in die Verbannung, in der Kartause zu Florenz das durch Ziucci vermittelte entscheidende Breve. Es ermächtigte den Kurfürsten, zur Linderung der Not seines Landes und zur Deckung der Kriegslasten, »von den in Deinen Staaten gelegenen Gütern der

Geistlichkeit soviel zu veräußern, als gefordert wird, um fünfzehn Millionen Gulden... zusammenzubringen«. Der Papst sprach zwar die Hoffnung aus, daß die fünfzehn Millionen ohne die Aufhebung geistlicher Institute bereitgestellt werden könnten, gestand aber ausdrücklich die Möglichkeit zu, »einige Ordenshäuser« zu säkularisieren. In der Tat wäre, gemessen am Resultat der großen Säkularisation von 1803, die veranschlagte Summe nicht herauszupressen gewesen ohne tiefen Eingriff in die Vermögensmasse und eine Reihe von Totalsäkularisationen.

Der bayerische Prälatenstand hatte bereits im Oktober 1798 von dem päpstlichen Breve Kenntnis erhalten. Entschlossen angeführt von den Äbten Rupert Kornmann von Prüfening und Karl Klocker von Benediktbeuern, gelang es den Prälaten, beim Kurfürsten eine Milderung der Abgabe auf vorläufig fünf Millionen Gulden durchzusetzen. Diese Summe wurde binnen weniger Wochen aufgebracht, teils in barem Geld, teils in Schuldverschreibungen; durchs Land freilich ging eine Woge der Empörung über den Heiligen Stuhl und seinen Vertreter am Münchener Hof. Zwar versicherte eine allerhöchste Verordnung vom Februar 1799 alle Klöster in Pfalz-Bayern des immerwährenden kurfürstlichen Schutzes, doch damit war kein päpstliches Breve widerrufen. Im Gegenteil, eine Kabinettsinstruktion vom 25. Januar 1799 forderte die Untersuchung des Aktiv- und Passivstandes der ständischen Stifte und Klöster, die Reduzierung der Mitglieder, die Neuregelung der Aufnahmebedingungen und zeitgemäße Reformen, namentlich für die Nonnen- und Bettelordensklöster. Es muß eben schlicht festgestellt werden, daß Kurfürst Karl Theodor, und zwar mit päpstlicher Hilfe, noch kurz vor seinem Tod (16. Februar 1799) eine Situation herbeigeführt hat, an die der moderne bayerische Staat nur anzuknüpfen brauchte. Die Weichen für die große Erschütterung des bayerischen Kirchenwesens waren gestellt, und wie im Reich hatte sich auch hierzulande der einschneidende Umbruch unüberhörbar angekündigt.

Mit dem Reichsdeputationshauptschluß vom Februar 1803 erhielt Kurbayern, dank nachhaltiger französischer Unterstützung, zur Gänze die Hochstifte Würzburg, Bamberg, Augsburg und Freising; dann den jeweils kleineren Anteil an den Hochstiften Eichstätt und Passau und vom Erzstift Salzburg die Exklave Mühldorf; ferner fünfzehn Reichsstädte in Franken und Schwaben und dreizehn Reichsabteien, darunter so bedeutende Stifte wie Kaisheim, Kempten, Ottobeuren, St. Ulrich und Afra in

Augsburg und Waldsassen. Dabei ließ die bayerische Regierung schon im Sommer 1802 – wie andere deutsche Staaten auch – die im Entschädigungsplan zugedachten Territorien militärisch besetzen, um auf alle Fälle ein Faustpfand in der Hand zu haben.

Ähnliches galt für die in § 35 des Reichsschlusses gebotene Entschädigungsmöglichkeit durch das Aufheben landsässiger Stifte, Abteien und Klöster. Die Aktion sollte nach Montgelas' festumrissenem Programm stufenweise durchgeführt werden. So begann man im Spätjahr 1801 in Landshut mit der Säkularisation der Klöster Seligenthal, Heilig Kreuz, Loretto und des Dominikanerklosters zugunsten der von Ingolstadt herverlegten Landesuniversität. Durch kurfürstliche Entschließung vom 25. Januar 1802 wurde dann eine »Spezialkommission für Klostersachen« ins Leben gerufen, die unter Leitung des Grafen Seinsheim als erste Maßnahme die Bettelordensklöster aufzulösen hatte. Ein Erlaß des gleichen Tages setzte die Franziskaner und Kapuziner auf den Aussterbeetat und kündigte die staatliche Übernahme der fundierten nicht-ständischen Klöster an. Im Laufe des Jahres 1802 wurden dann sämtliche Konvente der Kapuziner, der Franziskaner, der Dominikaner, der Beschuhten und Unbeschuhten Karmeliten, der Augustiner-Eremiten und Augustiner-Barfüßer aufgehoben. Hinzu kamen die nicht durch die Ständeverfassung geschützten Abteien der Oberpfalz, mit Ausnahme Waldsassens, und zahlreiche nicht-ständische Frauenklöster. Nur die Elisabethinerinnen, die Englischen Fräulein und die Ursulinen durften zur Krankenpflege und zum Unterricht der weiblichen Jugend vorderhand noch bestehen, wenn auch völlig der staatlichen Kuratel unterstellt. Für die Mitglieder der aufgehobenen Konvente, sofern sie keinen Unterhalt in der Seelsorge fanden, setzte der Staat kümmerliche Pensionen von jährlich 125 Gulden fest. Die Klosterfrauen, die Kapuziner und Franziskaner wurden dabei in sogenannten »Zentralklöstern« zusammengepfercht. »Crepieranstalten für die halsstarrigen klostertreuen Individuen« hat der bayerische Kommissar Schilcher diese Zentralklöster einmal genannt und damit die tatsächliche Absicht drastisch zum Ausdruck gebracht.

Im November 1802 verfügte eine Verordnung der kurfürstlichen Generallandesdirektion im Vorgriff auf § 35 des Reichsschlusses die genaue Aufstellung aller Besitzungen der fundierten Klöster und Stifte. Ungeachtet des Protestes der Landschaft traten nun überall geschäftige Lokalkommissionen in Aktion, die die Inbesitznahme der landsässigen Abteien vorzubereiten hatten. Der Reichsdeputationshauptschluß lieferte sodann die rechtliche Grundlage für die in aller Schärfe durchgeführte Aufhebung der ständischen Stifte und Klöster – der Abteien der Benediktiner, Zisterzienser, Augustiner-Chorherren und Prämonstratenser. Vielfach mußten die Klosterinsassen in unmenschlich kurzer Frist die Stifte verlassen. So nahm die Säkularisation, weithin getragen von einer kirchen- und klosterfeindlichen subalternen Beamtenschaft, gerade in Kurbayern oft düstere Formen an. Und trotzdem brachte das alles dem Staat keineswegs den erhofften Gewinn, weil das Überangebot an Gebäuden, Pretiosen, Grund und Boden die Verkaufs- und Versteigerungspreise erheblich drückte.

Mit der Auflösung des Prälatenstandes war 1803 auch die bayerische Landschaft lahmgelegt, die ihrer Aufgabe als Hüterin der überkommenen Ordnung nicht mehr nachkommen konnte. Man war am Ziel. In den furchtbaren Stürmen der Jahre 1802/03 sank nicht nur die tausendjährige Reichskirche dahin, sondern auch die altehrwürdige *Bavaria Sancta*. Auf ihren Trümmern erstand der moderne bayerische Staat und mit ihm die Kirche des neuen, des neunzehnten Jahrhunderts – eine Kirche, die an der »Dornenkrone der Dienstbarkeit« (Görres) zunächst schwer zu tragen hatte.

2. Montgelas und seine Kirchenpolitik

Schon im ausgehenden 18. Jahrhundert hatten sich in Bayern die Erschütterungen des alten Kirchenwesens und der Weg zur vollendeten staatlichen Kirchenhoheit abgezeichnet. Trotzdem markiert der Regierungswechsel nach dem Tode Karl Theodors die entscheidende Wende. Mit Max IV. Joseph (1799-1825) aus der Pfälzer Seitenlinie Zweibrücken-Birkenfeld, der, umjubelt von der Bevölkerung, am 12. März 1799 in München feierlichen Einzug hielt, beginnt eine neue Epoche bayerischer Landesgeschichte und bayerischer Kirchengeschichte. Aus dem schwer belasteten Erbe eines Staatswesens, das innen- wie außenpolitisch kurz vor dem Ruin stand, formte sich in zwei Jahrzehnten der moderne bayerische Staat, und zwar einerseits durch tiefgreifende territoriale Veränderungen, andrerseits durch ein einheitlich konzipiertes Werk innerer Reformen. Zu seinem eigentlichen Schöpfer wurde dabei Maximilian Joseph Freiherr (seit 1809 Graf) von Montgelas (1759-1838), der bis zu seinem Sturz im Jahre 1817 dem für alle politischen und gesellschaftli-

MAXIMILIAN JOSEPH GRAF
VON MONTGELAS

chen Veränderungen der Zeit aufgeschlossenen Kurfürsten
und König als dirigierender Minister zur Seite stand und die Geschicke des Landes steuerte.

Die pfalz-bayerischen Lande bestanden 1799 in einem Bündel
ungleich entwickelter und verwalteter Fürstentümer und Herrschaften zwischen Tirol und den Niederlanden, zwischen Frankreich und Böhmen. In wenigen Jahren fielen nun mehr als achtzig katholische und protestantische Herrschaften im östlichen
Schwaben an; dazu die protestantischen Markgrafentümer Ansbach und Bayreuth und die große Reichsstadt Nürnberg; die
aufgesplitterten Territorien des fränkischen Reichsadels; die
recht bedeutenden Hochstifte Würzburg und Bamberg und das
kleinere Eichstätt; die fürstbischöflichen Domänen Freisings,
Passaus und Augsburgs; vorübergehend auch Tirol und Salzburg und 1810 das dalbergische Fürstentum Regensburg. Aus
diesem bunten Gemenge von Herrschaften, geistlichen und
weltlichen, katholischen und protestantischen, baute Montgelas
den neuen bayerischen Staat, und zwar weithin nach französischem Vorbild und ohne Rücksicht auf Bestehendes und Gewordenes. Die bestimmende Idee war das Prinzip der Staatssou-
veränität – also der Grundsatz der uneingeschränkten Hoheit
des Staates nach innen wie nach außen. Ganz im Sinne der französischen Aufklärung, mit der sich Montgelas in jungen Jahren
in Nancy und Straßburg vertraut gemacht hatte, war an die

Stelle des fürstlichen Absolutismus das Eigenrecht des Staates getreten, der *ordre naturel de l'État.* Der Staat trägt seine Dignität in sich selbst, wird zum Inbegriff der Hoheit und zur einzigen Quelle des Rechts. Selber Ursprung aller politischen Gewalt, muß er bestrebt sein, seine unbeschränkte Souveränität auf allen Gebieten des öffentlichen Lebens durchzusetzen und alle anderen Gewalten zu verdrängen. So ergab sich aus dem Wesen des modernen Staates, daß er sämtliche Lebensbereiche in seine Fürsorge einbezog und kein wie auch immer geartetes *imperium in imperio* dulden konnte.

Welch weitreichende Konsequenzen diese Staatstheorie nach sich zog, sollte sich namentlich im Verhältnis des Staates zur Kirche zeigen. Wenn es nämlich neben dem Staat keine eigenberechtigte Gewalt gibt, so kann auch die Kirche keinerlei Autonomie mehr beanspruchen. Der Landesherr ist in der Ausübung der Staatsgewalt auch ihr gegenüber souverän. Wenn er sich selbst Grenzen auferlegt, so tut er dies lediglich aus Gründen der Staatsraison, mit Rücksicht auf das Wohl des Staates und seiner Bürger. Dabei wird nun zwischen Religion und Kirche scharf unterschieden. Die Religion als Stütze der Sittlichkeit und bürgerlichen Tugend bleibt auch weiterhin die wichtigste Grundlage des Staates. Die verschiedenen Kirchen und ihre konfessionellen Interessen dagegen sind von untergeordneter Bedeutung.

Diese Prinzipien mußten sich auf die konkrete Kirchenpolitik in doppelter Weise auswirken. Einmal trat, Hand in Hand mit der schrittweisen Angliederung vorwiegend protestantischer Territorien, an die Stelle des geschlossenen katholischen Weltanschauungsstaates der tolerante und paritätische Staat des frühen 19. Jahrhunderts. Zum andern ging es um den entschlossenen Ausbau der staatlichen Kirchenhoheit, wobei nicht mehr, wie im 16. Jahrhundert, die Mitverantwortung des Landesherrn für das Seelenheil der Untertanen die Begründung lieferte, sondern die Souveränität des Staates selber und die irdische Glückseligkeit seiner Bürger. Schon 1789, im Stichjahr der großen Revolution, hatte Montgelas in einer grundlegenden Denkschrift seinem staatskirchenrechtlichen System programmatischen Ausdruck verliehen: »Die Grundsätze der katholischen Religion unterscheiden sich von denen der protestantischen allein durch das Dogma. Einzig in diesem Punkt fordert die Kirche eine stillschweigende Unterwerfung von seiten ihrer Mitglieder... Alles übrige dagegen gehört dem Bereich der diesseitigen Rechtsordnung an… Die Lehre von den zwei Gewalten ist eine monströse Chimäre priesterlichen Ehrgeizes. Die Kirche ist im Staat und nicht der Staat in der Kirche.«

Wenige Monate nach der Regierungsübernahme in München hatte Max IV. Joseph für die kurpfälzischen Lande eine Verordnung erlassen, die, ausgehend vom Prinzip der Religionsfreiheit, für die drei christlichen Hauptbekenntnisse der Katholiken, Lutheraner und Reformierten die bürgerliche Gleichstellung aussprach; dann die Unverbindlichkeit gottesdienstlicher Formen der einen Konfession für die andere; nicht zuletzt die Freiheit, gemischte Ehen einzugehen, und das Recht, das Bekenntnis selber zu bestimmen. Diese »Kurpfälzische Religionsdeklaration« vom 9. Mai 1799 wies auch der Toleranz- und Paritätsgesetzgebung im rechtsrheinischen Bayern die Richtung. Noch im Laufe des Jahres 1799 hatte sich in München um den Kabinettsprediger Ludwig Friedrich Schmidt, der mit der protestantischen Kurfürstin Karoline in die Hauptstadt gekommen war, die erste evangelische Gemeinde gebildet. Ihre Rechtsverhältnisse ordnete ein kurfürstliches Reskript vom 24. Januar 1800, das zwar noch keine öffentliche Religionsausübung gestattete, aber in die Einzelweisungen für Gottesdienst, Taufe, Abendmahl und Religionsunterricht, über den »Hofstaat« der Kurfürstin hinaus, auch die »übrigen in Unserer Residenzstadt München befindlichen Protestanten« einbezog. Der nächste Schritt war dann die bürgerliche Gleichstellung der Protestanten, die mit der Amberger Resolution vom November 1800 erstmals entschlossen angesteuert wurde. Unter nachdrücklichem Hinweis auf die Wirtschaftsprobleme des Landes war darin auch den Nichtkatholiken das Recht auf Ansässigmachung zugesprochen. Der Amberger Erlaß wurde zunächst geheimgehalten; aber der heftige Zusammenstoß mit dem Münchener Magistrat wegen des Bürgerrechts für den protestantischen Weinwirt Johann Baptist Michel aus Mannheim bot der Regierung die Möglichkeit, die Toleranz offen durchzudrücken. »Nach reifer Überlegung«, heißt es in dem Handbillett Max Josephs vom 29. Juli 1801, »und mit der Gewißheit, daß das Recht auf meiner Seite ist, befehle ich hiermit dem Stadtmagistrat, spätestens morgen abends 6 Uhr dem Handelsmann Michel von Mannheim das Bürgerrecht zu erteilen, widrigenfalls ich mich genötigt sehen würde, die strengsten Mittel zu ergreifen.« So erhielt am 30. Juli 1801 der erste Protestant das Bürgerrecht der Landeshauptstadt. Das Publikandum vom 26. August wies dann sämtliche Behörden des Landes an, den »fremden Religionsverwandten« kein Hindernis in den Weg zu legen.

Durch den Gebietszuwachs in Franken und Schwaben verlor Bayern in den folgenden Jahren mehr und mehr das, was man früher die »ausschließliche Katholizität« genannt hatte. Um die neuen Bevölkerungsteile in den Staatsverband zu integrieren, brauchte es die konfessionelle Parität. Dieser Situation trug das Religionsedikt vom 10. Januar 1803 Rechnung, das allen drei christlichen Bekenntnissen den vollen Genuß der bürgerlichen Rechte zusicherte und auch die Zulassung zu allen Staatsämtern. Ein paar Monate später erklärte eine kurfürstliche Verordnung die gemischten Ehen überall für erlaubt, wobei die Entscheidung über die Konfession ihrer Kinder den Eltern überlassen wurde. Toleranz und konfessionelle Parität – der in der Kurpfälzischen Religionsdeklaration von 1799 vorgezeichnete Weg war damit auch für Altbayern, Franken und Schwaben zu Ende gegangen. Die wesentlichen Bestimmungen des Religionsedikts von 1803 fanden Eingang in das Religionsedikt von 1809 und wurden dann als Beilage II der Verfassung von 1818 zur festen staatsrechtlichen Grundlage.

Der Bruch mit der ausschließlichen Katholizität des Landes mußte sich folgerichtig auch auf das Verhältnis des Staates zur katholischen Kirche auswirken. Schon in der erwähnten Denkschrift von 1789 hatte Montgelas die Lehre von den zwei Gewalten als »Chimäre priesterlichen Ehrgeizes« schroff zurückgewiesen und im Namen der Souveränität des Staates eine absolute Unterordnung der Religionsgesellschaften gefordert. Dem entsprach sein kirchenpolitisches Handeln, das überall den umfassenden Aufsichts- und Führungsanspruch des Staates durchzustoßen suchte. Eine Flut von Edikten und Mandaten macht dies ebenso deutlich wie die erste Zusammenfassung der staatskirchenrechtlichen Grundsätze in dem »die Verhältnisse zur geistlichen Gewalt betreffenden« Erlaß vom 7. Mai 1804. Er hebt an mit einer Feststellung von schroffer Eindeutigkeit: »Wir haben schon mehrmals unseren ernstlichen Willen bekannt gemacht, daß die geistliche Gewalt in ihrem eigentlichen Wirkungskreise nicht gehemmt werden und daß unsere weltliche Regierung in ganz geistlichen Gegenständen des Gewissens und der Religionslehre sich nicht einmischen solle... Dagegen werden wir aber auch nie dulden, daß die Geistlichkeit und irgend eine Kirche einen Staat im Staate bilde, daß dieselben in ihren weltlichen Handlungen und mit ihren Besitzungen den Gesetzen und den gesetzmäßigen Obrigkeiten sich entziehen; wir werden die Rechte unserer obersten Aufsicht immer strenge ausüben lassen; wir werden unsere landesfürstliche Mitwirkung in Gegenständen, welche zwar geistlich sind, aber die Religion nicht wesentlich betreffen und zugleich irgend eine Beziehung auf den Staat und das weltliche Wohl der Einwohner desselben haben, nicht ausschließen lassen, wie wir die Seelsorger, als Volkserzieher in Religion und Sittlichkeit, nicht als bloße Kirchendiener, sondern zugleich als Staatsbeamte betrachten.«

Dabei besteht ein deutlicher Zusammenhang zwischen der tiefgreifenden Neugestaltung des Staatskirchenrechts und der großen Säkularisation. Nicht nur, daß die Regierung das Patronatsrecht für alle Pfarreien beanspruchte, die vormals den Klöstern inkorporiert waren: Mit der Vernichtung der politischen Selbständigkeit der Bischöfe, die mit einem Schlag alle weltliche Macht verloren hatten und zu bloßen Untertanen geworden waren, hielt man es für legitim, auch geistliche Jurisdiktionsrechte den staatlichen Behörden zu überantworten. Etwa das bischöfliche Recht auf freie Vergabe von Benefizien. Für die kirchliche Obrigkeit selber wurde die neue Grenzziehung zwischen geistlicher und weltlicher Gewalt schmerzlich fühlbar im landesherrlichen Plazet, das für jede Äußerung mit unnachsichtiger Strenge gefordert wurde, dann nicht minder in der peinlichen Überwachung des Verkehrs mit dem Heiligen Stuhl. Der ausdrücklich vorbehaltene *Recursus ab abusu* bot als landesherrliche Mißbrauchskontrolle dem Staat eine weitere Handhabe gegenüber kirchenamtlichen Maßnahmen. Dazu kam, daß ein Großteil der Bischofssitze verwaiste und vorerst nicht mehr besetzt werden konnte, daß die geistlichen Jurisdiktionssprengel vom Landesherrn willkürlich zugeteilt und abgetrennt wurden, um Landesgrenzen und Diözesangrenzen zur Deckung zu bringen. Der Papst aber wurde von Napoleon bedrückt, geknebelt, ja gefangen abgeführt, so daß der Heilige Stuhl jahrelang nicht angegangen werden konnte. Dies alles zusammengenommen erst macht das harte Los und die unglaubliche Rechtsunsicherheit der bayerischen Bistümer zwischen Säkularisation und Konkordat allgemein verständlich.

3. Die bayerischen Bistümer

Mit dem Zusammenbruch einer tausendjährigen Kirchenverfassung hatte 1803 auch für die alte Kirchenprovinz Salzburg die

Stunde geschlagen. Der letzte als Reichsfürst regierende Fürsterzbischof von Salzburg, Hieronymus Reichsgraf von Colloredo, war schon 1800 vor den anrückenden Franzosen nach Brünn, dann nach Wien geflohen. Durch den Reichsdeputationshauptschluß kam das Erzstift Salzburg als weltliches Kurfürstentum an einen Bruder des regierenden Kaisers, nämlich an den ehemaligen Großherzog Ferdinand von Toskana. Aber schon 1805 mußte Ferdinand sein Salzburg gegen Würzburg an Österreich vertauschen. In den Jahren 1810 bis 1816 gehörte die Stadt mit dem größten Teil des alten Landes Salzburg zum Königreich Bayern, um dann mit dem Münchener Vertrag endgültig an Österreich zu fallen. Die geistliche Administration des Erzbistums lag in dieser schweren Zeit in den tatkräftigen Händen des Bischofs von Chiemsee, des Grafen Sigmund Christoph von Zeil und Trauchburg. Freilich mußte Graf Zeil dafür seinen eigenen Sprengel unter dem massiven Druck der bayerischen Regierung im Juni 1808 an das Generalvikariat Freising abtreten. Als dieser letzte Fürstbischof von Chiemsee am 7. November 1814 starb, übernahm der Fürstbischof von Lavant, Leopold Maximilian Graf Firmian, die Administration des alten geistlichen Salzburg.

Die Bistümer Freising und Regensburg, dazu die Fürstpropstei Berchtesgaden, leitete bis 1803 Fürstbischof Joseph Konrad Freiherr von Schroffenberg. Er, der sich bis zuletzt vergeblich um ein gemeinsames Vorgehen der geistlichen Reichsstände zum Schutz ihrer Staaten bemühte, hat den Zusammenbruch der alten Ordnung nur um wenige Wochen überlebt. Am 4. April 1803 starb Schroffenberg, an Seele und Leib gebrochen, in seinem geliebten Berchtesgaden. Der Reichsdeputationshauptschluß hatte die Fürstpropstei dem Großherzog von Toskana zugesprochen, während das Hochstift Freising an Bayern fiel und das Hochstift Regensburg dem Staat des Kurerzkanzlers zugeschlagen wurde.

Gerade Freising geriet in der Folgezeit in größte Schwierigkeiten: einmal, weil der Stuhl des heiligen Korbinian von 1803 bis 1821 unbesetzt blieb, zum andern, weil kein zweites bayerisches Bistum so große und verschiedene Jurisdiktionsgebiete (Salzburger und Chiemseer Anteile!) in sich aufnehmen mußte. Dazu kam die unmittelbare Nachbarschaft zur Landeshauptstadt München, die den Sprengel der staatlichen Willkür in besonderer Weise auslieferte. Diese Nähe zu München mochte auch der Grund dafür sein, daß der Säkularisationssturm über die geistliche Stadt Freising mit schonungsloser Härte hereinbrach und es nicht bei der Aufhebung der alten Klöster bewenden ließ: Auch der altehrwürdige Dom wurde gesperrt, zahlreiche Kapellen wurden niedergerissen, die Abteikirche Weihenstephan und die Stiftskirchen St. Veit und St. Andrä dem Erdboden gleichgemacht. Weil die bayerische Regierung nach dem Tode Schroffenbergs die Wahl eines Kapitularvikars strikt untersagt hatte, mußten die Geschäfte des verwaisten Bistums über volle achtzehn Jahre hin von ein paar bürgerlichen Geistlichen Räten weitergeführt werden, und zwar unter ständiger Bevormundung von seiten des Staates. Wenn das Freisinger Generalvikariat in dieser drangvollen Zeit dennoch kein willfähriges Werkzeug des Ministers Montgelas wurde, so ist dies vor allem der Tatkraft und zähen Beharrlichkeit des gebildeten und gelehrten Priesters und Exkanonikus Dr. Joseph Heckenstaller zu verdanken.

Völlig anders und weit günstiger gestalteten sich die Verhältnisse in Regensburg, das ja durch den Reichsdeputationshauptschluß zum neuen Sitz des Kurerzkanzlers und Primas Karl Theodor von Dalberg bestimmt worden war. Hier blieb auch das Domkapitel die ganzen wirren Jahre hin im Amt, und zwar bis zur kirchlichen Neuordnung von 1817. Zwar hatte Dalbergs unablässiges Bemühen, den Bestand der deutschen Kirche zu retten und der weiteren Zersplitterung durch den Zusammenschluß zu einer eigenen »Nationalkirche« vorzubeugen, keinen Erfolg – nicht zuletzt wegen des Widerstandes von seiten Bayerns und wegen des kaum verhehlten Mißtrauens der Kurie. Doch für seine eigenen Lande war Dalberg ein Musterregent, und in Aschaffenburg gründete er noch 1808 die nach ihm benannte Karls-Universität. Und natürlich blieben unter diesem letzten Kirchenfürsten des alten Reiches die geistlichen Institutionen von der Säkularisation verschont, soweit sie nicht selber zerfielen. Erst als Regensburg 1810 an das Königreich Bayern fiel, wurden auch hier die Klöster aufgehoben, freilich keineswegs alle und mit weit mehr Behutsamkeit als in den stürmischen Jahren 1802/03. Nach Dalbergs Tod im Februar 1817 ging die Regensburger Bistumsverwaltung ohne Bruch in die Hände des geistlichen Konsistoriums über, dessen Vorsitzender, der altgediente Weihbischof Johann Nepomuk Freiherr von Wolf, dann auch vom König zum neuen Oberhirten ernannt wurde. So bedeutet Regensburg im katholischen Bayern des 19. Jahrhunderts von vornherein die Sonderstellung und große Ausnahme.

Dem Bistum Passau war das zweifelhafte Glück beschieden, in Leopold von Thun (1796-1826) während der konkordatslosen Ära und noch einige Jahre darüber hinaus den alten Oberhirten zu behalten. Zweifelhaft war dies Glück deshalb, weil Thun bereits im Säkularisationssturm 1803 sein Bistum verließ und sich für den Rest seines Lebens auf seine böhmischen Familiengüter zurückzog. Diese ständige Abwesenheit des Bischofs führte notgedrungen zu schweren Auflösungserscheinungen in der Diözesanverwaltung, auch wenn sich die bürgerlichen Geistlichen Räte vom Schlage eines Dr. Matthäus Gerhardinger oder eines Professors Peter Hellmaier noch so eifrig um die Erledigung der Amtsgeschäfte mühten. Überdies verstrickte man sich im Passauer Ordinariat je länger, je mehr in persönliche Zwistigkeiten und Kompetenzrivalitäten, so daß gerade in Passau auch noch nach der Neuordnung von 1817 das ganze Bistum durcheinander war.

Hochstift und Bistum Augsburg standen zum Zeitpunkt der Säkularisation und des Anschlusses an Bayern unter der Leitung des Fürstbischofs Clemens Wenzeslaus von Sachsen. Als der milde, um das Wohl seiner Diözese besorgte Oberhirte 1812 auf seinem Sommerschloß Marktoberdorf starb, mehrten sich die Übergriffe der bayerischen und württembergischen Regierung. Nach der befohlenen Abtrennung von neunundsiebzig Pfarreien errichtete der König von Württemberg 1813 ein eigenes Generalvikariat zu Ellwangen; im Jahr darauf mußten zwölf in Tirol gelegene Pfarreien dem Bischof von Brixen unterstellt werden.

Wie in Passau Graf Thun, überlebte auch in Eichstätt Fürstbischof Joseph Graf von Stubenberg all die Jahre von der Zerschlagung der alten bis zum Aufbau der neuen kirchlichen Ordnung. Freilich, Stubenberg hielt in seinem Eichstätt aus und konnte mit Hilfe kluger Ratgeber wie seines Bruders und Weihbischofs Felix Graf Stubenberg oder seines Offizials Eucharius Adam das Bistum einigermaßen heil durch die Klippen steuern.

Die Geschicke Bambergs lenkte in den Jahren des Übergangs an Bayern der Würzburger Fürstbischof Georg Karl Freiherr von Fechenbach, zunächst als Koadjutor des altersschwachen Christoph Franz Freiherrn von Buseck, seit 1805 als regierender Bischof. Als Fechenbach 1808 starb, blieb Bamberg zehn Jahre lang verwaist. An der Spitze des »Generalvikariats« aber standen tüchtige Männer aus dem aufgelösten Domkapitel, zunächst Georg Freiherr von Hutten, seit 1812 Adam Friedrich Freiherr

Groß zu Trockau, die der tüchtige Kanonist Franz Andreas Frey mit Rat und Tat unterstützte. Die eigentliche Leitung des Bistums Würzburg lag schon zu Lebzeiten Fechenbachs und erst recht danach in den Händen des gelehrten Weihbischofs Gregor Zirkel – eines Mannes, der sich ähnlich wie sein Freund Frey unter dem Eindruck der Säkularisation vom entschiedenen Episkopalisten zu einem Vertreter strengster Kirchlichkeit gewandelt hatte. Durch sein Engagement im Kreis der sogenannten »Konföderierten« drängte er hin auf das Zustandekommen des bayerischen Konkordats vom 5. Juni 1817.

4. Das Konkordat von 1817

Seit der Reichsdeputationshauptschluß die geistlichen Staaten von der Landkarte gefegt hatte und auch das landständische Säkularisationsgeschäft abgewickelt war, gab es für die deutschen Territorialfürsten im Bereich der Kirchenpolitik nur noch ein offenes Problem: nämlich die Neugestaltung ihres Verhältnisses zur geistlichen Gewalt. Über die Ziele, die dabei im Auge zu behalten waren, herrschten überall klare Vorstellungen, auch und gerade im Bayern des Kurfürsten Max IV. Joseph und seines Ministers Montgelas. Man war entschlossen, am System des staatskirchenrechtlichen Territorialismus mit seiner unbeschränkten Entfaltung landesherrlicher Souveränität weiterzubauen und die Kirche in allen Belangen dem Staat unterzuordnen.

Mit dem Tod des Kurfürsten Karl Theodor hatte freilich der enge Bund zwischen Bayern und dem Heiligen Stuhl ein jähes Ende gefunden. Die neue bayerische Regierung brach zunächst jede Verbindung mit Rom ab und verweigerte dem neuernannten päpstlichen Nuntius jegliche Anerkennung. Wenn man sich in München nach einigem Zögern dann doch entschloß, die Beziehungen zur Kurie wiederaufzunehmen, so gab dafür die neue kirchenpolitische Entwicklung im Reich den Ausschlag. Montgelas hoffte, durch ein Sonderkonkordat einer reichsrechtlichen Regelung der Kirchenverhältnisse, wie der Kurerzkanzler Dalberg sie erstrebte, zuvorzukommen. Dabei sollte das geplante Übereinkommen mit Rom lediglich überall dort als Ergänzung der staatskirchenrechtlichen Gesetzgebung dienen, wo eine Mitwirkung des Papstes unabdingbar erschien. Es ging um eine geschlossene landeskirchliche Organisation und den weitestgehenden Einfluß bei der Bestellung der Bischöfe, Domherren und Pfarrer. Die Grenzen zwischen geistlicher und weltlicher Gewalt sollten unter keinen Umständen in die Vereinbarung mit einbezogen, sondern nach dem Vorbild Napoleons durch Organische Artikel einseitig festgelegt werden – wie überhaupt das französische Konkordat von 1801 im konkordatsfreudigen 19. Jahrhundert immer wieder als Modell herhalten mußte.

Den Forderungen der Münchener Regierung standen die Erwartungen der Kurie diametral gegenüber. Der Papst beantwortete alle Anträge Häffelins, des seit November 1803 beglaubigten bayerischen Gesandten am römischen Hof, mit schärfster Mißbilligung der überkonfessionellen und staatskirchenrechtlichen Gesetzgebung und forderte als Bedingung für künftige Konkordatsverhandlungen die Zurücknahme der eingeführten Neuerungen. Den eigentlichen Ausschlag für das Scheitern dieser Versuche gab nicht nur die Gegensätzlichkeit der Standpunkte, sondern vor allem die nach einigem Zögern erfolgte Entscheidung Roms für ein Reichskonkordat. Bedauerlicherweise aber kam die Neuorganisation des katholischen Kirchenwesens auf reichsgesetzlicher Ebene, wie sie namentlich Dalberg mit ganzer Kraft betrieb, über den fruchtlosen Austausch von Vorstellungen und Gegenvorstellungen nicht hinaus.

Dafür schien mit dem Frieden von Preßburg (1805), der den Dritten Koalitionskrieg beendete, und mit dem Zusammenbruch des Reiches (1806) für das neue Königreich Bayern eine geschlossene territoriale Kirchenorganisation in greifbare Nähe zu rücken. Noch im August 1806 wurden zu Regensburg die Beratungen über ein bayerisches Konkordat zwischen dem Nuntius Annibale della Genga und den Bevollmächtigten des Münchener Hofes eröffnet. Dem Vertreter der Kurie ging es um die Aufhebung aller vom Staat einseitig erlassenen Verordnungen und eine Gestaltung des Verhältnisses von geistlicher und weltlicher Gewalt nach den strengen Grundsätzen des kanonischen Rechts. Bayerischerseits lag der Nachdruck auf der Errichtung einer Landeskirche mit dem Metropolitanbischof in München, auf weitgehender Einflußnahme bei der Vergabe kirchlicher Ämter, auf der Verankerung staatlicher Hoheitsrechte im Konkordat. Hingegen sollte der umstrittene Bereich kirchlicher Disziplinar- und Jurisdiktionsgewalt möglichst ausgeklammert bleiben. Zähe Verhandlungen schlossen sich an, die bei der Verständigungsbereitschaft beider Kontrahenten im Oktober 1806 zur Einigung führten – mit Ausnahme weniger, allerdings gewichtiger Punkte. Zur großen Enttäuschung della Gengas zögerte aber Rom, mit Verweis auf die unsicheren politischen Verhältnisse, die Entscheidung über Gebühr hinaus. Zu guter Letzt konnte sich dann die strengere Richtung an der Kurie durchsetzen, die den Widerruf der gesamten staatskirchenrechtlichen und überkonfessionellen Gesetzgebung in Bayern wollte. War es unmöglich für die Münchener Regierung auf dieses Verlangen einzugehen, so taten die kirchenpolitischen Kämpfe der bayerischen Regierung mit den Bischöfen in Tirol ein übriges, um die Verhandlungen im Juli 1807 endgültig scheitern zu lassen. Angesichts des sich zuspitzenden Konflikts zwischen Napoleon und Papst Pius VII. war an eine dauerhafte Regelung ohnedies nicht mehr zu denken. Unterdessen brachte Bayern seine einseitige staatskirchenrechtliche Gesetzgebung zum vollen Abschluß. Das Religionsedikt vom 24. März 1809, die Krönung und Zusammenfassung des von Montgelas erstrebten Staatskirchenrechts, bekannte sich zu den Grundsätzen der Toleranz und Parität und beanspruchte – nachdrücklicher als die Organischen Artikel Napoleons – die Unterordnung der Religionsgesellschaften unter den Staat.

Auf dem Wiener Kongreß, der nach dem Zusammenbruch des napoleonischen Systems in den Jahren 1814/15 wieder eine feste staatliche Ordnung in Europa schuf, lebte der Plan eines Gesamtkonkordats für alle Mitglieder des neugeschaffenen »Deutschen Bundes« nochmals auf. Aber das Souveränitätsstreben Bayerns und Württembergs duldete auch jetzt keine Einmischung. So trug, entgegen allem Bemühen, die politische Kontinuität von Reich und Bund auch auf kirchlichem Gebiet zu wahren, der staatliche Regionalismus erneut den Sieg davon. Die Bundesakte vom 8. Juni 1815 überging die katholische Kirchenverfassung mit Stillschweigen. Damit lag die Neugestaltung des deutschen Kirchenwesens, die angesichts des seelsorgerlichen Notstandes und der vakanten Bischofsstühle zum dringenden Bedürfnis geworden war, in den Händen der Einzelstaaten.

So nahm der Münchener Hof im Herbst 1816 die seit acht Jahren unterbrochenen Verhandlungen mit aller gebotenen Vorsicht wieder auf. Getreu seinem Grundsatz, daß ein Konkordat nicht erste und ausschließliche Rechtsquelle für das Verhältnis von Staat und Kirche sein könne, wollte Montgelas alles vermieden wissen, was zu einem neuen Zusammenprall von kanonischem Recht und staatskirchlichen Prinzipien führen konnte. Sein Unterhändler Häffelin wurde daher angewiesen, einzig auf die Errichtung einer geschlossenen bayerischen Kirchenorganisation anzutragen. Die Kurie ihrerseits antwortete auf den Konkordatsentwurf des Gesandten mit einem Gegenprojekt, das nicht nur die Nichtigerklärung der gesamten staatskirchenrechtlichen Gesetzgebung in Bayern verlangte, sondern auch in zahlreichen Einzelbestimmungen weit ungünstiger erschien als die bereits 1806/07 vereinbarten Grundlagen. Montgelas hielt die Forderungen des römischen Hofes für unannehmbar. Doch ehe er ihnen mit Nachdruck begegnen konnte, sah sich der einst schier allmächtige Mann aus seinen Ämtern entlassen.

Die Ursachen, die zum Sturz Montgelas' führten, können hier nicht im einzelnen dargelegt werden. Es war ein ganzes Bündel von Vorwürfen, das die Gegner des Ministers ins Spiel brachten, angefangen von undeutscher Gesinnung und schlechter Finanzverwaltung bis hin zur Verfassungsfeindlichkeit, zur Unkirchlichkeit und zum mangelnden Verständnis für den neuen Geist der Zeit. Namentlich Kronprinz Ludwig hatte sich seit den Befreiungskriegen mehr und mehr in die Ansicht hineingesteigert, daß Montgelas' Außen- und Finanzpolitik den Ruf Bayerns in aller Welt verderbe, und er arbeitete konsequent auf seine Entlassung hin. Man schrieb den 2. Februar 1817, als Feldmarschall Wrede, ausgerüstet mit einem persönlichen Schreiben des Kronprinzen und einem neuen Regierungsprogramm, den eben aus Wien zurückgekehrten König dazu bestimmte, einen Minister zu entlassen, der zwei Jahrzehnte hindurch sein volles Vertrauen besessen hatte. »An dem Tage Mariä Reinigung, Mariä Lichtmeß gestern, ist ein neues Licht über Bayern aufgegangen, ist es gereinigt worden«, schrieb Ludwig tags darauf an seine Schwester, die Kaiserin, nach Wien. Die Ära Montgelas war nicht mehr.

Der kirchenpolitische Standpunkt des neuen Ministeriums Rechberg-Thürheim-Lerchenfeld war keineswegs einheitlich. Innenminister Thürheim, der in Abwesenheit Rechbergs für die Verhandlungen mit dem römischen Hof verantwortlich zeichnete, trat für eine rasche Bereinigung der Kirchenfrage ein. Um seinem Ministerium Anerkennung zu verschaffen, bevollmächtigte er Häffelin zur Abgabe einer Erklärung über die Tragweite des Ministerwechsels, die die Position des bayerischen Unterhändlers erheblich schwächen mußte. Zwar beharrten die amtlichen Weisungen nach wie vor auf den unveräußerlichen Rechten der Krone, aber für die Kurie war es nun wesentlich leichter, den achtzigjährigen Gesandten schrittweise dahin zu drängen, wo man ihn haben wollte. Nach einigen Zugeständnissen in der Frage des königlichen Nominationsrechtes war er bereit, einen Vertrag zu unterzeichnen, der wichtige Zielsetzungen der bayerischen Regierung unerfüllt ließ. Am 5. Juni, dem Fronleichnamstag des Jahres 1817, setzten Häffelin und Kardinalstaatssekretär Consalvi ihre Unterschriften unter den Konkordatstext. Tags darauf berichtete der Gesandte seinem Souverän mit sichtlichem Stolz über den erfolgreichen Ausgang der Verhandlungen.

Freilich, Häffelins Freude sollte nicht ungetrübt bleiben. Die Ratifikation des Konkordats durch den König innerhalb der vorgesehenen Frist von vierzig Tagen scheiterte am Widerstand der Ministerialkonferenz. Namentlich Finanzminister Lerchenfeld, am 25. Juni erstmals mit der Konkordatsmaterie befaßt, trat leidenschaftlich für die Wahrung der staatlichen Hoheitsrechte ein. Trotzdem setzte sich schließlich Außenminister Rechberg durch, der eine Politik des stillschweigenden Vorbehalts landesherrlicher Rechte befürwortete. Als der nach Rom entsandte Bruder des Ministers in Nachverhandlungen das volle königliche Nominationsrecht und einige Verbesserungen zweiten Ranges durchgesetzt hatte, wurde das Konkordat am 24. Oktober 1817 vom König ratifiziert. Max I. Joseph ließ sich dabei von der Rechtsauffassung der Minister Rechberg und Thürheim leiten, daß es möglich sei, die staatlichen Hoheitsrechte in vollem Umfang vorzubehalten und die der Kirche eingeräumten Vertragsrechte durch eine einseitige authentische Auslegung nachträglich einzuschränken.

Das neunzehn Artikel umfassende Konkordat vom 5. Juni 1817 bildete fortan die Grundlage für die kirchlichen Verhältnisse Bayerns bis zum Abschluß des neuen Konkordats im Jahr 1924, ja, was die Festlegung der Bistumsgrenzen betrifft, im wesentlichen bis zum heutigen Tag. Das Königreich Bayern wird also in zwei Kirchenprovinzen eingeteilt. Dem Erzbistum München und Freising unterstehen die Suffraganbistümer Augsburg, Passau und Regensburg, dem Erzbistum Bamberg die Suffraganbistümer Würzburg, Eichstätt und Speyer. Jedes der acht bayerischen Domkapitel erhält einen Propst und einen Dekan, dazu die Metropolitankapitel je zehn, die Kathedralkapitel je acht Kanoniker. Außerdem werden bei jedem Kapitel sechs Chorvikare angestellt. Der König hat das Ernennungsrecht für die Erzbischöfe und Bischöfe, ferner für alle Domdekane und auch für die Domkapitulare in den päpstlichen (ungeraden) Monaten. In den geraden Monaten werden die Domkapitulare abwechselnd von den Erzbischöfen beziehungsweise Bischöfen ernannt oder von den Domkapiteln gewählt. Die Dompröpste sind ausnahmslos vom Papst, die Domvikare von den Erzbischöfen und Bischöfen zu bestellen. Der Landesherr hat ferner das Präsentationsrecht auf die schon früher seinem Patronat unterstellten Pfarreien und Benefizien sowie auf die Pfarreien und Benefizien der aufgehobenen geistlichen Verbände. Die kanonische Einsetzung erteilen jedoch die Erzbischöfe und Bischöfe. Dem Landesherrn wird außerdem das Bestätigungsrecht für alle privaten Patronatspfarreien und für die bischöflichen Pfarreien zugestanden. Die Erzbischöfe und Bischöfe haben dem König den Treueid zu leisten.

Auf der anderen Seite verpflichtet sich der Staat zu einem genau festgelegten Unterhalt der Bischöfe und Domkapitel. In jedem Bistum sollen die bischöflichen Seminarien erhalten und ausreichend dotiert werden; in den Bistümern, in denen noch kein Seminar besteht, soll unverzüglich eines errichtet werden. Die Erziehung des Klerus in den Seminarien und die Diözesanregierung nach Maßgabe der kirchlichen Gesetze bleiben den Bischöfen überlassen; der Verkehr mit Rom wird freigegeben, und die Errichtung einiger Männer- und Frauenklöster, vornehmlich für den Unterricht, die Seelsorge oder Krankenpflege zugesagt. Der Staat verpflichtet sich auch, auf kirchliche Anzeige hin, glaubens- und sittenwidrige Bücher zu unterdrükken. Das Kirchenvermögen wird als unveräußerlich deklariert und die Kirche befugt, unbeschränkt neuen Besitz zu erwerben. Gemäß Artikel 16 und 17 sollen alle der Übereinkunft widersprechenden staatlichen Gesetze außer Kraft treten und alle im Konkordat nicht ausdrücklich geregelten Angelegenheiten künftig nach Lehre und Disziplin der Kirche behandelt werden. Gemäß Artikel 1 schließlich bleibt die Kirche in ganz Bayern »unversehrt mit jenen Rechten und Prärogativen erhalten, welche sie nach göttlicher Anordnung und den canonischen Satzungen zu genießen hat«.

Betrachtet man den materiellen Inhalt des Konkordats, so erscheinen die Vorteile, die sich der Staat durch die Errichtung einer mit den Landesgrenzen übereinstimmenden Kirchenorganisation, durch die Nominations- und Präsentationsrechte sowie durch den Bischofseid sichern konnte, recht beachtlich. Kein zweiter deutscher Staat hat im 19. Jahrhundert einen solch maßgeblichen Einfluß auf die Besetzung der kirchlichen Ämter ausgeübt. Auf der anderen Seite fallen die Zugeständnisse der Krone an die Kirche – Dotation der kirchlichen Einrichtungen, voller staatlicher Schutz, freie Eigenverwaltung und Garantie des Besitz- wie Erwerbsrechts – nicht minder stark ins Gewicht. Vor allem aber war durch die Generalklauseln der Artikel 1, 16 und 17 der Kirche ein Rechtsstatus zuerkannt, der den staatskirchenrechtlichen Gegebenheiten des frühen 19. Jahrhunderts schroff entgegenstand. War damit nicht die Parität der Bekenntnisse aufgehoben oder doch ernstlich in Frage gestellt? War nicht das ganze geltende Staatskirchenrecht gefährdet, wenn das Konkordat dem Wortlaut nach grundsätzlich eine unbeschränkte Herrschaft des kanonischen Rechtes aufrichtete?

Die endliche Ratifizierung des Konkordats hatte in Rom lebhafte Freude hervorgerufen. Der im Konkordat unternommene Versuch, das überkommene Staatskirchentum mit den kurialen Ansprüchen zu vereinen, erwies sich aber binnen kurzem als gefährlich für beide Kontrahenten. Als die vorzeitige Veröffentlichung des Konkordatstextes durch die Kurie bei den Protestanten und auch bei den liberalen Katholiken einen Sturm der Entrüstung hervorrief, sah sich die Regierung genötigt, durch eine königliche Erklärung vom 12. März 1818 das Festhalten an ihren paritätischen Staatsgrundsätzen feierlich zu versichern. Zur selben Zeit wurde im Verfassungsausschuß der längst gefaßte Entschluß in die Tat umgesetzt, das Konkordat durch ein »Organisches Edikt« in seiner Rechtswirksamkeit zu beschneiden, und zwar ohne Verständigung mit der Kurie. Als Beilage II zur Verfassungsurkunde vom 26. Mai 1818 erließ die Regierung ein Religionsedikt, das sich als eine nur wenig veränderte Neuauflage des umstrittenen Religionsedikts von 1809 darstellte, und als Anhang I zum § 103 dieses Edikts wurde das Konkordat publiziert. Das Konkordat, wiewohl Bestandteil der Verfassung, sollte nur subsidiäre Geltung haben, nämlich für die inneren Kirchenangelegenheiten, doch auch in diesem Bereich nur insoweit, als es mit Verfassung und Religionsedikt nicht im Widerspruch stand. Mit anderen Worten: Das Konkordat war, entgegen Artikel 16, von einer primären Geltung in eine drittrangige gerückt, hinter Verfassung und Religionsedikt. Und ebendieses Religionsedikt enthielt alle jene Fesseln des aufgeklärt-absolutistischen Staatskirchentums, die man kurialerseits mit dem Konkordat selber abgestreift zu haben glaubte: den Rekurs gegen den Mißbrauch der geistlichen Gewalt, das landesherrliche Plazet für alle kirchlichen Erlasse, die staatliche Entscheidungsbefugnis in gemischten Angelegenheiten, grundsätzliche Unterwerfung der Kirchen unter die staatliche Gesetzgebung. Und dies alles trotz der vorsorglich in den Artikel 18 aufgenommenen Bestimmung, daß der König dem Vertrag und seinen einzelnen Vorschriften nie etwas beifügen, sie nicht ändern und auslegen werde ohne Mitwirkung des kirchlichen Vertragspartners.

In Rom stieß diese Herausforderung begreiflicherweise auf erregten Widerspruch. Die Kurie beanstandete nun ihrerseits die paritätischen und staatskirchenrechtlichen Grundsätze der bayerischen Verfassung als unvereinbar mit den Prinzipien des kanonischen Rechts und den Bestimmungen des Konkordats. Als ein nochmaliger Vermittlungsversuch des alten Gesandten Häffelin gescheitert war, kam es bei der Eröffnung der ersten Ständeversammlung im Februar 1819 über den Verfassungseid der katholischen Geistlichen zu einem ernsthaften Konflikt. Doch beide Seiten wollten letztlich den offenen Bruch vermeiden. Das führte zu dem ebenso langwierigen wie schwierigen Ringen um einen Ausgleich, der mit der »Tegernseer Erklärung« vom 15. September 1821 zum vorläufigen Abschluß kam. Der König versicherte, daß sich der Verfassungseid nur auf die bürgerliche Ordnung beziehe und zu nichts verpflichte, was den göttlichen Gesetzen und den Satzungen der Kirche entgegenstehe; auch, daß das Konkordat als Staatsgesetz angesehen und vollzogen werde.

Die Tegernseer Erklärung zog den Schlußstrich unter die jahrelangen Auseinandersetzungen zwischen Rom und München. Jetzt erst konnte die im Konkordat vom 5. Juni 1817 geregelte Neuorganisation des katholischen Kirchenwesens in die Tat umgesetzt werden. Noch im Herbst 1821 wurden die beiden Erzbistümer und ihre Suffragane umschrieben, die vom König ernannten Oberhirten in ihr Amt eingeführt, die neuen Domkapitel errichtet. Nach Jahrzehnten der Zerrüttung erhielt die bayerische Kirche wieder eine feste Organisation, und die durch die große Säkularisation geschlagenen Wunden waren wenigstens teilweise geheilt.

Lag die eigentliche Wirkung der Tegernseer Erklärung im kirchenpolitischen Bereich, so kann ihr für das Rechtsverhältnis von Konkordat und Religionsedikt keinerlei Bedeutung zugemessen werden. Als allerhöchste Entschließung von einem an die Verfassung gebundenen Monarchen erlassen, war sie nicht geeignet, Widersprüche zwischen einzelnen Verfassungsabschnitten zu beseitigen oder eine Änderung der Rechtslage herbeizuführen. Dazu hätte man die Zustimmung der Stände ge-braucht. Betonte die Tegernseer Erklärung die Verbindlichkeit des Konkordats, so beharrte die staatliche Seite ebenso entschie-den auf der Verbindlichkeit von Verfassung und Religionsedikt, die ihrerseits wieder den Vorrang vor dem Konkordat bean-spruchten. Somit blieb die Frage, was im Ernstfall rechtens sein sollte. Jedenfalls, hier lag durchs ganze 19. Jahrhundert der An-satzpunkt zu vielfältigen Auseinandersetzungen. Jeder einzel-nen Phase der bayerischen Kirchenpolitik blieb die Aufgabe, den politischen Kompromiß der Tegernseer Erklärung unter den veränderten Verhältnissen neu zu formulieren.

Daß der Staat auch in Zukunft an seinen Hoheitsrechten fest-halten wollte, ohne sich viel um den Buchstaben des Konkordats zu kümmern, wurde schon in den letzten Regierungsjahren Max I. Joseph deutlich. Das landesherrliche Plazet und die staat-liche Mißbrauchskontrolle gegenüber der geistlichen Gewalt blieben weiter in Kraft. Der Schriftwechsel der Bischöfe mit dem Papst mußte über das Staatsministerium des königlichen Hauses und die bayerische Gesandtschaft in Rom abgewickelt werden. Die vom Staat beanspruchten Oberaufsichtsrechte wurden häu-fig auch auf innerkirchliche Angelegenheiten ausgedehnt, und die Klagen der geistlichen Behörden, »daß das katholische Reli-gionsexercitium zu einer polizeilichen Anstalt herabgewürdigt werde«, waren nicht selten. In der Tat sollte sich als wahr erwei-sen, was der preußische Gesandte von Zastrow im Blick auf die Tegernseer Erklärung und den in ihr stipulierten Ausgleich zwi-schen Religionsedikt und Konkordat am 19. September 1821 nach Berlin geschrieben hatte: »Bei den so verschiedenen hete-rogenen Grundsätzen der beiden Piècen wird es voraussichtlich noch viele Interpretationen und Streitigkeiten geben.« Und doch war dem Vertrag zwischen Bayern und dem Heiligen Stuhl vom 5. Juni 1817, ungeachtet aller Anfechtungen, die stolze Le-bensdauer von über hundert Jahren beschieden. Im 19. Jahr-hundert konnte sich kein zweiter europäischer Staat einer so dauerhaften Rechtsordnung der kirchlichen Verhältnisse rüh-men.

16. Kapitel:
RELIGIÖSE ERNEUERUNG, GEISTLICHES BIEDERMEIER UND KIRCHLICHE REAKTION

Die Aufklärung, so sehr sie auf vielen Gebieten gute Früchte zeitigte, hatte in ihrer radikalen Form ernste Gefahren für Christentum und Kirche heraufbeschworen, hatte zu wachsendem religiösen Indifferentismus geführt und zu leerem Formalismus, gerade bei den gebildeten Schichten. So mußte der große Umbruch am Beginn des 19. Jahrhunderts mit doppelter Schärfe zurückwirken auf die Lebensfunktionen der Kirche. Die Krise zeigte sich nicht zuletzt darin, daß der Priesterberuf seine Anziehungskraft verloren hatte. Schon 1815 oder 1820 hätte man kaum mehr die Seelsorgestellen besetzen können, wären nicht die Exreligiosen der aufgehobenen Klöster gewesen – würdige, gewandte, gebildete Herren, die ihre Pfarrstellen oft bis in die dreißiger und vierziger Jahre festhielten.

Wenn eine Erneuerung des religiösen Lebens möglich wurde, so ist das in erster Linie dem Erbgut der Vergangenheit zu danken, das immer noch im Pfarrvolk wirksam war und sich in lebendigem Brauchtum dokumentierte. Wohl hatten die Strafdrohungen Montgelas' die Frömmigkeit des breiten Volkes für ein gutes Jahrzehnt in die engen kirchlich-liturgischen Bahnen gewiesen, aber vergessen waren die alten Bräuche keineswegs. Und kaum war Napoleon entmachtet und der allmächtige Minister entlassen, nahm man die hergebrachten Wallfahrten, Flurprozessionen und Bittgänge wieder auf, um den vielen Bedrängnissen zu begegnen. Etwa der großen Hungersnot, wie sie die Mißernte des Jahres 1816/17 mit sich gebracht hatte. Auf dem Dorf mußte man also nicht warten, bis eine religiöse Wiedergeburt kam. Wohl aber brauchte die katholische Oberschicht jenen neuen Sinn für Glaube und Frömmigkeit, für Volkstum und Tradition, der sich unter dem Vorzeichen der Romantik noch im späten 18. Jahrhundert mühevoll aus dem Rationalismus loszuringen begann. Das innere Anliegen läßt sich an verschiedenen Orten des alten Reiches greifen, und zunächst geht es um kleine örtliche Zirkel – im westfälischen Münster etwa um die Fürstin Gallitzin oder im habsburgischen Wien um den Redemptoristen Klemens Maria Hofbauer. Manche dieser Kreise hatten nur lokale Bedeutung und wurden erst nach und nach für die religiöse Erneuerung ihrer Mitwelt bedeutsam. An-

JOHANN MICHAEL SAILER

ders der Freundes- und Schülerkreis um Johann Michael Sailer in Landshut: Er wirkte weit über Bayern hinaus, und Sailer selber hatte im Angelpunkt der großen Zeitenwende als Theologe nicht seinesgleichen.

1. Die Erneuerungsbewegung um Johann Michael Sailer

Auch Sailer gehört noch mit der Hälfte seines Wirkens dem 18. Jahrhundert an, gehört zu jener großen Generation, die den deutschen Geist aus Aufklärung und französischer Vorherrschaft befreit hat. 1751 als Kind armer, aber frommer Schusters- und Gütlersleute zu Aresing bei Schrobenhausen geboren, hatte er das Münchener Jesuitengymnasium absolviert. Er war dann der Gesellschaft Jesu beigetreten und 1773 in die große Katastrophe seines Ordens mit hineingeraten. So wurde Sailer nun Weltpriester des Bistums Augsburg. Seine weiteren theologischen Studien und seine ersten Lehrjahre an der Universität Ingolstadt standen wesentlich unter dem Einfluß des Dogmatikers Benedikt Stattler. Durch den eigenwilligen, streitbaren Lehrer wurde auch der Schüler hineingezogen in die heftigen Auseinandersetzungen, die in den siebziger Jahren über die Studienreform an der Universität entbrannten. 1781 schob man Stattler und Sailer als Exjesuiten und Obskuranten von ihren Planstellen ab. Für den jungen Theologen begann die erste »Brachzeit«, die er zu fruchtbarer literarischer Arbeit nutzte. Insbesondere das 1783 in München erschienene *Vollständige Lese- und Betbuch zum Gebrauche der Katholiken,* fußend auf den Texten der Heiligen Schrift, der Liturgie und der Kirchenväter, führte ihm zahlreiche Freunde und Verehrer zu.

Schon 1784 wurde Sailer als Professor der Pastoral und der Ethik an die fürstbischöfliche Universität Dillingen berufen. Hier sollte erstmals Gestalt annehmen, was man später Sailers Priesterschule genannt hat: »ein Schülerkreis gleichgestimmter Seelen, die zeitlebens mit ihm verbunden waren und ihm die Kraft und Glut ihrer Herzensfrömmigkeit und ihr lebendiges Christentum verdankten« (Hubert Schiel). Die Vorlesungen des jungen Universitätslehrers, die den leeren Formalismus der Aufklärung mit religiösem Gehalt zu füllen suchten, fanden weit über die Theologische Fakultät hinaus begeisterten Zuspruch, erregten freilich auch Mißgunst und Neid. Seine Hauptgegner waren die Exjesuiten von St. Salvator in Augsburg, und ihre gehässige Wühlarbeit führte dazu, daß der Augsburger Oberhirte den gefeierten Theologen 1794 als »Illuminaten« und »Aufklärer« von der Universität verbannte. Der zehnjährigen fruchtbaren Lehrtätigkeit folgten nochmals fünf bittere »Brachjahre«. Wieder nutzte sie der tief Verwundete zum Lesen, Betrachten und Bücherschreiben.

Als angeblicher Aufklärer war Sailer in Dillingen entlassen worden, als vermeintlichen Aufklärer berief ihn der bayerische Minister Montgelas 1799 an die Landesuniversität Ingolstadt, die dann schon 1800 nach Landshut verlegt wurde. Hier, in Landshut, lehrte Sailer bis 1821 neben seinem Hauptfach Moraltheologie auch Pastoral, Homiletik, Pädagogik, Liturgik und Katechetik; zugleich war er Universitätsprediger. Sailer stand damals bereits in den Fünfzigern, und er konnte von sich sagen: »Wir sind herüben und wohl uns, daß sich die eine ewige Wahrheit mit herübergerettet hat, ohne in den Fluten der Tage untergegangen oder in den Ruinen der vorigen Gestaltung begraben zu sein...«

Anders als in der Dillinger Zeit verkörpert er jetzt für seine Schüler vor allem die Würde und das unerreichbare menschliche und priesterliche Vorbild. Sailer in Landshut, das ist nicht nur der gefeierte akademische Lehrer, der bis vom Rhein her, aus Westfalen und der Schweiz die Studenten anzieht, der geistliche Schriftsteller, der mit rührend einfachen Büchern weit ins

Volk greift: Er bedeutet zugleich einen neuen Frömmigkeitstyp, schlicht, mild, irenisch, aber fest im Grundsätzlichen – ein Mann der stillen Versenkung, aber auch der tätigen Nächstenliebe und des vorgelebten Beispiels. In den zwei Jahrzehnten seiner Landshuter Wirksamkeit hat er so über tausend Priester herangebildet. Zu »Geistlich-Geistlichen« wollte er sie erziehen, und er geriet darüber in Gegensatz zu seinem Kollegen Matthäus Fingerlos, dem Direktor des Herzoglichen Georgianums, der als strenger Kantianer die Religion weithin mit Sittlichkeit gleichsetzte und den Priester zunächst als Volks- und Tugendlehrer begriff. Daß sich Sailer in den jahrelangen erbitterten Auseinandersetzungen behaupten konnte, verdankte er hauptsächlich dem Kronprinzen Ludwig. Ihm hatte er im Sommer 1803 dreimal wöchentlich eine Privatvorlesung über *Die Moral des Regenten in christlichen Maximen* gehalten, und damals war bei Ludwig jene hohe Wertschätzung erwachsen, die er zeitlebens für Sailer hegte.

Auf das Betreiben des Kronprinzen ging es auch zurück, daß König Max I. Joseph den Landshuter Theologieprofessor nach Abschluß des bayerischen Konkordats zum Bischof von Augsburg nominierte. Aber der Heilige Stuhl sprach, gestützt auf ein beschämend leichtfertiges Gutachten des Wiener Redemptoristen Klemens Maria Hofbauer, seine schroffe Ablehnung aus. Erst nachdem Sailer eine öffentliche Erklärung für seine Rechtgläubigkeit abgegeben hatte, konnte der Kronprinz 1821 bei der Kurie die Berufung in das Regensburger Domkapitel durchsetzen. Im Jahr darauf wurde Sailer Weihbischof, Generalvikar und Koadjutor des altersschwachen und schwerkranken Bischofs Johann Nepomuk von Wolf; 1829 trat er, längst zum eigentlichen Leiter des Bistums geworden, auch offiziell die Nachfolge an. Obwohl bereits in den Siebzigern, machte sich Sailer mit erstaunlicher Kraft daran, die Schäden und Versäumnisse im Regensburger Sprengel zu bessern. Ausgedehnte Firmungs- und Visitationsreisen führten ihn durch ganz Niederbayern und die Oberpfalz, und die Wiederherstellung der Klöster verfolgte er, seit Kronprinz Ludwig im Oktober 1825 die Regierung angetreten hatte, mit zäher Energie. Sailers eigentliche Stütze in der Regensburger Zeit aber war der junge Hauskaplan und Privatsekretär Melchior von Diepenbrock aus Westfalen. Der Landshuter Professor hatte ihn einst herausgeführt aus der religiösen Indifferenz und ihn eingeweiht in seine ganz eigene Frömmigkeit, und jetzt, da die Schwäche des Alters mehr und mehr die Ergänzung durch frische Jugendkraft brauchte, zeigte sich Diepenbrock einer solchen Ergänzung fähig. Am 20. Mai 1832 ist Sailer zu Regensburg gestorben. Sein Weihbischof Georg Michael Wittmann, der ganz andere, eher rigoristische Wesenszüge hatte, rühmte ihm bei der Leichenrede nach: »Unter den Bischöfen dieser Diözese wird er nach Jahrhunderten noch groß dastehen.«

Sailers Freundes- und Schülerkreis bildete ganz von selber den großen Ansatz für die Wiederherstellung der kirchlichen Verhältnisse. Zu den Theologen waren ja Männer gestoßen wie der Kronprinz und spätere König Ludwig, der Jurist Eduard von Schenk, der alsbald bayerischer Innenminister werden sollte, oder der Mediziner Johann Nepomuk von Ringseis, einer der großen Ärzte der Zeit und der führende Mann in der kirchlichen Laienbewegung des bayerischen 19. Jahrhunderts. Aus dem Landshuter Aufbruch erwuchs der großartige Versuch unseres romantischen Königs, den starren Montgelas-Staat mit den Kräften des Volkstums und des Glaubens neu zu durchdringen. Und die neuen Bischöfe auf den verwaisten Stühlen, Franz Xaver Schwäbl in Regensburg, Georg Öttl in Eichstätt, Johann Martin Manl in Speyer, Karl Joseph von Riccabona in Passau, die geistlichen Professoren der wiedererrichteten Diözesanhochschulen, die Domkapitulare der neuen Ordnung und die Leiter der wiederhergestellten Priesterseminare – sie alle kommen aus demselben Kreis. Vielleicht ist Mainfranken, abgetrennt durch die Barriere der altevangelischen Markgrafschaften und Reichsstädte, von Sailers Geist nicht in demselben Maß erfaßt worden wie Altbayern oder das bayerische Schwaben. Aber immerhin, es gab auch hier bis 1823 die sogenannte »milde Aschaffenburger Schule«, nämlich Dalbergs Karls-Universität und sein Priesterseminar mit dem Sailerfreund Christoph Scheidel als Regens und dem Sailerschüler Franz Egid Anderlohr als Professor für Kirchengeschichte. In Bamberg aber lehrte der Sailerschüler Friedrich Brenner als Dogmatiker.

Am prächtigsten freilich lebte sich die Sailerschule aus in den schlichten, einfachen Priestergestalten draußen im bayerischen Bauernland. 1877 ist mit Franz Seraph Häglsperger, dem Jugendschriftsteller und »heiligen Dechanten« von Egglkofen, einer der letzten unmittelbaren Sailerschüler gestorben. Ein Enkelschüler aber, der Freisinger Moraltheologe Magnus Jocham, hat 1870, als Sailers Einfluß in der Breite längst erloschen war und ein anderer Geist das kirchliche Leben prägte, niedergeschrieben, was für ihn, aus lebenslanger Erfahrung heraus, Sailers Priesterschule war. Davon nur ein paar Sätze als Brückenpfeiler zum Verständnis des Ganzen: »Diese Männer hatten äußern Anstand, humane Bildung, waren nicht leicht befangen, wo sie mit Vorgesetzten oder Hochstehenden in Verkehr kommen mußten; konnten in jedem ehrenhaften Zirkel leicht und frei sich bewegen und erwarben sich dadurch gar oft die Achtung selbst von denjenigen, die einen Priester scheuen und in dessen Nähe sich unheimlich fühlen... Sie zeichneten sich fast durchweg aus als Freunde der Schule, als vortreffliche Lehrer der Kinder und überhaupt als Schulmänner... Sie legten bei jeder Gelegenheit eine Kenntnis der Heiligen Schrift an den Tag, über die man nur staunen mußte... Diese Männer hatten bei all ihrer Freundlichkeit und Leutseligkeit einen sittlichen Ernst, der einem jeden imponierte... So konnten sie sein, weil sie selbst innerlich wahr und aufrichtig vor Gott wandelten. Diese Wahrheit war eine unbedingte, eine ausnahmslose. Darum konnten sie sich auch zu keiner Verstellung, zu keinem Scheinwesen verstehen...«

2. Kirchen- und Kulturpolitik unter Ludwig I.

Nach dem Tod des ersten bayerischen Königs hatte im Oktober 1825 ein dem Vater ungleicher Sohn den Thron bestiegen: Ludwig I. Noch geboren unter dem Ancien Régime, am 25. August 1786 zu Straßburg, war seine Jugend ganz im Schatten des Umsturzes von 1789 und der napoleonischen Gewalttätigkeiten gestanden. Ludwigs lebenslanger Widerwille gegen Krieg und Soldaten hatte darin ebenso seinen Grund wie die nie verhehlte Abneigung gegen das revolutionäre Frankreich. Trotz der unruhigen Zeitläufte erhielt der hellwache Kurprinz eine sorgfältige Erziehung. Insbesondere der Priester Joseph Anton Sambuga, ein Pfälzer italienischer Herkunft, weckte in Ludwig den Sinn für ein weltoffenes, doch tiefgläubiges Christentum; und was Sambuga grundgelegt hatte, erfuhr durch Johann Michael Sailer in jenem Landshuter Universitätssommer von 1803 Läuterung und Vertiefung. Ludwigs ausgeprägtes Herrscherbewußtsein war zutiefst verankert im Religiösen; im Gegensatz zu den aufgeklärten Männern um Montgelas galt ihm die Religion als oberstes Staats- und Bildungsprinzip. So mußte sein Regierungsantritt eine völlige Neuorientierung in den geistigen Grundlagen des bayerischen Staates mit sich bringen. Wohl hielt auch Ludwig, als er im neununddreißigsten Lebensjahr das väterliche Erbe übernahm, streng an den überkommenen Hoheitsrechten fest, aber die von Sambuga und Sailer geprägte religiöse Gesinnung lenkte ihn ganz in die Bahn romantischer Restaurationspolitik. Hatte er schon als Kronprinz aus seinem Widerstreben gegen das System Montgelas' und die polizeiliche Einschnürung des religiösen Lebens kein Hehl gemacht, so waren die dreiundzwanzig Jahre seiner Regierung durchtränkt von dem Bemühen, den Staat auf christlicher Grundlage neu zu begründen.

Vorbild für Ludwig war Kurfürst Maximilian I., und wie sein großer Ahnherr hatte auch er einen Staat übernommen, der praktisch auf der Gant stand. Durch rücksichtslose Sparmaßnahmen, durch radikale Verwaltungsvereinfachung und scharfes Beschneiden des Militäretats, sollte es in verblüffend kurzer Zeit gelingen, den Staatshaushalt auszugleichen. Die gesicherten Finanzen gaben dann die Grundlage ab für eine Kultur- und Kirchenpolitik großen Stils. Um sie Gestalt werden zu lassen, berief der König unterm 1. Januar 1826 den Konvertiten und Sailerschüler Eduard von Schenk an die Spitze des Obersten Kirchen- und Schulrates; im Jahr darauf übernahm der feinfühlige, vornehme Schenk, der den kulturellen Plänen Ludwigs bald nahestand wie sonst keiner mehr, auch das Innenministerium. »Vereinigung der Religion und der monarchischen Grundsätze mit der Freiheit, des Glaubens mit dem Wissen« hieß das Ziel jener kleinen, aber geistesstarken Phalanx, die Schenk anführte, und der Innenminister wußte sich darin ebenso eins mit dem König wie bei der Wiederherstellung der Klöster.

Die Wiederherstellung der kirchlichen Orden, jener alten, eigenen und eigenständigen Kulturträger des Landes, die die Säkularisation ausgelöscht hatte, war das persönliche Anliegen Ludwigs I. Zwar hatte das Konkordat in seinem Artikel 7 das Aufleben einiger Klöster für Unterricht, Seelsorge und Krankenpflege in Aussicht gestellt, aber erst mußte die Ära Montgelas wirklich zu Grabe getragen werden, ehe aus der papierenen Abmachung Wirklichkeit wurde. So stellten sich den königlichen Klosterplänen zunächst erhebliche Schwierigkeiten in den Weg; namentlich die liberalen Minister und Beamten waren strikt dagegen. Doch Ludwig, dem es als Staatsaufgabe erschien, anzuknüpfen am Vermächtnis seiner Vorfahren und die Brücken wieder aufzubauen, die zurückführten zu den Anfängen bayerischen Lebens, verfolgte unnachgiebig sein Ziel. Vor allem sollten die Benediktiner wiederkommen, jener große Missions- und Kulturorden aus dem Aufbruch des Mittelalters. Freilich, die Klostergebäude waren längst verkauft oder verfallen, und von den bayerischen Exbenediktinern waren nur wenige bereit, die Sicherheit ihrer Pfarrstellen und Professuren gegen eine ungewisse Zukunft einzutauschen. So galt es nicht nur, vielfältigen bürokratischen Widerstand zu brechen, sondern auch die Aufgabe der Dotierung zu lösen und rückkehrwillige Ordensleute zu finden, notfalls Hilfe aus Österreich oder der Schweiz zu holen. Vor diesem Hintergrund ist es allzu verständlich, daß Sailer dem ungestüm drängenden König in einem Gutachten vom September 1826 zunächst nur zur Errichtung eines einzigen Klosters geraten hatte. Doch Ludwig schwebte ein umfassendes Restaurationsprogramm vor Augen, und schon nach wenigen Jahren brach ein monastischer Frühling an, wie ihn das Land seit dem Hochmittelalter nicht mehr erlebt hatte.

Als Modellfall für den Gang der Bemühungen und die unsäglichen Schwierigkeiten, die es zu meistern galt, kann das 1830 wiedererstandene Kloster Metten gelten. Vier Jahre später wurde Ottobeuren zu neuem Leben erweckt, 1838 Scheyern als die alte Grablege der Wittelsbacher Pfalzgrafen; 1842 hielten in der Abtei St. Georg in Weltenburg wieder Mönche ihren Einzug, und 1866, zwei Jahre vor seinem Tod, schenkte der König das ehemalige Prämonstratenserstift Schäftlarn an den Benediktinerorden. Völlige Neugründungen bedeuteten die Abteien St. Stephan in Augsburg (1834) und St. Bonifaz in München (1850). Von den Klöstern der Benediktinerinnen erhoben sich Frauenchiemsee und St. Walburg in Eichstätt zu neuer Blüte. Auch die Bettelorden kamen wieder, und zwar Männer- wie Frauenklöster; ihre Restauration konnte von den seit der Säkularisation bestehenden und allmählich dahinsterbenden Zentralklöstern aus erfolgen. Von Straßburg her wurde der Krankenpflegeorden der Barmherzigen Schwestern eingeführt, und im entlegenen Neunburg vorm Wald gründete die ehrwürdige Mutter Theresia (Karolina) Gerhardinger die Ordensgenossenschaft der Armen Schulschwestern. Nach der Verlegung des Mutterhauses in das ehemalige Münchener Klarissenkloster am Anger (1841) wuchs die Kongregation rasch an und verzweigte sich mit ihren Filialgründungen über das ganze rechtsrheinische Bayern. Neben den Armen Schulschwestern sicherte der König auch einige Konvente der Ursulinen und Englischen Fräulein als weibliche Erziehungsorden in ihrem Bestand.

Die Liste der unter Ludwig I. wiedererstandenen Klöster ist damit noch lange nicht erschöpft. Doch wichtiger als leere Aufzählungen sind die zwei, drei Frömmigkeitsantriebe, die jetzt vom kleinen Bayern in den Weltraum der Kirche hinauszielten. 1846 hatte Pater Bonifaz Wimmer von Metten aus die erste Benediktinerniederlassung der Vereinigten Staaten gegründet: das Kloster St. Vincent in Pennsylvanien. Es sollte hauptsächlich der religiösen und kulturellen Betreuung der deutschen Auswanderer und Siedler dienen und für diese Aufgabe auch Priester heranbilden. Bereits 1855 wurde St. Vincent als Mutterkloster der aufblühenden Amerikanisch-Cassinesischen Benediktinerkongregation zur exemten Abtei erhoben. Das Unternehmen wäre freilich nicht denkbar gewesen ohne den Rückhalt an Bayern. In den schwierigen Anfängen hatten die Heimatklöster, der Ludwig-Missionsverein und vor allem der König selber die entscheidende Hilfe geleistet. Auch die Armen Schulschwestern ließen sich von Ludwig I. zur Unterstützung der deutschen Auswanderer in Nordamerika ermuntern. Das Institut der Englischen Fräulein aber, in seinen Gründungsjahren von Kurfürst Maximilian entscheidend gefördert und geschützt, eroberte sich von der erst 1835 errichteten Niederlassung in Nymphenburg aus seine englischen, rumänischen und italienischen Häuser. Es war, als ob die Kongregation in Bayern ihre Inkubationszeit durchgemacht hätte.

Wenn in Bayern wenige Jahrzehnte nach der allgemeinen Säkularisation wieder zahlreiche Klöster aufblühten, so ist dies ohne Zweifel zunächst dem historischen Sinn des Königs zuzuschreiben: Er wußte um die alte Verbundenheit der Ordensgemeinschaften mit dem bayerischen Land und Volk, und ihre wiederbelebten Konvente sollten eine wichtige Stütze sein im Aufbau des christlichen Staates. Nur einem Orden widersetzte sich Ludwig I. ein ganzes Leben lang: der Gesellschaft Jesu. Damals wie immer gingen die Urteile über sie weit auseinander, auch bei Katholiken. Obwohl sein Lehrer Sambuga den Jesuiten wohlwollend gegenübergestanden war, blieb Ludwig bei der schroffen Ablehnung: »Ich habe meine Benediktiner und für das Landvolk die Franziskaner und Kapuziner. Die Jesuiten sind gut für anderswo, namentlich für Missionen.« Und gegenüber dem Domkapitular Reindl, dem Erzieher seines Sohnes Adalbert, meinte der König einmal: »Ich werde in Rom immer gefragt, warum ich die Jesuiten nicht einführe. Ich will es Ihnen sagen: die Jesuiten sind eine Garde, sie haben alle Tugenden und Fehler einer Garde – Stolz, Herrschsucht, Ausschließlichkeit, die sie gegen alle andern ausüben. Es gibt Armeen, die eine Garde haben und die keine haben; wir können zufrieden sein ohne Garde.«

Mit der Erneuerung des kirchlichen Lebens ging die Reform des höheren Schulwesens Hand in Hand. Man wollte die Aufklärung auch aus den Klaßzimmern hinauswerfen. Unter vielen Widerständen und nach stürmischen Kommissionssitzungen drückte Friedrich Wilhelm Thiersch schließlich seinen Lehrplan durch, zugeschnitten auf das Bildungsziel des Neuhumanismus: Das Gymnasium allein war die höhere Schule, und hier dominierten die alten Sprachen Latein und Griechisch; die anderen Fächer – Deutsch, Geschichte, Geographie und Mathematik – spielten nur eine Nebenrolle. Und diese Konzeption voll großartiger Einseitigkeit sollte für die höheren Schulen Bayerns bestimmend bleiben bis herauf zum Ersten Weltkrieg. Erst dann schob sich die Realschule, das Lieblingskind der Aufklärung, allmählich gleichberechtigt neben die neuhumanistische Sprachenschule.

Die schönste Frucht der gemeinsamen Kulturarbeit von König Ludwig und Minister Schenk aber war der Aufbau der Münchener Universität. Mit den Spätjahren Max Josephs war Landshut auf das flaueste Mittelmaß herabgesunken, waren die gefeierten Lehrer – man denke nur an Sailer! – weggegangen und hatten sich die Studenten verlaufen. Wollte man einen neuen Auftrieb und frisches Leben, mußte man an den Umzug nach München denken, wo die Querverbindung zur Akademie und Sternwarte, zu Bibliothek, Archiv und Galerie der Universität eine ganz andere Weite geben konnte. Schon am 2. Mai 1826 unterzeichnete der König das Dekret, das die Verlegung verfügte. Und wie beim Umzug von Ingolstadt nach Landshut im Jahr 1800 wechselte auch diesmal die Hohe Schule ihr Gesicht. 1800 hatte Montgelas die Universität zu einer Hochburg der Aufklärung machen wollen. Jetzt siegte die romantische Geistigkeit, ging es um die Versöhnung und Durchdringung von Glauben und Wissen. Starre Aufklärer wie Friedrich Köppen oder Jakob Salat ließ man in Landshut sitzen und holte dafür neue Männer auf die Lehrstühle. Und immer wieder nahm Sailer auf die Berufungen Einfluß, daneben Johann Nepomuk Ringseis als Leibarzt des Königs und neuernannter Professor der Medizin.

Unter den Berufenen waren zahlreiche glänzende Namen in allen Fakultäten, der Germanist Hans Ferdinand Maßmann etwa, der Rechtsphilosoph Friedrich Julius Stahl oder Johann Andreas Schmeller, der Sprachforscher und Verfasser des bis heute unübertroffenen *Bayerischen Wörterbuches*. Das eigentliche Gepräge aber erhielt die Universität über zwei Jahrzehnte hindurch vom »Dreigestirn der geistigen Münchener Romantik« (Alois Dempf), von den Professoren Friedrich Wilhelm von Schelling, Franz von Baader und Joseph von Görres. Waren Schelling und Baader gefeierte Lehrer der Philosophie, Schwabe der eine, ein gebürtiger Münchner der andere, so wurde der Rheinländer Joseph Görres auf den Stuhl für allgemeine Geschichte berufen, nachdem er zum Thronwechsel von 1825 ein flammendes Manifest in die Presse gegeben hatte. Freilich, was galten dem einstigen Jakobiner und Brandschreiber des *Rheinischen Merkur* schon Geschichtswissenschaft und kritische Quellenforschung? Hier, in München, schrieb Görres die vier gewaltigen Bände über die *Christliche Mystik,* in denen Historie, Sage, Legende, Dichtung und Mythos merkwürdig ineinandergehen; seine tiefste Kraft freilich strömte hinein in die Polemik. Wenn er – »Türmer auf der Zinne der Zeit« wie kaum ein zweiter – die Wallfahrt zum heiligen Rock von Trier verteidigte oder den Kölner Kirchenstreit aufgriff, rief er wirklich die Geister zum Kampf. Sein gastliches Haus in der Schönfeldstraße wurde ein Treffpunkt für den erneuerten Münchener Katholizismus, aber auch für viele Besucher aus ganz Europa.

In der Theologischen Fakultät standen Schüler Sailers oder ihm nahestehende Männer auf den Lehrkanzeln. Dazu wurde 1835 Johann Adam Möhler nach München geholt, der bedeutendste Kopf der Tübinger Schule. Der Wirtssohn aus dem Taubergrund fand unter den katholischen Theologen des 19. Jahrhunderts kaum seinesgleichen, und seine *Symbolik oder Darstellung der dogmatischen Gegensätze der Katholiken und Protestanten* ist ein einzigartiges Buch, durchweht vom Sprachatem der Romantik. Als Möhler 1838 starb, war längst der Stern des jungen Ignaz Döllinger aufgegangen, den man 1826 als Professor für Kirchengeschichte aus Aschaffenburg nach München berufen hatte. Voll staunenswerter Belesenheit und eifernder Liebe schrieb Döllinger zunächst an seiner Geschichte der christlichen Kirche. Als dann 1839 Rankes Reformationsgeschichte erschien, wandte auch er sich der deutschen Reformation zu, deren Entwicklung und Wirkung er an ihren eigenen Quellen herauszustellen suchte: Mit Döllingers Werk stand das katholische Lutherbild des 19. Jahrhunderts. Freilich, Döllinger war weit entfernt von Sailers milder Duldsamkeit; er zählte zu jener Richtung, die in Joseph Görres ihren Führer sah und von den Gegnern als »ultramontan« gescholten wurde. Seite an Seite mit Görres kämpfte Döllinger bis zur Mitte des Jahrhunderts für die katholische Restauration, gegen ein beengendes Staatskirchentum und gegen die Übermacht des Protestantismus in der deutschen Wissenschaft.

3. Kirchliche Restauration und neue Gänge zwischen Kirche und Staat

Wurde die religiöse Erneuerungsbewegung in den ersten Jahrzehnten des 19. Jahrhunderts hauptsächlich von Sailer und seinem Kreis getragen, so regten sich bald auch andere Kräfte, die rasch erstarkten und schließlich die Oberhand gewannen. Schon der Lebensgang Sailers – seine Absetzung und Maßregelung in Dillingen, seine Ablehnung als Bischof von Augsburg oder die beträchtlichen Schwierigkeiten, bis ihn der Kronprinz in die Regensburger Kurie bringen konnte – kündet von einer mächtigen Gegenbewegung. Ihre wichtigste Keimzelle war der Kreis der »Konföderierten«, die sich gegen die Unterdrückung des kirchlichen Eigenlebens unter Montgelas stemmten und seit dem Zusammenbruch der napoleonischen Herrschaft heftig versuchten, auf die Kirchenpolitik Einfluß zu nehmen. Diese Gruppe von etwa vierzig Männern – meist Geistlichen, die an Stätten altkirchlicher Tradition wie in Augsburg, Eichstätt, Bamberg, Regensburg und Würzburg wirkten – verband bei aller Verschiedenheit der Herkunft und der Beweggründe das gemeinsame Ziel, der Kirche im Kampf gegen die Staatsallmacht durch engen Anschluß an den Heiligen Stuhl den Freiraum zu sichern. Der Würzburger Weihbischof Gregor Zirkel, der Bamberger Kanonist Franz Andreas Frey, der Eichstätter Offizial Eucharius Adam, der ehemalige Prüfeninger Abt Rupert Kornmann und Karl Egger, Pfarrer zu Kleinaitingen bei Augsburg, waren die führenden Köpfe. Es ist bezeichnend, daß Zirkel wie Frey vor der Säkularisation mit febronianisch-episkopalistischen Ideen gespielt hatten. Erst die Vernichtung der feudalen Freiheiten der Kirche hatte die Voraussetzungen für diesen »Ultramontanismus« geschaffen und seine ersten Vertreter 1814 im »Literarischen Verein zur Aufrechterhaltung, Verteidigung und Ausdehnung der römisch-katholischen Religion« zusammengeführt. Ihr Sprachrohr war die vom Geistlichen Rat Franz Karl Felder begründete *Literaturzeitung für katholische Religionslehre*. Zum literarischen Kampf gegen die Philosophie der Aufklärung, gegen die Bevormundung der Kirche seitens des Staates und gegen die nationalkirchlichen Bestrebungen Wessenbergs, des Generalvikars der Diözese Konstanz, gehörte von Anfang an eine nicht minder wirksame kirchenpolitische Aktivität. Hatten die Konföderierten zunächst versucht, auf die kirchlichen Verhandlungen des Wiener Kongresses einzuwirken, so wurden sie nach 1815 zu eifrigen Befürwortern des bayerischen Sonderkonkordats. In publizistischen Erörterungen, in Denkschriften an den König und an den Papst traten sie lebhaft für eine Koordination mit dem Staat ein, die der bayerischen Kirche ihre Freiheit und Unabhängigkeit garantieren sollte. Als dann das Konkordat endlich stand, waren es wieder die Konföderierten im Lande, voran die geistlichen Abgeordneten Karl Egger und Benedikt Abbt, die auf der ersten Ständeversammlung von 1819 mit leidenschaftlichem Einsatz für seinen ungeschmälerten Vollzug fochten.

Kaum war die Wirksamkeit der Konföderierten in der Breite erloschen, hatte sich im Zusammenhang mit der Verlegung der Landesuniversität nach München eine neue Gruppierung gebildet, der »Eoskreis«. Geschart um den alten Recken Görres, um Baader, Ringseis und Döllinger, gab er dem Begriff »streng kirchlich« einen eigenen Klang und eine besondere Farbe. Die Zeitschrift *Eos* war sein Hauptorgan, und auch die *Sion* schlug oft in dieselbe Kerbe. Bereits in den ersten furiosen Manifesten, die seit Juni 1828 in der *Eos* erschienen, waren unmißverständlich die Grundsätze katholisch-konservativer Staatslehre herausgestellt, zu der sich die Mitglieder bekannten. Enge Beziehungen unterhielt der Eoskreis insbesondere zur katholischen Restauration in Frankreich um Abbé Lamennais und Graf Montalembert, wobei Andreas Räß in Straßburg oder der Kreis um das Mainzer Priesterseminar häufig die Vermittler machten. Freilich, der Eoskreis, dessen allwöchentliche Zusammenkünfte in der Sendlingergasse weder verborgen blieben noch verborgen bleiben wollten, konnte sich nicht lange halten. Beim König als ein jesuitisch-klerikal-reaktionärer Geheimbund verdächtigt, mußten sich die Mitglieder bereits im Oktober 1829 in einer öffentlichen Erklärung von ihrer Zeitschrift zurückziehen. Trotzdem sollte sich in den frühen dreißiger Jahren der Gedankenaustausch mit den Vertretern des konservativen französischen Katholizismus weiter verstärken, und gerade Joseph Görres und sein Haus blieben ein Stütz- und Sammelpunkt der restaurativen Kräfte. Ihre entscheidende Stunde kam freilich erst mit den »Kölner Wirren« von 1837.

Inzwischen hatte sich in der Regierung Ludwigs I. eine entscheidende Wende vollzogen. Dem weitgespannten Versuch der ersten Regierungsjahre, romantische Staatsauffassung und liberale Forderungen zu verknüpfen, folgte bald die Ernüchterung. Die von Ludwig gewährte Pressefreiheit wurde schon Ende der zwanziger Jahre zur groben Pressefrechheit. Da in den anderen Bundesstaaten strenge Zensurbestimmungen herrschten, wurde Bayern zum Zufluchtsort aller Satiriker und Pamphletschreiber, namentlich aus Österreich und aus Preußen, die das gewährte Gastrecht schimpflich mißbrauchten. Den ganzen Argwohn des Königs rief aber erst die Pariser Julirevolution wach, und ein harmloser Studentenkrawall zu Weihnachten 1830 bekam jetzt gleich ein politisches Vorzeichen. Der enttäuschte, tief gekränkte König zog die Konsequenzen. Schon am 31. Januar 1831 brachte das Regierungsblatt eine königliche Verordnung, wonach die Tagespresse erneut unter Zensur gestellt werden sollte. In Würzburg und Bamberg, in Nürnberg und Kempten, vor allem aber in der Pfalz erhoben sich wütende Angriffe auf die »reaktionäre« Regierung, und auf dem Märzlandtag führten die Liberalen ihren Gegenstoß. Er richtete sich zwar formell gegen Schenk, aber es lag auf der Hand, daß mit dem Innenminister der König getroffen werden sollte. Schweren Herzens mußte der König den vertrauten Minister preisgeben, die Zensurverordnung zurücknehmen und auf der ganzen Linie zurückweichen. Dazu gab es wütende Attacken gegen die bayerische Kultur- und Kirchenpolitik, gegen die königliche Zivilliste, ja den förmlichen Antrag, die Bauarbeiten an der Pinakothek einzustellen, »weil Notwendigeres und Nützlicheres zu tun sei«. Im Monarchen erwachte jetzt der Starrsinn des Wittelsbacher Pfalzgrafen, und an den neuen Innenminister, Fürst Ludwig von Oettingen-Wallerstein, erging Weisung auf Weisung, dem wirklichen und oft nur angeblichen Mißbrauch der Freiheit mit aller Entschiedenheit zu begegnen. So bedeutete der Landtag von 1831 das Ende der liberalen Reformen und den Beginn einer konservativ akzentuierten Periode. »Religiös-monarchische Reform« hieß jetzt das gängige Schlagwort, und im Briefwechsel zwischen dem König und Schenk ist immer wieder von »Thron und Altar« die Rede. Die Kirche erschien als die sicherste Stütze des Königtums.

Aber bei allem Bestreben, den Bund von Thron und Altar enger zu knüpfen, fehlte es nicht an Belastungsproben. Zu einer ersten Trübung des Verhältnisses war es bereits im Sommer

1829 gekommen, als sich der König, wohl auf Einflüsterungen des intriganten Ministerialrats Joseph von Hormayr hin, vom Eoskreis abkehrte und der Forderung nach einer strengeren Handhabung des überkommenen Staatskirchenrechts nachgab: Das königliche Plazet für kirchliche Verordnungen sollte wieder zur Geltung gebracht und der Schriftverkehr der Bischöfe mit Rom kontrolliert werden. Bereits im Jahr darauf kam es wegen der Mischehen zu neuen Spannungen – einer Zeitfrage, die damals in allen gemischt konfessionellen Gebieten die Gemüter erhitzte. Während die katholische Kirche ihren Gläubigen das Eingehen einer Mischehe grundsätzlich untersagte und eine Dispens nur erteilte, wenn sich die Ehepartner schriftlich verpflichteten, ihre Kinder katholisch zu erziehen, war für die protestantische Seite das Religionsedikt von 1818 maßgebend, das Brautleuten verschiedenen Bekenntnisses die freie Entscheidung zugestand über eine Eheschließung vor dem protestantischen oder dem katholischen Geistlichen und über die religiöse Erziehung der Kinder selber. Weil diese gegensätzlichen Rechtsgrundlagen fortwährend zu Unzuträglichkeiten führten und zu Gewissensbelastungen, begann die bayerische Regierung im September 1830 darüber mit Rom zu verhandeln. Der Heilige Stuhl lehnte zunächst schroff ab und untersagte in einem Breve an die bayerischen Bischöfe vom Mai 1832 den Geistlichen jede Mitwirkung bei Ehen, wo die Bedingungen für die Dispens nicht gegeben waren. Erst zwei Jahre später bahnten ein Handschreiben des Königs an den Papst und eine gemeinschaftliche Vorstellung des bayerischen Episkopats in Rom den Ausgleich an: Um größere Übel und Ärgernisse zu vermeiden, so hieß es in der päpstlichen Instruktion vom 12. September 1834, sollten künftig auch bei fehlender Zusicherung katholischer Kindererziehung keine kirchlichen Zensuren mehr verhängt werden und die Vornahme des Aufgebots wie die Ausstellung von Zeugnissen hierüber gestattet sein.

Anders als in Bayern führte in Preußen der Mischehenstreit zum offenen Konflikt, der mit der Verhaftung des Kölner Erzbischofs Clemens August von Droste-Vischering im November 1837 einen ersten Höhepunkt erreichte. Die Wellen, die das »Kölner Ereignis« schlug, gingen namentlich in Bayern in die Höhe, denn Joseph Görres, der alte Gegner Preußens, hatte Anfang 1838 seinen flammenden *Athanasius* in die Öffentlichkeit geschleudert und zum Kampf aufgerufen gegen den Polizeistaat und für die kirchliche Freiheit. Nicht nur, daß dem Kölner

Oberhirten im Görreskreis die leidenschaftlichsten Anwälte erwuchsen: München wurde wie von selber zum Sammelpunkt einer katholischen Bewegungspartei und erschien eine Zeitlang als Mittelpunkt des katholischen Deutschland. Wieder stellte sich die Frage nach einem wirksamen Publikationsorgan, und schon im April 1838 konnte der junge Guido Görres zusammen mit den beiden Juristen und Konvertiten Phillips und Jarcke das erste Heft der *Historisch-politischen Blätter für das katholische Deutschland* herausbringen. Glänzend geschrieben und redigiert, hoben sie die journalistische Tagesarbeit auf eine europäische Höhe. Ihre über ganz Deutschland verstreuten Mitarbeiter waren sich einig in der Überzeugung, daß die Kirche die wichtigste Stütze des Staates sei, aber für ihr Wirken größere Freiheit brauche. Und gerade mit den *Historisch-politischen Blättern* sollte das staats- und kirchenpolitische Wollen des Görreskreises den deutschen Katholizismus noch über zwei Menschenalter hin beeinflussen.

Die »Kölner Wirren« brachten aber nicht nur eine Wende in der staatskirchlichen Entwicklung, sondern auch im Verhältnis der christlichen Konfessionen zueinander. Jetzt schien es nicht mehr um Sailers milde Irenik zu gehen, sondern um die dogmatische Abgrenzung und die organisatorische Verstraffung. Daß sich nun auch in Bayern ein militanter Katholizismus immer stärker in den Vordergrund schob, dafür gibt es einen ganz unverdächtigen Zeugen – nämlich den großen Theologen Johann Adam Möhler, den Ludwig I. 1835 nach München geholt hatte. Möhler zum Marienberger Benediktiner Beda Weber: »Männer wie Döllinger, Lasaulx, Sepp, Moy, die beiden Görres, Seyfried, Phillips werden mir stets ehrwürdig vor meiner Seele stehen; aber der Umgang mit ihnen wird mir in manchen Stunden schwer. Das Scharfmarkierte ihres Kirchentums ist auch meine Ansicht und Überzeugung; aber die Art des Vortrages, die Verlautbarung der inneren Welt und die Stellung zur Gegenwart, welche diese Männer charakterisiert, greift oft an, verletzt meine Nerven… Man leistet unserer Kirche einen schlechten Dienst, wenn man sie in diese Bahn des Kampfes leitet, wo leider, wie wir alle Tage sehen, alles Ungeschick der Polemik auf dieselbe zurückfällt.«

Daß neben den neuen Leuten für die Schüler Sailers kaum noch Platz war, kann nicht überraschen. So mußte sich der Dogmatiker Alois Buchner, trotz Möhlers Zuneigung, 1838 von München nach Passau abschieben lassen. Bezeichnend auch das

Schicksal des Domdekans Diepenbrock, den man unter Bischof Valentin Riedel aus Regensburg förmlich weggeekelt hat, so daß er den Ruf als Fürstbischof nach Breslau als Befreiung empfinden mußte. Wie mit den vierziger und endgültig mit den fünfziger Jahren ein schärferer Wind in der bayerischen Kirche zu wehen begann, zeigt auch die Zusammensetzung des Episkopats. Die neue Bischofsgeneration, meist im römischen Germanicum herangebildet, hob sich deutlich ab von der Sailerzeit. Namen wie Heinrich Hofstätter in Passau, Valentin Riedel in Regensburg oder Anton Stahl in Würzburg sind hier zu nennen, und vor allem: Karl August Graf Reisach, seit 1836 Bischof von Eichstätt, seit 1841 Koadjutor von München und Freising; als Erzbischof dann der Mann mit dem energischen und unbedingten Generalvikar Friedrich Windischmann an der Seite.

Unter dem Eindruck der Kölner Wirren versuchte König Ludwig noch entschiedener als bisher, einen konservativen und zugleich einseitig-katholischen Regierungskurs zu steuern. Hatte schon die Ernennung des Grafen Reisach zum Bischof von Eichstätt eine Stärkung der kämpferischen Partei bedeutet, so übernahm mit Carl von Abel im November 1837 ein Mann das Innenministerium, der offen gegen den Liberalismus wie gegen den Protestantismus antrat. Im Unterschied zu Schenk ging es Abel nicht mehr um die Pflege des christlichen, sondern um die Durchsetzung des katholischen Prinzips im Staate, ja um die bewußte Klerikalisierung des gesamten öffentlichen Lebens. Symbol dieser Politik war der Kniebeuge-Erlaß des Königs vom 14. August 1838, der allen Soldaten der bayerischen Armee, auch den protestantischen, bei Prozessionen und Militärgottesdiensten den Kniefall vor dem Allerheiligsten anbefahl. Erst nach langen Verhandlungen, heftigen publizistischen Fehden und vielfältigem konfessionellen Hader nahm Ludwig die Verordnung im Dezember 1845 zurück.

Die allgemeine kirchliche Reaktion schuf sich insbesondere Ausdruck in ihrer Polemik. Die Zeit des irenischen Sich-Verstehen-Wollens war vorbei, und dieselben Männer, die die Parole des »scharf-markierten Kirchentums« so eifrig verfochten, fuhren gegen den Protestantismus das gröbste Geschütz auf. Im Juni 1841 mußte Anton Eberhard, Prediger an der Michaelskirche in München, von der kirchlichen Behörde suspendiert und vom König seines Postens enthoben werden, weil er allzu eifernd gegen die Protestanten und die Mischehen vom Leder gezogen hatte: »Besser, tausendmal besser: nicht heiraten, als eine Ehe eingehen, die Gott und die Kirche verbieten, zu der niemand Amen sagt als die Hölle und die Sinnlichkeit und ein nichtkatholischer Pastor! Gemischte Ehen sind gegen das Gesetz der Natur, gegen das Gesetz Gottes und gegen das ausdrückliche und oft wiederholte Verbot euerer Kirche, die ihr nicht verachten könnt, ohne Gott zu verachten. Es lebt ein gerechter Gott im Himmel und furchtbar sind seine Gerichte.« Die Kraftprobe, die der Amtsenthebung Eberhards vorausgegangen war, hatte unmißverständlich gezeigt, daß es innerhalb des bayerischen Katholizismus zwei Lager gab: Hier fühlte man sich nach wie vor dem Erbe Sailers verpflichtet, dort gab militante Kirchlichkeit das Gepräge.

Kaum war die Aufregung über Eberhard abgeklungen, als es bei der Leichenfeier für die protestantische Königin Karoline, die Witwe Max' I. Joseph, zu einem neuen Skandal kam. Die katholische Geistlichkeit hatte sich nämlich geweigert, den Trauerkondukt an den Pforten der Theatinerkirche in liturgischer Gewandung zu empfangen. Der König war tief gekränkt; nicht zuletzt fühlte er sich brüskiert vor seinem preußischen Schwager, der den Leichenzug begleitete. Besonderen Ärger gab dann noch das Verhalten des Passauer Bischofs Heinrich Hofstätter, der seinem Klerus harte kirchliche Strafen angedroht hatte, falls für die verstorbene Königin das sonst übliche Seelenamt abgehalten würde. »Diesmal werden sie mir die Chorröcke anziehen, oder ich ziehe sie ihnen aus!«, drohte Ludwig bei der Beisetzung des Herzens seiner Stiefmutter, und an alle Bischöfe des Landes erging am 2. Dezember 1841 folgender Erlaß: »Es ist Befehl Seiner Majestät des Königs, die sämtlichen Erzbischöfe und Bischöfe darauf aufmerksam zu machen, wie auch in kirchlichen Angelegenheiten jedes Übertreiben den Keim des Todes in sich trage, und daß im Geiste Sailers, dem echt apostolischen, die jungen Geistlichen gelehrt und erzogen werden.« Das Mißtrauen des Königs gegen die Ultrakirchlichen trat nun wieder offen hervor. »Auch in kirchlichen Dingen jede Übertreibung meiden, die christliche Liebe nicht beiseite setzen, handeln im Geiste Sailers« – heißt es auf einmal in allen Reskripten des Königs, der in seinen Bischöfen letzten Endes Staatsbischöfe sieht.

Selbst das Vertrauen des Monarchen auf seinen Innenminister geriet in den kirchlichen Belangen ins Wanken. In der Tat mußten Abels einseitige Förderung der katholischen Kirche und seine offenkundige Benachteiligung der Protestanten, insbesondere die Einschränkung des Gottesdienstes und anderer kirchlicher Handlungen in der protestantischen Diaspora Südbayerns, Unmut und Erbitterung hervorrufen. Man glaubte, in Abels Maßnahmen ein System zu erkennen, das auf »Verdrängung der protestantischen Kirche und auf die Beseitigung der ihr durch die Verfassung garantierten politischen Rechte« hinzielte. Und doch hat es ein »System Abel« nie gegeben – nur daß Abel den König überall dort bestärkte, wo Oettingen-Wallerstein zu mäßigen gesucht hatte. Der König wie der Minister mochten dabei das Gefühl haben, daß es nicht um Halbheiten ging, sondern daß man mit dem Rücken gegen die Wand das Letzte verteidigen mußte. Es war ja auch die Zeit, wo der moderne Materialismus seinen radikalen Vorstoß gegen den Binnenkern christlicher Weltanschauung begann: 1835 brachte David Friedrich Strauß sein *Leben Jesu* heraus, das die Evangelien zum bloßen Mythos degradierte; im Jahre 1840 setzte die radikale Bibelkritik Bruno Bauers ein; 1841 entfesselte Ludwig Andreas Feuerbach mit seinem *Wesen des Christentums* Stürme der Entrüstung im christlichen Lager. Ohne Blick für die Ansätze in Erlangen oder Neuendettelsau, glaubten der König wie sein Minister den Protestantismus in seinen Grundfesten erschüttert, und die katholische Kirche erschien ihnen als der einzige Damm gegen die auflösenden Tendenzen der Zeit. Über dem München der Görres und Döllinger lag die Kampfstimmung des alten gegenreformatorischen Ingolstadt.

Der konfessionelle Kampf störte zwar den Verschmelzungsprozeß zwischen Alt- und Neubayern, hatte auf kirchlich-protestantischer Seite aber auch eine Stärkung des Gemeinschaftsbewußtseins zur Folge. Die Lage spitzte sich bedenklich zu, als Abel den Vertreter der Erlanger Universität im Landtag von 1843, den Theologen Adolf Harleß, an das Bayreuther Konsistorium versetzte, um ihn so von der nächsten Sitzung fernzuhalten. Harleß folgte indes einem Ruf an die Universität Leipzig und verabschiedete sich beim Kronprinzen Maximilian mit einem unerhört offenen Brief: Der »schwebende Stand der kirchlichen Frage« sei derart, daß man sich in Bayern nur mehr kirchlich engagieren könne, »wenn man mit Verletzung des Gewissens sich zum Vollstrecker von Maßnahmen hergibt, welche wider die Rechte, die Freiheit, das Bekenntnis streiten«. In einem Memorandum vom April 1845 trug das Oberkonsistorium die bedrängte Lage der protestantischen Kirche auch dem König vor, und Ludwigs Antwort ist subsumiert in dem bekenntnishaften Satz: »Beschützer und Förderer wahrer Religiosität, die sich in christlicher Liebe kundgiebt, bin Ich des protestantischen wie des katholischen Fanatismus und jeglicher Bestrebung, die den Religionsfrieden oder das Recht des einen oder anderen Theils verletzt oder bedroht, entschiedener Gegner.« Trotzdem stellte sich der König vor den Minister, als eine mächtige Opposition auf dem Landtag von 1845/46 den Sturz Abels zu betreiben suchte. Lediglich die Leitung der kirchlichen Angelegenheiten entzog er ihm. Durch Verordnung vom 15. Dezember 1846 – Geburtsstunde des Kultusministeriums! – wurde im Innenministerium eine eigene Abteilung geschaffen mit der Benennung »Ministerium des Innern für kirchliche Angelegenheiten«; der 1825 eingerichtete Oberste Kirchen- und Schulrat aber wurde aufgehoben. Das Einvernehmen zwischen König und Minister erschien in einem wesentlichen Punkt gestört.

Fast wie eine Groteske erscheint es nun, daß ein Mann wie Karl von Abel ausgerechnet durch jene hergelaufene Tänzerin gestürzt werden konnte, die sich so klangvoll spanisch Señora Maria de los Dolores Porris y Montez nannte. Eine Abenteurerin von schwer bestimmbarer Abkunft, schön, gefährlich, hintergründig in den Verbindungen, bewirkte ihr Auftreten – auf das hier nicht näher eingegangen werden muß – aber nicht nur den Sturz des Ministers, sondern in merkwürdiger Verkettung der Umstände auch die Preisgabe des konservativen Regierungskurses und schließlich die Abdankung des Monarchen selber. Im Februar 1847 mußte das klerikale Kabinett Abel dem liberalen Ministerium des Staatsrats von Maurer weichen – nach langer »Nacht« das »Ministerium der Morgenröte«!

Aber die nun einsetzende neue Phase bayerischer Innenpolitik, in der der Staat auch seine Hoheitsrechte gegenüber der Kirche wieder stärker zur Geltung brachte, war nur von kurzer Dauer. Noch vor der Jahreswende trat das »Ministerium der Morgenröte« wieder ab, und es kam dafür das zweite Ministerium Oettingen-Wallerstein, das »Lola-Ministerium«, wie man verächtlich sagte. Doch der Aufruhr wegen der hergelaufenen »spanischen Tänzerin«, vom König mittlerweile mit dem bayerischen Indigenat bedacht und als »Gräfin Landsfeld« in den Adelsstand erhoben, brach im Februar 1848 aufs neue los. Geschickt verstanden es die Drahtzieher der liberalen Bewegung, die Lola-Montez-Affäre ihren revolutionären Umtrieben dienstbar zu machen und den König Schritt für Schritt zum Rücktritt zu drängen. Am 19. März 1848 übertrug Ludwig I. die Krone seinem ältesten Sohn Maximilian, und tags darauf wurde seine berühmte Abdankungserklärung veröffentlicht: »Bayern! Eine neue Richtung hat begonnen, eine andere als die in der Verfassungsurkunde enthaltene, in welcher Ich nun im 23. Jahre geherrscht. Ich lege die Krone nieder zugunsten Meines geliebten Sohnes, des Kronprinzen Maximilian. Treu der Verfassung regierte Ich; dem Wohl Meines Volkes war Mein Leben geweiht; als wenn Ich eines Freistaats Beamter gewesen, so gewissenhaft ging Ich mit dem Staatsgute, mit den Staatsgeldern um. Ich kann jedem offen in die Augen sehen. Und Meinen tiefgefühlten Dank allen, die Mir anhingen. Auch vom Throne herabgestiegen, schlägt glühend Mein Herz für Bayern, für Teutschland.«

In wenigen Sätzen hat man hier Ludwigs ganze Persönlichkeit, sein lauteres Wollen und seine ragende Größe, seine Selbstherrlichkeit und sein romantisches Pathos. Und es ist jeder Zoll ein König. Sein eigentliches Denkmal aber bleibt München, und über die zertrümmerte und zerbombte Stadt hinaus jenes geistige München Ludwigs I., das – nach Josef Nadlers Wort – »ein Kulturgebilde von so runder Vollkommenheit war, wie die Deutschen nur wenige erlebten«. Die staatspolitische Leistung des Monarchen aber liegt darin, daß er dem allzu hastig errichteten Neubau des bayerischen Staates unter Montgelas nun die innere Verklammerung gab und ebendiesen Staat mit den Werten des Glaubens, der Tradition und der Geschichte neu erfüllte. »Ludwigs und Montgelas' Leistungen müssen zusammen gesehen werden, sie beide sind die Begründer des modernen Bayern« (Max Spindler).

4. Die gewandelte Frömmigkeit

Die allgemeine kirchliche Reaktion, von der im Vorausgehenden die Rede war, spiegelt sich gegenüber der Sailerzeit auch in einer gewandelten Frömmigkeitshaltung. Ein einziger Blick in die alten Seminarstatuten kann zeigen, wie jetzt überall die Zügel angezogen werden. Man möchte lauter ganz brave Alumnen haben. Alumnen, die nur noch mit Talar, Cingulum, Kollar und Jesuitenhut erscheinen; Alumnen, die ihre Augen niederschlagen und ihre Stimme dämpfen; nicht rauchen und kein Glas Bier anrühren, spätestens um dreiviertel neun Uhr alle im Bett liegen. Insbesondere im Bistum Passau huldigte man unter der langen Regierung Bischof Hofstätters (1839-1875) einem reichlich unerquicklichen »Seminarismus«, der auch schon den kleinen Buben im Knabenseminar alle Strengheiten auferlegte.

Auch sonst ist man eingeschworen auf Autorität und Tradition, gleichzeitig aber auch erfüllt von kindlicher Hingabe und romantischer Gefühlsseligkeit. Typisch hierfür ist das Aufkommen der Maiandacht, die nicht zu Philipp Neri gehört und nicht zu Jakob Balde, sondern sich jetzt erst, von München aus, ganz Deutschland erobert. Die Schwestern vom Guten Hirten in der Vorstadt Haidhausen machen den Anfang. 1843 wird die neue Andacht auf Betreiben von Graf Reisach auch in der Herzog-Spital-Kirche eingeführt. Guido Görres dichtet seine weichen, schwärmerischen *Marienlieder*, und der Hofkapellmeister Kaspar Aiblinger aus Wasserburg setzt sie in Musik:

> »Wir ziehen zur Mutter der Gnade,
> Zu ihrem hochheiligen Bild,
> O lenke der Wanderer Pfade
> Und segne, Maria! sie mild,
> Damit wir das Herz Dir erfreuen
> Uns selber im Geiste erneuen...«

Überhaupt gerät die neue Richtung in eine merkwürdige Verbindung mit der Spätromantik und dem Nazarenertum, steigert sich hinein in einen heftigen Bau- und Purifikationseifer. Die neugotische Kirche, die Joseph Daniel Ohlmüller aus Bamberg 1831 in der Münchener Vorstadt Au vollendet, sanft wie eine Zeichnung von Overbeck, schlicht und fromm wie ein alter Meister, wurde zum Vorbild für das ganze Land. Auf den Altären aber standen von Bamberg bis Augsburg, von Eichstätt bis Passau die weichen, versonnenen Madonnen von Joseph Knabl aus Fließ im Oberinntal, der wirklich noch etwas vom Erbe der Alttiroler Bildschnitzer in sich trug. Und doch, wie in der Frömmigkeitshaltung, so war es auch in der Kunst nur ein Schritt von der gewollten Innigkeit hinüber zur gemachten Schablone: zur Schreiner- und zur Bauratsgotik; zu den schummrigen Kirchenfenstern der Zettlerschen Hofglasmalerei. Zu guter Letzt hielten alle miteinander, sogar der Papst in Rom, den einfältig-schlichten, rührend frommen Redemptoristenbruder Max Schmalzl vom Kloster Gars am Inn für den »bayerischen Fra Angelico da Fiesole«.

Neben der Sailerschule in den ersten Jahrzehnten und der neuen Richtung seit etwa 1840 hat aber die Frömmigkeit des bayerischen 19. Jahrhunderts auch noch eine meist übersehene dritte Komponente: nämlich den unterirdisch weiterströmenden Barock. Am breiten Volk waren ja die Aufklärung, die Säkularisation und die Montgelas'schen Reformen abgelaufen wie bloßes Wasser, und die Alltagsfrömmigkeit, die Bürger- und Bauernfrömmigkeit hatte sich im Grunde kaum geändert. Es gab keinen Samstag, ohne daß man den Abendrosenkranz und die Lauretanische Litanei betete; kein Wirtshaus, wo nicht das Aveläuten alle Gespräche unterbunden hätte. Der Versehgang war noch öffentlich, und das Gedenken an die Armen Seelen stand in der Mitte der Familienandacht. Wie im Barock beging man wieder die feierlichen Prozessionen und Aufzüge durchs ganze Kirchenjahr und bei allen nur möglichen Anlässen; gab es den sonntäglichen Pfarrgottesdienst mit der langen Predigt und dem gesungenen lateinischen Hochamt; entfaltete man den solennen Prunk zu Fronleichnam oder an den drei Hochfesten Weihnachten, Ostern und Pfingsten. Das Wallfahrtswesen, das schon immer der Volks- und Bauernfrömmigkeit am nächsten gewesen ist, bricht auf, als ob es die Mandate der aufgeklärten Fürstbischöfe und Landesherrn nie gegeben hätte. Und es geht dabei nicht bloß um Altötting oder Andechs, Tuntenhausen oder die Maria-Hilf von Amberg, um Vierzehnheiligen oder Gößweinstein, Walldürrn oder Dettelbach; es geht gerade auch um die bescheidenen Hauswallfahrten, die versunkenen, vergessenen, verträumten, ihre Andachtsbilder, Votive und Weihegaben, die heute nur noch unseren Lokalhistorikern und Volkskundlern geläufig sind.

Und es gibt einen breiten Bereich, wo der alte Kirchenbarock und die Stimmung des 19. Jahrhunderts unvergleichlich ineinanderfließen: nämlich das volkhafte religiöse Schrifttum. Die Rieger'sche Buchhandlung in Augsburg, vor allem aber Johann Georg Manz in Regensburg – das sind die wichtigsten Verleger fürs ganze Land. Und sie brachten all die alten, wohlbekannten, langerprobten Gebets- und Erbauungstitel noch einmal heraus, neu bearbeitet von eifernden Weltpriestern und Ordensleuten, die für die biedermeierliche »Sittigung« sorgten und die romantische Brechung. So tauchten die große Teresa wieder auf oder der strenge Alonso Rodriguez. Von den deutschen Autoren vor allem Leonhard Goffiné, der Prämonstratenser von Steinfeld in der Eifel, mit seiner klassischen *Hauspostille;* neben ihm der unverwüstliche Kapuzinerpater Martin von Cochem, dessen *Vier letzte Dinge* immer noch die Gemüter erschüttern. Aber es gibt auch unverkennbar bayerische Titel wie Martin Pruggers *Lehr- und Exempelbuch,* das *Große Leben Christi* des Lechrainer Bauernpfarrers Kaspar Erhard, die *Legende der Heiligen* des Jesuiten

Matthäus Vogel aus Waldershof in der Oberpfalz. Überhaupt ist die Schreibseligkeit auch eine Krankheit der Zeit, und schon Vater Sailer macht es uns hier mit den einundvierzig Bänden seiner Sulzbacher Gesamtausgabe nicht immer leicht.

Aber wenn schon Sulzbach in der Oberpfalz und der romantisch unterströmte Verlag von Johann Esaias Seidel: Von dort aus ging über lange Jahrzehnte hin, für dreißig Kreuzer das Exemplar, der berühmte *Kalender für katholische Christen* ins Land. Fünfundsiebzig Jahrgänge zählte er, als er 1915 sein Erscheinen einstellen mußte. Auf der Titelseite das Holzstichporträt des regierenden Papstes; dann das Verzeichnis der römischen Kardinäle und der bayerischen Bischöfe; im Kalendarium stehen die Monatsheiligen, und der Text gibt eine geistliche Orts-, Kloster- und Wallfahrtstopographie des ganzen alten Königreiches. Kaum minder erfolgreich war der seit 1866 beim Verlag Pustet erscheinende *Regensburger Marienkalender*. Er erreichte zeitweilig eine Auflage von 400 000 Exemplaren, wovon allein 25 000 an die Deutschen in Nordamerika abgingen.

Einen eigenen Stellenwert in der Frömmigkeit des bayerischen 19. Jahrhunderts nahm die Institution der sogenannten Volksmission ein. Die ersten Vorstöße hatten hier noch die Jesuiten unternommen, im 18. Jahrhundert und im flammenden Segneri-Stil. Nun griff der für Bayern neue Orden der Redemptoristen das alte Vorbild auf – jene Redemptoristen, deren deutscher Gründungsheiliger Klemens Maria Hofbauer noch 1817 gegen Sailer ein falsches Zeugnis abgelegt hatte. Bezeichnend, wie bereits 1843 in Tuntenhausen die erste Volksmission stattfand; wie der junge Döllinger aus innerer Überzeugung für dieses alt-neue Instrument der Seelsorge eintrat; wie man sich im Bistum Würzburg am längsten und am heftigsten dagegen sperrte. Im Kleid des 19. Jahrhunderts haben wir bei diesen Volksmissionen noch ganz die alte anthropozentrische Frömmigkeitshaltung des Barocks, auch seine starre Liturgie, bald als dunkle Wucht, bald als feierliche Pracht; dazu noch den ganzen pastoralen Moralismus obendrein. Tod, Gericht und Hölle werden ausgepredigt; eifernde Beichtväter fragen die Poenitenten aus, besonders in *puncto sexto;* hilflosen Landpfarrern werden »Tugendbündnisse« aufgedrängt und Jungfrauenkongregationen, mit denen sie seelsorgerlich rein gar nichts anfangen können. Aber von allen Pfarreien im Umkreis laufen den Missionaren die Leute zu, und es gibt ein einziges Weinen und Schluchzen. Überhaupt – das zeigt die neue quellensichere Untersuchung über das Wirken der Redemptoristen in Bayern von Otto Weiß in aller Deutlichkeit – hat der Orden den ultramontanen Katholizismus bei Klerus und Volk so recht erst auf die Spitze getrieben und wesentlich dazu beigetragen, daß man sich auch hierzulande in ein System einschloß, das zwar festgefügt war, aber völlig abgewandt von der Zeit. Zu guter Letzt wurde ein Provinzial der Redemptoristen zum Vorkämpfer in dem Bemühen um die Indizierung Sailers, und führende Kirchenmänner vom Schlage eines Reisach, Windischmann oder Senestréy suchten in persönlichen wie gemeinkirchlichen Bedrängnissen Zuflucht bei der »höheren Leitung«. Sie wurde durch die Visionen der Garser »Seherin« Louise Beck vermittelt, einer hochgradigen Neurotikerin.

Die Frömmigkeit des bayerischen 19. Jahrhunderts bestand eben aus verschiedenen Schichten, die oft mehr ein Gegen- als ein Ineinander waren. Hier ist die Frömmigkeit ein Noch, dort ein Wieder, da ein Schon. Im Grunde freilich neigt sie zur Verniedlichung, Erstarrung, Reglementierung. Barocke Seelenkapellen wurden zu sentimentalen Lourdesgrotten; die alten Bruderschaften wandelten sich ins Vereinsmäßige ab; in der Schule herrschten der auswendig gelernte Katechismus und der geistliche »Herr Schulinspektor« mit der silbernen Schnupftabaksdose und dem großen Tatzenstecken. Aber es blieb der gesunde Kern: ein, trotz allem, unglaubliches Beharrungsvermögen, das sich daraus erklärt, daß die alten gewachsenen Stände – Bauer, Bürger und Edelmann! – immer noch das Sozialgefüge bestimmten.

Der Heilige dieses bayerischen 19. Jahrhunderts aber ist Bruder Konrad von Parzham, eigentlich Johannes Evangelist Birndorfer und auf dem stattlichen Venus-Hof seitwärts von Griesbach im Rottal daheim. Eine Jugend, ausgefüllt von harter Bauernarbeit, von Werktagsfrömmigkeit und Sonntagswallfahrten, hatte er hinter sich, als er mit einunddreißig Jahren 1849 als Laienbruder bei den Kapuzinern in Altötting eintrat und dann über vier Jahrzehnte hin den Dienst an der Pforte des Anna-Klosters in demütiger Bescheidenheit versah. Und auch beim Bruder Konrad lassen sich die drei Komponenten unserer Ottocento-Frömmigkeit nachweisen: das Aufwachsen in einem Land, das immer noch umstanden war von den alten Barockklöstern und Barockwallfahrten; überall Priester, die sich als die Zeit- und Weggenossen eines Bischofs Sailer oder eines Bischofs Wittmann erwiesen; dann der Orden, der mit der ganzen Strenge der Zeit alles Persönliche überformte.

Die Frömmigkeit des bayerischen 19. Jahrhunderts: Man wird sagen müssen, daß sie sich doch bewährt hat, gerade auch in ihrer Gebundenheit an Tradition und Autorität. Und zwar im Kulturkampf. Erst am Ende des Jahrhunderts, als der Zwang abfiel, wurde manchem Einsichtigen klar, daß man in die Sackgasse geraten, daß man verdrossen und ängstlich geworden war. Das selbstverständliche Kulturgefühl des Barocks, ja noch der Sailerzeit, war zur Sache der Preß- und der Cäcilienvereine geworden, zur Aufgabe der »Gesellschaft für christliche Kunst«. Man wehrte nur noch ab, stieß nirgends mehr durch. Auch in Bayern war es der Kirche nicht gelungen, die seit den siebziger Jahren rasch wachsenden Städte zu durchdringen, den neu sich bildenden vierten Stand zu gewinnen, die intellektuelle Oberschicht festzuhalten. Und auch das Wort »Frömmigkeit« selber hatte für weite Kreise einen Wandel durchgemacht. Es bedeutete nicht mehr etwas Männlich-Kraftvolles, Frohgemutes und Freies, sondern war blutarm geworden, brav und eng. Freilich, wir sind jetzt dem zeitlichen Ablauf voraus, denn der innere Bruch zeichnete sich eigentlich schon Jahrzehnte vorher ab, war nicht zuletzt auch ein Ergebnis der gesamtkirchlichen Entwicklung in der zweiten Hälfte des 19. Jahrhunderts.

17. Kapitel:
KIRCHENPOLITIK UND THEOLOGIE UM DIE ZEIT DES ERSTEN VATIKANUMS

1. Vom Ausgleich zu neuen Spannungen: 1848-1870

Das Revolutionsjahr 1848, in dem der weltgewandte und vielseitig gebildete König Max II. (1848-1864) den bayerischen Thron bestieg, wirkte natürlich auch auf das Verhältnis von Staat und Kirche zurück. Noch im November verabschiedete die erste deutsche Bischofskonferenz in Würzburg ein Promemoria an alle Regierungen des Deutschen Bundes, das die Forderung nach Freiheit und Unabhängigkeit der Kirche obenan stellte. Damit mußte in Bayern die alte Diskussion um Religionsedikt und Konkordat neu aufleben. Die Aussichten des bayerischen Episkopats, zu einem Ausgleich zu kommen, waren nicht ungünstig, denn König Max II. und das seit 1849 amtierende Ministerium von der Pfordten verfolgten in der Kulturpolitik eine gemäßigt-liberale Linie. Der Münchener Erzbischof Reisach versuchte deshalb schon bald, den Forderungen der Würzburger Bischofskonferenz Geltung zu verschaffen. Unter seinem Vorsitz einigte sich die erste bayerische Bischofskonferenz im Oktober 1850 zu Freising auf eine von dem Theologen Döllinger und dem Generalvikar Windischmann konzipierte Denkschrift, die auf weitestgehende Erfüllung des Konkordats antrug, auf die Aufhebung des Religionsedikts und aller Gesetze und Verordnungen, die die kirchliche Freiheit beeinträchtigten.

Über diese Freisinger Forderungen kam es zu längeren Verhandlungen zwischen Regierung und Episkopat. Da die Mehrheitsverhältnisse im Landtag eine Änderung oder gar eine Aufhebung des Religionsedikts ausschlossen, verlegte sich die Regierung auf die kirchenfreundliche Interpretation der bestehenden Bestimmungen. Neben Zugeständnissen in Einzelfragen stellte die Ministerialentschließung vom 8. April 1852 den Grundsatz auf, daß in allen Zweifelsfällen einer »konkordatskonformen Auslegung« des Religionsedikts stattgegeben werden müsse. Damit noch keineswegs zufrieden, erhob der Episkopat am 28. April 1852 und am 15. Mai 1853 in Abstimmung mit Rom neue Vorstellungen. Erst als der eben ernannte Kultusminister von Zwehl die persönliche Fühlung mit den Bischöfen suchte, kam es zu einem Ausgleich, den der König dann mit der Ministerialentschließung vom 9. Oktober 1854 bestätigte. Als Gegenleistung erwirkte Max II. allerdings, daß der extreme und intransigente Erzbischof Reisach an die Kurie abberufen wurde. Seine Nachfolge in München übernahm der auf den Frieden bedachte Mettener Benediktinerabt Gregor Scherr. Damit kamen die Auseinandersetzungen zwischen dem bayerischen Staat und der katholischen Kirche für ein volles Jahrzehnt zum Stillstand.

Der Kurs änderte sich erst, als König Ludwig II. (1864-1886) nach der Niederlage von 1866 ein ausgesprochen liberales Kabinett berief, an seiner Spitze Ministerpräsident Chlodwig Fürst zu Hohenlohe. Dabei ist freilich nicht zu übersehen, daß einer der Gründe für die scharfe Front des weltanschaulichen Liberalismus gegen Rom in der innerkirchlichen Entwicklung selber lag. Der Kreuzzug Papst Pius' IX. (1846-1878) gegen den Geist der Zeit, sein kompromißloser Kampf gegen beinahe alles, was seit der Jahrhundertmitte an Ideen mächtig geworden war, hatte in den sechziger Jahren den Höhepunkt erreicht. Es kam zu dem berühmt-berüchtigten *Syllabus errorum* von 1864 – einem Verzeichnis von achtzig der »hauptsächlichsten Irrtümer unserer Zeit«. In maßloser Sprache stellte der Syllabus jede Aussöhnung der Kirche mit dem Fortschritt, dem Liberalismus und der modernen Kultur in Abrede und umschrieb damit überdeutlich die offizielle Grundhaltung der Kirche am Vorabend des Ersten Vatikanischen Konzils.

In Bayern schlug sich der Widerstand gegen die päpstliche Verlautbarung und den sich verschärfenden kurialen Zentralismus zunächst in der Schulpolitik nieder. So legte 1867 der betont liberale Kultusminister Franz von Gresser einen Gesetzesentwurf vor, der auf die weitgehende Beseitigung der geistlichen Schulaufsicht und auf die Entkonfessionalisierung des Schulwesens abzielte. Natürlich stieß diese Kampfansage bei den Bischöfen auf erbitterten Widerstand. Und schon hatte sich auch unter der Führung des eigensinnig-trotzigen Publizisten Josef Edmund Jörg jene »Patriotenpartei« gebildet, in der alle Ströme des bayerischen Widerstandes zusammenflossen: Stammesstolz, Preußenhaß, großdeutsche Verbitterung, Liebe zum Hergebrachten und kirchlicher Sinn. Als die Patrioten bei den Kammerwahlen vom Mai 1869 auf Anhieb die absolute Mehrheit gewannen, war Gressers Entwurf nur noch Papier. Trotzdem ging 1869 nicht nur der theologische, sondern auch der politische Widerstand gegen die geplante Definition der päpstlichen Unfehlbarkeit von München aus.

Die bayerische Regierung fand dabei eine entscheidende Stütze an Ignaz Döllinger, der seit der Jahrhundertmitte allgemein als der Altmeister der Münchener theologischen Schule galt. Wegen seines kritischen Scharfsinns und seines umfassenden Wissens weit über Bayern hinaus berühmt, hatte Döllinger im späten Vormärz leidenschaftlich für die Freiheit der Kirche gekämpft, war er aufgetreten gegen die rationalistische Verwässerung des Glaubens und gegen die Übermacht des Protestantismus. Im Revolutionsjahr 1848 war er nicht nur das geistige Haupt der Katholiken im Frankfurter Parlament gewesen, sondern auch der maßgebliche Berater der deutschen Bischöfe. Aber mit den fünfziger Jahren begann sich bei ihm die große geistige Wandlung abzuzeichnen. Auf seiner Italienreise von 1857 lernte er die bedrückenden Zustände im Kirchenstaat und die weite Unzufriedenheit mit dem absolutistischen Kirchenregiment näher kennen, und es wuchsen seine Zweifel an den Wirkungschancen des reaktionären päpstlichen Kurses inmitten einer traditionsfeindlichen Welt. Mit steigender Sorge sah der große Theologe, wie manche Katholiken den Kirchenstaat geradezu als dogmatische Notwendigkeit erachteten, ja wie sie das zerbrechende Staatsgebilde, das wie ein Bleigewicht an allen päpstlichen Entscheidungen hing, mit der Kirche selber gleichsetzten. Darum im Frühjahr 1861 die berühmten Odeonsvorträge über *Kirche und Kirchen, Papsttum und Kirchenstaat*. Döllinger griff das kirchenpolitische Problem mutig und voll Verantwortung auf, handelte sich aber dafür auch die erbitterte Feindschaft der Kurie, der Jesuiten und der Mainzer Theologenschule ein. Der päpstliche Nuntius, Fürst Chigi, verließ demonstrativ den Saal, und die römische Jesuitenzeitschrift *Civiltà Cattolica* griff Döllingers Vorträge aufs schärfste an.

Zwei Jahre später kam es zu einem noch härteren Zusammenprall, und zwar bei der Münchener Gelehrtenversammlung vom Herbst 1863. Auf Betreiben Döllingers hatten sich vierundachtzig katholische Gelehrte in der Abtei St. Bonifaz eingefunden. Die Versammlung sollte der Verständigung dienen und die auseinanderstrebenden wissenschaftlichen Kräfte des deutschen Katholizismus einander näherbringen. Tatsächlich brach aber die innere Kluft in aller Schärfe auf, als Döllinger seinen temperamentvollen Eröffnungsvortrag über *Die Vergangenheit und Gegenwart der katholischen Theologie* begann. Er sprach nämlich nicht nur gegen den kritiklosen Autoritätsglauben und für die historisch-kritische Methode, sondern er erteilte zugleich der auf-

IGNAZ VON DÖLLINGER, RECHTS VORNE SITZEND,
IN SOMMERGESELLSCHAFT AM TEGERNSEE

kommenden Neuscholastik eine schroffe Absage: »Das alte, von
der Scholastik gezimmerte Wohnhaus ist baufällig geworden,
und ihm kann nicht mehr durch Reparaturen, sondern nur
durch einen Neubau geholfen werden; denn es will in keinem
seiner Teile mehr den Anforderungen der Lebenden genügen.«
So wurde die Münchener Gelehrtenversammlung von 1863 zur
stürmischen Auseinandersetzung zwischen zwei Theologen-
schulen. Die eine Schule nennt Döllinger die »deutsche«, weil
kein anderes Volk die beiden »Augen der Theologie«, das historische und das spekulative Auge, mit solcher Sorgfalt gepflegt
habe, und die andere Schule ist für ihn nur die »römische« der
neuen Scholastiker. Er meinte damit vor allem den Kreis um das
Mainzer Priesterseminar oder Männer wie die Würzburger
Theologen Denzinger, Hergenröther und Hettinger, die am
Collegium Germanicum ihre Ausbildung erhalten hatten. Die
Zerspaltenheit der deutschen Theologie schien von jetzt ab un-
heilbar, und da die Gunst und Macht der römischen Kurie eindeutig den Neuscholastikern gehörte, darf man sich nicht wundern, daß Döllinger bei der Vorbereitung und Durchführung
des Vatikanischen Konzils völlig übergangen wurde.

327

Auf dieses Konzil steuerte man in Rom seit Mitte der sechziger Jahre entschlossen zu. Man wollte den Irrtümern der Zeit, wie sie bereits der *Syllabus* von 1864 umschrieben hatte, eine geschlossene Einheitsfront entgegensetzen und die Kirchendisziplin den Forderungen der Gegenwart anpassen. Bald sickerte durch, daß sich die weltweite Kirchenversammlung auch mit der Stellung des Papsttums zu befassen habe, und ein Aufsatz der *Civiltà Cattolica* vom Februar 1869 wußte von »den wahren Gläubigen Frankreichs« zu berichten, sie würden vom Konzil nicht nur die positive Fassung und Begründung der Dekrete des *Syllabus* erwarten, sondern auch die einmütige Akklamation der päpstlichen Unfehlbarkeit. Diese Meldung in einer Zeitschrift, die als halbamtliches Sprachrohr der Kurie galt, ließ ganz Europa aufhorchen, und in der liberalen *Augsburger Allgemeinen Zeitung* meldete sich eine erste ebenso kritische wie qualifizierte Stimme zu Wort. Es war Ignaz Döllinger, der unter dem Pseudonym »Janus« den Anspruch des Universalepiskopats und der päpstlichen Unfehlbarkeit mit beispielloser Schärfe attackierte: Glaubenssätze dieser Art könnten weder als göttliches Recht gelten noch seien sie mit historischen Dokumenten zu begründen.

In Döllingers Artikelserie, die bereits im Sommer 1869 auch in Buchform erschien, war darüber hinaus auf die Gefährlichkeit solcher Konzilsentscheidungen für Staat und Gesellschaft hingewiesen. Der Verfasser bezeichnete »die Unterwerfung unter jeden päpstlichen Anspruch im Gebiet der Religion, der Sitte, der Politik« als unausweichliche Folge des Unfehlbarkeitsdogmas und schloß auch nicht aus, daß Rom mit Hilfe des Konzils mittelalterliche Herrschaftsansprüche erneuern und auf dem Umweg über das Kirchenvolk auf einzelne Staaten massiven Druck ausüben wolle: »Alle Katholiken werden demnach künftighin bekennen, daß die Päpste auch jetzt noch nach Gutdünken Könige absetzen können. Die modernen staatlichen Zustände und die politischen, auf Selbstregierung und die Beschränkung fürstlicher Willkür gerichteten Bestrebungen der Völker stehen im schroffsten Gegensatz zum Ultramontanismus, dessen Kern und Hauptaufgabe die Behauptung und Steigerung des Absolutismus der Kirche ist.« Eine so deutliche Sprache fand im liberalen Kabinett Hohenlohe offene Ohren. Schließlich war man in Bayern zu über siebzig Prozent katholisch und daher von den möglichen politischen Folgen des Konzils zuvorderst betroffen. So suchte der bayerische Ministerpräsident mit seiner berühmten »Zirkulardepesche« vom April 1869 die europäischen Höfe zum Widerstand zu mobilisieren und für eine gemeinschaftliche »Verwahrung oder Protestation« gegen die höchstwahrscheinlich staatsgefährdenden Beschlüsse des Konzils zu gewinnen. Doch die großen Mächte verharrten zunächst in abwartend-kühler Reserve.

Das Erste Vatikanische Konzil begann am 8. Dezember 1869 und wurde wegen des Kriegsausbruchs zwischen Deutschland und Frankreich am 19. Juli 1870 vorzeitig beendet. Im Mittelpunkt der Beratungen und Auseinandersetzungen stand tatsächlich die Umschreibung des Universalepiskopats und der lehramtlichen Unfehlbarkeit des Papstes. Dabei hatte eine ansehnliche Minorität von Bischöfen aus Deutschland, Österreich-Ungarn und Frankreich bis zuletzt gegen die Dogmatisierung der Infallibilität nachhaltigen Widerstand geleistet, teils aus dogmengeschichtlichen Gründen, zumeist aber aus Besorgnis vor den politischen Folgen. Auch die bayerischen Bischöfe bildeten keine geschlossene Front. Während Gregor Scherr von München und Michael Deinlein von Bamberg sowie Pankratius Dinkel von Augsburg der Minorität angehörten, traten der Eichstätter Bischof Freiherr von Leonrod und der Regensburger Ignatius von Senestréy entschieden für die Unfehlbarkeit des Papstes ein.

Dazu war München während der ganzen Dauer des Konzils das Zentrum des geistigen Widerstandes geblieben und Döllinger der wirksamste Sprecher der Opposition in Deutschland. Freilich waren seine Informationen über den Konzilsverlauf oft einseitig. Er bezog sie nämlich ausschließlich über seinen Schüler Lord Acton, den Autor der *Römischen Briefe* in der *Augsburger Allgemeinen,* oder über die bayerische Gesandtschaft beim Heiligen Stuhl. Jedenfalls, nach Lage der Dinge konnte man nicht damit rechnen, daß sich der Gelehrte der Konzilsentscheidung beugen werde. Der vom Konzil heimgekehrte Münchener Erzbischof Scherr – er war wie viele Bischöfe der Minorität der Schlußabstimmung ferngeblieben und schon am Abend vor der feierlichen Verkündigung der Konstitution *Pastor aeternus* aus Rom abgereist! – befand sich in einer heiklen Situation. Bereits die erste Unterredung mit Vertretern der Theologischen Fakultät am 21. Juli ließ ahnen, welchen Gang die Dinge nehmen würden. Der Erzbischof zu Döllinger, dem Dekan der Fakultät: »Wir gehen nun von neuem an die Arbeit für die heilige Kirche.« Döllingers Antwort: »Ja, für die alte Kirche.« Scherr: »Es gibt nur eine Kirche, es gibt weder eine neue noch eine alte Kirche.« Döllinger: »Man hat eine neue geschaffen!«

Es folgten lange Monate des Zuwartens auf eine Unterwerfung. Immer wieder verstrichen neue Fristen, bis man zur letzten Konsequenz schritt. Am 17. April 1871 verhängte Erzbischof Scherr über den infulierten Propst des Königlichen Hof- und Kollegiatstiftes St. Kajetan die *Excommunicatio maior*. Vollzogen war, was der große Konzilstheologe und Rottenburger Bischof Hefele am 11. März schmerzlich wähnte: »Ich kann den Gedanken nicht denken: ›Döllinger so lange, lange und so frühe schon, wo noch andere schliefen, der erste unter den deutschen Theologen, der Ajax des Ultramontanismus, soll suspendiert oder gar exkommuniziert werden, und das von einem Erzbischof, der nicht den tausendsten Teil der Verdienste Döllingers hat.‹ Das ist schrecklich.«

Mit der Exkommunikation begann für den Zweiundsiebzigjährigen der letzte, von wachsender Verbitterung geprägte Lebensabschnitt. Döllingers Haltung wurde zum Ausgangspunkt der altkatholischen Bewegung, die sich auf einem Kongreß zu München im September 1871 formierte und unter den gebildeten Kreisen der Landeshauptstadt, aber auch im Allgäu und im Passauer Winkel wirklich an Boden zu gewinnen schien. Doch Döllinger wollte nicht Altar gegen Altar stellen. Wie er sich von Anfang an gegen den formellen Abfall von Rom ausgesprochen hatte, verschloß er sich auch der altkatholischen Kirchengemeinschaft. Er blieb ganz der kühle Gelehrte, der in der umfassenden Weite seines Wissens die Vereinigung der christlichen Bekenntnisse wollte, nicht ihre Trennung. Überhäuft mit äußeren Ehren, aber innerlich in einer tiefen selbstgewählten Einsamkeit, ist Döllinger am 10. Januar 1890 unter dem Beistand seines Schülers Johannes Friedrich gestorben, des früher katholischen, nunmehr altkatholischen Priesters und Professors. Für das Land und sein Bildungswesen freilich blieb es ein schwerer Abbruch, »daß der berühmteste Theologe der katholischen Kirche zu jener Zeit sich von dieser Kirche getrennt hatte, die so eng mit dem Staate und dem Volkstum Bayerns verbunden war« (Franz Schnabel).

2. Der Kulturkampf und sein Ende

Wenn auch Ministerpräsident Hohenlohe mit seinem Versuch, die europäischen Regierungen gegen das Konzil aufzubringen, gescheitert ist und bereits im Januar 1870 dem Druck der Landtagsmehrheit weichen mußte, in der großen Linie der Kulturpolitik blieb doch der Liberalismus bestimmend, und zwar über

Jahrzehnte hin. Seit dem denkwürdigen 18. Juli 1870 schien es nur noch darum zu gehen, die staatlichen Rechte gegen die Ansprüche der Kirche, wie sie im Vatikanum gipfelten, zu verteidigen. Garant für diese Politik war der Kultusminister Johann Freiherr von Lutz, der seit 1869 jeden Regierungswechsel überdauerte. 1826 als Sohn eines Lehrers zu Münnerstadt in Unterfranken geboren, begabt und ehrgeizig, durchdrungen von Staatsstolz und Pflichtgefühl, hatte sich Lutz als junger Jurist vorangearbeitet. Noch unter Hohenlohe war er zunächst Justiz-, dann Kultusminister geworden. In Lutz hatte Bayern in den siebziger und achtziger Jahren einen eifersüchtigen Wächter der geschriebenen Gesetze, von denen er kein Jota preisgeben wollte. Nicht aus innerer Religionsfeindschaft stand der Minister gegen das Dogma der Unfehlbarkeit, sondern als der letzte Vertreter des bayerischen Staatskirchentums Montgelas'scher Prägung. So haben die von Lutz konsequent geführten Auseinandersetzungen zwischen Staat und Kirche auch nach 1870 nicht jene Schärfe erreicht wie in Preußen. Ein offener Konflikt wurde mit Bedacht vermieden. Der »schleichende Kulturkampf« in Bayern stellte sich vielmehr dar als eine Fortsetzung des alten Streites um die Geltung von Konkordat und Religionsedikt, als Ringen um Umfang und Ausübung der staatlichen Hoheitsrechte.

Den unmittelbaren Anstoß zum Kampf gab die Verkündigung der Konzilsbeschlüsse in den einzelnen Bistümern. Entschlossen, in der Sache des Unfehlbarkeitsdogmas die ganze Staatsgewalt einzusetzen, noch dazu durch ein Handschreiben des Königs ausdrücklich bestärkt, teilte Lutz den Bischöfen unter Verweis auf die Paragraphen 57/58 des Religionsedikts im August 1870 mit, daß die Konzilsdekrete ohne vorher eingeholtes Plazet nicht publiziert werden könnten. Da aber das Plazet, bei dem bekannten Widerstreit zwischen Religionsedikt und Konkordat, auch früher kaum jemals eingeholt worden war, nicht einmal 1854 bei der Verkündigung des Dogmas von der Unbefleckten Empfängnis, ließen die Bischöfe die Konzilsbeschlüsse trotzdem publizieren. Lediglich Erzbischof Deinlein von Bamberg hatte um das Plazet nachgesucht, die Dekrete aber in seinem Sprengel bekanntgemacht, ohne die königliche Genehmigung abzuwarten. Das Ansuchen wurde dann im Nachhinein vom Ministerium im März 1871 mit der Begründung abgelehnt, daß die Konzilsbeschlüsse, insbesondere die Konstitution *De Ecclesia Christi*, die Beziehungen zwischen Staat und Kirche auf eine neue Grundlage stellten, die im Widerspruch zu fundamentalen Sätzen des bayerischen Staatsrechts stünde. Das Ganze müsse als gefährlich für die politischen und sozialen Fundamente des Staates erachtet werden. So war es nur konsequent, wenn es in einem Ministerialerlaß vom 27. August 1871 hieß, staatlicherseits lehne man jede Mitwirkung an der Verbreitung der neuen Lehre und am Vollzug der auf sie gestützten kirchlichen Anordnungen ab.

Als wenige Wochen später die altkatholische Bewegung an die Öffentlichkeit trat, verlagerte sich die Auseinandersetzung wie von selber von der Frage des Plazets auf die des Verhältnisses von Staat und altkatholischer Kirche. Anfang Oktober 1871 gab Lutz auf eine Anfrage im Landtag die Erklärung ab, die bayerische Regierung werde alle katholischen Staatsangehörigen, die das Unfehlbarkeitsdogma verneinten, »in ihren wohlerworbenen Stellungen und Rechten schützen«; außerdem sei man bereit, zum Schutz der staatlichen Rechte eine Revision des bayerischen Staatskirchenrechts auf dem Wege der Gesetzgebung vorzunehmen. Die Debatten der folgenden Wochen und Monate zeigten freilich, daß eine solche Revision bei dem starken Gewicht der Patrioten in der Zweiten Kammer kaum zu verwirklichen war. Lutz war nun entschlossen, die Auseinandersetzung im Landtag abzubremsen und dafür den Kampf auf zwei anderen Wegen fortzusetzen, nämlich durch Einflußnahme auf die Gesetzgebung des Reiches und durch administrative Maßnahmen seines Ministeriums.

Nach Absprache mit Bismarck drückte Lutz im November 1871 im Bundesrat, angesichts der »maßlosen Agitation« des bayerischen Klerus, eine Ergänzung des Strafgesetzbuches durch – den sogenannten »Kanzelparagraphen«. Auf seinen persönlich begründeten Antrag hin erließ auch der Reichstag am 10. Dezember ein Gesetz gegen den Mißbrauch der Kanzel zu politischer Agitation, die *Lex Lutziana,* wonach zuwiderhandelnde Geistliche mit Gefängnis oder Festungshaft bis zu zwei Jahren bestraft werden konnten. Auch am Zustandekommen des »Jesuitengesetzes« vom 4. Juli 1872, das den Jesuiten, Redemptoristen und drei weiteren Kongregationen die Existenz und Wirksamkeit innerhalb des Reiches verbot, hatte die bayerische Regierung maßgeblichen Anteil. Während sich aber in Preußen angesichts der Mehrheitsverhältnisse im Landtag der Kampf durch eine Kette von weiteren Gesetzen erheblich verschärfte, beschränkte sich die bayerische Regierung, unter Umgehung der Landtagsopposition, auf eine Reihe von administrativen Maßnahmen: Die bischöflichen Knabenseminare wurden der staatlichen Leitung unterstellt; den bayerischen Theologen war es verboten, das Collegium Germanicum zu besuchen, solange dieses unter Leitung der Jesuiten oder verwandter Orden stehe; bei der Bildung der Schulsprengel sollten anstatt der Pfarrbezirke die politischen Gemeinden den Ausschlag geben. Dabei konnten bisher allein bestehende Konfessionsschulen gegebenenfalls zu Simultanschulen zusammengelegt oder neue Gemeinschaftsschulen errichtet werden. Alle diese Verordnungen gipfelten schließlich in der Ministerialentschließung vom 20. November 1873, die den zusätzlichen Erlaß zum Religionsedikt vom 8. April 1852 aufhob – also die bisher übliche kirchenfreundliche Auslegung der strittigen Bestimmungen.

Mit dieser wichtigsten und letzten Kampfmaßnahme des Ministeriums Lutz war der Vorrang des Religionsedikts vor dem Konkordat von Staats wegen wieder jedem Zweifel enthoben. Weitere Verordnungen im Sinne eines aktiven Kulturkampfes sind nicht mehr erlassen worden. Höchstens, daß man versuchte, alle Möglichkeiten einer Reglementierung der Kirche voll auszuschöpfen. Spürbar wurde dies etwa in der Handhabung des Plazets oder in der Art und Weise, wie man das Nominationsrecht bei der Besetzung vakanter Bischofsstühle übte. So blieb Würzburg drei Jahre (1875/78), Speyer zwei Jahre (1876/78) unbesetzt, weil über die vom König benannten Kandidaten eine Verständigung mit Rom nicht möglich war. Überhaupt litten die Beziehungen zwischen Bayern und der römischen Kurie unter manchen Belastungen. So hat sich Papst Pius IX. wiederholt bei König Ludwig II. über kirchenfeindliche Maßnahmen des Staates beklagt, ohne daß man sich in München hiervon sonderlich beeindrucken ließ. Aber trotz oder vielleicht gerade wegen dieser Spannungen blieb die Münchner Nuntiatur bestehen, denn sie war die einzige diplomatische Vertretung des Papstes im Deutschen Reich; und gerade über sie sollte dann 1878 auch die Beendigung des preußischen Kulturkampfes eingeleitet werden.

Wenn der bayerische Kulturkampf von Anfang an einen anderen Charakter trug als der preußische, so galt dies auch für seinen Abbau. Während sich in Preußen seit 1878 ein allmähliches Einlenken des Staates abzeichnete, kam es in Bayern zu Beginn und gegen Ende der achtziger Jahre nochmals zu neuen Schärfen und Härten. Wieder stand neben der Simultanschule die alte, aber entscheidende Frage nach dem Rangverhältnis von Konkordat und Religionsedikt. Die Patriotenpartei sah nach ihrem überzeugenden Wahlsieg von 1881 mehr Möglichkeiten denn je, die Kirchenpolitik des Ministeriums erfolgreich anzugreifen. Lutz gab zwar bei Einzelforderungen nach, den weitergehenden Antrag der Patrioten aber, in der Auslegung des Religionsedikts wieder der Tegernseer Erklärung zu folgen, lehnte er strikt ab.

Dieser Streitpunkt blieb auch, als nach dem tragischen Tod König Ludwigs II. der Prinzregent Luitpold (1886-1912) die Regierung übernahm – der dritte Sohn Ludwigs I. Er war ein schlichter alter Mann, an dem kein Falsch blieb und der nichts anderes sein wollte, als nur »des Königreiches Bayern Verweser«. Um Lutz den Rücken zu stärken und den oppositionellen Patrioten den Wind aus den Segeln zu nehmen, stellte der Prinzregent öffentlich fest, »daß zu öfteren Malen von der höchsten katholischen kirchlichen Autorität die vollkommene Befriedigung über die Lage der katholischen Kirche in Bayern ausgesprochen worden ist«. Diese Auslassung mußte der katholischen Öffentlichkeit als Peinlichkeit erscheinen, und Papst Leo XIII. stand nicht an, in einem Rundschreiben an die bayerischen Bischöfe vom Dezember 1887 den Satz des Prinzregenten zu korrigieren. Es ging nochmals um die mangelhafte Verwirklichung des Konkordats von 1817. Vom Papst in solcher Weise ermuntert, verfaßte die bayerische Bischofskonferenz nun ihrerseits eine Denkschrift an den Prinzregenten, in der neben der Konkordatsfrage auch alle seit 1870 einseitig getroffenen Maßnahmen angesprochen wurden. Als Lutz in seiner Antwort vom März 1889 in den beiden Hauptpunkten, nämlich der Frage nach dem Verhältnis von Konkordat und Religionsedikt und der Handhabung des Plazets, auf seinem Standpunkt beharrte, appellierte der Papst in einem öffentlichen Schreiben an das katholische Volk in Bayern.

Der Aufruf blieb nicht ohne Folgen. Noch im September 1889 machte sich der erste Bayerische Katholikentag in München die Forderungen der Bischöfe zu eigen, und ein gleiches tat die Patriotenfraktion im Landtag, die sich seit 1887 »Bayerische Zentrumspartei« nannte. In den Herbstdebatten forderte man mit Nachdruck die Aufhebung des Plazets, die Deklarierung der Altkatholiken als einer eigenen Religionsgemeinschaft und die Wiederzulassung der Redemptoristen. Erst im Jahr darauf kam es 1890 zur endgültigen Verständigung zwischen Staat und Kirche, nach außen hin gekennzeichnet durch das Ausscheiden des Freiherrn von Lutz aus dem bayerischen Kabinett. Noch wenige Wochen vor seinem Rücktritt hatte der todkranke Minister in der Redemptoristen- wie in der Altkatholikenfrage nachgegeben. Das neue Ministerium Crailsheim suchte unverzüglich einen friedlichen Ausgleich mit der Kirche, der dann bis zum Ende der Monarchie nicht mehr ernstlich gefährdet werden sollte. Auch das Ministerium des Freiherrn von Podewils, das 1903 die Regierungsmannschaft des Grafen Crailsheim ablöste, hielt sich auf der Mittellinie des Friedens und der Verständigung. Und als dann der Prinzregent 1912, im Jahr seines Todes, den Münchener Philosophieprofessor und Zentrumsvorsitzenden im Reichstag Georg Freiherrn von Hertling mit der Regierungsbildung beauftragte, erhielt Bayern zum erstenmal seit 1847 wieder ein Ministerium mit stark katholisch-konservativer Färbung. Nicht mehr Berlin, die Gesandtschaft beim Heiligen Stuhl war jetzt der wichtigste Außenposten des Landes. Es war eine große Geste, als Papst Benedikt XV. 1916 das Fest der *Patrona Bavariae* einführte oder als mit Erzbischof Franz von Bettinger nach einhundertfünfundzwanzig Jahren wieder ein residierender bayerischer Bischof den Kardinalshut bekam.

Der hier skizzierte Übergang von einer kulturkampfartigen Konfrontation in den siebziger und achtziger Jahren zu einer ziemlich engen Kooperation zwischen Staat und Kirche nach der Jahrhundertwende tritt besonders deutlich zutage bei der Wiederbesetzung der vakanten Bischofsstühle. Während der Kulturkampfzeit waren die Bistümer Würzburg und Speyer für längere Zeit unbesetzt geblieben, weil die Kurie die Kandidaten Käs und Enzler zurückwies, der König aber keine neuen Kandidaten benennen wollte. Nach der Jahrhundertwende aber sprach der Papst der bayerischen Regierung des öfteren den Dank aus für eine Handhabung des königlichen Nominationsrechtes, die mit den kirchlichen Interessen zusammenging. Nicht zuletzt wird dieser Wandel auch deutlich, wenn man markante Gestalten des bayerischen Episkopats miteinander vergleicht. Für die Zeit des Kulturkampfes mag Bischof Ignatius Senestréy von Regensburg stehen – als Inbegriff des bayerischen Ultramontanismus und gleichzeitig als Verkörperung des klerikalen Widerstandes gegen die Kirchenpolitik des Ministeriums Lutz. Welch anderen Typ stellt ihm gegenüber, in der Endphase der Monarchie, der Bischof von Speyer und Erzbischof von München und Freising, Michael von Faulhaber, dar. Es war die Fähigkeit, strenge Kirchlichkeit mit rückhaltloser Staatsloyalität in Einklang zu bringen, die Faulhaber 1910 für das vakante Speyer empfohlen hatte. »Der Herr ist noch jung, und wer weiß, was für ihn von der Vorsehung noch beschlossen ist«, urteilte dann Hertling bereits 1913 über den neuen Bischof. So kam es nicht überraschend, daß Faulhaber nach dem Ableben von Kardinal Bettinger (1917) durch einstimmigen Kabinettsbeschluß zum neuen Erzbischof von München und Freising vorgeschlagen und vom König unverzüglich nominiert wurde. »Wir haben ja für den Friedensbund zwischen Staat und Kirche so schöne gemeinsame Ideale«, schrieb Faulhaber an den bayerischen Gesandten beim Heiligen Stuhl.

Im Blick auf das Verhältnis von bayerischem Staat und katholischer Kirche im 19. Jahrhundert können wir zusammenfassend feststellen, daß – bedingt durch die Spannungen und Widersprüche zwischen Religionsedikt und Konkordat – immer wieder Phasen der Annäherung wechselten mit Phasen der Entfremdung. »Unter Montgelas und Lutz hatten sich bayerischer Staat und katholische Kirche am weitesten voneinander entfernt; unter König Ludwig I. und Ministerpräsident Hertling hatte der Prozeß der Annäherung seinen Höhepunkt« (Hans-Michael Körner).

3. Getto-Mentalität und Reformkatholizismus

Der Kulturkampf hatte nicht nur den engen Zusammenschluß der deutschen Katholiken erzwungen, sondern auch eine Art von katholischer »Getto-Mentalität« erzeugt, die zwei, drei Generationen lang vorhielt. Ein typischer Ausdruck dafür ist das üppig aufschießende katholische Vereinswesen, der »Verbandskatholizismus« also, mit allen Vorteilen, aber auch Mängeln, die isolierten Gruppierungen anhaften. Schon in anderem Zusammenhang haben wir darauf hingewiesen, wie die Frömmigkeit des ausgehenden 19. Jahrhunderts merkwürdig blutleer geworden ist, brav und eng. Die Sailergeneration war jetzt endgültig abgetreten, und an ihrer Stelle wirkte eine Geistlichkeit, die kein freundnachbarliches Verhältnis zu den Protestanten mehr kannte, sondern in ihrer Defensivstellung und kulturellen Abkapselung ganz auf Rom ausgerichtet war. Bei Klerus und Volk hatte sich im Lauf des Jahrhunderts jene abstrakte Loyalität ausgebildet, die in immer neuen Huldigungs- und Ergebenheitsadressen an den Heiligen Vater und die Bischöfe Ausdruck fand. Die Frömmigkeitsanregungen kamen aus dem Süden oder Westen, prägten neue, sentimentalische Andachtsformen, wie die zur Muttergottes von Lourdes. Das zentralistisch geführte Kirchenvolk und ein übernationaler Katholizismus waren freilich nicht imstande, die intellektuelle Oberschicht in den eigenen Reihen festzuhalten. Damit ist die schwerwiegendste Folge des Kulturkampf-Gettos schon angedeutet: der Rückzug der Katholiken aus dem Kultur- und Wissenschaftsleben und als Konsequenz eine zunehmende Inferioritätslage. Zur selben Zeit büßte die Kirche aber auch bei den kleinen Leuten erheblich an Einfluß ein, und zwar als Ergebnis des raschen wirtschaftlichen und gesellschaftlichen Wandels, der immer mehr Menschen aus ihrer ererbten Umwelt löste und in einen Lebensraum stellte, wo Kirche und Religion keinen festen Boden mehr fanden.

Im engeren Bereich der Theologie und der geistigen Auseinandersetzung mit den Zeitfragen aber schien mit dem Jahr 1870 die von Rom so nachhaltig geförderte Neuscholastik das Feld zu beherrschen. Dies zeigt sich besonders deutlich in Bayern: Während die von Döllinger vertretene historisch-kritische Münchener Schule rasch an Gewicht verlor, entwickelte sich die Würzburger Fakultät mit ihrem betont römischen Kurs zu einem wichtigen theologischen Zentrum dieses späten 19. Jahrhunderts. Repräsentant war der Kirchenhistoriker Joseph Hergenröther, der an der Vorbereitung des Konzils mitgewirkt und Döllingers *Janus* seinen *Anti-Janus* entgegengestellt hatte, dann aufstieg bis zum Kurienkardinal und Präfekten des Vatikanischen Archivs. Treu zur Seite standen Hergenröther der Apologet Franz Hettinger und vor allem der Dogmatiker Heinrich Joseph Denzinger, Verfasser des bekannten *Enchiridion symbolorum*. Diese Sammlung aller lehramtlichen Entscheidungen von den Anfängen bis zur Gegenwart suchte der theologischen Wissenschaft, ganz im Stil neuscholastischer Engführung, die Forschungsbereiche abzustecken und einzugrenzen.

Trotzdem kannten auch das späte 19. und das frühe 20. Jahrhundert den hingebungsvollen Versuch, dem alten Glauben in einer neuen, gewandelten Zeit tragfähige Fundamente zu bauen und die Kirche zu öffnen für das rechte, lebendige Wirken in der Welt und für die Welt. Und gerade die Theologische Fakultät in Würzburg sollte für den deutschen Sprachraum einige der namhaftesten Vertreter des sogenannten Reformkatholizismus stellen. Bei dem Begriff »Reformkatholizismus« handelt es sich um einen Sammelnamen für verschiedene, meist unverbunden nebeneinander herlaufende Bestrebungen. Aber bei allen Unterschieden der Herkunft und geistigen Bezüge ist den Vertretern des Reformkatholizismus ein Anliegen gemeinsam: das Ankämpfen gegen den Rückzug der katholischen Kirche auf sich selbst; die aufgeschlossene Haltung gegenüber der modernen Welt; der Widerstand gegen die klerikalen und autoritären Tendenzen, die sich mit dem Pontifikat Pius' IX. durchgesetzt hatten. Im Unterschied zu den »Modernisten« respektierten die Reformkatholiken jedoch durchaus die Grundstrukturen des Glaubens und der Kirche: »Sie standen treu zur Offenbarung und Kirche, wenn sie auch die drängenden Zeitaufgaben schärfer und manchmal ungestümer anpackten als ihre Zeitgenossen« (Georg Schwaiger).

In den späten neunziger Jahren gewann dieser Reformkatholizismus zunehmend an Boden. Seine markantesten Vertreter waren der Freiburger Kirchenhistoriker Franz Xaver Kraus, der Würzburger Dogmatiker Hermann Schell und der Patristiker Albert Ehrhard, ein ehemaliger Kollege Schells, der in den entscheidenden Jahren der Auseinandersetzungen freilich in Wien lehrte. Kraus, »damals Kopf und Seele der Freiburger Theologischen Fakultät« (Hubert Schiel), machte aus seiner Unzufriedenheit mit der kirchlichen Situation kein Hehl und zog in glänzend geschriebenen Essays gegen die engherzige Geisteshaltung der »Ultramontanen« nicht minder heftig zu Felde wie gegen die Politik der römischen Kurie und der Zentrumspartei. Hermann Schell – als Philosoph ebenso begabt wie als Theologe, ein tiefschürfender, origineller Denker, dabei ganz unpolemisch in der Diktion – rang mit glühender Seele um das Problem von Kirche und Fortschritt, um eine Verbindung der Theologie mit dem modernen Geistesleben. Die vier Bände seiner *Dogmatik* und die drei Bände seiner *Apologie des Christentums* berühren selbst noch die Anliegen unserer eigenen Zeit. 1897 publizierte Schell dann eine Broschüre über den *Katholizismus als Prinzip des Fortschritts;* er betonte hier nicht allein die Notwendigkeit einer Aussöhnung der Kirche mit dem Fortschritt, sondern forderte für die Katholiken das Recht, sich nicht wie »geistige Eunuchen« verhalten zu müssen. Als nun der übliche »Sturm der Entrüstung« losbrach, warf Schell im Jahr darauf seine zweite Reformschrift heraus: *Die neue Zeit und der alte Glaube.* Rom reagierte im Dezember 1898 mit dem Index nicht nur für beide Broschüren, sondern auch für die wichtigsten theologischen Werke Schells.

Da Schell sich als Priester und Professor dem kirchlichen Urteil unterwarf, konnte er seine Lehrtätigkeit in Würzburg fortsetzen. Die Art und Weise freilich, wie der Kampf fortgeführt wurde, mußte tief verletzen: Schell selber wurde Schweigen auferlegt, während seine Gegner, allen voran der Innsbrucker Jesuit Johann Baptist Stufler, sich hemmungslos auslassen durften, bis hin zu dem Vorwurf, der Indizierte bereite »eine planmäßige Revolutionierung des Klerus« vor. Daß diese Machenschaften Schells keineswegs robuste Gesundheit angriffen, bezeugt ein ärztliches Gutachten. 1903 erschien noch, diesmal unbeanstandet, das großartige Christus-Buch; 1906 ist Hermann Schell in Würzburg gestorben, erst sechsundfünfzig Jahre alt.

Der dritte Hauptvertreter des Reformkatholizismus, Albert Ehrhard, hatte 1901 ein größeres Werk herausgebracht mit dem Titel *Der Katholizismus und das 20. Jahrhundert*. Er vertrat hier die These, daß eine Überwindung des unleugbaren Konfliktes zwischen dem Katholizismus und der modernen Gedankenwelt nur möglich sei, wenn auf der einen Seite das moderne Denken seine antichristlichen Vorurteile abbaue, auf der anderen aber die Kirche darauf verzichte, das Mittelalter absolut zu setzen. Ehrhards Schrift, die in einem Jahr zwölf Auflagen erlebte, wurde von den katholischen Zeitungen Deutschlands und Österreichs aufs schärfste angegriffen, dem Verfasser selber der römische Prälatentitel aberkannt.

Der Reformkatholizismus eines Kraus, Schell und Ehrhard fand aber auch mutige Verteidiger, gerade an den bayerischen Hochschulen und Universitäten. So zog der Theologe Otto Sikkenberger aus Passau in verschiedenen Kampfschriften gegen den übertriebenen Antiprotestantismus zu Feld, während der Niederbayer Franz Xaver Kiefl, streitlustig und spekulativ hochbegabt, immer wieder den maßlosen Angriffen auf Schell entgegentrat. Vor allem aber war es ein Würzburger Kollege Schells, der temperamentvoll und unerschrocken für die Wahrheit kämpfte: der Kirchenhistoriker Sebastian Merkle. Erfüllt vom Ethos unbestechlicher Geschichtsschreibung, wurde Merkle nach der Jahrhundertwende nicht nur zum Bahnbrecher einer neuen, positiveren Beurteilung der Reformation, sondern auch zum Vorkämpfer einer gerechteren Wertung der kirchlichen Aufklärung. Daß er dabei immer wieder mit ultramontanen Kreisen in Konflikt kam und in leidenschaftliche literarische Fehden verstrickt wurde, kann nicht überraschen. Besonderen Unmut erregte er 1912, als er gegen die Pläne einer eigenen katholischen Universität Stellung bezog und meinte, daß der religiöse Friede in Deutschland durch die Theologischen Fakultäten an den staatlichen Universitäten weit besser gewährleistet sei.

Den Sammelnamen »Reformkatholizismus« für all diese Bestrebungen hatte der Bamberger Priester Josef Müller in einer Broschüre von 1898 geprägt. Er gab seit 1901 auch die Zeitschrift *Renaissance* heraus, die freilich kaum als repräsentativ für das Ganze und Gemeinsame gelten kann. Ähnliches gilt für das von einigen jungen bayerischen Katholiken redigierte Organ *Das Zwanzigste Jahrhundert* mit seiner Losung »Religion, Deutschtum, Kultur«. Von ganz anderem Zuschnitt war demgegenüber die von Carl Muth 1903 gegründete Monatsschrift *Hochland,* die bald alle starken Kräfte des deutschen Katholizismus um sich sammelte. Sie hatte es sich zum Ziel gesetzt, die katholische Literatur wieder zu einer bestimmenden Macht werden zu lassen, und tatsächlich trug das *Hochland* in den folgenden Jahren und Jahrzehnten, weit über die Belletristik hinaus, viel zum Abbau der Gettomentalität im deutschen Katholizismus bei.

Die kirchliche Hierarchie reagierte auf die reformkatholische Bewegung und ihre Bemühungen um eine zeitgemäße Erneuerung der Kirche einseitig negativ. Ihre Hauptvertreter wurden alsbald als »Modernisten« gescholten und der Häresie verdächtigt. Papst Pius X. wurde nicht müde, vor der »Pest des Modernismus« zu warnen, und durch die Enzyklika *Pascendi dominici gregis* vom 8. September 1907 erfuhr die ganze Bewegung eine scharfe Verurteilung. Noch im selben Jahr entsandte der Papst den ehemaligen Dominikanergeneral Andreas Frühwirth als neuen Nuntius nach München, um gegen das befürchtete Abgleiten des katholischen Deutschland einen Damm aufzurichten. Wenige Monate später kamen die Disziplinarmaßregeln der Enzyklika *Pascendi* auch in Bayern zur Anwendung. Sie trafen zunächst den Präsidenten der 1904 unter dem Namen »Krausgesellschaft« gegründeten »Gesellschaft für den Fortschritt der Religion und der Kultur« – den gelehrten Münchener Dogmenhistoriker Joseph Schnitzer. Am 6. Februar 1908 wurde Schnitzer suspendiert und exkommuniziert. Darüber hinaus war allen Priesteramtskandidaten der Besuch seiner Vorlesungen mit sofortiger Wirkung untersagt. Den unmittelbaren Anlaß für das scharfe Vorgehen hatte Schnitzers Beteiligung an einer Artikelserie über die Modernisten-Enzyklika gegeben, dazu ein Aufsatz über den legendären Charakter der alten Heiligenviten in den

Süddeutschen Monatsheften. Schnitzer ließ sich sofort von seinen Universitätspflichten beurlauben; erst nach langen Auseinandersetzungen konnte er im Jahre 1913 zum Honorarprofessor für Religionsgeschichte in der Philosophischen Fakultät ernannt werden. Von den Studenten der Theologie hatte Schnitzer am 7. Februar 1908 Abschied genommen mit den Worten: »Es trifft sich gut, daß ich mit dem Vater Unser aufhöre; es ist das Gebet der Hoffnung und der Zuversicht; und mit Hoffnung und mit Zuversicht, nicht gebrochen oder gebeugt, sehen auch wir in die Zukunft. Wenn es auch Kämpfe und Stürme gibt, sie sind unausbleiblich. Es ist der Zusammenstoß des Alten mit dem Neuen. Es ist nur zu begreiflich, daß das Alte sich wehrt, wenn das Neue eindringen will. Aber das Neue bricht doch immer durch; die Zukunft gehört den Jungen.«

Der »Zusammenstoß des Alten mit dem Neuen« in den Auseinandersetzungen um Reformkatholizismus und Modernismus erreichte nochmals einen Höhepunkt, als Papst Pius X. durch das *Motu proprio* vom 1. September allen Theologiestudenten vor Empfang der höheren Weihen und allen in der Seelsorge stehenden Geistlichen die Ablegung eines besonderen Eides vorschrieb, des sogenannten Antimodernisteneides. Über ein halbes Jahrhundert hin, bis 1967, wurden entsprechend dieser Maßregel alle Priesterstudenten und Priester von ihrer Kirchenleitung genötigt, Irrtümer zu verwerfen, die sie nie vertreten haben. Wie überhaupt gesagt werden muß: Was die Enzyklika *Pascendi dominici gregis* als Modernismus hinstellte, war ohne Zweifel der Verurteilung würdig; nur hat keiner der wirklichen oder vermeintlichen Modernisten eine solche Glaubensauffassung vertreten. Noch einmal sei Joseph Schnitzer, einer der Hauptbetroffenen, zum Zeugen aufgerufen: »Obschon das Bild, das die Enzyklika ›Pascendi‹ von ihm (Modernismus) entwarf, von seinen Gegnern und allen, die ihn nicht kannten, als wohlgelungen bezeichnet wurde, so waren sich doch die Beteiligten selbst, um deren Anschauungen es sich handelte, darin einig, daß es ein Zerrbild war, in dem sie sich nicht erkannten.«

18. Kapitel

DAS 20. JAHRHUNDERT

Das 19. Jahrhundert, das in der raschen Abfolge von drei Generationen das äußere Leben so tiefgreifend umgestaltet hatte, wie dies vorher nicht einmal in einem Jahrtausend geschehen war, ist nur dem Kalender nach mit dem 31. Dezember 1899 zu Ende gegangen. Als Geschichtsepoche endete dieses Jahrhundert erst, als über Europa mit dem allgemeinen Krieg und der Weltrevolution wirklich »die Lichter ausgingen«. Der Erste Weltkrieg (1914-1918) hat die alten Ordnungen zerstört oder geschwächt, aber keine neuen geschaffen. Auch in Bayern trug man schwer an der Konkursmasse, die der furchtbare Krieg hinterließ. Am 8. November 1918 ist hier, ausgerechnet in diesem konservativen, weißblauen Königreich, durch den geglückten Theatercoup des Publizisten Kurt Eisner die erste deutsche Krone gefallen. Auf den revolutionären Umsturz folgte im April 1919 ein tumultuarisches Räte-Regime, das mit Hilfe der Reichsregierung niedergeworfen werden mußte. Jetzt erst begannen sich die bürgerlich-konservativen Kräfte allmählich zu sammeln, und am 15. September 1919 trat eine neue Landesverfassung in Kraft, die Bayern als »Freistaat« und als Glied des Deutschen Reiches proklamierte. Das Reich aber hatte sich mittlerweile zu Weimar eine Verfassung gegeben, bei deren Beratung das mit sich selber beschäftigte Bayern seine Interessen kaum wahrnehmen konnte. So nimmt es nicht wunder, daß sich bei den politisch und gesellschaftlich führenden Kräften im Lande bald der Widerstand gegen den Berliner Reichszentralismus zu Wort meldete und von 1920 bis 1924 ein Verfassungskonflikt zwischen Bayern und dem Reich den anderen ablöste. Der betonte Wille zur Eigenstaatlichkeit blieb nicht ohne Rückwirkung auf die kirchenpolitischen Belange und stand als Beweggrund auch hinter dem neuen Konkordat zwischen Bayern und dem Heiligen Stuhl.

1. In der Weimarer Republik

Hatte der Sturz der Monarchien im November 1918 den deutschen Protestanten mit dem Wegfall des Summepiskopats die tragende Säule ihrer Kirchenverfassung genommen, so war der Übergang zur Republik für den deutschen Katholizismus, aufs

Ganze gesehen, wesentlich leichter. Die katholische Kirche mit ihrer engen Bindung an das übernationale Papsttum blieb ja in ihrer Rechtsordnung vom Umsturz weitgehend unberührt und besaß zudem in der Zentrumspartei eine zuverlässige und parlamentarisch erfahrene politische Vertretung. Gerade die enge Bindung an den Heiligen Stuhl, dessen Prestige im Krieg weltweit gewachsen war, sollte nach 1918 dem Selbstbewußtsein des Katholizismus zugute kommen. Nicht von ungefähr hatte Papst Benedikt XV. im Sommer 1917 den begabtesten Diplomaten nach Deutschland geschickt, über den die Kurie damals verfügte, den einundvierzigjährigen Eugenio Pacelli. Und in der Tat hat der feine, kluge und zielstrebige Kirchenpolitiker als Nuntius in Bayern (1917-1925) und im Reich (1920-1929) sich und seinem Souverän ein außergewöhnliches Ansehen erworben. Pacellis wichtigste Aufgabe wurde die Neuregelung des Verhältnisses von Staat und Kirche. Im tief gedemütigten Deutschen Reich kam die bayerische Regierung 1924 als erste der vatikanischen Konkordatspolitik entgegen, gefolgt von Preußen, das am 14. Juni 1929 ein Abkommen mit dem Heiligen Stuhl unterzeichnete. Das bayerische Konkordat hätte für die Kirche kaum vorteilhafter ausfallen können, aber auch bei der preußischen Regierung konnte Pacelli viele wichtige Forderungen durchsetzen. Ulrich Stutz, der führende Rechtshistoriker in der Weimarer Zeit, sprach 1930 in einem Vortrag vor der Preußischen Akademie der Wissenschaften, der die rechtliche Entwicklung der katholischen Kirche seit 1917 thematisierte, von einer »beispiellosen Gunst der Verhältnisse«, und im Blick auf die neuen Konkordate schloß Stutz mit den Worten: »Auch in ihnen und durch sie marschiert der Codex.«

Im Lärm des Krieges kaum bemerkt, hatte nämlich Benedikt XV. zu Pfingsten 1917 ein neues kirchliches Gesetzbuch veröffentlicht, den *Codex Iuris Canonici*, der auf eine weitere Zentralisierung, Vereinheitlichung und Verrechtlichung der Kirche abzielte. Um den Grundsätzen des kanonischen Rechtes Anerkennung zu verschaffen und der Kirche die Unabhängigkeit zu sichern, strebte der Vatikan in einer weit ausgreifenden Konkordatspolitik nach neuen Verträgen mit den Einzelstaaten. Dieser kurialen Zielsetzung kam gerade in Deutschland das Bestreben der neuen republikanischen Regierung entgegen, ihre eben erst gewonnene Existenz durch Abmachungen mit dem ältesten Souverän Europas zu festigen und zu heben. So wurde bereits in den ersten Monaten nach der Revolution die Neuordnung des

Verhältnisses von Staat und Kirche als gebieterische Notwendigkeit erachtet. An konkrete Schritte war freilich erst zu denken, als am 11. August 1919 die Weimarer Reichsverfassung in Kraft getreten war. Sie hatte zwar in rechtlicher Hinsicht die Trennung von Kirche und Staat zum Prinzip erhoben, gleichzeitig aber mit der Anerkennung der Kirchen als Körperschaften des öffentlichen Rechts eine Zusammenarbeit in Aussicht gestellt. Die staatliche Zuständigkeit für den Abschluß von neuen Kirchenverträgen war zwischen dem Reich und den Ländern geteilt. Somit bot die Weimarer Verfassung der Kurie die Möglichkeit, eine mehrgleisige Konkordatspolitik zu betreiben, ja angesichts der weitreichenden Kulturhoheit der Länder gab man den Einzelkonkordaten sogar den Vorrang vor einem Reichskonkordat. Pacelli begriff sehr rasch, daß sich mit dem um seine Eigenstaatlichkeit ringenden Bayern, das zudem als einziges Land im Deutschen Reich eine eigene Konkordatstradition hatte, am ehesten ein günstiger Vertragsabschluß erreichen ließ, sozusagen ein »Musterkonkordat« für die ganze Kirche. Darum eröffnete er noch im Spätjahr 1919 Verhandlungen mit dem neuen bayerischen Ministerpräsidenten, dem Sozialdemokraten Johannes Hoffmann.

Das Entstehen des bayerischen Konkordats ist nur unzureichend erforscht. Soweit wir sehen, wurden die jahrelangen, oft unterbrochenen Verhandlungen ausschließlich zwischen dem Nuntius und den wechselnden Münchener Kabinetten geführt. Der bayerische Episkopat hatte daran, unbeschadet gelegentlicher Rückfragen, ebensowenig Anteil wie der bayerische Gesandte beim Vatikan. Daß das Konkordat nach Überwindung verschiedener Schwierigkeiten, namentlich in der Schulfrage, und nach Abwehr von Einmischungsversuchen der Reichsregierung am 29. März 1924 tatsächlich unterzeichnet werden konnte, ist Pacellis ureigenstes Werk. Allerdings rief der Vertragstext mit seinen sechzehn Artikeln bald den scharfen Widerspruch der Öffentlichkeit hervor. Nicht nur im Bayerischen Landtag und im Deutschen Reichstag, auch außerhalb des parlamentarischen Parketts wurden massive Vorwürfe laut: Der Kirchenvertrag gebe staatliche Hoheitsrechte an die Kurie preis; er unterwerfe die Schule gänzlich der kirchlichen Bestimmungsmacht; er verletze die staatskirchenrechtlichen Normen der Weimarer Verfassung und werde mit seiner Privilegierung der katholischen Kirche zu einer Klerikalisierung des gesamten öffentlichen Lebens führen. In Anerkennung des Paritätsgebots, aber auch um die protestantischen Abgeordneten für eine Annahme des Konkordats zu gewinnen, hatte das Kabinett von Knilling am Tage des Konkordatsabschlusses auch entsprechende Verträge mit der evangelischen Kirche rechts des Rheins sowie mit der Pfälzer Landeskirche unterzeichnet. Diese beiden »Protestantenverträge« legte das seit Jahresmitte amtierende Kabinett Held zusammen mit dem Konkordat am 18. November 1924 dem Landtag zur endgültigen Genehmigung vor. Nach eingehender Beratung im Verfassungsausschuß und erbittertem Ringen im Plenum gewann die Regierung schließlich die Oberhand. Am 15. Januar 1925 stimmte der Landtag den durch ein sogenanntes Mantel-Gesetz eingebrachten drei Kirchenverträgen mit einer Mehrheit von 73 gegen 52 Stimmen zu. Mit dem Austausch der Ratifikationsurkunden trat das Konkordat dann am 24. Januar 1925 in Kraft.

Das dritte bayerische Konkordat von 1924 sollte, ähnlich wie das von 1817, in der Folge schweren Belastungen ausgesetzt sein. Den meisten Konfliktstoff boten dabei die über die Garantien der Reichsgesetzgebung hinausgehenden Bestimmungen für das Schul- und Hochschulwesen, für die Staatsleistungen an die Kirche und für die Besetzung der kirchlichen Ämter. Was die Volksschulen betrifft, so wurde die Bekenntnisschule zur Regelschule erklärt; der Staat übernahm die Verpflichtung, durch konfessionelle Lehrerbildungsanstalten für die bekenntnisgebundene Ausbildung der Lehrkräfte Sorge zu tragen. Bei den Hochschulen räumt das Konkordat den Bischöfen ein bindendes Vetorecht ein, und zwar für die Ernennung aller Professoren an den Katholisch-Theologischen Fakultäten der Universitäten und an den Philosophisch-Theologischen Hochschulen. Darüber hinaus bestimmt der einschlägige Artikel 3, daß die Bischöfe einen akademischen Lehrer an den genannten Fakultäten und Hochschulen »wegen seiner Lehre oder wegen seines sittlichen Verhaltens« beanstanden und die Amtsenthebung oder Versetzung des Betroffenen verlangen können. Außerdem verpflichtete sich der Staat zur Errichtung von sogenannten Weltanschauungsprofessuren für Philosophie und Geschichte an den Universitäten von München und Würzburg, die nur mit akademischen Lehrern besetzt werden durften, gegen die hinsichtlich ihres »katholisch-kirchlichen Standpunkts keine Erinnerung« zu erheben sei. Es ist völlig unverständlich, warum sich gerade wegen dieser »Konkordatsprofessuren« ein fürchterliches Feldgeschrei erhob – die Einrichtung selber war nämlich bereits ein Zugeständnis der Regierung Lutz an die bayerischen Katholiken. Man denke an die Professoren Hertling und Grauert in München, an Stölzle und Henner in Würzburg, die bereits in diesem Sinne gelehrt hatten.

Bei der Besetzung geistlicher Ämter allerdings sollte die Kirche künftig völlig freie Hand haben. Der Staat verzichtete damit auf das frühere Ernennungsrecht für die Erzbischöfe und Bischöfe und auch auf das Präsentationsrecht für die Pfarreien. Selbst das Recht der Domkapitel auf die Bischofswahl, wie man es im preußischen und badischen Konkordat durchaus zu wahren wußte, konnte die bayerische Regierung nicht durchsetzen. Wegen der vom Staat zu erbringenden finanziellen Leistungen wurden die Dotationspflichten aus dem Konkordat von 1817 durch neue, für die Kirche durchwegs vorteilhafte Vereinbarungen abgelöst. Schließlich verpflichtete sich der Staat zu Schutz und Förderung der katholischen Kirche, wenn es um die Amtspflichten und die Kultübung ging.

Die einzige Gegenleistung der Kirche, festgeschrieben im Artikel 13 des Konkordats, nimmt sich demgegenüber recht bescheiden aus: In das geistliche Amt dürfen nur Personen berufen werden, die »die bayerische oder eine andere deutsche Staatsangehörigkeit« besitzen, ein deutsches Humanistisches Gymnasium absolviert haben und ein in Deutschland oder in Rom erworbenes theologisches Abschlußzeugnis vorweisen können. Und Artikel 14: Die bayerische Regierung ist vor der Ernennung der Bischöfe und Erzbischöfe zu fragen, ob keine »Erinnerungen politischer Natur obwalten«.

Betrachtet man den materiellen Inhalt des Konkordats, so wird begreiflich, daß für die Folgezeit parlamentarische und außerparlamentarische Auseinandersetzungen unausbleiblich waren. Das Kabinett Held mußte noch nach Jahren fürchten, daß einzelne Bestimmungen des Vertrags reichsrechtlich angefochten würden. Um so mehr überrascht es, daß Kardinal Faulhaber, der später das Konkordat als »Jahrhundertwerk« pries, zunächst mit dem Erreichten keineswegs zufrieden war. Freilich, dieser königlich-bayerische Erzbischof von München und Freising, einer der letzten Kirchenfürsten überhaupt, stand den politischen Gegebenheiten und Vorgängen der Weimarer Epoche lange Zeit skeptisch gegenüber. Dabei war es nicht allein die monarchisch-royalistische Grundgesinnung, die Faulhabers Antipathie gegen die republikanische Nachkriegsordnung nährte, sondern ebensosehr die gleichmacherische Tendenz des Reichszentralismus selber. Die Trennung von Kirche und Staat wollte ihm nicht so recht in den Kopf. Er fürchtete für die bayerische Sonderart und Eigenständigkeit, gerade auf kirchlichem und kulturellem Gebiet. Getreu seinem Wahlspruch, in der Stimme der Zeit die Stimme Gottes vernehmbar zu machen (*Vox temporis – vox Dei*), hatte Faulhaber seit den Tagen der Revolution unbeirrbar Stellung bezogen, wenn er sich durch Zeitfragen beim Wort genommen sah. Bezeichnend, wie er in der Silvesterpredigt 1918, noch ganz unter dem Schock der kampflosen Kapitulation der Monarchie, die neu etablierte Herrschaft im Land eine »Regierung von Jehovas Zorn« nannte. Auch als im Sommer 1919 überall die republikanischen Verfassungen in Kraft getreten waren, blieb Faulhaber noch über Jahre hin beim Bekenntnis zur alten politischen Ordnung. In geradezu spektakulärer Weise hat dann der Kardinal Ende August 1922 seinen Vorbehalten gegen die Weimarer Republik Ausdruck verliehen, und zwar in einem Pontifikalgottesdienst beim 62. Deutschen Katholikentag auf dem Königsplatz in München. Damals kam es sogar zu einer öffentlichen Kontroverse mit dem Präsidenten des Katholikentages, dem sechsundvierzigjährigen Kölner Oberbürgermeister Konrad Adenauer, der nach den negativen verfassungspolitischen Wertungen des Kardinals Wert auf die Feststellung legte, daß hinter diesen Worten »die Gesamtheit der deutschen Katholiken nicht stehe«. Aber soll, kann man es diesen Erzbischöfen und Bischöfen, diesen Kanonikern alter Ordnung und Pfarrern draußen auf dem Land wirklich verdenken, daß sie nicht über Nacht umfielen und den Treueid vergaßen, den sie dem König geschworen hatten?

Erst nach der Ratifikation des bayerischen Konkordats und mit der allmählichen Festigung der Weimarer Republik begannen sich auch bei Faulhaber Skepsis und Unruhe zu lösen. Hand in Hand damit ging eine schroffe Absage an den Radikalismus von links und rechts, in dem er zerstörerische Kräfte sah. Faulhaber, in der Schlußrede auf dem Katholikentag zu Münster im Herbst 1930: »Wir müssen unsere Zeit bejahen.« Aber schon begann die nationalsozialistische Bewegung die Wählermassen zu faszinieren, und als keine drei Jahre später Adolf Hitler unter dem Anschein der Legalität die gleichsam auf der Straße liegende Macht übernahm, sah sich der Erzbischof von München und Freising, wie die meisten seiner Amtsbrüder, im Umgang mit dem neuen System auf eine harte Probe gestellt.

Michael Faulhaber war nach seiner Übersiedlung von Speyer

rasch zur tonangebenden Gestalt der katholischen Kirche in Bayern geworden. Als furchtloser Verkünder der christlichen Botschaft fand der Münchener Kardinal wie kein anderer deutscher Bischof ein Echo weit über die Landesgrenzen hinaus. Insbesondere seine großen thematischen Predigten zum Papstsonntag, zu Allerheiligen oder Silvester waren dazu angetan, alles Regionale oder gar Provinzielle zu sprengen. Auch in seiner Eigenschaft als Vorsitzender der Freisinger Bischofskonferenz hatte Faulhaber gerade während der Revolutionswirren und in den kritischen Jahren bis zum Abschluß des neuen Konkordats viel Geschick, Energie und Umsicht gezeigt. So bedeutet die Weimarer Zeit im katholischen Bayern weithin eine Blüte des religiösen Lebens. Vor allem der seit dem Ende des 19. Jahrhunderts nachhaltig geförderte »Verbandskatholizismus« erlebte jetzt seine große Steigerung.

Nur ein paar Daten und Fakten als Beleg hierfür! 1920 konnte der »Katholische Gesellenverein«, später unter der Bezeichnung »Kolpingsfamilie« geführt, in München eine eigene Landesstelle eröffnen. Der 1903 gegründete Verband der katholischen »Burschenvereine« aber setzte es sich zum Ziel, mit seinem Programm und der Monatsschrift *Burschenblatt* die gesamte männliche Jugend auf dem Dorf zu erfassen und hinzuführen zu den alten religiösen und sittlichen Werten. Die weiblichen Jugendvereine Bayerns und Württembergs schlossen sich nach dem Krieg zum »Süddeutschen Verband katholischer weiblicher Jugendvereine« mit dem Sitz in München zusammen. Auch die Studentenverbindungen aus dem 19. Jahrhundert hatten jetzt erst ihren großen Zulauf, während sich die Gymnasiasten im überregionalen »Bund Neudeutschland« sammelten, und in der »Quickborn«-Bewegung. 1919 erhielten die vielen karitativen Einrichtungen der bayerischen Kirche, die alle Bereiche des Lebens mit ihren Hilfsmaßnahmen zu erfassen suchten, im Generalsekretariat des Caritasverbandes eine straffe Organisation. Im gleichen Jahr zählte der 1901 gegründete katholische Preßverein für Bayern bereits an die 40 000 Mitglieder; man unterhielt 660 gemeinnützige Bibliotheken und war an der Herausgabe von dreizehn Tageszeitungen beteiligt. Nicht zuletzt erstrebte auch der bayerische Klerus nach dem Ersten Weltkrieg die vereinsmäßige Organisation: 1919 erstanden der Krankenversicherungsverband »Liga« und der »Landesverband der Diözesanpriestervereine Bayerns« mit einem eigenen Publikationsorgan, dem *Klerusblatt;* 1920 wurde unter Leitung Faulhabers ein

»Priestermissionsbund« ins Leben gerufen; im Jahr darauf erfolgte die Gründung des »Deutschen Katechetenvereins« mit Sitz in München. Bei aller Gefahr der organisatorischen Verknöcherung und der bloßen Vereinsmeierei gingen von diesem katholischen Verbandswesen starke innerkirchliche Impulse aus, geweckt und tatkräftig gefördert durch markante Seelsorger vom Schlag eines Jesuitenpaters Rupert Mayer oder eines Jugendpräses Ludwig Wolker.

2. Unter der Diktatur

Die Agonie des Staates von Weimar war mit der Machtergreifung Adolf Hitlers am 30. Januar 1933 in ihr letztes Stadium getreten. Schon wenige Wochen später schlug auch für den Freistaat Bayern die Stunde Null des nationalsozialistischen Terrors. Vergeblich versuchten sich die demokratischen und föderalistischen Kräfte im Land dem massiven Gleichschaltungsprozeß zu widersetzen, der mit der Reichstagswahl vom 5. März einsetzte. Ohnmächtig mußte Ministerpräsident Heinrich Held zusehen, wie Generalleutnant a. D. Franz Ritter von Epp am 9. März als neuernannter Reichskommissar für Bayern die Regierungsgeschäfte an sich riß, gestützt auf die wild hervorbrechenden SA-Mannschaften des Stabschefs Ernst Röhm. Am 15. März zog Held die Konsequenzen aus der unhaltbaren Lage und erklärte mit einem Brief an Epp seinen Rücktritt. Tags darauf ergriffen die wirklichen Machthaber von allen Ministerien formell Besitz: Epp selbst übernahm als Ministerpräsident die Leitung der kommissarisch eingesetzten Staatsregierung; der Gauleiter von München-Oberbayern, Adolf Wagner, wurde Innenminister, Hans Frank Justizminister, Ludwig Siebert Finanzminister und Hans Schemm Kultusminister. Als »Staatskommissare zur besonderen Verwendung« hielten sich Ernst Röhm, Hermann Esser und Georg Luber in Bereitschaft, während der Reichsführer SS Heinrich Himmler mit der Ernennung zum Politischen Polizeikommandeur Bayerns am 1. April 1933 seine eigentliche Ausgangsstellung im neuen System bezog. Binnen Jahresfrist sollte es Himmler gelingen, in einem Land nach dem andern den Posten des Politischen Polizeikommandeurs an sich zu ziehen, bis hin zur Gestapozentrale in Berlin. In Bayern aber blieb als schreckliche Hinterlassenschaft des Reichsführers SS das Konzentrationslager Dachau zurück, das am 22. März 1933 eröffnet worden war, keine zwei Wochen nach dem Machtwechsel im

Lande, um die von SA und SS massenhaft festgenommenen »Schutzhäftlinge« unterbringen zu können.

Da der Widerstand der politischen Parteien in der Breite bereits 1933/34 zerschlagen wurde, blieben als einzige Gegenkraft bis zuletzt die beiden großen christlichen Glaubensgemeinschaften. Gewiß, sie hatten zunächst versucht, sich mit dem neuen Regime einigermaßen zu arrangieren, und zwar in der Absicht, der Seelsorge und ihren Institutionen den unerläßlichen Freiraum zu sichern. Erst als sie sehen mußten, daß es um die Konfessionsschule ging, die Jugendbewegung, das Alte Testament, die freie Religionsausübung, ja den Glauben in seinem festen Bestand überhaupt, wurden sie wie von selber in die Abwehr hineingezwungen. Dabei muß man sich vor Augen halten, daß der Widerstand aus dem Glauben anderen Gesetzen folgt und andere Abgrenzungen hat als die Politik. Die Kirchen leisteten keinen spezifisch politischen Widerstand. Um die Grundrechte der Weimarer Verfassung zu kämpfen oder gegen den nationalsozialistischen Staat und sein Führerprinzip konnte nicht ihre Aufgabe sein. Es ging vielmehr darum, daß die Verkündigung gewahrt blieb, die Ausspendung der Sakramente, der Schulunterricht und die christliche Jugenderziehung, und zwar solange es auch nur einigermaßen möglich war.

In der defensiven Krisensituation des Frühjahrs 1933 hatte sich der bayerische Episkopat der Fuldaer Bischofskonferenz angeschlossen und gemeinsam mit ihr die 1931 erlassenen Verbote und Warnungen vor dem Nationalsozialismus unter Vorbehalt zurückgenommen. Dieser oft als »Kapitulation« der Kirche geschmähte Schritt vom 28. März 1933 war getan worden, um dem Kirchenvolk eine sich zunehmend schärfer abzeichnende Zerreißprobe zu ersparen. Die Bischöfe gingen bei ihrem Entspannungsversuch von Hitlers Regierungserklärung vom 23. März aus, in der sich der Diktator nicht nur zu den »allgemeinen religiös-sittlichen Grundwerten« bekannt hatte, sondern auch versprach, den christlichen Konfessionen als »wichtigsten Faktoren der Erhaltung unseres Volkes« den gebührenden Einfluß einzuräumen. Als dann auf Initiative der Reichsregierung die Verhandlungen über ein Reichskonkordat begannen und am 20. Juli 1933 zum Abschluß kamen, sah man kirchlicherseits darin die Gewähr für ein friedliches Nebeneinander von Kirche und Staat. Doch es war nur ein vermeintlicher Friedensschluß, weil der staatliche Vertragspartner gar nicht daran dachte, sich an den Buchstaben oder gar den Geist des Reichskonkordats zu halten. Man sah in der Kirche den letzten Gegenspieler, der überhaupt noch aufrecht stand, und betrachtete sich im »unentwegten Kleinkrieg«. Und es war ein schmutziger Krieg, bei dem es nicht um das Martyrium ging, sondern um die Taktik der Nadelstiche und um die Spülichtkübel der Verleumdung: um den Vorwurf des Defaitismus und des Vaterlandsverrats, um Devisenschieberprozesse und aufgebauschte Sittlichkeitsskandale. SA-Rabauken oder HJ-Lausbuben schmissen dem Pfarrer nachts die Fenster ein – nur damit man ihn am anderen Morgen in »Schutzhaft« nehmen konnte oder »mußte«.

Ungeachtet des Artikels 31, der dem bedrohten Verbandskatholizismus konkordatären Schutz zu gewähren schien, wurde der Kampf gegen die konfessionellen Vereine auch nach dem Herbst 1933 mit allen Methoden fortgesetzt. Zur selben Zeit nahm der Druck auf die kirchliche Publizistik erheblich zu, vor allem auf die Tagespresse. Dann gelang es auch, die im Reichskonkordat verankerte Bekenntnisschule durch Unterschriftenaktionen und ausgeklügelte Schikanen schrittweise zurückzudrängen. Die Bischöfe und auch der Heilige Stuhl nahmen die Übergriffe des totalitären Staates keineswegs widerspruchslos hin. In Hirtenbriefen und vor allem durch schriftliche Eingaben an die zuständigen Staatsstellen erhoben sie gegen die Verletzung des Konkordats immer wieder Protest. Nur, daß diese Eingabenpolitik weithin erfolglos blieb. Für Bayern war der Münchener Erzbischof Faulhaber die Symbol- und Identifikationsfigur der kirchlichen Verteidigung. Er hauptsächlich bestimmte in den Jahren zwischen 1933 und 1945 das Hin und Her zwischen Anpassung und Widerstand in unserm Land, und der alte Kardinal wollte sich nicht selber aus dem Rennen werfen, sondern in den Fragen, die für die Kirche entscheidend waren, selbst für einen Adolf Hitler oder einen Adolf Wagner der Ansprechpartner bleiben. Immerhin hatte der bayerische Episkopat schon im November 1933 in einer Verlautbarung zur bevorstehenden Reichstagswahl der Auffassung widersprochen, als »ob wir alle jene Vorkommnisse und Verordnungen der letzten Monate gutheißen, die uns mit Kummer und Sorge erfüllen«. Und wenig später setzte Faulhaber mit seinen Adventpredigten »Judentum – Christentum – Germanentum« ein Zeichen des Widerspruchs von großer Resonanz. Indem sich der Kardinal zu den von der NS-Propaganda geschmähten »Judenbüchern« und Lebenswerten des Alten Testamentes bekannte, erhob er nicht nur gegen die Ächtung alles Jüdischen lauten Protest, sondern auch gegen Meinungsdiktatur und Entmündigung.

Allzu lange freilich lebte Faulhaber in dem Glauben, Hitler selber sei guten Willens und stehe keineswegs hinter allen Übergriffen seiner Partei. Darum trug er am 4. November 1936 dem Reichskanzler persönlich die kirchlichen Beschwerden vor, ohne daß dieses Treffen auf dem Berchtesgadener Obersalzberg für den Verlauf des Weltanschauungskampfes irgendeine Bedeutung erlangt hätte. Anders die Wirkung der von Faulhaber mitentworfenen Enzyklika *Mit brennender Sorge* vom 14. März 1937: In ihr ging es nicht nur um die Konkordatsverletzungen des NS-Staates, sondern um die grundsätzliche Abgrenzung von der nationalsozialistischen Weltanschauung und ihrer Mißachtung der sittlichen Ordnung. Das Regime antwortete auf die Verlesung des päpstlichen Rundschreibens von den Kanzeln mit scharfen Kampfmaßnahmen. Die Devisen- und Sittlichkeitsprozesse gegen Geistliche, von der Propaganda in verleumderischer Weise ausgeschlachtet, erlebten eine ungeahnte Steigerung. Ab 1937 wurden die als Lehrerinnen tätigen Ordensschwestern, in Bayern allein 1700, über die kalte Verordnungstour aus den Volksschulen gedrängt. Im Jahr darauf schloß man die klösterlichen Privatschulen oder unterstellte sie der staatlichen Leitung. Darüber hinaus erhielten viele Geistliche Unterrichtsverbot, und zwar wegen »staatsfeindlichen Verhaltens«. Bezeichnend auch das Vorgehen gegen den Münchener Männerseelsorger Rupert Mayer. 1937 wurde der Jesuitenpater wegen »Kanzelmißbrauchs« verhaftet, aber auf das entschlossene Eintreten Faulhabers hin nach einigen Monaten wieder auf freien Fuß gesetzt. Nach erneuter Verhaftung kam Mayer 1939 zunächst ins Konzentrationslager Sachsenhausen. Allein sein gefährdeter Gesundheitszustand bewog die Gestapo, Rupert Mayer dann endgültig im Kloster Ettal zu »konfinieren«. Gerade ihn, den so bekannten und allseits beliebten ehemaligen Feldprediger des Ersten Weltkriegs, wollte man nicht als Märtyrer haben.

Seit dem Herbst 1939 wurde dann die immer radikalere Kirchenfeindlichkeit von der Propaganda mit dem Verweis auf Kriegsnot begründet. So auch die Aufhebung vieler Klöster und die Beschlagnahme ihres Besitzes für Parteizwecke in den Jahren 1941/42. Daß die Gestapokommandos bei ihrem rücksichtslosen Vorgehen nicht selten auf regionalen Widerstand stießen, und zwar auf Widerstand direkt aus dem Glauben heraus, beweisen die Lageberichte aus den sechs bayerischen Regierungsbezirken von damals, wie sie in der Hand der Regierungspräsidenten zusammengeflossen sind. Auch die Kirchenaustritte blieben, trotz einer vom Staatsmonopol getragenen Propagandawelle, verhältnismäßig selten. Im Gegenteil, die Pfarreien schließen sich enger zusammen; die Predigt gewinnt an Gewicht wie noch nie – von dem polternd-heiligen Zorn des Stadtpfarrers von Erding oder Landau bis hin zum geschliffenen Wort eines Pater Rupert Mayer oder Carl-Oskar Freiherrn von Soden. Auf der Straße sagen die Leute »Grüß Gott!« zueinander; bei Primizen flaggen sie, auch wenn ihnen die Fahnen heruntergerissen werden, Weiß-Blau oder Weiß-Gelb; nächtlicherweise werfen sie dem Ortsgruppenleiter seinen »Stürmer-Kasten« über den Haufen. Als der Krieg da ist, suchen Geistliche wie Laien die polnischen Zwangsarbeiter in ihre Kirchengemeinschaft hereinzunehmen oder den kriegsgefangenen Franzosen ihr Los zu erleichtern. Nein, es ging nicht um den heroischen Aufstand gegen die Gewalt, sondern um das Stehvermögen im Alltag.

Freilich, einmal ging über alle unsere bayerischen Bistümer wirklich der große Movimento des Widerstandes hin: nämlich bei jenem Kampf ums Schulkreuz im Sommer 1941, ausgelöst durch den Erlaß des Innen- und Kultusministers Adolf Wagner, der alle Kreuze aus den Schulen entfernen wollte. Ein einziges Mal, daß die Diktatur vor den Leuten zurückweichen mußte, weithin sichtbar und auf breiter Front. Wenn in Amberg oder in Velburg fünfhundert Menschen auf die Straße gingen, in Regensburg gleich tausend Frauen dem Oberbürgermeister und dem Kreisleiter vors Haus zogen, dann waren das Vorgänge, die im sogenannten »Dritten Reich« ohne Beispiel dastehen. Überhaupt scheinen die beiden Ostdiözesen Regensburg und Passau einen besonders nachhaltigen Widerstand geleistet zu haben. Aber auch die Diözese Würzburg, wo man dem unerträglichen Druck des Gauleiters und Regierungspräsidenten Otto Hellmuth gegenüberstand. Karl Wahl in Augsburg dagegen, der ebenfalls das Partei- und das Regierungsamt in einer Person verband, blieb viel gemäßigter, da und dort sogar um Ausgleich bemüht. Aber überall ging es zuletzt um den vielgeschmähten »Milieu-Katholizismus«, um die alte gewachsene Tradition, um die kleinen Marktflecken und die schwarzen Dörfer. Und wie geistliche Zitadellen, die jeden Einbruch abschlugen, jeden Hereingeschneiten vor die Tore wiesen, standen unsere kleinen Bischofsstädte da – ein Freising etwa, ein Bamberg, ein Eichstätt, das seine Philosophisch-Theologische Hochschule bis zum Ende durchhalten konnte und 1944 sogar dem Apostolischen Nuntius die letzte Zuflucht abgeben mußte.

Schwieriger ist eine Großstadt wie München zu fassen – auch damals schon an die 800 000 Einwohner. Man lebte zwar enger aufeinander als draußen auf dem Dorf, hatte aber auch viel mehr Möglichkeiten, sich zu tarnen, sich abzuschirmen, einander aus dem Weg zu gehen. Aber es gab auch hier über all die Jahre der Bedrängnis hin eine liturgische Bewegung, eigene Bibelkreise oder die berühmte Gruppierung katholischer Intellektueller um die Zeitschrift *Hochland*. Abgedrängte Jugendgruppen und aufgelöste katholische Studentenverbindungen konnten wenigstens als geschlossene Freundeskreise überwintern. Pater Alfred Delp SJ, Kirchenrektor von St. Georg in Bogenhausen, hielt die Verbindung zum »Kreisauer Kreis« um Helmuth James Graf von Moltke. Wie er bezahlte auch Kaplan Hermann Josef Wehrle seine Verbindung zu den Männern des 20. Juli mit dem Leben. Im Februar 1943 die Studentenrevolte der »Weißen Rose«. Hingerichtet wurden die Geschwister Scholl, die vom christlichen Humanismus Theodor Haeckers und Carl Muths herkamen; ein gleiches Los traf ihre Gesinnungsgenossen Christoph Probst, Alexander Schmorell, Willi Graf oder den Philosophieprofessor und Volksliedforscher Kurt Huber. Als die Gestapo im Oktober 1939 die von München ausstrahlende bayerisch-monarchistische Widerstandsgruppe zerschlug, waren unter den 125 Verhafteten immerhin auch neun Geistliche und ein Student der Theologie.

Freilich, wenn man die Berichte der Polizeidirektion studiert, im Mittelpunkt der Aufmerksamkeit blieben in München Michael Kardinal Faulhaber und die Geschehnisse um Dom und Michaelskirche. Gerade dem Kampf ums Schulkreuz hatte der von Faulhaber verfaßte Hirtenbrief der bayerischen Bischöfe vom 12. August 1941 erst die breite Resonanz gegeben und die entscheidende Wendung. Um die angedrohte zweite Verlesung dieses Hirtenbriefes am Fest Kreuzerhöhung zu verhindern, sah sich Adolf Wagner nicht nur gezwungen, seinen Erlaß zurückzunehmen, sondern er mußte auch dem ins Kultusministerium bestellten Generalvikar eine ganze Reihe weiterer Zugeständnisse machen. Etwa die Straffreiheit für insgesamt neunundfünfzig Geistliche, die angezeigt worden waren, weil sie an Christi Himmelfahrt und an Fronleichnam, trotz des Verbots, einen sonntagsmäßigen Gottesdienst gehalten hatten. Dennoch war die Lage der Kirche in den ersten Jahren des Krieges verzweifelt. Hitler hielt fast ganz Europa in der Hand, und man war sich in den Ordinariaten voll darüber im klaren, daß nach dem »Endsieg« die große Endabrechnung auch auf die Kirche zukommen würde, unerbittlich und mit letzter Konsequenz.

Doch schon mit dem Februar 1943 und der Kapitulation der 6. Armee in Stalingrad zeichnete sich die Wende des Krieges ab. Eine unheimliche Beschleunigung der Abläufe dann bis hin zur Katastrophe von 1945. Im Bombenhagel der Terrorangriffe sanken die Kirchen der Münchener Innenstadt in Trümmer. Noch am 16. März 1945 ging das alte, heitere, geistliche Würzburg unter. Während der NS-Staat allenthalben an Kraft und Energie verlor, gewann die Kirche mit jedem Monat, jedem Jahr verlorenen Boden zurück. Der Zufall hat uns ein Büschel später Nazi-Aufzeichnungen aus dem damaligen Mittelfranken erhalten. Man sah den verstärkten Zustrom zu den Gottesdiensten, die feierliche Firmung im Eichstätter Dom, die Fronleichnamsprozession von 1944, bei der »die starke Beteiligung der Jugend« besonders auffiel. Man sah ringsum die flammenden Horizonte und ahnte die Zuchtrute Gottes, wie sie die großen Propheten der Vorzeit verkündet hatten. Die Menschen kamen nach Altötting, auch wenn der Eisenbahnverkehr darüber zusammenbrach, kamen mit dem Fahrrad, mit Pferd und Wagen, zu Fuß bis von der Oberpfalz her. Es ist wohl selten bei uns so viel und so aufrichtig gebetet worden, so opferbereit gelitten worden wie in den letzten Jahren des Krieges.

Und wir haben, ganz am Schluß, noch einmal das Problem des Widerstandes in einer Diktatur: Wie es für den einzelnen, schlecht informiert und ohne Einsicht und Übersicht über die tatsächlichen Verhältnisse, kaum mehr möglich ist, sich zu entscheiden, sich richtig zu entscheiden, Gesicht und Maske auseinanderzuhalten. Als am 28. April 1945, um fünf Uhr früh, der Aufruf der »Freiheitsaktion Bayern« über den Sender Freimann hinausgeht, erhebt sich in Altötting eine bürgerlich-katholische Widerstandsgruppe vielleicht voreilig, sicher zu früh. Der kleine Trupp kann die Schaltstelle Landratsamt genau drei Stunden unter Kontrolle halten. Aber die Wehrmacht bleibt Gewehr bei Fuß stehen, und alles Weitere erledigt ein Rollkommando der Waffen-SS. Unter den ohne Verhör und Standgericht Erschossenen ist auch der Administrator der Heiligen Kapelle, Monsignore Adalbert Vogel. Oder wenn wir nach Regensburg gehen: Ähnlich liegt der Fall des Dompredigers Dr. Johannes Maier, der noch am 24. April 1945, als die Amerikaner bereits vor der Stadt standen, als »Saboteur« auf offenem Platz erhängt wurde. Und schließlich darf man auch nicht übersehen, wie es im Zusammenbruch dann immer wieder Bischöfe und Geistliche sind, die sich vor ihre Leute und für ihre Städte hinstellen – die weiße Fahne hissen, die Verteidigungskommissare beknien, den feindlichen Kommandeuren furchtlos entgegentreten. Das Problem des Widerstandes, vor Ort studiert, ist in der Tat problematischer, vielschichtiger und belasteter, als man es heute wahrhaben will. Dieser Widerstand ist, von den eigentlichen Blutzeugen, Märtyrern, Idealisten abgesehen, vielleicht nicht immer glorios gewesen. Aber es war ein Volkswiderstand, nicht zu erschüttern in seinem festen, traditionsgebundenen Kern, nicht zu begreifen von der Politik her, sondern vom Quellgrund des Religiösen. Man hat sich einfach eingeigelt und damit die Kirche als Organisation und den Glauben als festen Bestand hinübergerettet über die Zeit.

3. Ein Ausblick

Nach der bedingungslosen Kapitulation vom 8. Mai 1945 lag Bayern da wie dreihundert Jahre vorher am Ende des Dreißigjährigen Krieges. Zerstörte Brücken, Städte, Häuser zeigten, wie der Vorstoß der amerikanischen Panzer gegangen war und wo man sich sinnlos gewehrt hatte. Aber alle Spuren des unmittelbaren Kampfes bedeuteten kaum noch etwas, wenn man auf die im Luftkrieg zerstörten Städte schaute. Es ging hier um die großen Ballungsräume von Nürnberg, Augsburg und München, aber auch um Mittelstädte wie Aschaffenburg, Schweinfurt, Bayreuth oder das fast völlig ausgelöschte Würzburg. Als einziger Trost blieb, daß das bayerische Staatsgebiet, mit Ausnahme von Lindau und der Pfalz, noch im Zusammenhang stand und nicht in verschiedene Besatzungszonen zerrissen war. Wie andernorts erschien auch in Bayern die Kirche als einzige Institution, die ihre Identität über die Stunde Null hinweggerettet hatte und wegen ihrer geistigen Frontstellung gegen den Nationalsozialismus auch bei der Besatzungsmacht eine gewisse Autorität besaß. Ohne sich vorzudrängen, mußte so Kardinal Faulhaber ganz von selber als der eigentliche Sprecher des Landes gelten.

Und vor lauter Alltag merkte man es zunächst gar nicht, daß in zwei Jahren das innere Gefüge des Landes entscheidender verschoben wurde als sonst in zwei Jahrhunderten. Zunächst hatte der Krieg 300 000 Evakuierte und Ostflüchtlinge im Land zurückgelassen, dazu mindestens ebensoviele Ausländer, Verschleppte, Zwangsarbeiter – *Displaced Persons,* wie es so schön hieß. Dann signalisierte General Lucius D. Clay im Herbst 1945 die »Rückführung« aller Deutschen aus Polen, Ungarn und der Tschechoslowakei, und mit dem Frühjahr 1946 kamen tatsächlich die Ostvertriebenen, aller Habe beraubt, zu Hunderttausenden über die Grenze. Insgesamt hat Bayern mit seinen knapp sieben Millionen Einwohnern bis 1950 nochmals an die zwei Millionen Menschen aufgenommen, und keineswegs nur lauter stammverwandte Böhmerwäldler oder vom alten Österreich geprägte Sudetendeutsche. Die starre Konfessionskarte von 1803 verschob sich in ihren Akzenten, und der Begriff der evangelischen oder katholischen »Diaspora« war neu zu überdenken.

Angesichts der unvorstellbaren materiellen Not waren die kirchlichen Anstrengungen der ersten Nachkriegsjahre vor allem auf karitative Hilfsmaßnahmen ausgerichtet. Über die Caritasverbände der Bistümer gelangten Natural- und Geldspenden, vorwiegend aus dem Ausland, zur Verteilung. Daneben versuchten Diözesansiedlungswerke die große Wohnungsnot zu lindern. Hand in Hand mit der materiellen Hilfe ging das Bemühen um den Neuaufbau des Religiösen: Die seelischen Schäden mußten geheilt werden, die Kirchenruinen galt es zu beseitigen, die kirchlichen Verbände mußten reorganisiert werden, die vielen Heimatvertriebenen warteten auf ihre Integration in das Pfarrleben. Auch die Philosophisch-Theologischen Hochschulen und die Theologischen Fakultäten zu München und Würzburg konnten in den Jahren 1945/46 ihre Lehrtätigkeit wieder aufnehmen, und alsbald gelang der Anschluß der theologischen Wissenschaft an die ausländische Forschung, die eben dabei war, den engen Rahmen neuscholastischen Denkens zu sprengen.

Unter großer Anteilnahme der Bevölkerung wurde Michael Kardinal Faulhaber im Juni 1952 zu Grabe getragen. Zu seinem Nachfolger berief Papst Pius XII. am 12. August 1952 den Bischof von Speyer, Josef Wendel, und nahm ihn im Jahr darauf ins Kardinalskolleg auf. In Wendels Amtszeit konnte 1957 in München eine Katholische Akademie errichtet werden, die sich die Begegnung der Kirche mit der Welt von heute als Hauptaufgabe stellte. 1960 war die bayerische Landeshauptstadt dann gastliche Tagungsstätte des 37. Eucharistischen Weltkongresses. Als Josef Kardinal Wendel am Silvesterabend desselben Jahres völlig überraschend starb, übernahm Julius Kardinal Döpfner, gebürtig aus Hausen bei Bad Kissingen und vormals Bischof von Würzburg und Berlin, die Leitung des Erzbistums München und Freising. Dazu kam der Vorsitz der bayerischen und später auch der deutschen Bischofskonferenz. Mit Kardinal Döpfner sprang für die bayerische Kirche die Szenerie aus der Naheinstellung endgültig auf den größeren Spielraum über.

Als einer der vier Moderatoren hatte der Münchener Erzbischof wesentlichen Anteil an der Gestaltung des Zweiten Vatikanischen Konzils (1962-1965), das geprägt war vom Ringen um ein tieferes Selbstverständnis wie um eine umfassende Neuorientierung der Kirche gegenüber der modernen Welt. Auf der Ebene der Bistümer und Pfarreien hat das Konzil in seinen wichtigsten Entfaltungen auch bei uns recht bald konkrete Gestalt angenommen: Muttersprache in der Liturgie, Aufwertung der Verantwortung der Laien, eine neue Einstellung zur Welt, der Dienstcharakter des kirchlichen Amtes, der Dialog mit den im Glauben getrennten Brüdern... In die gleiche Stoßrichtung ging die 1971 in Würzburg eröffnete »Gemeinsame Synode der Bistümer in der Bundesrepublik Deutschland«; sie hat weithin geerntet, was in den zwei Jahrzehnten zuvor herangereift war.

Freilich, zwanzig Jahre nach dem Konzil und zehn Jahre nach der Synode erscheinen manche der ausgegebenen Parolen durch den übermäßigen Gebrauch verschlissen oder abgenützt. Trotzdem: Konzil und Synode haben die Formen religiöser Existenz verändert – eine Befreiung für die einen, eine Verunsicherung für die anderen. Bei der Frage freilich, inwieweit der große Wandel den gelebten Glauben intensiviert hat, muß auch das sensibelste Meßgerät des Historikers versagen. Auch der Kirchenhistoriker ist kein Prophet. Er kann nur zeigen, wie die Wege von rückwärts her hereinlaufen in die Gegenwart, und wie man nicht einfach alles wegtun kann, was einmal war. Oder ins Positive gewendet: Wenn schon ein neuer Äon anbricht, warum sollen wir in Bayern nicht auch einbringen dürfen, was uns in mehr als tausend Jahren zugewachsen ist? Gehen auch wir mit dem Zweiten Vatikanum, das doch gerade dem Eigenleben der lokalen Kirchen mehr Bedeutung beimißt, als das der zentralen und integralen Kirche möglich war.

Bringen wir für unsere Kirche und für unser Land das Bayerische ein. Das Bayerische nicht als Folklore und Fremdenverkehrsrummel, nicht als Anbiederung an die Filmleute und die bloßen Gaffer, nicht als *Waldlermesse* und nicht als *Neues Testament bairisch*. Aber dafür das Bayerische im Kern seiner Frömmigkeit: die alte *Pietas*, die alte *Visibilitas* und schon auch die *Liberalitas*, aber nicht so, wie man sie landläufig meint, sondern im Sinn der alten Augustiner-Chorherren von Polling.

Anhang

LITERATUR IN AUSWAHL

ALLGEMEINE KIRCHENGESCHICHTE

Jedin, Hubert (Hg.), Handbuch der Kirchengeschichte, 7 Bde, Freiburg i.Br. 1962-1979.

Rogier, Ludovicus J. – Aubert, Roger – Knowles, M. David (Hg.), Geschichte der Kirche, 5 Bde, Einsiedeln–Zürich–Köln 1963-1977.

Hauck, Albert, Kirchengeschichte Deutschlands, 5 Teile, 8., unveränderte Auflage, Berlin–Leipzig 1954 (Neuauflage 1970).

Bihlmeyer, Karl – Tüchle, Hermann, Kirchengeschichte, 3 Bde, 18., erweiterte und fortgeführte Auflage, Paderborn 1966-1969.

Greschat, Martin (Hg.), Gestalten der Kirchengeschichte, bisher 8 Bde, Stuttgart–Berlin–Köln–Mainz 1981ff.

Pastor, Ludwig Freiherr von, Geschichte der Päpste seit dem Ausgang des Mittelalters, 16 Bde, Freiburg i.Br. 1886-1933 (in vielen unveränderten Neuauflagen).

Seppelt, Franz Xaver, Geschichte der Päpste. Neu bearbeitet von Georg Schwaiger, 5 Bde, München ²1954-1959.

Seppelt, Franz Xaver – Schwaiger, Georg, Geschichte der Päpste. Von den Anfängen bis zur Gegenwart, München 1964.

Schnürer, Gustav, Kirche und Kultur im Mittelalter, 3 Bde, Paderborn 1924-1929.

---, Katholische Kirche und Kultur in der Barockzeit, Paderborn 1937.

---, Katholische Kirche und Kultur im 18. Jahrhundert, Paderborn 1941.

Mayer, Anton Ludwig, Die Liturgie in der europäischen Geistesgeschichte. Gesammelte Aufsätze, hg. v. Emmanuel von Severus, Darmstadt 1971.

Jedin, Hubert – Latourette, Kenneth Scott – Martin, Jochen (Hg.), Atlas zur Kirchengeschichte. Die christlichen Kirchen in Geschichte und Gegenwart, Freiburg i.Br. 1970.

Bornkamm, Heinrich, Zeittafeln zur Kirchengeschichte. Weitergeführt v. Kurt-Victor Selge, 4., erw. Auflage, Gütersloh 1980.

BAYERISCHE LANDES- UND KIRCHENGESCHICHTE

Spindler, Max (Hg.), Handbuch der bayerischen Geschichte, 4 Bde, München 1967-1975; I² 1981 (hier S. 673-711 ein umfassendes Verzeichnis der Hilfsmittel, Quellen und Darstellungen).

Riezler, Siegmund von, Geschichte Baierns, 8 Bde (bis 1726!), Gotha 1878-1914; I² 1927; Registerband von Josef Widemann, München 1932 (Nachdruck Aalen 1964).

Doeberl, Michael, Entwicklungsgeschichte Bayerns, 3 Bde (bis 1886!), München 1906-1931.

Hubensteiner, Benno, Bayerische Geschichte. Staat und Volk, Kunst und Kultur, München ⁹1981.

Kraus, Andreas, Geschichte Bayerns. Von den Anfängen bis zur Gegenwart, München 1983.

Bosl, Karl (Hg.), Bosls Bayerische Biographie. 8000 Persönlichkeiten aus 15 Jahrhunderten, Regensburg 1983.

Glaser, Hubert (Hg.), Wittelsbach und Bayern. Beiträge zur Bayerischen Geschichte und Kunst, 3 Bde, München–Zürich 1980.

Schrott, Ludwig, Herrscher Bayerns. Vom ersten Herzog bis zum letzten König, München ³1974.

Prinz, Friedrich, Gestalten und Wege bayerischer Geschichte, München 1982.

Petzet, Michael (Hg.), Bayern. Kunst und Kultur. Ausstellungskatalog, München 1972.

Rall, Hans, Zeittafeln zur Geschichte Bayerns und der mit Bayern verknüpften oder darin aufgegangenen Territorien, München 1974.

Wodka, Joseph, Kirche in Österreich. Wegweiser durch ihre Geschichte, Wien 1959.

Dopsch, Heinz (Hg.), Geschichte Salzburgs. Stadt und Land, bisher 1 Teilband, Salzburg 1981.

Spindler, Max – Diepolder, Gertrud, Bayerischer Geschichtsatlas, München 1969.

Bauerreiß, Romuald, Kirchengeschichte Bayerns, 7 Bde (bis 1803!), St. Ottilien bzw. Augsburg 1949-1970, I² 1958.

Schwaiger, Georg (Hg.), Bavaria Sancta. Zeugen christlichen Glaubens in Bayern, 3 Bde, Regensburg 1970-1973.

Schrott, Ludwig (Hg.), Bayerische Kirchenfürsten, München 1964.

Simon, Matthias, Evangelische Kirchengeschichte Bayerns, Nürnberg ²1952.

Roepke, Claus-Jürgen, Die Protestanten in Bayern, München 1972.

Bosl, Karl (Hg.), Handbuch der historischen Stätten Deutschlands: Bayern, Stuttgart ²1965.

Braunfels, Wolfgang, Die Kunst im Heiligen Römischen Reich Deutscher Nation, bisher 4 Bde, München 1979ff.

Karlinger, Hans – Ritz, Josef Maria, Bayerische Kunstgeschichte, 2 Bde, München ²1960-1963.

Reitzenstein, Alexander v. – Brunner, Herbert, Reclams Kunstführer. Deutschland. Bd. I, 1: Bayern Süd; Bd. I, 2: Bayern Nord, 9., neubearbeitete u. erweiterte Auflage, Stuttgart 1983.

Schindler, Herbert, Große bayerische Kunstgeschichte, 2 Bde, München ²1967 (Studienausgabe 1976).

Lieb, Norbert – Sauermost, Heinz Jürgen (Hg.), Münchens Kirchen. Mit einem chronologischen Verzeichnis der bestehenden Kirchenbauten, München 1973.

Dünninger, Eberhard – Kiesselbach, Dorothee (Hg.), Bayerische Literaturgeschichte in ausgewählten Beispielen, 2 Bde, München 1965-1967.

Hubensteiner, Benno – Pörnbacher, Hans (Hg.), Bayerische Bibliothek. Texte aus zwölf Jahrhunderten, bisher 3 Bde, München 1979ff.

Nadler, Josef, Literaturgeschichte der deutschen Stämme und Landschaften, 4 Bde, Regensburg ³1929-1931.

Münster, Robert – Schmid, Hans (Hg.), Musik in Bayern. I: Bayerische Musikgeschichte, Tutzing 1972.

Göthel, Folker (Hg.), Musik in Bayern. II: Ausstellungskatalog Augsburg, Tutzing 1972.

BISTÜMER

Steichele, Anton von, Das Bisthum Augsburg. Historisch und statistisch beschrieben, 10 Bde, Augsburg 1864-1940 (ab Bd. V bis Bd. VIII: fortgesetzt v. Alfred Schröder, Augsburg 1891-1932, ab Bd. IX v. Friedrich Zoepfl, Augsburg 1934-1940).

Zoepfl, Friedrich, Das Bistum Augsburg und seine Bischöfe im Mittelalter, München 1955.

---, Das Bistum Augsburg und seine Bischöfe im Reformationsjahrhundert, München 1969.

Looshorn, Johann, Die Geschichte des Bistums Bamberg, 7 Bde, München und Bamberg 1886-1910 (Nachdruck 1967ff.).

Kist, Johannes, Fürst- und Erzbistum Bamberg, 3., völlig neugestaltete Auflage, hg. v. Fridolin Dreßler, Bamberg 1962.

Martin, Franz, Berchtesgaden. Die Fürstpropstei der regulierten Chorherren 1102-1803, Augsburg 1923.

Sax, Julius, Die Bischöfe und Reichsfürsten von Eichstätt 745-1806, 2 Bde, Landshut 1884/85.

Buchner, Franz Xaver, Das Bistum Eichstätt. Historisch-statistische Beschreibung, 2 Bde, Eichstätt 1937/38.

Meichelbeck, Carl, Historia Frisingensis, 2 Bde, Augsburg 1724-1729.

Baumgärtner, Anton, Meichelbecks Geschichte der Stadt Freising und ihrer Bischöfe. Neu in Druck gegeben und fortgesetzt bis zur Jetztzeit, Freising 1854.

Mayer, Anton – Westmayer, Georg, Statistische Beschreibung des Erzbistums München-Freising, 3 Bde, München 1874-1884.

Schroedl, Karl, Passavia Sacra. Geschichte des Bisthums Passau bis zur Säkularisation des Fürstenthums Passau, Passau 1879.

Heuwieser, Max, Geschichte des Bistums Passau, Bd. 1: Die Frühgeschichte, Passau 1939.

Eggersdorfer, Franz X., Die philosophisch-theologische Hochschule Passau – Dreihundert Jahre ihrer Geschichte, Passau 1933.

Leidl, August, Die Bischöfe von Passau, 739-1968, in Kurzbiographien, Passau [2]1978 (= Neue Veröffentlichungen des Instituts für Ostbairische Heimatforschung der Universität Passau, Nr. 38).

Janner, Ferdinand, Geschichte der Bischöfe von Regensburg, 3 Bde, Regensburg 1883-1886.

Staber, Josef, Kirchengeschichte des Bistums Regensburg, Regensburg 1966.

Widmann, Hans, Geschichte Salzburgs, 3 Bde, Gotha 1907-1914.

Remling, Franz Xaver, Geschichte der Bischöfe zu Speyer, 2 Bde, Mainz 1852-1854.

Wendehorst, Alfred, Das Bistum Würzburg 1803-1957, Würzburg 1965.

Wittstadt, Klaus, Würzburger Bischöfe 742-1979, Würzburg 1979.

Lebensbilder aus dem Bayerischen Schwaben, hg. v. Götz Frhr. v. Pölnitz, ab Bd. 9 v. Wolfgang Zorn, 1952ff.

Fränkische Lebensbilder, hg. v. Gerhard Pfeiffer, 1ff. (1967ff.).

Jahrbuch des Vereins für Augsburger Bistumsgeschichte, 1ff. (1967ff.).

Beiträge zur Geschichte, Topographie und Statistik des Erzbistums München-Freising, hg. v. Martin v. Deutinger, 1ff. (1850ff.); ab 1929: Beiträge zur altbayerischen Kirchengeschichte.

Ostbairische Grenzmarken. Passauer Jahrbuch für Geschichte, Kunst und Volkskunde, NF Bd. 1ff. (1957ff.); früher: Die ostbairischen Grenzmarken, Jg. 13-19, 1924-1930; früher: Niederbayerische Monatsschrift, Jg. 1-12, 1910-1923.

Beiträge zur Geschichte des Bistums Regensburg, hg. v. Georg Schwaiger und Joseph Staber (Paul Mai) 1ff. (1967ff.).

Würzburger Diözesangeschichtsblätter, 1ff. (1933ff.).

Quellen und Forschungen zur Geschichte des Bistums und Hochstifts Würzburg, 1ff. (1948ff.).

Kalender für katholische Christen, 74 Bde, Sulzbach 1841-1914.

Zeitschrift für bayerische Kirchengeschichte 1ff. (1926ff.); früher: Beiträge zur bayerischen Kirchengeschichte 1-32 (1895-1925).

Heimbucher, Max, Die Orden und Kongregationen der katholischen Kirche, 2 Bde, 3., großenteils neubearb. Auflage, Paderborn 1933/34 (Neudruck Aalen 1965).

Backmund, Norbert, Die Chorherrenorden und ihre Stifte in Bayern. Augustinerchorherren, Prämonstratenser, Chorherren vom Hl. Geist, Antoniter, Passau 1966.

---, Die Kollegiat- und Kanonissenstifte in Bayern, Windberg 1973.

---, Die kleineren Orden in Bayern und ihre Klöster bis zur Säkularisation, Windberg 1974.

Bavaria Franciscana Antiqua (Ehemalige Franziskanerklöster im heutigen Bayern), hg. v. der bayer. Franziskanerprovinz, 5 Bde, Landshut bzw. München [1954] – 1961.

Duhr, Bernhard, Geschichte der Jesuiten in den Ländern deutscher Zunge, 4 Bde, Freiburg i. Br. bzw. München-Regensburg 1907-1928.

Eberl, Angelikus, Geschichte der Bayerischen Kapuziner-Ordensprovinz, Freiburg i. Br. 1902.

Fink, Wilhelm, Beiträge zur Geschichte der bayerischen Benediktinerkongregation. Eine Jubiläumsschrift 1684-1934, Metten-München 1934 (= Studien und Mitteilungen zur Geschichte des Benediktinerordens und seiner Zweige, IX. Ergänzungsheft).

Hartig, Michael, Die oberbayerischen Stifte, 2 Bde, München 1935.

---, Die niederbayerischen Stifte, München 1939.

Hemmerle, Josef, Die Klöster der Augustiner-Eremiten in Bayern, München-Pasing 1958 (= Bayer. Heimatforschung 12).

---, Die Benediktinerklöster in Bayern, Augsburg 1970 (= Germania Benedictina II).

Krausen, Edgar, Die Klöster des Zisterzienserordens in Bayern, München-Pasing 1953 (= Bayer. Heimatforschung 7).

Kunzelmann, Adalbero, Geschichte der deutschen Augustiner-Eremiten, 7 Teile, Würzburg 1969-1976.

Lins, Bernardin, Geschichte der bayerischen Franziskanerprovinz zum hl. Antonius von Padua: Von ihrer Gründung bis zur Säkularisation 1620-1802, München 1926.

Schnabel, Rainer, Pharmazie in Wissenschaft und Praxis. Dargestellt an der Geschichte der Klosterapotheken Altbayerns vom Jahre 800 bis 1800, München 1965.

Studien und Mitteilungen zur Geschichte des Benediktinerordens und seiner Zweige, (hg. v. d. Bayer. Benediktinerakademie München) 32ff. (1911ff.); früher: Wissenschaftl. Studien und Mitteilungen aus dem Benediktiner-Orden m. bes. Berücksichtigung der Ordensgeschichte und Statistik; ab Jg. 4: Studien und Mitteilungen aus dem Benedictiner- und Cistercienserorden 1-31 (1880-1910).

ZU DEN EINZELNEN ABSCHNITTEN

1.-7. Kapitel: RÖMERZEIT UND FRÜHES MITTELALTER

Kellner, Hans-Jörg, Die Römer in Bayern, München [4]1978.

Zibermayr, Ignaz, Noricum, Baiern und Österreich, Horn [2]1956.

Lotter, Friedrich, Severinus von Noricum – Legende und historische Wirklichkeit, Stuttgart 1976.

Noll, Rudolf (Hg.), Das Leben des heiligen Severin – Lateinisch und Deutsch, Passau 1981.

Baiernzeit in Oberösterreich. Von Severin zu Tassilo. Das Land zwischen Inn und Enns vom Ausgang der Antike bis zum Ende des 8. Jahrhunderts, Linz ³1977.

Severin zwischen Römerzeit und Völkerwanderung. Katalog der Ausstellung von 1982 im Stadtmuseum Enns, Linz 1982.

Zöllner, Erich, Geschichte der Franken bis zur Mitte des 6. Jahrhunderts, München 1970.

Prinz, Friedrich, Frühes Mönchtum im Frankenreich. Kultur und Gesellschaft in Gallien, den Rheinlanden und Bayern am Beispiel der monastischen Entwicklung (4.-8. Jahrhundert), München 1965.

Barton, Peter F., Die Frühzeit des Christentums in Österreich und Südostmitteleuropa bis 788, Wien 1975 (= Studien und Texte zur Kirchengeschichte und Geschichte, Bd. I/1).

Löwe, Heinz (Hg.), Die Iren und Europa im früheren Mittelalter, Stuttgart 1982.

Bieler, Ludwig, Irland. Wegbereiter des Mittelalters, Freiburg und Olten 1961.

Bischoff, Bernhard (Hg.), Leben und Leiden des heiligen Emmeram. Lateinischdeutsch, München 1953.

Brunnhölzl, Franz – Glaser, Hubert – Benker, Sigmund, Vita Corbiniani. Bischof Arbeo von Freising und die Lebensgeschichte des heiligen Korbinian, München 1983.

Schieffer, Theodor, Winfrid-Bonifatius und die christliche Grundlegung Europas, Freiburg i. Br. 1954.

Sturm, Josef, Die Rodungen in den Forsten um München, Frankfurt 1941 (= Schriftenreihe der Hermann-Göring-Akademie der Deutschen Forstwissenschaft, Bd. 1).

Holzfurtner, Ludwig, Gründung und Gründungsüberlieferung. Quellenkritische Studien zur Gründungsgeschichte der Bayerischen Klöster der Agilolfingerzeit und ihrer hochmittelalterlichen Überlieferung, Kallmünz 1984 (= Münchener Historische Studien. Abteilung Bayerische Geschichte, Bd. 11).

Reindel, Kurt, Bayern im Mittelalter, München 1970.

Cremifanum 777-1977. Festschrift zur 1200 Jahrfeier des Stiftes Kremsmünster, Linz 1977. (= Mitteilungen des Oberösterreichischen Landesarchivs, Bd. 12).

Bischoff, Bernhard, Die südostdeutschen Schreibschulen und Bibliotheken in der Karolingerzeit, 2 Bde, Wiesbaden 1940-1980; I³ 1974.

Karlinger, Hans, Romanische Steinplastik in Altbayern und Salzburg, Augsburg 1924.

Baldass, Peter v. – Buchowiecki, Walther – Mrazek, Wilhelm, Romanische Kunst in Österreich, Wien 1962.

8.-10. Kapitel: HOCH- UND SPÄTMITTELALTER

Hallinger, Kassius, Gorze – Cluny. Studien zu den monastischen Lebensformen und Gegensätzen im Hochmittelalter, 2 Bde, Graz ²1971.

Lammers, Walther, Weltgeschichte und Zeitgeschichte bei Otto von Freising, Wiesbaden 1977.

Otto von Freising, Chronik oder die Geschichte der zwei Staaten. Übersetzt von Adolf Schmidt, Darmstadt 1960 (= Freiherr vom Stein-Gedächtnisausgabe, Bd. XVI).

Weinfurter, Stefan, Salzburger Bistumsreform und Bischofspolitik im 12. Jahrhundert. Der Erzbischof Konrad I. von Salzburg (1106-1147) und die Regularkanoniker, Köln 1975 (= Kölner Historische Abhandlungen, Bd. 24).

Fried, Pankraz, Die Chronik des Abtes Konrad von Scheyern (1206-1225) über die Gründung des Klosters Scheyern und die Anfänge des Hauses Wittelsbach, Weißenhorn 1980.

Spindler, Max, Die Anfänge des bayerischen Landesfürstentums, München 1937 (= Schriftenreihe zur bayerischen Landesgeschichte, Bd. 26).

Solleder, Fridolin, München im Mittelalter, München-Berlin 1938 (Nachdruck Aalen 1962).

Schütz, Alois, Die Prokuratorien und Instruktionen Ludwigs des Bayern für die Kurie (1331-1345). Ein Beitrag zu seinem Absolutions-Prozeß, Kallmünz 1973 (= Münchener Historische Studien. Abteilung Geschichtliche Hilfswissenschaften, Bd. 11).

Schwöbel, Hermann Otto, Der diplomatische Kampf zwischen Ludwig dem Bayern und der Römischen Kurie im Rahmen des kanonischen Absolutionsprozesses 1330-1346, Weimar 1968 (= Quellen und Studien zur Verfassungsgeschichte des Deutschen Reiches in Mittelalter und Neuzeit, Bd. 10).

Berthold, Otto (Hg.), Kaiser, Volk und Avignon. Ausgewählte Quellen zur antikurialen Bewegung in Deutschland in der ersten Hälfte des 14. Jahrhunderts, Darmstadt 1960.

Staber, Josef, Volksfrömmigkeit und Wallfahrtswesen des Spätmittelalters im Bistum Freising, München 1955 (= Beiträge zur altbayerischen Kirchengeschichte, Bd. 20, 1).

Mitterwieser, Alois – Gebhard, Torsten, Geschichte der Fronleichnamsprozession in Bayern, München [2]1949.

Redlich, Virgil, Tegernsee und die deutsche Geistesgeschichte im 15. Jahrhundert, München 1931 (= Schriftenreihe zur bayerischen Landesgeschichte, Bd. 9).

Rankl, Helmut, Das vorreformatorische landesherrliche Kirchenregiment in Bayern (1376-1526), München 1971 (= Miscellanea Bavarica Monacensia, Bd. 34).

11. und 12. Kapitel: REFORMATION UND KATHOLISCHE REFORM

Aventinus und seine Zeit (1477-1534), hg. v. Gerhard-Helmut Sitzmann, Abensberg 1977.

Dünninger, Eberhard, Johannes Aventinus. Leben und Werk des bayerischen Geschichtsschreibers, Rosenheim 1977.

Acta Reformationis Catholicae Ecclesiam Germaniae Concernentia Saeculi XVI. Die Reformverhandlungen des deutschen Episkopats von 1520-1570, hg. v. Georg Pfeilschifter, 6 Bde, Regensburg 1959-1974.

Kausch, Winfried, Geschichte der Theologischen Fakultät Ingolstadt im 15. und 16. Jahrhundert (1472-1605), Berlin 1977 (= Ludovico Maximilianea. Forschungen, Bd. 9).

Iserloh, Erwin, Johannes Eck (1486-1543), Scholastiker, Humanist, Kontroverstheologe, Münster 1981 (= Katholisches Leben und Kirchenreform im Zeitalter der Glaubensspaltung, Bd. 41).

Brodrick, James, Petrus Canisius. Aus dem Englischen von Karl Telch, 2 Bde, Wien 1950.

Wagner, Karl – Keller, Albert (Hg.), St. Michael in München. Festschrift zum 400. Jahrestag der Grundsteinlegung und zum Abschluß des Wiederaufbaus, München-Zürich 1983.

Lutz, Heinrich, Reformation und Gegenreformation, München [2]1982 (= Oldenbourg – Grundriß der Geschichte, Bd. 10).

---, Christianitas Afflicta. Europa, das Reich und die päpstliche Politik im Niedergang der Hegemonie Kaiser Karls V. (1552-1556), Göttingen 1964.

Lojewski, Günter von, Bayerns Weg nach Kurköln. Geschichte der bayerischen Bistumspolitik in der 2. Hälfte des 16. Jahrhunderts, Bonn 1962 (= Bonner Historische Forschungen, Bd. 21).

Schreiber, Georg (Hg.), Das Weltkonzil von Trient, 2 Bde, Freiburg i. Br. 1951.

Schmidlin, Joseph, Die kirchlichen Zustände in Deutschland vor dem Dreißigjährigen Kriege, 3 Teile, Freiburg i. Br. 1908-1910 (= Erläuterungen und Ergänzungen zu Janssens Geschichte des deutschen Volkes, Bd. 7, 1/2 – 5/6).

Zeeden, Ernst Walter (Hg.), Gegenreformation, Darmstadt 1973 (= Wege der Forschung, Bd. 311).

Dotterweich, Helmut, Der junge Maximilian. Biographie eines bayerischen Prinzen, München ²1980.

Bireley, Robert, Maximilian von Bayern, Adam Contzen SJ und die Gegenreformation in Deutschland 1624-1635, Göttingen 1975 (= Schriftenreihe der Historischen Kommission bei der Bayerischen Akademie der Wissenschaften, Bd. 13).

Ortner, Franz, Reformation, katholische Reform und Gegenreformation im Erzstift Salzburg, Salzburg 1981.

13. und 14. Kapitel: BAROCK UND AUFKLÄRUNG

Hubensteiner, Benno, Vom Geist des Barock. Kultur und Frömmigkeit im alten Bayern, München ²1978.

Hazard, Paul, Die Krise des europäischen Geistes 1680-1715. La Crise de la Conscience européenne 1680-1715. Mit einer Einführung von Carlo Schmid, Hamburg ⁵1939.

Martin, Franz, Salzburgs Fürsten in der Barockzeit 1587-1812, Salzburg ³1966.

Domarus, Max, Würzburger Kirchenfürsten aus dem Hause Schönborn, Wiesentheid 1951.

Schwaiger, Georg, Kardinal Franz Wilhelm von Wartenberg als Bischof von Regensburg (1649-1661), München 1954 (= Münchener Theologische Studien, I. Historische Abteilung, Bd. 6).

Glaser, Hubert (Hg.), Kurfürst Max Emanuel. Bayern und Europa um 1700. Ausstellungskatalog, 2 Bde, München 1976.

Hubensteiner, Benno, Die geistliche Stadt. Welt und Leben des Johann Franz Eckher von Kapfing und Liechteneck, Fürstbischofs von Freising, München 1954.

Hausberger, Karl, Gottfried Langwerth von Simmern (1669-1741), Bistumsadministrator und Weihbischof zu Regensburg, Regensburg 1973 (= Beiträge zur Geschichte des Bistums Regensburg, Bd. 7).

Weitlauff, Manfred, Kardinal Johann Theodor von Bayern (1703-1763), Regensburg 1970 (= Beiträge zur Geschichte des Bistums Regensburg, Bd. 4).

Lieb, Norbert, Barockkirchen zwischen Donau und Alpen, München ⁵1984.

Hauttmann, Max, Geschichte der kirchlichen Baukunst in Bayern, Schwaben und Franken 1550-1780, München ²1923.

Feulner, Adolf, Bayerisches Rokoko, München 1923.

Kutscher, Artur, Das Salzburger Barocktheater, München 1924.

Kaindl-Hönig, Max – Ritschel, Karl Heinz, Die Salzburger Universität 1622-1964, Salzburg 1964.

Hazard, Paul, Die Herrschaft der Vernunft. Das europäische Denken im 18. Jahrhundert. Aus dem Französischen übertragen von Harriet Wegener und Karl Linnebach, Hamburg 1949.

Rall, Hans, Kurbayern in der letzten Epoche der alten Reichsverfassung 1745-1801, München 1952 (= Schriftenreihe zur bayerischen Landesgeschichte, Bd. 45).

Hammermayer, Ludwig, Geschichte der Bayerischen Akademie der Wissenschaften 1759-1807, bisher 2 Bde: 1. Gründungs- und Frühgeschichte 1759-1769, München 1959; 2. Zwischen Stagnation, Aufschwung und Illuminatenkrise 1769-1786, München 1983.

Lindner, August, Die Schriftsteller und die um Wissenschaft und Kunst verdienten Mitglieder des Benediktinerordens im heutigen Königreich Bayern vom Jahre 1750 bis zur Gegenwart, 2 Bde, Regensburg 1880.

Grassl, Hans, Aufbruch zur Romantik. Bayerns Beitrag zur deutschen Geistesgeschichte 1765-1785, München 1968.

Bauer, Richard, Der kurfürstliche geistliche Rat und die bayerische Kirchenpolitik 1768-1802, München 1971 (= Miscellanea Bavarica Monacensia, Bd. 32).

Dülmen, Richard van, Der Geheimbund der Illuminaten, Stuttgart [2]1977.

Weis, Eberhard, Montgelas 1759-1799. Zwischen Revolution und Reform, München 1971.

15. – 18. Kapitel: 19. UND 20. JAHRHUNDERT

Huber, Ernst Rudolf, Deutsche Verfassungsgeschichte seit 1789, 6 Bde, Stuttgart 1957-1981.

Huber, Ernst Rudolf – Huber, Wolfgang, Staat und Kirche im 19. und 20. Jahrhundert. Dokumente zur Geschichte des deutschen Staatskirchenrechts, 3 Bde, Berlin 1973-1983.

Schnabel, Franz, Deutsche Geschichte im neunzehnten Jahrhundert, 4 Bde, Freiburg i. Br. 1929-1937 (Neudruck 1948-1955).

Gatz, Erwin (Hg.), Die Bischöfe der deutschsprachigen Länder von 1785/1803 bis 1945. Ein biographisches Lexikon, Berlin 1983.

Schwaiger, Georg, Die altbayerischen Bistümer Freising, Passau und Regensburg zwischen Säkularisation und Konkordat (1803-1817), München 1959 (= Münchener Theologische Studien, I. Historische Abteilung, Bd. 13).

Hausberger, Karl, Staat und Kirche nach der Säkularisation. Zur bayerischen Konkordatspolitik im frühen 19. Jahrhundert, St. Ottilien 1983 (= Münchener Theologische Studien, I. Historische Abteilung, Bd. 23).

Adalbert, Prinz von Bayern, Max I. Joseph von Bayern. Pfalzgraf, Kurfürst und König, München 1957.

Funk, Philipp, Von der Aufklärung zur Romantik. Studien zur Vorgeschichte der Münchener Romantik, München 1925.

Schiel, Hubert, Johann Michael Sailer, Bd. I: Leben und Persönlichkeit, Bd. II: Die Briefe, Regensburg 1948 bzw. 1952.

Schwaiger, Georg, Johann Michael Sailer, der bayerische Kirchenvater, München 1982.

Karlinger, Hans, München und die deutsche Kunst des 19. Jahrhunderts, München [2]1966.

Dirrigl, Michael, Ludwig I., König von Bayern 1825-1848, München 1980 (= Das Kulturkönigtum der Wittelsbacher: Studien zur Literatur-, Kunst-, Kultur- und Geistesgeschichte Bayerns, Bd. 1).

---, Maximilian II., König von Bayern 1848-1864, 2 Teile, München 1984 (= Das Kulturkönigtum der Wittelsbacher: Studien zur Literatur-, Kunst-, Kultur- und Geistesgeschichte Bayerns, Bd. 2).

Kirzl, Gernot, Staat und Kirche im Bayerischen Landtag zur Zeit Max II. (1848-1864), München 1974 (= Miscellanea Bavarica Monacensia, Bd. 50).

Richter, Werner, Ludwig II. König von Bayern, München [9]1979.

Weiß, Otto, Die Redemptoristen in Bayern (1790-1909). Ein Beitrag zur Geschichte des Ultramontanismus, St. Ottilien 1983 (= Münchener Theologische Studien, I. Historische Abteilung, Bd. 22).

Brandmüller, Walter, Ignaz von Döllinger am Vorabend des I. Vatikanums. Herausforderung und Antwort, St. Ottilien 1977 (= Kirchengeschichtliche Quellen und Studien, Bd. 9).

Döllinger, Ignaz von, Briefwechsel 1820-1890, bearbeitet von Viktor Conzemius, 4 Bde, München 1963-1981.

Weber, Margot, Das I. Vatikanische Konzil im Spiegel der bayerischen Politik, München 1970 (= Miscellanea Bavarica Monacensia, Bd. 28).

Kessler, Ewald, Johann Friedrich (1836-1917). Ein Beitrag zur Geschichte des Altkatholizismus, München 1975 (= Miscellanea Bavarica Monacensia, Bd. 55).

Körner, Hans-Michael, Staat und Kirche in Bayern 1886-1918, Mainz 1977 (= Veröffentlichungen der Kommission für Zeitgeschichte. Reihe B: Forschungen, Bd. 20).

Möckl, Karl, Die Prinzregentenzeit. Gesellschaft und Politik während der Ära des Prinzregenten Luitpold in Bayern, München 1972.

Trippen, Norbert, Theologie und Lehramt im Konflikt. Die kirchlichen Maßnahmen gegen den Modernismus im Jahre 1907 und ihre Auswirkungen in Deutschland, Freiburg i. Br. 1977.

Schwend, Karl, Bayern zwischen Monarchie und Diktatur 1918-1933, München 1954.

Albrecht, Dieter (Hg.), Katholische Kirche im Dritten Reich. Eine Aufsatzsammlung, Mainz, 1976.

Die kirchliche Lage in Bayern nach den Regierungspräsidentenberichten 1933-1943, hg. v. Helmut Witetschek, Walter Ziegler, Helmut Prantl und Klaus Wittstadt, 7 Bde, Mainz 1966-1981 (= Veröffentlichungen der Kommission für Zeitgeschichte. Reihe A: Quellen, Bde 3, 8, 14, 16, 24, 31, 32).

Volk, Ludwig, Der bayerische Episkopat und der Nationalsozialismus 1930-1934, Mainz 1965, [2]1966 (= Veröffentlichungen der Kommission für Zeitgeschichte. Reihe B: Forschungen, Bd. 1).

---, (Hg.), Akten Kardinal Michael von Faulhabers 1917-1945, 2 Bde, Mainz 1975/1978 (= Veröffentlichungen der Kommission für Zeitgeschichte. Reihe A: Quellen, Bd. 17 bzw. 26).

Broszat, Martin – Fröhlich, Elke – Wiesemann, Falk – Grossmann, Anton (Hg.), Bayern in der NS-Zeit, 6 Bde, München-Wien 1977-1983.

Ackermann, Konrad, Der Widerstand der Monatsschrift Hochland gegen den Nationalsozialismus, München 1965.

Sandfuchs, Wilhelm, Pater Rupert Mayer. Verteidiger der Wahrheit – Apostel der Nächsten – Wegbereiter moderner Seelsorge, Würzburg 1981.

Schwaiger, Georg (Hg.), Das Erzbistum München und Freising in der Zeit der nationalsozialistischen Herrschaft, 2 Bde, München-Zürich 1984.

NAMENREGISTER

Abkürzungsverzeichnis

Aug.-Chorh.	=	Augustiner-Chorherrenstift	Gfsch.	=	Grafschaft
Ben (in). Abt.	=	Benediktiner(innen)-Abtei	Hg(in).	=	Herzog(in)
Bf.	=	Bischof	Hl.	=	Heilige(r)
Btm.	=	Bistum	Jh.	=	Jahrhundert
Dom(in). Kl.	=	Dominikaner(innen)-Kloster	Karm. Kl.	=	Karmeliter-Kloster
Ebf.	=	Erzbischof	Kf.	=	Kurfürst
Ebtm.	=	Erzbistum	Kg.	=	König
Franz(in). Kl.	=	Franziskaner(innen)-Kloster	Kl.	=	Kloster
Frhr.	=	Freiherr	Ks.	=	Kaiser
Fstm.	=	Fürstentum	Pp.	=	Papst
Gem.	=	Gemahlin	Präm. St.	=	Prämonstratenser-Stift
gest.	=	gestorben	s.	=	siehe
Gf.	=	Graf	Zist(in). Abt.	=	Zisterzienser-(innen)-Abtei

Aachen, Hofakademie 68
Abälard, Petrus (1079-1142), Philosoph u. Theologe 130f.
Abbt, Benedikt, Domherr 310
Abel, Carl v. (1788-1859), Minister 314-317
Abensberg 164
– Karm. Kl. 146
Abersee s. Wolfgangsee 163
Abraham a Sancta Clara (1644-1709), Prediger 248
Achatius, Hl. 164
Acton, John E.E. Lord (1834-1902), Historiker 329
Adalbero, Bf. v. Würzburg (1045-1088) 92f., 95
Adalbert (1828-1875), Sohn Ludwigs I. 306
Adam, Eucharius, Domherr 288, 309
Adenauer, Konrad (1876-1967), Politiker 347
Admont a.d. Enns, Ben. Abt. 95f.
Ägidius, Hl. 164
Ägypten 14
Afra, Hl. 23, 37
Agilolfinger 41, 51, 66, 71, 113, 135
Agilus v. Luxeuil, Hl. Abt v. Relais 44
Agricola s. Kastenpauer, Stephan
Aguntum (Stribach b. Lienz), Btm. 24
Aiblinger, Kaspar (1779-1867), Hofkapellmeister 319
Aichach 142
Aidenbach, Schlacht v. (1706) 231
Aigen a. Inn, Leonhardi-Kirche 163
Aislingen b. Günzburg 32
Alamannen (s. auch Schwaben) 27, 31, 33-36, 39f., 43, 52, 54, 63f., 75

Alban, Hl. 163f.
Albertus Magnus (1193-1280), Philosoph u. Theologe 130, 145
Albrecht IV. d. Weise, Hg. (1465-1508) 177
Albrecht V., Hg. (1550-1579) 191-193, 195-198, 200, 202, 208
Albrecht Sigismund v. Bayern, Bf. v. Freising (1652-1685) u. v. Regensburg (1668-1685) 234f.
Albrecht v. Brandenburg (1490-1568), Hoch- u. Deutschmeister 139
Albrecht v. Johansdorf, (um 1200), mittelhochdt. Dichter 134
Aldersbach a. d. Vils, Zist. Abt. 102f., 243
Alexander V., Pp. (1409-1410) 157
Alexander v. Hales (gest. 1245), Kirchenlehrer 130
Alkimoënnis b. Kelheim 16
Alkuin (gest. 804), Abt v. Sankt Martin in Tours 68
Altdorfer, Albrecht (1480-1538), Maler 166
Altenburg i. Thüringen 112
Altenhohenau a. Inn, Astkreuz 147
Altmann, Bf. v. Passau (1065-1091) 92f., 95, 98, 120, 131, 136
Altmühl 16, 126
Altomünster b. Dachau, Doppelkl. d. Birgitten 175
Altötting 76, 122, 175, 320, 355
– Anna-Kl. (Kapuziner) 322
– Pfalzstift 77
– Wallfahrt zu Unserer Lieben Frau 166, 223
Amberg 189, 353
– Jesuitenkolleg 208

Dextrianus, Helvius Clemens (2. Hälfte 2. Jh.), röm. Legat 20
Dientzenhofer (17./18. Jh.), Baumeisterfamilie 238
Diepenbrock, Melchior Frhr. v. (1798-1853), Kardinal, Bf. v. Breslau 301f., 314
Diepold III. (gest. 1146), Markgf. v. Vohburg u. Cham 102
Diepolder, Gertrud, Historikerin 25, 127
Diepoldinger 136
Dießen a. Ammersee, Aug. Chorh. 99
Dietfurt b. Kelheim 189
Dietramszell b. Bad Tölz, Aug.-Chorh. 99
Dietrich v. Niem (gest. 1418), röm. Kurialbeamter 158
Dillingen 127, 187, 245, 309
– Jesuitenkolleg 208f., 217, 237
– Marianische Kongregation 209
– Priesterseminar 217
– Synode v. (1567) 217
– Universität 208, 217, 237, 266, 300 126f.
Dinkel, Pangratius, Bf. v. Augsburg (1858-1894) 329
Dinkelsbühl 159
– Karm. Kl. 146
– Sankt Georg 160
Diokletian, röm. Ks. (284-305) 21, 24
Dionysius, Hl. 164
Doeberl, Michael, Historiker 201
Döllinger, Ignaz v. (1799-1890), Theologe 308-310, 313, 316, 321, 324, 328-330, 337
Döpfner, Julius, Kardinal u. Ebf. v. München u. Freising (1961-1976) 357f.
Dokkum i. Friesland 54
Dominikus de Guzmán (um 1140-1221), Ordensgründer 143f.
Donau 15, 17-19, 21, 27-29, 31, 33f., 37, 55, 69, 71, 74, 80f, 120, 125-127, 134, 208
Donauwörth 126, 138, 218, 268
– Heilig Kreuz, Ben. Abt. 138, 218
Drau 64, 71, 122, 259
Drexel, Jeremias (1581-1638), Hofprediger 224
Droste-Vischering, Clemens August Frhr. v., Ebf. v. Köln (1836-1845) 312
Drusus (38-9 v. Chr.) 17
Dürer, Albrecht (1471-1528), Künstler 167
Duns, Scotus (um 1265-1308), Scholast, Theologe und Philosoph 130

Eberhard, Hg. (937-938) 78
Eberhard I., Ebf. v. Salzburg (1147-1164) 136
Eberhard II., Ebf. v. Salzburg (1200-1246) 121-123
Eberhard, Anton, Prediger b. Sankt Michael in München (1840/41) 314f.
Ebersberg, Ben. Abt. 86, 123
Eberspoint 119
Ebner, Christine (1277-1356), Mystikerin 146
Ebner, Margarethe (um 1291-1351), Mystikerin 145
Ebrach i. Steigerwald, Zist. Abt. 102, 238
Echter, Julius v. Mespelbrunn, Bf. v. Würzburg (1573-1617) 186, 201, 219f., 239
Eck, Johannes (1486-1543), Theologe 174, 176, 180, 196, 200, 207
Eck, Leonhard v. (1480-1550), hgl. Ratgeber 178, 181, 190-193
Eck, Simon Thaddäus (gest. 1574), bay. Kanzler 196
Eckbert, Bf. v. Bamberg (1203-37) 113
Eckher, Johann Franz v. Kapfing u. Liechteneck, Bf. v. Freising (1696-1727) 234, 239, 242
Effner, Josef (1687-1745), Hofbaumeister 246
Eger 113, 120
Egg b. Memmingen 176
Egger, Karl, Domherr 309f.
Egglkofen b. Vilsbiburg 302
Ehrhard, Albert (1862-1940), Patristiker 338f.
Eichstätt 116, 309, 319
– Btm. 54, 56, 59, 69, 83, 102, 125-127, 184, 186, 204, 218, 237f., 288, 293, 302, 314, 329, 353
– Collegium Willibaldinum 218
– Dom. Kl. 145
– Domkapitel 237
– Diözesanhochschule 237
– Hochstift 125f., 128, 181, 186, 278, 281
– Jesuitenkolleg 208, 237
– Sankt Walburg, Benin. Abt. 305
– Schottenkl. 105, 138
Eidgenossenschaft 121
Eigil, Abt v. Fulda (818-822) 57, 59
Eining a. d. Donau 20
Einsiedeln i. d. Schweiz, Ben. Abt. 86
Eisack 16, 38
Eisenach 173
Eisengrein, Martin (1535-1578), kaiserl. Hofprediger 201
Eisleben 173, 181
Eisner, Kurt (1867-1919), Publizist u. Politiker 342
Eitting b. Regensburg 119
Ekkehard v. Scheyern (nach 1050-1091/1101), Gf. 137
Elbe 63, 111
Elchingen a. d. Donau, Ben. Abt. 127
Elgard, Nikolaus (um 1547-1587), Weihbf. v. Erfurt 218
Elisabeth (gest. 1273), Gem.

SACHREGISTER

399

BILDNACHWEIS

Römische Opferszene: Der Präfekt der 3. britannischen Kohorte Titus Flavius Felix weihte im Jahr 211 in Eining diesen Altar den höchsten Staatsgöttern. Holzschnitt von Jost Amman. Der Originalaltar wurde 1944 zerstört.

Der Anfang des Wessobrunner Gebets. Handschrift der Bayerischen Staatsbibliothek München.

Ansicht von Bamberg aus Hartmann von Schedels Weltchronik, 1493.

Gotteszell bei Viechtach, Zeichnung von Jost Amman. Bayerische Staatsbibliothek München.

Ansicht des St. Emmeram-Klosters in Regensburg. Holzschnitt aus der *Monasteriologia* von Karl Stengel, 1619.

Albertus Magnus, Holzschnitt von Tobias Stimmer, um 1570.

Spätmittelalterliche Predigtszene, Berthold von Regensburg darstellend. Aus einer Handschrift des 15. Jahrhunderts. Österreichische Nationalbibliothek, Wien.

Wallfahrt zur Schönen Maria in Regensburg. Holzschnitt von Michael Ostendorfer, um 1519. Dieses Exemplar war im Besitz von Albrecht Dürer, der unten eine kritische Notiz anfügte. Kunstsammlungen der Veste Coburg.

Johannes Aventinus, Holzschnitt von Hans Sebald Lautensack.

Titelblatt zur *Apokalypse* von Albrecht Dürer, 1498.

Petrus Canisius. Kupferstich von Dominikus Custos, 1597.

Julius Echter von Mespelbrunn. Zeitgenössischer Kupferstich.

Kurfürst Maximilian I. zu Pferd. Kupferstich von E. Kager.

Titelblatt zu Jakob Baldes *Lyricorum Liber IV*. Kupferstich von Wolfgang Kilian.

Ansicht der ersten Gnadenkapelle in Klosterlechfeld von Johannes Holl. Zeitgenössischer Holzschnitt.

Krönung Mariä. Zeichnung von Ignaz Günther als Entwurf für einen Altarauszug. Germanisches Nationalmuseum, Nürnberg.

Lorenz Westenrieder, Porträtkarikatur von Franz von Pocci aus dem *Deutschen Hausbuch*, München 1847.

Maximilian Joseph Graf von Montgelas. Kupferstich von Karl Ernst Christoph, 1816.

Johann Michael Sailer, Lithographie von Hanfstaengl, 1825.

Photogravüre mit Ignaz von Döllinger (rechts vorn sitzend) in der Tegernseer Freundesrunde. Links der britische Premierminister William Gladstone, um 1880.

Rupert, Korbinian, Florian und Severin. Kupferstiche von Raphael Sadeler aus der *Bavaria Sancta* von Matthaeus Rader, München 1615.